本书列入

2017年国家社会科学基金重大委托项目
“十三五”国家重点图书出版规划项目

中华传统文化百部经典

日知录（节选）

顾炎武 著
黄珅 解读

国家图书馆出版社

图书在版编目（CIP）数据

日知录：节选 /（清）顾炎武著；黄珅解读．— 北京：国家图书馆出版社，2021.6（2025.4 重印）
（中华传统文化百部经典 / 袁行霈主编）
ISBN 978-7-5013-6341-4

Ⅰ．①日… Ⅱ．①顾… ②黄… Ⅲ．①文史哲－中国－清代 ②《日知录》－注释 Ⅳ．① B249.12

中国版本图书馆 CIP 数据核字（2021）第 089981 号

国家图书馆出版社官方微信

书　　名　日知录（节选）
著　　者　（清）顾炎武 著　黄　珅 解读
责任编辑　于　浩
特约编辑　耿素丽
封面设计　敬人设计工作室

出版发行　国家图书馆出版社（北京市西城区文津街 7 号　100034）
　　　　　010-66114536　63802249　nlcpress@nlc.cn（邮购）
网　　址　http://www.nlcpress.com
印　　装　北京科信印刷有限公司
版次印次　2021 年 6 月第 1 版　2025 年 4 月第 2 次印刷

开　　本　710×1000　1/16
印　　张　35.5
字　　数　454 千字
书　　号　ISBN 978-7-5013-6341-4
定　　价　106.00 元（精装）

中华传统文化百部经典

本册审订

陈祖武　　栾保群　　张京华

中华传统文化百部经典

编纂办公室

张　洁　　梁葆莉　　张毕晓　　马　超　　华鑫文

编纂缘起

文化是民族的血脉，是人民的精神家园。党的十八大以来，围绕传承发展中华优秀传统文化，习近平总书记发表了一系列重要讲话，深刻揭示出中华优秀传统文化的地位和作用，梳理概括了中华优秀传统文化的历史源流、思想精神和鲜明特质，集中阐明了我们党对待传统文化的立场态度，这是中华民族继往开来、实现伟大复兴的重要文化方略。2017 年初，中共中央办公厅、国务院办公厅印发《关于实施中华优秀传统文化传承发展工程的意见》，从国家战略层面对中华优秀传统文化传承发展工作作出部署。

我国古代留下浩如烟海的典籍，其中的精华是培育民族精神和时代精神的文化基础。激活经典，熔古铸今，是增强文化自觉和文化自信的重要途径。多年来，学术界潜心研究，钩沉发覆、辨伪存真、提炼精华，做了许多有益工作。编纂《中华传统文化百部经典》（简称《百部经典》），就是在汲取已有成果基础上，力求编出一套兼具思想性、学术性和大众性的读本，使之成为广泛认同、传之久远的范本。《百部经典》所选图书上起先秦，下至辛亥革命，包括哲学、文学、历史、艺术、科技等领域的重要典籍。萃取其精华，加以解读，旨在搭建传统典籍与大众之间的桥梁，激活中华优秀传统文化，用优秀传统文化滋养当代中国人的精神世界，提振当代中国人的文化自信。

这套书采取导读、原典、注释、点评相结合的编纂体例，寻求优秀传统文化与社会主义核心价值观之间的深度契合点；以当代眼光审视和解读古代典籍，启发读者从中汲取古人的智慧和历史的经验，借以育人、资政，更好地为今人所取、为今人所用；力求深入浅出、明白晓畅地介绍古代经典，让优秀传统文化贴近现实生活，融入课堂教育，走进人们心中，最大限度地发挥以文化人的作用。

《百部经典》的编纂是一项重大文化工程。在中宣部等部门的指导和大力支持下，国家图书馆做了大量组织工作，得到学术界的积极响应和参与。由专家组成的编纂委员会，职责是作出总体规划，选定书目，制订体例，掌握进度；并延请德高望重的大家耆宿担当顾问，聘请对各书有深入研究的学者承担注释和解读，邀请相关领域的知名专家负责审订。先后约有 500 位专家参与工作。在此，向他们表示由衷的谢意。

书中疏漏不当之处，诚请读者批评指正。

2017 年 9 月 21 日

凡　例

一、《中华传统文化百部经典》的选书范围，上起先秦，下迄辛亥革命。选择在哲学、文学、历史、艺术、科技等各个领域具有重大思想价值、社会价值、历史价值和学术价值的一百部经典著作。

二、对于入选典籍，视具体情况确定节选或全录，并慎重选择底本。

三、对每部典籍，均设“导读”“注释”“点评”三个栏目加以诠释。导读居一书之首，主要介绍作者生平、成书过程、主要内容、历史地位、时代价值等，行文力求准确平实。注释部分解释字词、注明难字读音，串讲句子大意，务求简明扼要。点评包括篇末评和旁批两种形式。篇末评撮述原典要旨，标以“点评”，旁批萃取思想精华，印于书页一侧，力求要言不烦，雅俗共赏。

四、原文中的古今字、假借字一般不做改动，唯对异体字根据现行标准做适当转换。

五、每书附入相关善本书影，以期展现典籍的历史形态。

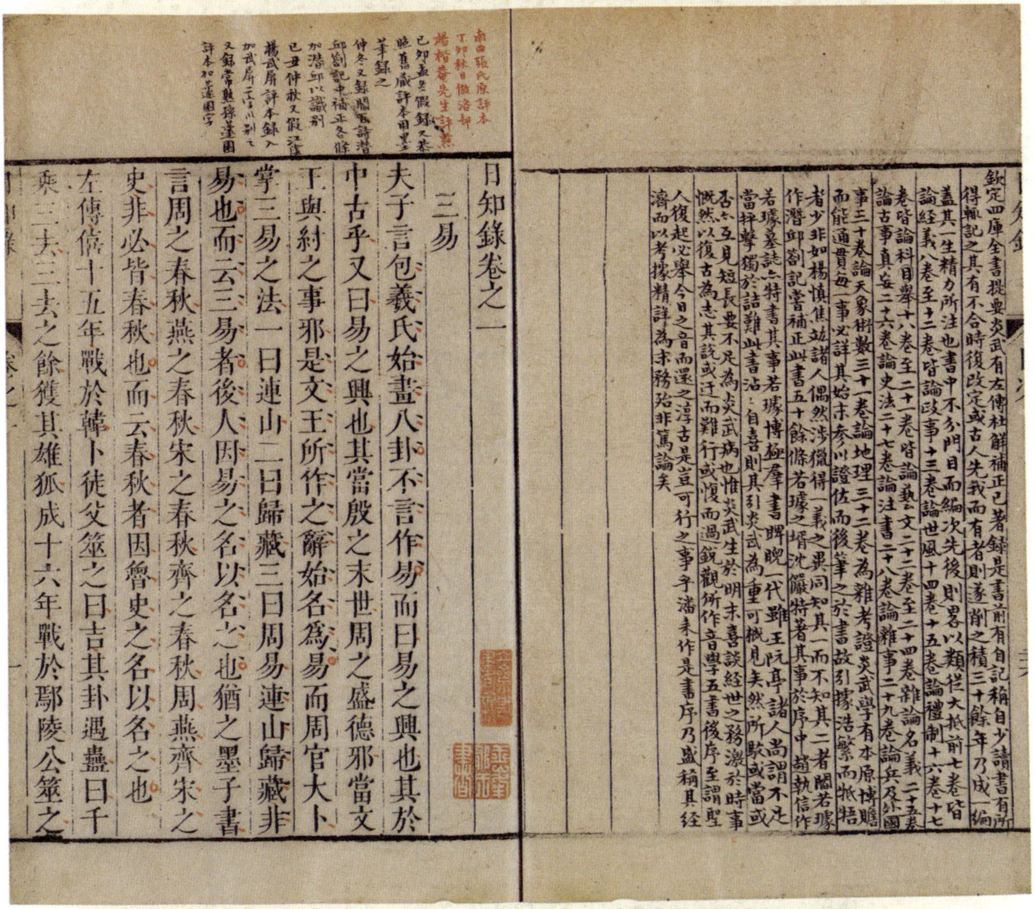

日知錄卷之一

三易

夫子言包羲氏始畫八卦不言作易而曰易之興也其於中古乎又曰易之興也其當殷之末世周之盛德邪當文王與紂之事邪是文王所作之辭始名爲易而周官大卜掌三易之法一曰連山二曰歸藏三曰周易連山歸藏非易也而云三易者後人因易之名以名之也猶之墨子書言周之春秋燕之春秋宋之春秋齊之春秋周燕齊宋之史非必皆春秋也而云春秋者因魯史之名以名之也

左傳僖十五年戰於韓卜徒父筮之曰吉其卦遇蠱曰千乘三去三去之餘獲其雄狐成十六年戰於鄢陵公筮之

欽定四庫全書提要炎武有左傳杜解補正已著錄是書前有自記稱自少讀書有所得輒記之其有不合時復改定或古人先我而有者則遂削之積三十餘年乃成一編蓋其一生精力所注也書中不分門目而編次先後則畧以類從大抵前七卷皆論經義八卷至十二卷皆論政事十三卷論世風十四卷十五卷論禮制十六卷十七卷皆論科舉十八卷至二十一卷皆論藝文二十二卷至二十四卷雜論名義二十五卷論古事真妄二十六卷論史法二十七卷論注書二十八卷論雜事二十九卷論兵及外國事三十卷論天象術數三十一卷論地理三十二卷為雜考證炎武學有本原博贍而能通貫每一事必詳其始末參以證佐而後筆之於書故引據浩繁而牴牾者少非如楊慎焦竑諸人偶然涉獵得一義之異同知其一而不知其二者閻若璩作潛邱劄記嘗補正此書五十餘條若璩之婿沈儼特著其事於序中趙執信作若璩墓誌亦特書其事若璩博極羣書睥睨一代雖王阮亭諸人尚謂不足當抨擊獨於詰難此書沾沾自喜則其引炎武為重可概見矣然所駁或當或否亦互見短長要不足為炎武病也惟炎武生於明末喜談經世之務激於時事慨然以復古為志其說或迂而難行或愎而過鋭觀所作音學五書後序至謂聖人復起必舉今日之音而還之淳古是豈可行之事乎潘耒作是書序乃盛稱其经濟而以考據精詳為末務殆非篤論矣

日知录三十二卷　（清）顾炎武撰　清康熙三十四年（1695）潘耒遂初堂刻本

国家图书馆藏

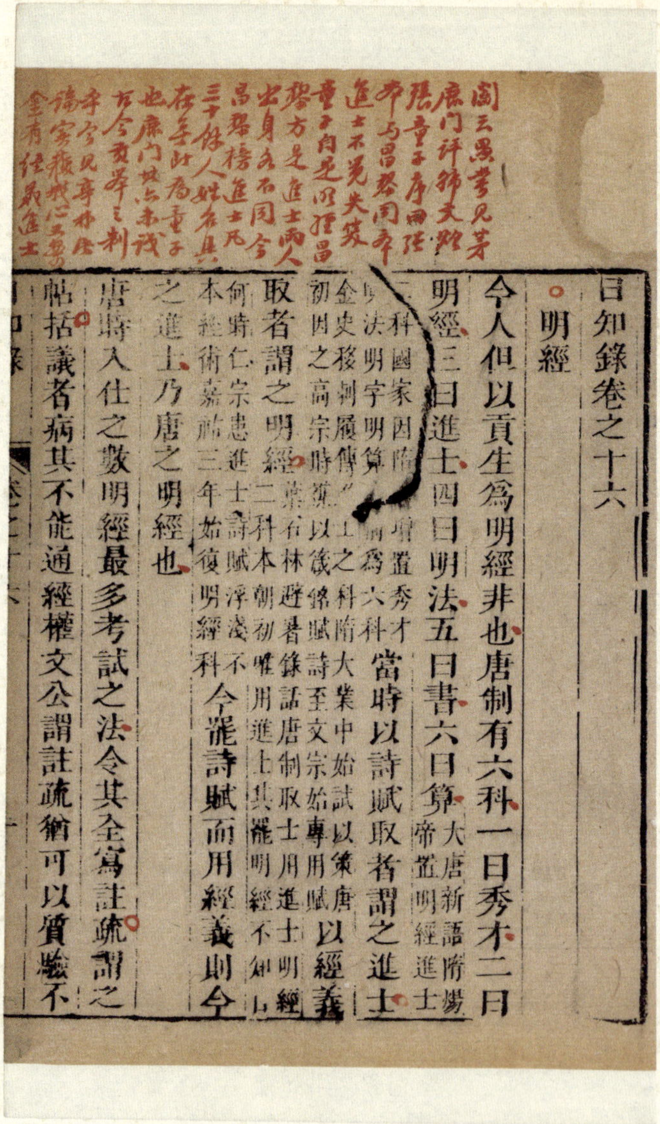

日知錄卷之十六

明經

今人但以貢生爲明經非也唐制有六科一曰秀才二曰明經三曰進士四曰明法五曰書六曰筭大唐新語隋煬帝置明經進士二科國家因隋增置秀才明法明字明筭爲六科當時以詩賦取者謂之進士金史移剌履傳進士之科隋大業中始試以策唐初因之高宗時雜以箴銘賦詩至文宗始專用賦以經義取者謂之明經葉石林避暑錄話唐制取士用進士明經二科本朝初唯用進士其罷明經不知何時仁宗患進士詩賦浮淺不本經術嘉祐三年始復明經科今罷詩賦而用經義則今之進士乃唐之明經也

唐時入仕之數明經最多考試之法令其全寫註疏謂之帖括議者病其不能通經權文公謂註疏猶可以質驗不

日知录三十二卷　（清）顾炎武撰　清刻本
国家图书馆藏

目　录

导　读

顾炎武被誉为清代“开国儒宗”,《日知录》是他的代表作。全书三十二卷，博赡通贯，明体适用，具有重要的学术价值和文化传承价值。包世臣说：清代“言学者必首推亭林，亭林书必首推《日知录》”(《艺舟双楫·读亭林遗书》)。

一、顾炎武生平简介

关于顾炎武的生平事迹，清张穆的《顾亭林先生年谱》、清钱邦彦的《校补顾亭林先生年谱》、清人撰写的多种顾炎武传记，以及顾炎武友人的诗文、清人笔记，都有十分具体的记载。

顾炎武，明万历四十一年五月二十八日（1613 年 7 月 15 日），生于江苏昆山东南小镇千墩（今千灯）的蒋泾（今花浦村）。初名绛，曾改名继绅，以后仍名绛，字忠清；清顺治二年（南明弘光元年，1645），清兵南下，为了表达对文天祥门生王炎午品格气节的崇敬，更名为炎武（一作炎午），字宁人；一度侨居南京钟山下，明亡后为避害出游，化名蒋山佣。顾炎武以南朝梁陈之际的著名学者、画家顾野王为先祖，顾野王居处有亭林之胜，顾炎武也被称为亭林先生。当年的亭林早已湮芜，但“亭林先生”四字，经过时间的淘选、风雨的洗礼，青史流芳，名垂千古。

顾氏为江东四大姓之一，世传“江南无二顾”。不过从《顾氏谱系考》看，自宋代以来，顾炎武的先辈大多是普普通通的读书人。他的本生父顾同应，就只是个乡秀才。顾炎武堂叔顾同古尚未成婚就已去世，未过门的妻子王氏矢志守节，奉养公婆。以此，顾炎武出生之后，就过继给已去世的堂叔为嗣，由王氏抚育。

顾炎武天生双瞳子，因三岁时出痘，一眼受到损伤，或说已经失明，或说瞳仁四周有白翳。但他七岁进书塾，依然一目十行，读书不倦。虽然其貌不扬，但生性耿介，才气不凡。

天启六年（1626），顾炎武进入县学，开始致力于科举文字。在县学中，与同窗归庄结交。二人砥行立节，孤高傲世，被人称为狂生。崇祯二年（1629），加入复社。崇祯三年秋，顾炎武首次赴南京参加应天乡试。以后多次应举，均未得一第。崇祯十二年（1639），顾炎武再度赴试，依旧名落孙山。当时国事溃败，民不聊生，顾炎武有感于国家多难，而书生无术，于是退而读书，致力于经世致用之学。

崇祯十七年（1644）三月，李自成农民军攻入北京，崇祯皇帝自缢。五月，清睿亲王多尔衮率兵入京。明南京兵部尚书史可法、凤阳总督马士英等人拥立福王朱由崧即帝位，年号弘光。十月，清定都北京，世祖福临即帝位，改元顺治。顾炎武对中兴之业，怀有极大的热忱，积极出谋画策，作著名的“乙酉四论”（《军制论》《形势论》《田功论》《钱法论》），从军事建制、地理形势、农田开垦、钱币流通等方面，对当时最紧迫的问题，提出自己的看法。

顺治即位后，命豫亲王多铎率大军征江南，清军铁骑长驱苏、杭。江南各地抗清义军四起，顾炎武和挚友归庄、吴其沆也都投笔从戎。但义军的兵力远远不敌八旗精锐。顺治二年（1645）七月，昆山失守，死难者多达四万余人。顾炎武生母何氏右臂被砍，两个弟弟遇难。嗣母王氏在常熟绝食殉节。

顾炎武依然留在江南，从事秘密反清活动。但明王朝的终结已不可逆转。敌我力量对比的悬殊，使顾炎武等义士的希望逐一破灭。继弘光帝被杀，唐王被俘遇难，鲁王逃亡海上，南明小朝廷随起随落，江南反清的义士相继被杀。顾炎武写了一首《精卫》诗，表现出“明知已不可为，依然尽力而为”的精神追求。

临危一死谢君王。当此天崩地裂之际，一些士人选择死节以表忠贞。但顾炎武选择了另一条路，一条充满坎坷、备尝艰辛的漫长曲折之路。他认为，死节并非难事，活下去有时更难，但也更有意义。人不该将杀身成仁作为唯一的选择，因为还有更重要的事必须去做。为此，他积极投身于抗清活动之中，东至海上，北上淮安，风尘仆仆，四处奔走，联络各地义军。顺治七年（1650），顾炎武还同归庄、吴炎、潘柽章、王锡阐等人在吴江古风庄共结惊隐诗社，以“优游文酒”的面目，抒发矢志不渝的情怀。

外患日甚，内患又起。顺治十二年（1655），为侵吞顾炎武的家产，昆山豪强叶方恒与顾氏世仆陆恩勾结，欲以“通海”罪告亭林。顾炎武自南京回昆山，擒杀叛仆陆恩，因而被捕入狱。赖归庄等人营救，九月获释。次年，叶方恒派刺客跟踪，在南京太平门外将顾炎武刺伤，并指使歹徒洗劫顾家，将世代相传的财物席卷一空。

至此，顾炎武已无法在昆山居住。为了避祸，也为了结交各地豪杰，考察山川形势，徐图复明大业，他决计北游，于顺治十四年（1657）将家产尽行变卖。临行前，昆山好友设宴饯别，归庄写了著名的《送顾宁人北游序》，说："宁人之出也，其将为伍员之奔吴乎？范雎之入秦乎？吾辈所以望宁人者不在此。夫宣尼大圣，犹且遭魋畏匡；文王之仁，不殄厥愠。宁人之学有本而树立有素，使穷年读书山中，天下谁复知宁人者？今且登涉名山大川，历聘列国，以广其志而大其声施，焉知今日困厄，非宁人行道于天下之发轫乎？"潘柽章等人亦有赠诗，以壮行色。

江南信美，已非吾土。从此顾炎武掉首故乡，一去不返。这年，他四十五岁。他带走的是对故乡铭心刻骨的思念，是对国破家亡深切的反思，是"从头收拾旧山河"的宏愿。

顺治十五年（1658）春，顾炎武登泰山，又至曲阜谒孔庙，并在章丘访张元明。秋季，至北京。次年凭吊山海关，发出"七庙竟为灰，六州难铸错"（《山海关》）的感慨。尽管大势已去，但顾炎武对恢复明室仍怀有希望。这年五月，张煌言、郑成功率师北伐，舟师进入长江，七月，直抵江宁城下，江淮为之一震。顾炎武闻讯南下，抵达扬州，听到明军败北的消息，只得返回天津。

为镇压反对者，清廷大兴案狱，江南地区，被害尤烈。顺治十八年（1661），诸生金圣叹、倪用宾等人聚哭文庙案，不分首从，一律凌迟处死。

康熙元年（1662），归安（今浙江湖州）知县吴之荣罢官，为立功再起，告发已故湖州南浔大户庄廷鑨私修《明史》，其中颇有忌讳之语。次年，庄廷鑨私修《明史》事结案：庄廷鑨遭开棺戮尸，因之而死的八十余人，株连多至七百家，妇女被发送边地为仆。顾炎武的好友、史学家吴炎、潘柽章，也因此狱牵连被害，潘柽章所作《明史记》草稿被销毁。事发时，顾炎武远在山西汾州，悲不自胜，作诗祭悼，又作《书潘吴二子事》一文，对此狱作了沉痛的记载。

"文字狱"很快就降到顾炎武的头上。康熙七年（1668），山东莱州人姜元衡告发其旧主黄培等十四人收藏刊印"逆诗"，并称有《忠节录》

一书，“昆山顾宁人到黄家搜辑发刻”。此案共株连江南江北名士巨室三百余人。顾炎武在狱中七个多月，每天仅靠几个烧饼度日，备尝折磨。幸赖友人李因笃、颜光敏及外甥徐元文等人多方斡旋，大力营救，才得以保释出狱。但黄培等十四人还是以“逆诗案”被杀。

自康熙元年（1662）起，顾炎武往来于北京、山东、山西、陕西之间，与著名学者傅山、李因笃、李颙、王弘撰、朱彝尊、屈大均等人订交。康熙四年（1665），在山东章丘大桑家庄购置房屋田产。次年，与李因笃诸友在雁北集资垦荒。

在顾炎武北游的二十多年间，他心藏家破国亡的沉痛，胸怀救国济民的理想，遍游河南、河北、山东、山西、陕西等地，“九州历其七，五岳登其四”（《与戴耘野》）。在给弟子潘耒的信中，顾炎武谈到途中颠沛流离，从未在一处住满三个月，一年之中，一半时间寄宿旅店。“苍龙日暮还行雨，老树春深更著花”（《亭林诗集·又酬傅处士次韵其二》），可谓顾炎武晚年形象的写照。

读万卷书，行万里路，是中国文人普遍的理想，但真能做到的却不多。顾炎武做到了。尽管他走得有些无奈，走得十分艰辛。北游途中，他始终以二马二骡，载书自随。边走边读，成了游历生涯留给人们最深刻的印象。

康熙十六年（1677）十一月，顾炎武游西岳华山，寄居王弘撰家。在《与三侄书》中，他谈了欲卜居此地的用心，除了“秦人慕经学，重处士，持清议，实与他省不同”外，更主要的是：华阴地扼潼关、黄河险要，即使足不出户，也能见天下之人、闻天下之事。一旦有警，入山守险，不过十里之地；若志在四方，则一出关门，就有高屋建瓴之便。

在抗清斗争中，文人的反抗尤其强烈，影响也更大。为了从根本上消除反抗意识，清廷实行软硬兼施的两手政策，强化对士人的控制，限制其思想行动。一面以“文字狱”镇压、威胁不服者；一面又借助科举收买、奖励顺从者。

康熙十七年（1678），清廷为纂修《明史》，特开博学鸿词科，征举海内名儒，一时名士赴召者不少。内阁学士叶方蔼和翰林院侍讲韩菼想推荐顾炎武。顾炎武严词拒绝，并且从此不再入京。次年，叶方蔼任明史馆总裁，又想招顾炎武入史局，顾炎武在回信中，慷慨陈词：“人人可出，而炎武必不可出矣！”“七十老翁何所求？正欠一死！若必相逼，则以身殉之矣！”（《与叶讱庵书》）

不管面前有多少险阻，都毫不动摇顾炎武的决心，不能阻碍他前进的脚步。在顾炎武心头牵萦的，始终是对中兴大业的期盼。

康熙二十年（1681）八月，顾炎武自华阴至山西曲沃，因病呕泻不止。九月，移居韩宣的宜园，病势稍有减弱。康熙二十一年正月八日，顾炎武在上马时失足落地，病又发作，整天呕泻不止。九日凌晨，与世长辞。一应丧事，全仗韩宣操持。

三月，顾炎武从弟顾岩自昆山赶赴曲沃，与嗣子衍生一起扶柩南归，葬于千墩祖茔。在外漂泊二十五年后，顾炎武又回到了故乡。

顾炎武著作等身。现存著作三十五种，主要作品有《日知录》三十二卷、《音学五书》三十八卷、《天下郡国利病书》一百二十卷、《肇域志》四十册、《历代帝王宅京记》二十卷、《金石文字记》六卷，以及《亭林诗文集》等。

二、《日知录》成书过程

顾炎武晚年自言：“某自五十以后，笃志经史，其于音学深有所得……而别著《日知录》，上篇经术，中篇治道，下篇博闻，共三十余卷。”（《亭林文集·与人书二十五》）《亭林文集》中有近二十篇文章言及《日知录》，除《答俞右吉书》《与人书十》《与汤圣弘》这三封书信不详年月，其余都作于康熙初年以后。以此，包括钱穆在内的一些学者，认为顾炎武作《日知录》，应在康熙元年（1662）即五十岁之后。

而在《日知录》初刻八卷本卷首，顾炎武有自记云：“愚自少读书，有所得辄记之，其有不合，时复改定。或古人先我而有者，则遂削之。积三十余年，乃成一编。取子夏之言，名曰《日知录》。”初刻本起于康熙九年（1670），陈祖武先生据此推定：“由康熙九年上溯三十余年，恰当明崇祯十二年（1639）顾炎武离开科场之后。可见，《日知录》的始撰大致就在此时。”（《清儒学术拾零·从〈日知录〉到〈日知录集释〉》）在顾炎武所作《谲觚》前，也有一段自记，前面和《日知录》自记相似：“仆自三十之后，读经史，辄有所笔记。岁月既久，渐成卷帙，而不敢录以示人。”顾炎武三十岁时为崇祯十五年（1642），所说的“笔记”，即作《日知录》笔记，可作佐证。《四库全书总目提要》说《日知录》乃顾炎武“一生精力所注”之书。阮元《国史儒林传》云：“《日知录》三十卷，尤为炎武终身精诣之书，盖积三十余年而后成，凡经史、吏治、财赋、典礼、艺文之类，皆疏通考证之。”都持这种看法。产生两种不同的看法，主要是着眼点不同。前说是《日知录》初步成稿的时间，后说考虑的是《日知录》开始着手撰写的时间。

康熙九年八月，顾炎武离开山东德州去北京，友人程先贞送行，作《赠顾征君亭林序》，其中提到劝顾炎武出书的事：“今年结夏于此，与二三同人讲《易》。复得发其《日知录》一书观之，多考古论世之学，而其大旨在于明经术，扶王道，为之三叹服膺，劝其出以惠学者。”（见沈岱瞻《同志赠言》，《亭林先生遗书汇辑·附录》载）正是由于程先贞和众多友人的需求和劝说，顾炎武才动了刻《日知录》的念头。

在刻书之前，《日知录》中的一些篇章已广被传抄，其中也有歪曲原作的讹误之说。为了“无俾贻误来学”，顾炎武写了《谲觚十事》，以作辩证。“无俾贻误来学”，这也可能是促使顾炎武将《日知录》刻书的一个重要原因。

《初刻日知录自序》中，有这么几句话：“炎武所著《日知录》，因友人多欲抄写，患不能给，遂于上章阉茂之岁刻此八卷。”上章为天干中“庚”的别称，阉茂为地支中“戌”的别称，上章阉茂即“庚戌”的别称，当时的庚戌年为康熙九年。而在《蒋山佣残稿·与友人书》中，顾炎武又说：“《日知录》初本乃辛亥年刻。”这年为康熙十年，比前说晚了一年。这可能也是由于着眼点不同，陈祖武先生认为：“八卷本《日知录》系康熙九年始刻，而至康熙十年完成。”（《顾炎武评传》）

现存《日知录》初刻八卷本，刻书者署名“符山堂”。符山堂为顾炎武友人张弨书屋，在淮安（今属江苏）。前三年，顾炎武曾委托张弨父子在淮安校刻《音学五书》。

据傅增湘所见《日知录》初刻本，计一百十六条。但上海古籍出版社影印康熙九年《日知录》初刻本八卷，有一百四十一条。卷一首篇为《朱子周易本义》，在潘耒刻本《日知录》卷一；卷八末篇《劳山》，在潘耒刻本《日知录》卷三十一。各篇编排的次序，和潘耒三十二卷刻本基本相同。“上篇经术，中篇治道，下篇博闻”，在初刻本已成雏形。

不过就具体内容而言，初刻本和潘刻本已有很大不同。如《朱子周易本义》，初刻本仅五百字，而潘耒刻本有二千余字（包括自注）。初刻本卷二《三年之丧》，潘刻本在卷五，内容扩充更多，但少了原有的“初丧四十九日居于柩侧，谓之七七”一段文字。据全祖望说：“亭林儒者，非先王之法言不言，至此条则失之。然此乃其未定之说，在初刻《日知录》八卷。及晚年重定则芟之矣，盖自知其失也。”（《经史问答》卷五）

《谲觚十事》附于初刻本之后，其中第一条即说“《日知录》有辩淄川非薛一事”。可能顾炎武还想作进一步修改，初刻本不收“辩淄川非薛”的文字。潘耒本卷三十一载《史记菑川国薛县之误》，前面一段和《谲觚十事》所录一字不差，后面二段改动较大。可见初刻本收录的只是顾炎武选定的部分文章，而非当时已完成的全部作品，于此也显示了作者文不苟作的严谨态度。

《日知录》八卷本刻成后，顾炎武的撰写和修改，一直在不断进行。在与友人的书信中，顾炎武言及《日知录》的撰写进程，历历分明：

"弟夏五出都，仲秋复入，年来踪迹大抵在此……顷者《日知录》已刻成样本，特寄上一部。"（《亭林佚文辑补·与李良年（武曾）书》）张穆《顾亭林先生年谱》系于康熙十一年（1672）。

"黔中数千里，所刻之书并十行之牍乃不久而达，又得手报至方山所，而寄我于楼烦、雁门之间……此书中有二条，未得高明驳正，辄乃自行简举，容改后再呈。且续录又得六卷，未必来者之不胜于今日也。"（《亭林佚文辑补·又答李武曾书》）张穆《顾亭林先生年谱》系于康熙十二年（1673）。

"弟今年寓迹半在历下，半在章丘。而修志之局，郡邑之书颇备，弟得藉以自成其《山东肇域记》……近日又成《日知录》八卷，韦布之士，仅能立言，惟达而在上者为之推广其教，于人心世道，不无小补也。"（《亭林佚文辑补·与颜修来书十五》）张穆《顾亭林先生年谱》系于康熙十二年（1673）。

"于上章阉茂之岁刻此八卷。历今六七年，老而益进，始悔向日学之不博、见之不卓，其中疏漏往往而有，而其书已行于世，不可掩。渐次增改，得二十余卷，欲更刻之，而犹未敢自以为定，故先以旧本质之同志。"（《亭林文集·初刻日知录自序》）张穆《顾亭林先生年谱》系于康熙十五年（1676）。

"《日知录》三十卷，已行其八，而尚未惬意。"（《亭林文集·答曾庭闻书》）张穆《顾亭林先生年谱》系于康熙十六年（1677）。

"《日知录》初本乃辛亥年刻。彼时读书未多，见道未广，其所刻者，较之于今，不过十分之二。非敢沽名衒世，聊以塞同人之请，代抄录之烦而已。”（《蒋山佣残稿・与友人书》）张穆《顾亭林先生年谱》系于康熙十七年（1678）。

“《日知录》续已改定为三十卷，前本复有增损，且可勿刻。”（《蒋山佣残稿・与汤圣弘》）

“所著《日知录》三十余卷，平生之志与业皆在其中，惟多写数本以贻之同好，庶不为恶其害已者之所去。”（《亭林文集・与友人论门人书》）

“《日知录》二集想是八九年前之书，已不可用。今所著三四十卷，前十卷诠五经者，已录送原一，其四书尚未全，而以后所谈兴革之故，须俟阅完实录，并崇祯邸报一看，然后古今之事，始大备而无憾也。”（《蒋山佣残稿・答公肃甥》）张穆《顾亭林先生年谱》系于康熙十九年（1680）。

“今此旧编，有尘清览。知我者当为攻瑕指失，俾得刊改以遗诸后人，而不但当为称誉之辞也。”（《蒋山佣残稿・与友人书》）在撰写的过程中，顾炎武还曾将书稿寄与陆世仪、黄宗羲、王建常、迟维城、阎若璩等友人，以期攻瑕指失，精益求精。（见《亭林余集・与陆桴亭札》《亭林佚文辑补・与黄太冲书》《亭林佚文辑补・寄王仲复先生书》《蒋山佣残稿・复迟明府书》及《潜研堂集・阎先生若璩传》等文）

“吾见其进也，未见其止也。”（《论语・子罕》）“有一日未死之身，则有一日未闻之道。”（《日知录・朝闻道夕死可矣》）这几句话，可以说是对《日知录》撰写过程最真切的写照。

用心之苦、用力之勤，一至于此，所得必是精品。即使如此，顾炎武却再无开雕之意。他引东汉马援的话：“良工不示人以璞。”认为“著述之家，最不利乎以未定之书传之于人……《日知录》再待十年，如不及年（此‘年’字如‘赵孟不复年’之‘年’），则以临终绝笔为定”（《亭林文集・与潘次耕书》）。颇有“藏之名山，传诸其人”之意。

“年来行止类浮萍，虽有留书未杀青。世事粗谙身已老，古音方奏客谁听？儿从死父传楹语，帝遣生徒受壁经。投笔昕然成一笑，春风绿草满阶庭。”（《亭林诗集·次耕书来言时贵有求观余所著书者答示》）藏之名山，更多的是其人其书与世不谐、知音难觅的无奈。

康熙二十一年（1682），顾炎武谢世。弟子潘耒从其养子顾衍生处“求得手稿，较勘再三，缮写成帙，与先生之甥刑部尚书徐公健庵、大学士徐公立斋谋刻之而未果。二公继没，耒念是书不可以无传，携至闽中，年友汪悔斋（福建布政使汪楫）赠以买山之资，举畀建阳丞葛受箕鸠工刻之以行世”（《日知录序》）。在顾炎武去世十三年之后，即康熙三十四年（1695），遂初堂（潘耒书房）刻本《日知录》三十二卷终于问世。

道光间，嘉定黄汝成在遂初堂刻本的基础上，参以阎若璩、杨宁、沈彤、钱大昕四家校本，并酌收王锡阐、张尔岐、陆世仪等九十六位学者（几乎囊括了自康熙至道光年间的顶尖学者）的研究成果，编成《日知录集释》三十二卷，即西溪草庐重刊本，于道光十四年（1834）刊行。随后他从吴县王亮生处借得未经删改的《日知录》原写本（见张穆《年谱》引许瀚语），在比勘遂初堂本后，参以陈訏、张惟赤、遽园孙氏、楷庵杨氏四家校语，成《日知录刊误》二卷。后又得陆筠校本，成《日知录续刊误》二卷。自此之后，黄汝成的《集释》本便取代遂初堂本，成为影响最大的《日知录》刻本。

三、主要内容

顾炎武说：书名中的“日知”，出自子夏之言：“日知其所亡，月无忘其所能，可谓好学也已矣！”（《论语·子张》）原意是每天学习一些新知识，每月温习已掌握的知识，可以称作好学了。这里的“知”，是动词，即了解、懂得。《日知录》即每日的认知和感悟。但书名中的“日知”，也可作名词理解，即每日新增的知识，“录”即对这些认知和知识的记载。

顾炎武年少时，先祖曾对他说：“著书不如抄书。”崇祯十二年（1639），顾炎武参加科举考试，再度落榜。当时他二十七岁，还有足够的时间和机会可以争取。“感四国之多虞，耻经生之寡术”（《天下郡国利病书序》），顾炎武从此不再随波逐流，追求功名，而是全面攻读能经世致用的书，如二十一史、十三朝实录、各地图经、前人的论说，乃至官府的公文报章，凡是和国计民生密切相关的内容，都随手记录下来。后来他云游四方，只要有人以书相示，就会留下，或亲手抄写，或请人抄录（见《钞书自序》）。顾炎武最重要的著作，无论《日知录》，还是《天下郡国利病书》，都是在抄录前人文献的基础上完成的。

但顾炎武又不是简单地抄书，在抄录的同时，也记下读书的心得。这是顾炎武读书的习惯，也是他治学的特色。他曾答友人问《日知录》的进展：“尝谓今人纂辑之书，正如今人之铸钱。古人采铜于山，今人则买旧钱，名之曰废铜，以充铸而已。所铸之钱既已粗恶，而又将古人传世之宝，舂剉碎散，不存于后，岂不两失之乎？承问《日知录》又成几卷，盖期之以废铜。而某自别来一载，早夜诵读，反复寻究，仅得十余条，然庶几采山之铜也。”（《亭林文集·与人书十》）他认为：如果只是为抄书而抄书，那么抄录的依然是前人的东西。在抄录的过程中，随手将读书心得记下，从中发现问题，随时修正，发现和古人议论重复的，随即删掉，通过取精汰芜，精益求精。这就不仅是采矿，更多的是冶炼；不仅是抄书，更多的是研究。如此日积月累，便编成一本内容极其广泛的书。用潘耒的话说：“稽古有得，随时札记，久而类次成书。”故谢章铤说：“大儒之所谓‘钞’，盖前圣之所谓‘述’也。”（《赌棋山庄集·竹柏山房丛书序》）这样的抄写，远比那些挥笔书写的长篇大论扎实、精深、可贵。顾炎武尽一生之力，撰写《日知录》，这是一个十分艰辛的过程，让人不禁生“更觉良工心独苦”（杜甫《题李尊师松树障子歌》）的概叹。

顾炎武多闻博学，是一个百科全书式的人物，他研究的领域，涉及政治、军事、财经、刑法、风俗、伦理、礼制、典制、文艺、语言、史学、考古、金石、地理、经学、理学、佛道、教育、天文、历算、术数、掌故、异域等各个方面。这在《日知录》中得到最充分的体现。

现通行的《日知录》有三十二卷，一千零二十余条。顾炎武将其内容分为经术、治道、博闻三部分（《亭林文集·与人书二十五》）。康熙二十一年（1682）潘耒从其家取出书稿，再三校勘，按内容大体划为经义、史学、官方、吏治、财赋、典礼、舆地、艺文等八类（《日知录序》）。《四库全书总目提要》则分作十五类：“书中不分门目。而编次先后则略以类从。大抵前七卷皆论经义，八卷至十二卷皆论政事，十三卷论世风，十四卷十五卷论礼制，十六卷十七卷皆论科举，十八卷至二十一卷皆论艺文，二十二卷至二十四卷杂论名义，二十五卷论古事真妄，二十六卷论史法，二十七卷论注书，二十八卷论杂事，二十九卷论兵及外国事，三十卷论天象术数，三十一卷论地理，三十二卷为杂考证。”（卷一百十九《子部二十九·杂家类三》）这样分类，看似很细致，但不免琐碎，反将顾炎武最重视的治道淡化了。

当然，这些分类并非绝对，很多是交叉的。在经术和博闻部分，不少与治道相关，有些甚至是围绕治道展开的；而在治道部分，也包含着不少经术和博闻的内容。其实，在顾炎武看来：治道本于经术，博闻有助治道，三者一以贯之。《日知录》每一篇都提出一个具体的问题，各篇之间都相对独立，罕见有重复的现象，但又始终不脱离以经术为本原、以治道为指归的主线。

中国古籍四部分类法“经史子集”，以“经义”领先。顾炎武尤重经学，在幼年就已读“四书”的全注；晚年于“六经”用功尤深。他认为“经”乃礼乐德刑之本、文治教化之源，通经可以明道，进而经世。

但顾炎武对经籍和前代的经说，不依榜，不盲从。“五经得于秦火之余，其中固不能无错误。学者不幸而生乎二千余载之后，信古而阙疑，乃其分也”（《日知录·丰熙伪尚书》），这是他治经的原则。顾炎武是把经学作为一个历史发展过程来研究的，不独《春秋》为史，“虽六经皆然”（《日知录·鲁颂商颂》）。以此，他治经常引史证经，借助史实，阐发经义。虽然他研究的是古代典籍，但充满时代感和现实感。

顾炎武撰写此书的宗旨在有助治道，此书的重心也始终在治道。这一点，他有过明确的表述：“著书陈治本，庶几回苍穹。”（《亭林诗集·赠卫处士蒿》）“孔子之删述六经，即伊尹、太公救民于水火之心，而今之注虫鱼、命草木者，皆不足以语此也。故曰：‘载之空言，不如见诸行事。’夫《春秋》之作，言焉而已，而谓之行事者，天下后世用以治人之书，将欲谓之空言而不可也。愚不揣，有见于此，故凡文之不关于六经之指、当世之务者，一切不为。而既以明道救人，则于当今之所通患，而未尝专指其人者，亦遂不敢以辟也。”（《亭林文集·与人书三》）

治道离不开“政事”，包括各级行政区域和官吏的职责、历代用人制度的利病、如何选拔人才、如何监督官吏、如何维护社会安定、如何保持国家稳定、如何发展经济和实业，如何征收赋税，如何满足民众生活需要，以及君主制、法制、土地制度、水利、盐铁、钱币、贸易等各个方面。虽然时代已经变化，但书中提出的很多问题，至今依然值得重视，可供借鉴。

孟子论天下“一治一乱”，说：“我亦欲正人心，息邪说，距诐行，放淫辞。”（《孟子·滕文公下》）顾炎武继承并发挥了孟子的看法：“目击世趋，方知治乱之关，必在人心风俗。而所以转移人心，整顿风俗，则教化纪纲为不可阙矣。百年必世养之而不足，一朝一夕败之而有余。”（《亭林文集·与人书九》）陈澧认为：“亭林在明末亦一孟子也。”（《东塾读书记》卷三）

“世风”是《日知录》中最重要的部分，包括历代社会风气的演变、舆论监督、立身处世、不正之风等内容。对此，潘耒激赏不已：“至于叹礼教之衰迟，伤风俗之颓败，则古称先，规切时弊，尤为深切著明。”（《日知录序》）其中关于“廉耻”“耿介”“俭约”“除贪”“贵廉”等命题的论说，至今仍是人们最关心的问题，具有警示和启迪的作用。

“科举”部分所说的，实际上是关于教育和人才培养的问题。顾炎武认为“八股之害，等于焚书”，对其窒息人的思想和活力，从而扼杀人才，作了深刻的揭露，发人深省。

在“艺文”中，顾炎武对如何创作、如何编史，有十分具体的论述；对一些重要的典籍和思潮，也有独到的看法。里面提出许多有关学风的问题，如：“文须有益于天下”“著书之难”“立言不为一时”“文辞欺人”“文人摹仿之病”等，至今依然是值得重视、理应遵守的准则。

“杂论”包含的内容十分广泛，对古今中外、历史地理、天文历数、文艺语言、典章掌故的一些现象、问题、知识，辨析源流，辨别真伪，很多是考证文字。对今人阅读古籍、了解历史，颇有裨益。

四、历史地位

顾炎武著作等身，且无空言，“其绪论足以扶世翼教者，虽残编断简，至一句一字之微，后之人往往摭拾而珍惜之，俾流传至于千百祀之久”（邹福保《日知录之余》序）。而他最看重的作品，无疑是《日知录》：“弟卅年来，并无一字流传坊间，比乃刻《日知录》二本，虽未敢必其垂后，而近代二百年来未有此书，则确乎可信也。”（《亭林佚文辑补·与人札》）“向者《日知录》之刻……意在拨乱涤污，法古用夏，启多闻于来学，待一治于后王。自信其书之必传，而未敢以示人也。”（《亭林文集·与杨雪臣》）

就当时的声望和对后世的影响二者而言，清代学术界，似乎无人能与顾炎武比肩。潘耒说当时“文人才士语学问，必敛衽推顾先生”（《日知录序》）。被方苞称为“国朝第一名臣”的汤斌，借他人之口，表达了自己对顾炎武的敬仰：“前岁山史（王弘撰）自关中见访，询及交游名贤，即曰吴郡顾先生品高学博，真当今第一有用儒者也。”（《汤子遗书·答顾宁人书》）他尤其爱读《日知录》，从而发出“惜不能得《日知录》尽读之”（同上）的感慨。被江藩称为“清代汉学家第一”的阎若璩，博极群书，睥睨一代，即使像文坛正宗王士祯那样的人，也认为不足挂齿，唯独对能诘难《日知录》中的某些条目而沾沾自喜，“则其引炎武为重，可概见矣。然所驳或当或否，亦互见短长，要不足为炎武病也”（《四库全书总目提要》）。对顾炎武，阎若璩可谓推崇备至：“博而能精，上下五百年，纵横一万里，仅仅得三人焉，曰钱牧斋宗伯（钱谦益）也，曰顾亭林处士也，及先生（黄宗羲）而三。先生云亡，上距牧斋薨已三十有二年，即亭林殁亦且十四五年，盖至是而海内读书种子尽矣。”（张穆《顾亭林先生年谱》附《南雷黄氏哀词》）

在顾炎武众多著作中，公认成就最大的便是《日知录》。潘耒称此书“学博而识精，理到而辞达”，“明三百年来，殆未有也”，“先生非一世之人，此书非一世之书也”（《日知录序》）。后人对《日知录》的评价，始终和对顾炎武的评价连在一起。

清初汉学和宋学之争，尚不明显。但由于治学精神和方法的不同，二者之间的分歧始终存在。乾嘉之后，汉宋之争愈趋激烈。《亭林文集·与友人论学书》是体现顾炎武思想的代表作，文中揭橥“博学于文”“行己有耻”，对理学家最关注的“天道”“性”“命”，并不措意：“愚所谓圣人之道者如之何？曰‘博学于文’，曰‘行己有耻’。自一身以至于天下国家，皆学之事也；自子臣弟友以至出入、往来、辞受、取与之间，皆有耻之事也……呜呼！士而不先言耻，则为无本之人；非好古而多闻，则为空虚之学。以无本之人，而讲空虚之学，吾见其日从事于圣人而去之弥远也。”

当务之急，就是治国平天下。亭林继承了《大学》的精神，从格物致知入手，完成治国平天下的大业。经术和经世，在亭林原为一体的两面，不可或缺，治经是为了经世，而经世又必须从明经入手，因此也就无畸重畸轻之弊。事实上，在清代确实也有一些客观的评价：“要之先生之才，体用兼备，固不屑屑以考订见长，而亦不徒以经生自命也。即以经学论，书中所录，及世所传《五经同异》，类皆折中众说，不名一家者，是先生学期心得，不尚苟同，而亦非立异，正不必于马、郑、程、朱之间，为先生强分主奴也。”（张杓《日知录跋》，见《清经世文编》卷二）王国维在概述清代学术演变时说：“亭林之学，经世之学也，以经世为体，以经史为用。”（《沈乙庵先生七十寿序》）

出于对明亡的沉痛反思，清初学者，特别是亭林的友人，无不推崇其学的经世之用。潘耒《日知录序》云：“顾宁人先生生长世族，少负绝异之资，潜心古学，九经诸史，略能背诵；尤留心当世之故，实录奏报，手自抄节，经世要务，一一讲求。当明末年，奋欲有所自树，而迄不得试，穷约以老。然忧天闵人之志，未尝少衰，事关民生国命者，必穷源溯本，讨论其所以然。足迹半天下，所至交其贤豪长者，考其山川风俗、疾苦利病，如指诸掌……异日有整顿民物之责者，读是书而憬然觉悟，采用其说，见诸施行，于世道人心，实非小补。如第以考据之精详、文辞之博辨叹服而称述焉，则非先生所以著此书之意也。”

潘耒的忧虑，是先见之虑，而非杞人之忧。时至乾嘉年间，社会环境、学术氛围，都已发生很大的变化，偏重汉学的四库馆臣，出于自身的学术追求和爱好，便不同意潘耒的说法：“炎武生于明末，喜谈经世之务，激于时事，慨然以复古为志，其说或迂而难行，或愎而过锐……潘耒作是书序，乃盛称其经济，而以考据精详为末务，殆非笃论矣。”（《四

库全书总目提要》卷一百十九《子部二十九·杂家类三》)

《四库全书总目提要》言:“国初称学有根柢者,以炎武为最。”(《四库全书总目提要》卷二十九《经部二十九·左传杜解补正》)而《日知录》“盖其一生精力所注也”。“炎武学有本原,博赡而能通贯,每一事必详其始末,参以证佐,而后笔之于书,故引据浩繁而抵牾者少,非如杨慎、焦竑诸人,偶然涉猎,得一义之异同,知其一而不知其二者。”(《四库全书总目提要》卷一百十九《子部二十九·杂家类三》)

正是由于顾炎武等人倡导经学,注重实证,不为空疏无用之谈,后来学者开始重视研究经籍,“其时若阎若璩、胡渭、顾祖禹、周惕之辈,其后若王鸣盛、钱大昕、江永、戴震之徒,莫不闻风兴起,由浅逮深,炳然述作,与古同功”(《东华续录·光绪六十》引陈宝琛奏)。由此造成清代朴学的鼎盛。故章学诚将顾炎武誉为清代“开国儒宗”(《文史通义·浙东学术》),王国维说“国初之学创于亭林”(《沈乙庵先生七十寿序》)。阮元编《国史儒林传》,以顾炎武为首。故纯从学术考虑,《四库提要》的看法,也不无道理。

但知人必须论世,对顾炎武的评价,不能离开他所处的历史环境。对历史人物或历史事件的评价,其后续都是扬弃,是如何继承。而该继承的除了具体的知识,还有意识和精神。四库馆臣感兴趣的未免琐细,缺乏更高层面的追求。更何况对顾炎武来说,经世和经史,既不可分,也不能缺。姚椿已看到这一点:“或谓亭林经济不如经史,其说发自纪河间(纪昀)。经济诚不可空言议,然天下容有能言而行之未尽善者,未有不能言而所行乃与古合。且谓经济不出于经史,则正昔人所谓歧而二之者也。”(《晚学斋文集·顾亭林先生肇域志手稿跋》)

被誉为“岭南第一才子”的宋湘有一段话,集中体现了清人对顾炎武和《日知录》的评价:“国初名儒,余最服膺顾亭林先生。先生之学博矣,而无考据家傅会穿凿、蔓引琐碎之病;先生之行修矣,而无讲学家分门别户、党同伐异之习；先生之才识优矣，而无纵横家矜才逞智、剑拔弩张之态。所著《日知录》一书，举经史子集之要，统修齐治平之全，择精语详，扶世翼教，其学为有用之学，其言皆有本之言。孔子所谓‘博学于文，约之以礼’，孟子所谓‘守先王之道，以待后之学者’，若先生者，庶乎足以当之矣。”（凌扬藻《蠡勺编》卷三十七《国初名儒之最》引《松心日录》）

关于顾炎武和《日知录》所长在经世还是经史这个问题，很快又在新的历史时期被提出。晚清又开始新的剧变，对世事的忧虑，使时人的心和明末清初的学者贴近，对顾炎武的关注，也回到经世致用这一面。曾国藩作《圣哲画像记》，自文王、周公直至当代，共三十二人，其中就有顾炎武：“我朝学者以顾亭林氏为宗，《国史儒林传》褒然冠首。吾读其书，言及礼俗教化，则毅然有守先待后、舍我其谁之志，何其壮也……吾图画国朝先正遗像，首顾先生，次秦文恭公，亦岂无微指哉！”（《曾文正公文集》）

对前人的经世、经史之争，钱穆有一段概括性的话：“盖亭林论学本悬二的，一曰明道，一曰救世。其为《日知录》又分三部，曰经学、治道、博闻。后儒乃打归一路，专守其经学即理学之议，以经术为明道。余力所汇，则又及博闻。至于研治道，讲救世，则时异世易，继响无人，而终于消沉焉。若论亭林本意，则显然以讲治道救世为主。故后之学亭林者，忘其行己之教，而师其博文之训，已为得半而失半。又于其所以为博文者，弃其研治道论救世，而专趋于讲经术，务博文，则半之中又其半焉。”（《中国近三百年学术史》）

近代西风东渐，新学日盛。但对顾炎武的钦敬、阅读《日知录》的热情，始终不减。七七事变后，陈垣先生在已沦陷的北平，依然讲解《日知录》。并用近三十年的时间，校注《日知录》，“是他未刊著作中用时最长、用力最多的一部”（《日知录校注》陈智超前言）。确实，顾炎武用心血凝聚的著作，如《日知录》《天下郡国利病书》等，无不有关国计民生，提倡实学，具有创新价值，直至今日，依然被视为经典中的经典。

五、时代价值

《日知录》是顾炎武一生心血的结晶，从中寄托了他的志向和事业。在给朋友的信中，顾炎武表达了这样的愿望："所著《日知录》三十余卷，平生之志与业皆在其中……而有王者起，得以酌取焉，其亦可以毕区区之愿矣。夫道之污隆，各以其时，若为己而不求名，则无不可以自勉。"（《亭林文集·与友人论门人书》）通过治学来救世，是他的志向；留下作品供后人借鉴，便是他的事业。这也是《日知录》在顾炎武心中的价值。

"吾辈学术，世人多所不达，一二稍知文字者，则又自愧其不如。不达则疑，不如则忌，以故平日所作，不甚传之人间。"（《亭林文集·与人书十二》）顾炎武明白：自己的思想和著作，当代人很难理解，至于流俗更难接受。以此，他像司马迁那样，宁可将作品藏之名山，将知音寄于后人。"须绝笔之后，藏之名山，以待抚世宰物者之求。"（《初刻日知录自序》）去世前不久，顾炎武在给友人的信中说："君子之为学，以明道也，以救世也……别著《日知录》……有王者起，将以见诸行事，以跻斯世于治古之隆，而未敢为今人道也。"（《亭林文集·与人书二十五》）顾炎武明确表示：这部书是写给后人看的，希望能对后世的当政者有所裨益。他期待日后有雄才大略的人出现，从这部书中采纳一些有益的看法，完成他的心愿。

事实上也确实如此，直到晚清（或者说近代），世人才真正全面认识到顾炎武及《日知录》的传世价值。具体说，有以下几个方面：

一、立身准则：博学有耻。有其人才有其书。在给潘耒的信中，顾炎武坦陈心迹："君子之为学也，非利己而已也，有明道淑人之心，有拨乱反正之事，知天下之势之何以流极而至于此，则思起而有以救之。"（《亭林余集·与潘次耕札一》）治学是为了明道，明道是为了救世，这就是他的平生之志，是他立身的根本。《日知录》就是一部志在救世的著作。

"博学于文"，"行己有耻"出于《论语·颜渊》和《子路》篇。顾炎武将二者合而为一，作为立身的准则，并作了阐述，这也是在《日知录》中反复提出和强调的主题。他所说的"学"，不仅是书本知识，包含着更广泛的内容。简言之，他将廉耻作为道德的基础，将实学作为博学的根本。无论做人，还是做学问，必须对社会有用，这样才称得上道德学问，两不偏废。梁启超尤其敬慕顾炎武的为人，称他德艺双馨，"不但是经师，而且是人师"，能将道德、学问、文章三者融为一体（见《中国近三百年学术史》）。

二、敢于担当：匹夫有责。康熙二十年（1681）秋，为了陕西、甘肃千百万百姓的生计，顾炎武给朝廷当权大臣写了一封信。"天生豪杰，必有所任……今日者拯斯人于涂炭，为万世开太平，此吾辈之任也。仁以为己任，死而后已，故一病垂危，神思不乱。使遂溘焉长逝，而于此任已不可谓无尺寸之功，今既得生，是天以为稍能任事而不遽放归者也，又敢怠于其职乎？"（《亭林文集·病起与蓟门当事书》）此时顾炎武只是一个"一病垂危"、自身难保的遗民，离去世仅几个月，但"神思不乱"，依然以"拯斯人于涂炭，为万世开太平"为己任。"仁以为己任，死而后已"，源自诸葛亮的"鞠躬尽瘁，死而后已"，但境界更高。

这种责任感，在《日知录·正始》篇中，凝结成这样一段文字："保国者，其君其臣，肉食者谋之；保天下者，匹夫之贱，与有责焉耳矣。"晚近学者又将此概括为八个字："天下兴亡，匹夫有责。"虽说这不是顾炎武的原话，但的确体现了他的爱国情怀，和范仲淹“先天下之忧而忧，后天下之乐而乐”一样，体现了一种担当，一种以天下为己任的胸怀。近代外患日甚，“天下兴亡，匹夫有责”，一直被看作是抵御外敌的精神支柱。从曾国藩、张之洞，到梁启超、章炳麟、蔡锷，无论是洋务派、维新派，还是革命派，都以此激励士气，鼓舞民心。由于这句话始终具有激发世人爱国、爱民热情的积极意义，因此传诵众口，在很长的一段时间内，成为中华民族发愤图强的呼声。

三、治学宗旨：经世致用。顾炎武一生，始终以“国家治乱之源，生民根本之计”为怀（《亭林佚文辑补·与黄太冲书》），以“明学术，正人心，拨乱世，以兴太平之事”（《初刻日知录自序》）为治学宗旨。他提倡“经世致用”之学，重视“坐而言，可起而行”的实用之学，主张以“修己治人之实学”，替代“明心见性之空言”。他认为著书立说，必须是针对现实的切实有用的东西，不可尽是些从前人那里照搬过来的陈词滥调。对晚明空谈心性的习气，作了深刻而又尖锐的批判。

《日知录》主要作于明亡之后。顾炎武痛定思痛，通过对前代和当代史实的考论，追本溯源，对明末朝政和社会的众多乱象，对国家政事、社会经济、文化教育、风俗民情等各方面存在的问题，对这些问题产生和恶化的原因，明王朝一步步走向灭亡的教训，作了深刻的思考；并对如何防止、解决这些问题，提出自己独到的看法。潘耒称顾炎武为“通儒”：“学者将以明体适用也，综贯百家，上下千载，详考其得失之故，而断之于心，笔之于书，朝章国典，民风土俗，元元本本，无不洞悉，其术足以匡时，其言足以救世，是谓通儒之学。”（《日知录序》）《日知录》也可说是一部学术研究性的“资治通鉴”。和《资治通鉴》的区别在于：《通鉴》主要叙述重大的历史事件，史实是主体；《日知录》则对这些事件发生的原因、结果和影响进行探讨，论断是中心。

四、研究精神：自立自重。梁启超认为：顾炎武之所以能成为清学的开山之祖，一在于他开创了新的学风；二在于他做学问的方法，给后人垂示模范；三在于他所做学问的种类，替后人开辟了途径（见《中国近三百年学术史》）。《日知录》集中体现了顾炎武的学术旨趣、治学精神和研究方法。

“若狥众人之好，而自贬其学，以来天下之人，而广其名誉，则是枉道以从人，而我亦将有所不暇。”（《亭林文集·与友人论门人书》）程先贞说顾炎武的著述，“本于经而不泥于昔闻，原于史而不拘于成说，多前贤所未明，一旦自我发之者”（《赠顾征君亭林序》）。顾炎武治学，敢于怀疑，善于推论，不自满，不武断，不依傍，不盲从，不剿袭，不雷同。“必古人之所未及就、后世之所不可无而后为之。”（《日知录·著书之难》）潘耒说他研究问题，都要“疏通其源流，考正其谬误”，对一些重要命题重新考察和定义。“有一疑义，反复参考，必归于至当；有一独见，援古证今，必畅其说而后止。”（潘耒《日知录序》）在撰写《日知录》中所体现的创新自立的意识、实地考察的作风、文不苟作的精神、虚怀若谷的态度、精益求精的追求，始终是学术研究理应努力的目标。

五、研究方法：注重实证。全祖望说顾炎武出游，总是“以二马二骡载书自随，所至厄塞，即呼老兵退卒询其曲折，或与平日所闻不合，则即坊肆中发书而对勘之”（《亭林先生神道表》）。以此，他的论述，材料丰富，论证严密，疏误很少。《日知录》中一些考证文字，如《尧冢灵台》、《大明一统志》中的“杨令公祠”等，都是在实地考察的基础上鉴别史籍记载的成果。

顾炎武提出“经学即理学”的命题，“抉剔史传，发挥经典”（《金石文字记序》），探源溯流，开清代朴学的先声。他倡导的由音韵文字入手进行学术研究的途径，从究名物、辨史事入手读经，将典籍研究与实地考察相结合，特别是重视金石的发现和研究，以金石证经、史，“其事多与史书相证明，可以阐幽表微，补阙正误”（《金石文字记序》），被后人奉为圭臬。魏长宝先生认为："顾氏发明的这些治学方法，包括重纂辑、明流变、善归纳、求证佐、躬实察等等，后来皆成为乾嘉学者治学的法门。"（《顾炎武与乾嘉学派》）这些在《日知录》中都有很好的体现。

顾炎武博览群书，见多识广，网罗四部，熔铸群言，读《日知录》，首先让人震惊的是百科全书式的博大。马端临的《文献通考》，是古代规模最大、最完整的记述历代典章制度沿革的著作。李慈铭评论《日知录》说："此三十二卷中，直括得一部《文献通考》，而俱能自出于《通考》之外。"（《越缦堂读书记》）同时又不能不叹服此书的精深。江藩说顾炎武"学究天人，博综群籍"，"不专治一经而无经不通，不专攻一艺而无艺不精。经史之外，如唐宋元明诗文集、小说、笔记，自秦汉及宋元金石文字，皇朝典章制度，满洲蒙古氏族，皆研精究理，不习尽工"（《国朝汉学师承记》卷三），洵非虚美。

后人常将《日知录》与南宋黄震的《黄氏日钞》、王应麟的《困学纪闻》相比，但梁启超认为二者根本不可同日而语。在他看来，《黄氏日钞》和《困学纪闻》只能算是原材料，而《日知录》则是精制品（见《中国近三百年学术史》）。钱大昕学问之博大精深，在中国学术史上罕见其匹，被认为是清代唯一学问可与顾炎武媲美的学者。他治学深受顾炎武影响，所作《十驾斋养新录》，考镜源流，洞悉幽微，体例与《日知录》相近；就专精而言，更在《日知录》之上。但经世致用，终有逊色。清代还有一些在形式上和《日知录》相仿的学术名作，但无论价值和影响，都无法与《日知录》相比。

作为清学开山之祖，顾炎武在当时和后世都产生了广泛而又深远的影响。儒家文化是中国传统文化的主流，儒学以人为本，探讨的根本问题是伦理问题，是人的问题。顾炎武的学术思想，具体反映了以儒学为主体的传统文化的特性，在其著作中所体现的，不仅是某些学理，某些现象，更是时代精神。研究顾炎武的思想和著作，也是在清理学术文化演进的轨迹，从中探讨学术演变的内在联系和逻辑发展的规律，进而转向对社会思潮、时代意识、时代特征的探求。这种研究，既有历史感，又有时代感、现实感，因而始终是动态的、充满活力的。这就使顾炎武思想处于一个生生不息的发展过程之中，各个时代，都能从中获得当代意义和价值。

顾炎武的学术思想，兼收并蓄，博大精深，涉及广泛的历史、社会、文化内容。作为一个独特的历史文化符号，顾炎武学说具有极大的兼容性和象征意义。研究清代学术思想，以及清以后的中国传统文化思想，顾炎武著作是首选之书。

顾炎武治学，具有极强的思辨、综合、推理能力，这在《日知录》得到完美的体现。阅读、研究《日知录》和顾炎武的其他著作，对重视各类学科的相互渗透，运用多方面、多角度的研究手段，做更深入、更有效的探索，具有很大的促进作用。

金无足赤，《日知录》也难做到无瑕，有其不足和错误。其中有认识问题，如尊古复古、道德说教，不合时宜；有些看法过于激愤，有欠公允；也有一些材料引述的疏误，兹不赘述。

本书在理清《日知录》版本源流的基础上，比较优劣，以出版时间早、内容完整、错误少、校刻精、具有代表性为标准，选定以潘耒刊刻的清康熙三十四年遂初堂本为底本。上海古籍出版社影印的《日知录集释》，附《日知录刊误》《续刊误》二书。另附“外七种”，其中五种为校正书。近年来《日知录》的整理、研究，成绩斐然，尤其是陈垣的《日知录校注》、张京华的《日知录校释》，以及栾保群的《日知录集释》，无论校勘还是注释，都达到前所未有的高度。但依《中华传统文化百部经典》的体例，“校勘并非本书的重点，对重要的异文可酌情说明”。故本书仅校以整理《顾炎武全集》时所用的康熙九年顾炎武手定本、康熙三十四年遂初堂刻本天头的佚名原校记、道光十四年《日知录集释》本，同时参考了成于民国二十二年（1933）的黄侃《日知录校记》（与原校记互有出入）。对于抄本原文中某些带有歧视性的词语，如“夷狄”“胡虏”等，则保留潘耒的改动，不再改回。

《日知录》的内容包罗万象，几乎囊括传统学术研究的所有科目。选本既要体现这种特色，又不能各科目平分秋色，应根据其内容、篇幅、价值、影响，有所侧重。本书所选文章，以下面几点为准：一、顾炎武所重视的问题，有不朽的学术价值。二、能体现顾炎武的学术宗旨、学术思想、研究精神、研究方法。三、在当今依然有现实意义，可供借鉴。四、兼顾普通读者的阅读兴趣和能力，对那些内容已和现实脱离及过于生僻、难解、繁琐的文字，均不加考虑。所选考证类的文字，或是对今人学术研究和阅读古籍有帮助，或是当今依然被关注的问题。五、《日知录》为札记，各篇长短不一，差别甚大，最长的《苏松二府田赋之重》有五千多字，最短的《召杀》仅九个字。所选文章，以论述比较完整的为主。

对自己著作中的引文，古人胜过今人的是往往娴熟于心，但查阅、核对原文不如今人容易。以此，其引文常凭记忆，与原文时有出入，也有疏误，不似今人那么严谨。或许是为了节省篇幅，或许是为了表达顺畅，删改原文（或数字，或数句），重新组织、隐括原文，甚至将自己的文字掺入原文，都很平常。《日知录》本以抄书为著书，不少文章自始至终都是引文，这些情况也很明显。本书在标点时，尽可能核对原文，区分原文。

《日知录》原是读书札记，对涉及的每个命题、每个史实，乃至每个地名、每个词语，都探本溯源，理清沿革，多方比较，剖析入微。故书中征引（或明引，或暗引）大量经文、史实、典章、掌故，以及前人的著述，乃至坊间的传闻，从中寄托和申述自己的看法。看似信手拈来，其实都含有深意。“不待论断而于序事之中即见其指”（《日知录·史记于序事中寓论断》），用于《日知录》的撰写特色，尤为贴切。要正确理解顾炎武的看法，必须弄清他所引内容的真实含意。但原书即使明引的文章，也不注明卷数，那些暗引的文字，更无出处。所引文字常有删改，与原文并不完全一致。因此注明这些引文的出处、背景和语义就显得格外重要。书中所用典故，也有明典，有暗典。为帮助读者理解，无论明引、暗引，明典、暗典，本书尽可能都注明出处。

朱子周易本义[1]

《周易》自伏羲画卦[2]，文王作彖辞[3]，周公作爻辞[4]，谓之经。经分上、下二篇。孔子作《十翼》[5]，谓之传[6]。传分十篇：《彖传》上、下二篇[7]，《象传》上、下二篇[8]，《系辞传》上、下二篇[9]，《文言》《说卦传》《序卦传》《杂卦传》各一篇[10]。《汉书·艺文志》：“《易经》十二篇。”师古曰[11]：“上、下经及《十翼》，故十二篇。”孔氏《正义》曰[12]：“《十翼》者，《上彖》一，《下彖》二，《上象》三，《下象》四，

《上系》五，《下系》六，《文言》七，《说卦》八，《序卦》九，《杂卦》十。”陆德明《释文》曰[13]：“太史公论六家要旨[14]，引‘天下同归而殊途，一致而百虑’，谓之《易大传》。班固谓孔子‘晚而好《易》[15]，读之韦编三绝，而为之传’。传即《十翼》也。前汉六经与传皆别行[16]，至后汉诸儒始合经传为一。”

肯定《易传》为孔子所作。

自汉以来，为费直[17]、郑玄[18]、王弼[19]所乱，取孔子之言逐条附于卦爻之下。程正叔《传》因之[20]。及朱元晦《本义》，始依古文，故于《周易》上经条下云：“中间颇为诸儒所乱，近世晁氏始正其失[21]，而未能尽合古文。吕氏又更定著为经二卷、传十卷[22]，乃复孔氏之旧云。”洪武初颁五经天下儒学[23]，而《易》兼用程、朱二氏，亦各自为书。永乐中修《大全》[24]，乃取朱子卷次，割裂附之程《传》之后。《易经大全·凡例》曰：“程《传》、《本义》既已并行，而诸家定本又各不同，故今定从程《传》元本[25]，而《本义》仍以类从。”而朱子所定之古文仍复淆乱。“彖即文王所系之辞，传者孔子所以释经之辞也，后凡言‘传’放此[26]”。此乃《彖上传》条下义。今乃削“彖上传”三字，而附于“大哉乾元”之下。“象者，卦之上下两象，及两象之六爻[27]，周公所系之辞也”。乃《象上传》条下义。今乃削“象上传”三字，而附于“天行健”之下。“此篇申《彖传》《象传》之意以尽《乾》《坤》二卦之蕴，而余卦之说因可以例推云[28]”。乃《文言》条下义。今乃削“文言”二字，而附于“元者善之长也”之下[29]。其“彖曰”“象曰”“文言曰”字皆朱子本所无，复依程《传》添入。后来士子厌程《传》之多，弃去不读，专用《本义》。弘治三年会试[30]，“物不可以苟合而已[31]，故受之以贲”题，陈辅文[32]，同考官杨守阯批曰[33]：“《序卦》，朱子无一言以释其义，盖以程子于诸卦之首，疏析其义已明且尽故也。今治经者专读《本义》，《易》卷逾八百，而知有《传》者不数人[34]。此能知之而又善作，是用录之，以激厉经生之不读程《传》者。”而《大全》之本乃朝廷所颁，不敢辄改，遂即监版《传》《义》之本[35]，刊去程《传》，而以程之次序为朱之次序。虚斋蔡清《易经蒙引》谓之“今所窃刊行《易经本义》”[36]。今《四书》版本，每张十八行，每行十七字，而注皆小字。《书》《诗》《礼记》并同[37]。惟《易》每张二十二行，每行二十三字，而《本义》皆作大字，与各经不同，明为后来所刻。是依监版《传》《义》本而刊去程《传》，凡《本义》

梳理自孔子至明代《周易》流传的不同文本形式，以排除《周易》研究中的各种歧说，清理流行文本中的淆乱现象，恢复《易》的本来面目。

中言“程《传》备矣”者，又添一“《传》曰”而引其文，皆今代人所为也。坊刻擅改古书，宜有严禁，是学臣之责。朱子《诗集传序》、蔡仲默《书集传序》[38]，今南京刊《大全》本，改曰《诗经大全序》、《书经大全序》，此即乱刻古书之一验。幸监本尚存，其谬亦易见尔。相传且二百年矣。惜乎朱子定正之书竟不得见于世，岂非此经之不幸也夫！

擅改古书，乱刻古书，会直接引起经籍的歧义，以致曲解经义，误导学子。

朱子《记嵩山晁氏卦爻彖象说》，谓“古经始变于费氏[39]，而卒大乱于王弼”。此据孔氏《正义》，曰：“夫子所作象辞，元在六爻经辞之后，以自卑退，不敢干乱先圣正经之辞。王辅嗣之意，以为象者本释经文，宜相附近，其义易了，故分爻之象辞，各附其当爻下，如杜元凯注《左传》[40]，分经之年与《传》相附。”故谓连合经、传始于辅嗣，不知其实本于康成也。《魏书》：“高贵乡公幸太学[41]，问博士淳于俊曰：‘孔子作彖、象，郑玄作注，其释经义一也。今彖、象不与经文相连，而注连之，何也？’俊对曰：‘郑玄合彖、象于经者，欲使学者寻省易了也。’帝曰：‘若合之于学诚便，则孔子曷为不合以了学者乎？’俊对曰：‘孔子恐其与文王相乱，是以不合。此圣人以不合为谦。’帝曰：‘若圣人以不合为谦，则郑玄何独不谦邪？’俊对曰：‘古义宏深，圣问奥远，非臣所能详尽。’”是则康成之书已先合之，不自辅嗣始矣。乃《汉书·儒林传》云：“费直治《易》，无章句[42]，徒以《彖》《象》《系辞》《文言》解说上、下经。”则以传附经，又不自康成始。朱子《记晁氏说》，谓“初乱古制时，犹若今之《乾卦》”。盖自《坤》以下皆依此，后人又散之各爻之下，而独存《乾》一卦以见旧本相传之样式耳。愚尝以其说推之，今《乾卦》“彖曰”为一条，“象曰”为一条，疑此费直所附之元本也。《坤卦》以小象散于各爻之下，其为“象曰”者八，余卦则为“象曰”者七，此郑玄所连，高贵乡公所见之本也。

追溯古《易》文本改变的源头。

程《传》虽用辅嗣本，亦言其非古《易》。《咸》[43]：“九三[44]，咸其股，亦不处也。”《传》曰：“云‘亦’者，盖象辞，本不与《易》相比，自作一处，故诸爻之象辞意有相续者。此言‘亦’者，承上爻辞也。”《小畜》九二[45]：“牵复在中，亦不自失也。”《本义》曰：“亦者，承上爻义。”

全文点睛之笔。科举对经籍造成两方面的伤害，一是因篡改而造成的对文本的伤害，二是因学风的不正而造成的对读经的伤害。《日知录》中有整整两卷谈科举，对科举制度的弊端，作了全面的批判。

秦以焚书而五经亡，本朝以取士而五经亡。今之为科举之学者，大率皆帖括熟烂之言[46]，不能通知大义者也。而《易》《春秋》尤为缪盭[47]。以《彖传》合大象，以大象合爻，以爻合小象，二必臣，五必君[48]，阴卦必云小人，阳卦必云君子，于是此一经者为拾沈之书[49]，而《易》亡矣。取胡氏《传》一句、两句为旨[50]，而以经事之相类者合以为题，传为主，经为客，有以彼经证此经之题，有用彼经而隐此经之题，于是此一经者为射覆之书[51]，而《春秋》亡矣。天顺三年九月甲辰[52]，浙江温州府永嘉县儒学教谕雍懋言："比者浙江乡试[53]，《春秋》摘一十六段配作一题，头绪太多。及所镂程文[54]，乃太简略而不统贯。且《春秋》为经，属词比事[55]，变例无穷。考官出题，往往弃经任传，甚至参以己意，名虽经题，实则射覆。乞敕禁止。"上从之。复程、朱之书以存《易》，当各自为本。备三《传》、啖、赵诸家之说以存《春秋》[56]，必有待于后之兴文教者。

[注释]

[1] 朱子周易本义：朱子，朱熹，字元晦，号晦庵，祖籍徽州府婺源县（今属江西）。宋代理学的集大成者。《周易本义》，朱

熹注释《周易》的著作。《周易》，即《易经》，居儒家“六经”之首。　[2]《周易》自伏羲画卦：伏羲，又称宓牺、包牺氏等。华夏民族的先祖，上古三皇之一。《周易·系辞下》：“古者包牺氏之王天下也，仰则观象于天，俯则观法于地。观鸟兽之文与地之宜，近取诸身，远取诸物，于是始作八卦，以通神明之德，以类万物之情。”卦，《易经》中一套象征自然现象和人事变化的符号，供占卜用。　[3]文王作彖（tuàn）辞：文王，周文王，姬姓，名昌，岐周（今陕西岐山）人。周朝奠基者。“昔西伯拘羑里，演《周易》。”（《史记·太史公自序》）相传商纣王听信谗言，将西伯姬昌拘禁在羑里（今河南汤阴县北有羑里城遗址），其间他通过整理研究，将上古“三易”规范化、条理化，演绎成六十四卦和三百八十四爻。彖，“彑”指“猪头”。猪头有长吻部，其中上吻部半包住下吻部。“彑”与“豕”联合起来表示“半包边的猪嘴”。彖的本义为总括。彖辞即总括之辞，是《易经》中论卦义的文字，即“卦辞”，或为概括一卦涵义之辞，或为注解一卦之辞。其余六爻的繇辞即爻辞。　[4]周公作爻（yáo）辞：周公，姬姓，名旦，周文王第四子。西周政治家、思想家。古代礼乐和各种典章制度的制定者。司马迁、郑玄认为卦辞、爻辞都为文王所作；郑众、贾逵、马融等人认为卦辞为文王所作，爻辞为周公所作。爻，本义是绳结，在一根绳索上分段打结，表示一定含义。引申为“交”“效”，“效”即通过相交所产生的效用。爻是组成卦符的基本符号，表示阴阳交织的整体作用。爻辞，《易经》中六十四卦每卦爻题下所系文辞。《易经》八卦的两个符号，一个是“—”，另一个是“--”。在《易经》中并没有“阴阳”二字，至《易传》才将“—”称阳爻，将“--”称阴爻。　[5]孔子作《十翼》：《史记·孔子世家》：“孔子晚而喜《易》，序《彖》《系》《象》《说卦》《文言》。读《易》，韦编三绝。”《十翼》是对《周易》作注释的著作，故又称《易传》。因有十篇，古称“十翼”。“翼”为翅膀，有辅佐之义，在此意为帮助《易经》流传。 [6] 传：一种文体格式，属于古籍注释体例。 [7]《彖传》：《系辞传下》：“彖者，材也。”材，通“裁”。除“总括”外，彖尚有“裁断”之义。《彖传》是《易传》中解释彖辞（如《周易·乾卦》中的“元亨利贞”）的部分，裁决论断一卦的基本思想（如《周易·乾卦》中的“大哉乾元，万物资始，乃统天”）。包括《十三经注疏》中的《周易正义》在内，今通行《周易》本，将《彖传》《象传》《文言》拆散，分列于相关的各卦之中。 [8]《象传》：《系辞传下》：“是故易者，象也。象也者，像也。”象，形象。《象传》是《易传》中解释象辞（与爻辞相应，如《周易·乾卦》中的“潜龙勿用”）的部分，论述一卦的卦象、卦理、卦义（有大、小象之分，参见注 [27]）。 [9]《系辞传》：总论《易经》大义，其中引了不少孔子的话，是《易传》中思想价值最高的作品。“系”即系属。孔颖达疏：“系属其辞于爻卦之下。” [10]《文言》：专门对乾、坤两卦进行解释的作品。《周易正义》孔颖达疏引庄氏云：“文谓文饰，以乾坤德大，故特文饰以为文言。”《说卦传》：《周易》本为卜筮之书，《说卦传》解说乾、坤、艮、兑、坎、离、震、巽八卦所象征的各类事物，以及阐述六十四卦卦序排列原理和各卦的属性意义，以辅助占断吉凶，故以为名。《序卦传》：说明《易经》六十四卦排列的次序，以此建立其因果关系链。《杂卦传》：晋韩康伯注：“杂卦者，杂糅众卦，错综其义，或以同相类，或以异相明也。”即以相反相成观点把“六十四卦”分为三十二对，两两一组，一正一反，用一两个字解释其卦义和各卦之间的错综关系。 [11] 师古：颜师古，名籀（zhòu），字师古，以字行。京兆万年（今陕西西安）人。初唐经学家、训诂学家。著有《汉书注》等。 [12] 孔氏《正义》：孔颖达，字冲远，冀州衡水（今属河北）人。唐初十八学士之一，经学家，曾奉唐太宗命编纂《五经正义》。 [13] 陆德明《释文》：本名陆元朗，字德明，以字行。初唐经学家、训诂学家，著有《经典释文》等。 [14]“太史公论六家要旨”以下三句：太史公，汉武帝时期设立的官职，为官方史料的专职记录者。司马谈、司马迁父子均曾任太史公。此指司马谈。论六家（先秦儒家、墨家、法家、名家、道家、阴阳家）之要旨，载《史记·太史公自序》。《周易·系辞下》：“天下何思何虑？天下同归而殊涂，一致而百虑。”言天下万事万物，殊途同归，百虑一致（虽有多种考虑，最后归于一致），因此何须多加思考忧虑？ [15]“班固谓孔子‘晚而好《易》’”以下三句：语出《汉书·儒林传》。班固，字孟坚，扶风安陵（今陕西咸阳东北）人。东汉史学家、文学家。在其父班彪《史记后传》的基础上，撰写《汉书》。韦，皮制品。春秋时期的书，主要写在竹简上，一部书要用许多竹简，最后用绳按次序编连起来，以便于阅读。用熟牛皮绳编连的叫“韦编”。韦编三绝，言孔子勤读《易经》，致使编连竹简的皮绳多次脱断。 [16] 前汉：西汉。六经：儒家经籍《易》《书》《诗》《乐》《礼》《春秋》的合称。别行：分别流行。 [17] 费直：字长翁，东莱（郡治在今山东莱州）人，西汉古文易学“费氏学”的开创者。 [18] 郑玄：字康成，北海郡高密县（今属山东）人。东汉末年经学家，遍注儒家经籍，世称“郑学”。 [19] 王弼：字辅嗣，山阳高平（今山东微山）人。魏晋玄学的代表人物。著有《周易注》《周易略例》等。 [20] 程正叔《传》：程颐，字正叔，河南府洛阳（今属河南）人，世称伊川先生。与其兄程颢共创“洛学”，奠定理学基础。著有《周易程氏传》《遗书》等。 [21] 晁氏：晁说之，字以道，济州巨野（今山东巨野）人。北宋末年文学家。 [22] 吕氏：吕祖谦，字伯恭，世称东莱先生，婺州（今浙江金华）人。南宋理学家，开

"浙东学派"先声。曾编定《周易》古本，成《东莱吕氏古易》。自云："谨因晁氏（晁说之）书，参考传记，复定为十二篇，篇目卷帙，一以古为断，其说具于《音训》。"（《书所定古周易十二篇后》） [23]洪武初颁五经天下儒学：洪武，明太祖朱元璋年号。儒学，元、明、清在各府、州、县设立的供生员修业的学校。洪武二年（1369），下诏令天下府、州、县建立儒学。次年，定科举制度。颁布五经，应在此时。 [24]永乐中修《大全》：永乐，明成祖朱棣年号。永乐十二年（1414）十一月，明成祖发起修纂《五经大全》《四书大全》《性理大全》，于次年九月完成。 [25]元本：原本。元，原来。 [26]放：通"仿"。 [27]两象：《周易》各卦附有《象传》，有总有分，"总"是解读整个一卦，为大象（如《周易·乾卦》中的"天行健，君子以自强不息"）；"分"是解释每一卦的每一爻，为小象（如《周易·乾卦》中的"'潜龙勿用'，阳在下也"）。六爻：既可以指从下向上排列的六个阴阳符号的组合，也泛指借用这种组合进行占卜的方法，往往和八卦预测等同。 [28]例推：按先例推断。 [29]元者善之长也：语出《文言》。 [30]弘治：明孝宗朱祐樘年号。会试：古代科举制度中的中央考试。所谓会试者，即共会一处，比试科艺。由礼部主持，在京师举行考试。应考者为各省举人，录取者称为"贡士"，第一名称为"会元"。 [31]"物不可以苟合而已"二句：语出《周易·序卦》。贲（bì），本意为装饰，文饰。用作《易》卦名。言人与人相交之际必有文饰，不能马虎凑合。 [32]陈辅文：陈辅所作的文章。 [33]同考官：明、清乡试、会试中协同主考或总裁阅卷之官。 [34]不数人：没几个人。 [35]监版：各朝国子监所刻印书籍统称"监本"，被看作是官刻本的代表。 [36]虚斋蔡清：字介夫，别号虚斋，晋江（今属福建）人。明代理学家。 [37]诗：原作"经"，据黄汝成《日知录集释》改。 [38]蔡仲默《书集传序》：蔡沈，字仲默，学者称九峰先生，建宁府建阳县（今属福建）人。南宋理学家，朱熹弟子。受朱熹委托，作《书集传》。 [39]“古经始变于费氏”二句：语出晁说之《嵩山文集》卷十八《题古周易后》。 [40] 杜元凯注《左传》：杜预，字元凯，京兆郡杜陵县（今陕西西安东南）人。魏晋时期将领和学者，著有《春秋左氏经传集解》及《春秋释例》等。 [41]“高贵乡公幸太学”以下二十五句：语出《三国志·魏书四·三少帝纪》。高贵乡公，曹髦，字彦士，魏文帝曹丕之孙，曹魏第四位皇帝。早慧，好儒学。圣问，圣上（高贵乡公）的追问。 [42] 章句：剖章析句，分析古文的章节和句读。经学家解说经义的一种方式。 [43]《咸》：《周易》篇名。 [44] 九三：《易经》六十四卦，每卦都有六爻，“九”表示阳爻，“六”表示阴爻。初、二、三、四、五、上等表示所占的时空位置。按自下而上的顺序，凡阳爻，爻题分别为“初九”“九二”“九三”“九四”“九五”“上九”；凡阴爻，爻题分别为“初六”“六二”“六三”“六四”“六五”“上六”。 [45]《小畜》：《周易》篇名。 [46] 帖括：唐制，明经科以帖经试士。把经文贴去若干字，令应试者对答。后考生因帖经难记，乃总括经文编成歌诀，便于记诵应对，称“帖括”。后用以比喻迂腐不切时用之言。 [47] 而《易》《春秋》尤为缪盭：《春秋》，儒家“六经”之一，是我国第一部编年体史书，也是周朝时期鲁国的国史，传世《春秋》由孔子修订而成。盭（lì），同“戾”。 [48] 二必臣，五必君：乾卦主爻为“九五”，坤卦主爻为“六二”，《周易·乾卦》：“九五，飞龙在天，利见大人。”孔颖达疏：“言九五，阳气盛至于天，故云‘飞龙在天’。此自然之象，犹若圣人有龙德，飞腾而居天位。”所言为君德。《周易·坤卦》：“六二，直方大，不习无不利。”孔颖达疏：“二得其位，极地之质，故亦同地也。俱包三德：生物不邪，谓之直也；地体安静，是其方也；无物不载，是其大也。”所言为臣德。 [49] 拾沈（shěn）：拾取汁水。比喻事情不可能办到。沈，汁。 [50] 胡氏《传》：胡安国《春秋胡氏传》。胡安国，字康侯，号青山，学者称武夷先生，建宁崇安（今福建武夷山）人。北宋学者。所著《春秋传》成为后世科举士人必读之书。 [51] 射覆：古时的一种猜物游戏。《汉书·东方朔传》：“上尝使诸数家射覆，置守宫盂下，射之，皆不能中。”颜师古注：“于覆器之下而置诸物，令暗射之，故云射覆。” [52] 天顺：明英宗朱祁镇年号。 [53] 比者：近时。乡试：古代科举考试的一种。由各地州、府主持考试本地人，一般在八月举行，故又称“秋闱”。明、清两代定为每三年一次，在各省省城（包括京城）举行。中式称为“举人”，第一名称“解元”。 [54] 程文：科举考试时，由官方撰定或录用考中者所作，用作范例的文章。 [55] 属词比事：连缀文辞，排比史事。后也用以泛指撰文记事。 [56] 备三《传》、啖、赵诸家之说：三《传》，注释《春秋》的三部代表性著作。相传春秋末年鲁人左丘明所作的《春秋左氏传》、战国时齐人公羊高所作的《春秋公羊传》、战国时鲁人穀梁赤所作的《春秋穀梁传》。啖，啖助，字叔佐，赵州（州治在今河北赵县）人。唐代经学家，以治《春秋》知名于世。著有《春秋集传》《春秋统例》。赵，赵匡，字伯循，河东（郡治在今山西永济蒲州镇）人。唐代经学家，啖助弟子。著有《春秋阐微纂类义统》。

[点评]

明道、征圣、宗经，三位一体，起于荀子，扬雄、刘勰等人接受并加以光大。顾炎武也是这种思想的继承者，他相信儒家经籍乃“恒久之至道，不刊之鸿教”

(《文心雕龙·宗经》), 经学是一切学问的本原, 治学必先读经, 于此用力尤勤。《易》居五经之首。顾炎武对《易》评价之高, 可谓无以复加:“故尽天下之书皆可以注《易》, 而尽天下注《易》之书不能以尽《易》。”“《诗》、《书》、执礼之文, 无一而非《易》也。下而至于春秋二百四十二年之行事, 秦、汉以下史书百代存亡之迹, 有一不该于《易》者乎? ”(《亭林文集·与友人论易书》)《日知录》前七卷都属“经义”, 而首卷即论《易》。

但愿意静下心来读经的人, 在明代已日益稀少。顾炎武曾说“舟石(谭吉璁, 字舟石, 嘉兴人)勤于读经, 叩其书斋, 插架《十三经注疏》, 手施朱墨, 始终无一误句。我行天下, 仅见此人”(沈岱瞻《亭林同志赠言》引《鹤征录》), 对此不胜慨叹。他认为学术发展有其本身的历史进程,“经学自有源流, 自汉而六朝、而唐、而宋, 必一一考究, 而后及于近儒之所著, 然后可以知其异同离合之指”(《亭林文集·与人书四》)。本文首先确定《易》的作者和篇目, 梳理自孔子至明代《周易》流传的不同文本形式, 以纠正因“旧本之日微”而造成“新说之愈凿”(《亭林文集·答李子德书》)的不良风气。文中揭示这种不良风气所造成的危害, 对当时人“擅改古书”“乱刻古书”的行为尤为不满。顾炎武曾引《东坡志林》语:“近世人轻以意改书, 鄙浅之人好恶多同, 故从而和之者众, 遂使古书日就讹舛, 深可忿疾。”(《日知录·改书》)指出:“万历间人多好改窜古书, 人心之邪, 风气之变, 自此而始……此皆不考古而肆臆之说, 岂非‘小人而无忌惮’者哉! ”(同上)为了遵从原典, 保证所读经籍的正确性，他提出“读九经自考文始”的主张，开清代考据学的先声。

文中进一步分析造成读经式微的原因，将矛头直指当时的科举制。为了能在科举考试中捷足先登，博取功名利禄，士子不是为求知读经，而是将读经作为应付考试的手段，根据时文的需要，拼凑经句，牵扯成文。由此，“今之为科举之学者，大率皆帖括熟烂之言，不能通知大义者也。”“经学日衰，人材日下，非职此之由乎？”（《日知录·九经》）有感于此，顾炎武在文中大声疾呼：“秦以焚书而五经亡，本朝以取士而五经亡。”从而提出复兴《易》学、《春秋》学的主张。

明末与心学末流成鲜明对照的，是实学的兴起。实学以致用为鹄（如宋应星），而其精神则是对真相的求索（如徐霞客）、对真理的追求（如徐光启）。保持经籍原文，不乱改书，也是求真重实的表现。由于政治环境的变化，清代学术主流转向考据学。考据即考证，通过考核资料，证实文献的真伪，实事求是，无征不信。而考证的对象，主要是经籍和相关的文献。清代考据学又称朴学，所谓“朴”，即朴实，即本真。“真实”二字，是考据学的生命。故看似回避现实的考据学，与重在经世致用的实学，并不截然对立，反倒有着某种精神上的联系。兼有实学精神和考证成就的顾炎武，被誉为清学开山之祖，可谓实至名归。

艮其限[1]

学者之患，莫甚乎执一而不化[2]，及其施之于事，有扞格而不通[3]，则忿懥生而五情瞀乱[4]，与众人之滑性而焚和者[5]，相去盖无几也。孔子恶果敢而窒者[6]，非独处事也，为学亦然。告子不动心之学[7]，至于“不得于言，勿求于心”，而孟子以为其弊必将如蹶趋者之反动其心。此“艮其限，列其夤”之说也。君子之学不然，“廓然而大公[8]，物来而顺应”，故“闻一善言[9]，见一善行，若决江河，沛然莫之能御”，而无“熏心”之“厉”矣。

慈溪黄氏震《日钞》曰[10]：“心者，吾身之主宰，所以治事而非治于事，惟随事谨省，则心自存，不待治之而后齐一也。孔子之教人曰：‘居处恭[11]，执事敬，与人忠。’曾子曰[12]：‘吾日三省吾身[13]，为人谋而不忠乎？与朋友交而不信乎？传不习乎？’不待言心而自贯通于动静之间者也。孟子不幸当人欲横流之时，始单出而为‘求放心’之说[14]。然其言曰：‘君子以仁存心[15]，以礼存心。’则心有所主，非虚空以治之也[16]。至于斋心服形之老、庄[17]，一变而为坐脱立忘之禅学[18]，乃始瞑目静坐，日夜仇视其心而禁治之。及治之愈急而心愈乱，则曰：‘易伏猛兽[19]，难降寸心。’呜呼！人之有心，犹家之有主也，反禁切之，使不得有为，其不能无扰者，势也，而患心之难降欤！”《省斋记》。又曰：“夫心之说有二：古人之所谓存心者，存此心于当用之地也；后世之所谓存心者，摄此心于空寂之境也。造化流行，无一息不运，人得之以为心，亦不容一息不运，心岂空寂无用之物哉！世乃有游手浮食之徒，株坐摄念[20]，亦曰存心。而士大夫溺于其言，亦将遗落世事，以独求其所谓心。

迨其心迹冰炭[21]，物我参商[22]，所谓老子之弊流为申、韩者[23]，一人之身，已兼备之，而欲尤人之不我应[24]，得乎？”《山阴县主簿厅记》。此皆足以发明“厉熏心”之义，详又见第二十三卷“心学”条下[25]。乃周公已先系之于《易》矣。

老子“道德”说的流弊，产生了申、韩的法家学说。而老庄的清静无为、禅宗的自足其性，其流弊也直接影响了晚明的虚浮习气。在此，顾炎武借黄震对道家、禅宗的看法，道出对当时学者的批评。

［注释］

[1] 艮（gèn）其限：《周易·艮卦》：“九三，艮其限，列其夤，厉薰心。”艮，本义为边界、极限。列，“裂”的古字。夤，通“䐈”，夹脊肉。这里指上身下身的界限，即腰。厉，危险。薰，通“熏”，烧灼。王弼《周易注》：“艮之为义，各止于其所。上下不相与，至中则列矣。列加其夤，危莫甚焉，危亡之忧，乃薰灼其心也。”言九三爻处上下卦之中，就像停留在人的腰部，上下体不能通达。既不甘留在这里，又不能运动，处境危险，心急如焚。 [2] 执一：固执一端，不知变通。 [3] 扞格：互相抵触，格格不入。 [4] 忿懥（zhì）：发怒。五情：喜、怒、哀、乐、怨，泛指人的情感。瞀（mào）乱：精神错乱。 [5] 滑性而焚和：滑性，刘昼《刘子·防欲》：“故明者刳情以遣累，约欲以守贞，食足以充虚接气，衣足以盖形御寒；靡丽之华，不以滑性；哀乐之感，不以乱神。”滑，滑动，移动。滑性即转移、改变本性。焚和，《庄子·外物》：“心若县（悬）于天地之间，慰暋（烦闷）沈屯（沉闷），利害相摩，生火甚多，众人（普通人）焚和，月固不胜火，于是乎有僓然（颓然，败坏）而道尽。”郭象注：“众人而遗利则和，若利害存怀，则其和焚也。”成玄英疏：“驰心利害，内热如火，故烧焰中和之性。”焚和即毁灭中和之性。 [6] 孔子恶果敢而窒者：《论语·阳

货》:“子曰:‘恶称人之恶者,恶居下流而讪上者,恶勇而无礼者,恶果敢而窒者。’”言憎恶武断却又固执的人。 [7]“告子不动心之学”以下四句:《孟子·公孙丑上》:公孙丑问:“敢问夫子之不动心,与告子之不动心,可得闻与?”孟子答:“告子曰:‘不得于言,勿求于心;不得于心,勿求于气。’不得于心,勿求于气,可;不得于言,勿求于心,不可。夫志,气之帅也;气,体之充也。夫志至焉,气次焉。故曰:持其志,无暴其气。”“志壹则动气,气壹则动志也。今夫蹶者趋者,是气也,而反动其心。”告子说“言论上有所不通,心中不必去寻求道理;心中有所不安,不必求助于意气”。孟子说“心志专一就能调动意气,意气专一也能触动心志。譬如跌倒和奔跑,这是意气专注的结果,反过来也使他的心志受到触动。”告子,《孟子》中的人物,战国时思想家。他和孟子在人性问题上,有过几次辩论。据《墨子》载,告子曾受教于墨子。又据赵岐《孟子注疏》,告子为孟子学生。 [8]“廓然而大公”二句:语出程颐《答横渠先生定性书》。廓然,形容远大。 [9]“闻一善言”以下四句:语出《孟子·尽心上》。沛然,形容水流大。御,抵御,抵挡。 [10]慈溪黄氏震《日钞》:黄震,字东发,号文洁,慈溪(今属浙江)人。南宋学者。学宗朱熹。主要著作有读书笔记《东发日钞》(又作《黄氏日钞》)。 [11]“居处恭”以下三句:语出《论语·子路》。谓“日常生活恭敬有礼,处理事情严肃认真,与人交往真心诚意”。 [12]曾子:姒姓,曾氏,名参(shēn),字子舆,鲁国南武城(今山东平邑)人。春秋末年思想家,孔子著名弟子。相传“四书”中的《大学》即其所作。 [13]“吾日三省吾身”以下四句:语出《论语·学而》。言:我每天多次反省自己:替别人办事是否尽心?同朋友交往是否诚信?老师传授的知识有没有去实践?三,再三,多次。 [14]求放心:《孟子·告子上》:“仁,人心也;义,人路也。舍其路而弗由，放其心而不知求，哀哉！人有鸡犬放，则知求之；有放心而不知求。学问之道无他，求其放心而已矣。”孟子认为“本心”即“良心”，是“人皆有之”的天赋德性。求放心，即找回丧失的“本心”，恢复善性。 [15]“君子以仁存心”二句：《孟子·离娄下》：“君子所以异于人者，以其存心也。君子以仁存心，以礼存心。仁者爱人，有礼者敬人。爱人者，人恒爱之；敬人者，人恒敬之。”存心，保存在心中。 [16]“则心有所主”二句：黄汝成《日知录集释》引钱大昕语：“不求学问而求放心，此释氏之学也。” [17]斋心服形之老、庄：《列子·黄帝》：“退而闲居大庭之馆，斋心服形。”斋心，祛除杂念，使心神凝寂。服形，服气，即“食气”“行气”。言在呼吸吐纳中吸纳天地精气，可以此行气炼养身体。老、庄，老子、庄子，道家学派创始人和主要代表人物。 [18]坐脱立忘之禅学：《禅苑清规》：“超凡越圣，坐脱立亡，一任此力矣！”坐脱，又称坐化、坐亡，指端坐念佛而迁化。立亡，谓直立合掌念佛而涅槃。 [19]“易伏猛兽”二句：《菜根谭》：“语云：‘猛兽易伏，人心难降。溪壑易填，人心难满。’信哉！” [20]株坐：独坐。摄念：凝聚意念，收敛心神。 [21]心迹冰炭：言思想与行为对立矛盾。心迹，思想与行为。冰炭，冰和火炭。比喻互不相容的事物。 [22]物我：外物与自我。参商：参星与商星，二者在星空中此出彼没。古人以此比喻彼此对立，不和睦。 [23]所谓老子之弊流为申、韩者：《史记·老子韩非列传》：“太史公曰：老子所贵道，虚无，因应变化于无为，故著书辞称微妙难识。庄子散（宣扬）道德，放（纵意）论，要亦归之自然。申子卑卑（勤奋自勉），施之于名实（概念和事实）。韩子引绳墨（指规范，法制），切事情，明是非，其极惨礉（惨酷苛刻）少恩。皆原于‘道德’之意，而老子深远矣。”老子，《史记·老子韩非列传》：“老子者，楚苦县（在今河南鹿邑）厉乡曲仁里人也。姓李氏，名耳，字聃。”道家学派创始人。传世作品有《道德经》（又称《老子》）。申，申不害，也称申子，郑国京邑（在今河南荥阳东南）人。战国法家创始人之一，专攻“黄老之术”。韩昭侯时为丞相。韩，韩非，又称韩非子，战国末期韩国新郑（今属河南）人。法家思想的集大成者。司马迁认为法家的学说，源于老子的道德思想，得到后人的赞同。 [24]尤人：责怪别人。尤，怨恨，归咎。 [25]详又见第二十三卷“心学”条下：潘耒《日知录》刻本，《心学》在第十八卷。

［点评］

本文以《易》“艮其限”为题，但重心则是所引黄震《日钞》中的两段文字。前者是对执一不化、扞格不通的告诫，后者批评虚空治心、株坐摄念，二者所言，看似并不一致。但就不能直面现实、不能有所作为而言，则有类似之处。本文借“艮其限”的爻义，引出后面对当时社会不良习气的批评。在写作手法上，和《诗经》中的“比兴”相仿。

上篇谈读经，本文谈存心，虽发端不同，但目的一致，都是为了廓清当时社会弥漫的虚浮不实、无所作为的习气。佛家“直指本心”，道家炼气收心。只是如黄震所言，因“摄此心于空寂之境”，以致心无所主，“遗落世事”，“不得有为”，成为“游手浮食之徒”。这和儒家由“正心诚意”上升入“治国平天下”的修身之道，截然不同。文中所说的“求放心”，就是将心从空寂之境，挽回现实之中，“存此心于当用之地”；让人从瞑目静坐，回归求仁执礼之途。“造化流行，无一息不运，人得之以为心，亦不容一息不运，心岂空寂无用之物哉！”这正是有志之士“一息尚存，此志不容少懈”(《论语·泰伯》)的情怀。

“通乎昼夜之道而知，则终日乾乾，与时偕行，而有以尽乎《易》之用矣。”(《日知录·通乎昼夜之道而知》)要有所作为，除“终日乾乾”、自强不息外，还得“与时偕行”。“易”的本义是变易，是变化。自然和社会的变化，就像昼夜交替，无法回避。只有适应社会的变化，追随时代发展的脚步，才称得上掌握《易》的精髓，用于现实生活之中。这正是开篇提出“物来而顺应”，反对“执一而不化”，挽救“学者之患”的深意，故结语谓黄震之言，“足以发明‘厉熏心’之义”。

凡易之情[1]

“爱恶相攻”，“远近相取”，“情伪相感”，人心之至变也。于何知之？以其辞知之。“将叛者其辞惭[2]，中心疑者其辞枝，吉人之辞寡，躁人之辞多，诬善之人其辞游，失其守者其辞屈。”“听其言也[3]，观其眸子，人焉廋哉？”是以圣人设卦，以尽情伪。“夫诚于中[4]，必形于外”，君子之所以知人也。“百物而为之备[5]，使民知神奸”，先王之所以铸鼎也。故曰：“作《易》者[6]，其有忧患乎？”周身之防[7]，御物之智[8]，其全于是矣[9]。

作《易》者有忧患，《易》之情含吉凶、利害、悔吝之诫，读《易》者可从中悟周身之防，得御物之智。

[注释]

[1] 凡易之情：《周易·系辞下》：“是故爱恶相攻而吉凶生，

远近相取而悔吝生，情伪相感而利害生。凡《易》之情，近而不相得则凶，或害之，悔且吝。”孔颖达疏：“若泯然无心，事无得失，何吉凶之有？由有所贪爱，有所憎恶，两相攻击。事有得失，故吉凶生也。”“远谓两卦上下相应之类，近谓比爻共聚迭相资取。取之不以理，故悔吝生也。”“情谓实情，伪谓虚伪，虚实相感。若以情实相感则利生，若以虚伪相感则害生也。”“近谓两爻相近而不相得，以各无外应，则致凶咎。”韩康伯注：“《易》之情，刚柔相摩、变动相适者也。近而不相得，必有乖违之患。” [2]“将叛者其辞惭”以下六句：语出《周易·系辞下》。叛，背信弃义。惭，惭愧。因背信弃义，不说实话，怕被人揭露，故有惭愧之意。枝，犹“歧”，不一致。因心中有疑惑，不敢肯定，故说话模棱两可。吉人，善人。善人话少。躁，浮躁。诬善，诬蔑诋毁善人。因造谣中伤，毫无依据，故说话闪闪烁烁，游移不定。守，操守。没有操守的人，也就不能自主，只得屈己从人，随声附和。 [3]“听其言也”以下三句：《孟子·离娄上》：“存乎人者，莫良于眸子，眸子不能掩其恶。胸中正，则眸子瞭焉；胸中不正，则眸子眊（眼睛无神，看不清楚）焉。听其言也，观其眸子，人焉廋哉？”廋（sōu），藏匿，隐藏。 [4]“夫诚于中”二句：《礼记·大学》：“诚于中，形于外，故君子必慎其独也。” [5]“百物而为之备”二句：《左传》宣公三年：“楚子伐陆浑（古代西北少数民族）之戎，遂至于雒（同“洛”，洛阳），观兵（陈列大军，炫耀武力）于周疆（周皇室领地的边界）。（周）定王使王孙满劳楚子（楚庄王）。楚子问鼎（周室收藏的宝鼎，为皇权象征）之大小轻重焉。（王孙满）对曰：‘（周王朝的存在，）在德不在鼎。昔夏（朝）之方有德也，远方图物（绘画各种奇异的事物），贡金九牧（各地长官。此句倒装，即“九牧贡金”），铸鼎象物，百物而为之备，使民知神奸（神圣和奸邪）。’” [6]“作《易》者”

二句：语出《周易·系辞下》。文王作《易》，正在被拘禁在羑里之时，故说“有忧患”。 [7] 周身：保全自身。 [8] 御物：驾御万物。 [9] 于是：在这里。

[点评]

顾炎武认为：“圣人所闻所见，无非《易》也……六十四卦三百八十四爻，皆所以告人行事，所谓‘拟之而后言，议之而后动’者也。”（《亭林文集·与人书二》）研究《易》义，明白《易》理，便可用于日常行事，用于社会生活的各个方面。本文所言，是《易传》中所提示的，如何通过“知言”观察他人，从而进行有效的自我保护。

前人有言为心声之说：“故言，心声也；书，心画也。声画形，君子小人见矣。”（扬雄《法言·问神》）但实际情况却往往相左。“心画心声总失真，文章宁复见为人。高情千古闲居赋，争信安仁拜路尘。”（元好问《论诗绝句》）《论语》以“不知言，无以知人也”（《尧曰》）结束全书。孟子也说：“我知言，我善养吾浩然之气。”（《孟子·公孙丑上》）无论孔子还是孟子，其所谓知言，都不是能听懂别人所说的话那么简单，而是能够辨别这些话的真伪，识别这些话的善恶。由于人世间有“诐辞（偏执的话）”“淫辞（过激的话）”“邪辞（邪僻的话）”“遁辞（躲闪的话）”（《孟子·公孙丑上》）特别是有许多言不由衷的话、虚伪诈骗的话、颠倒黑白的话、指鹿为马的话，因此知言绝非易事。知言中的“言”字，并非仅指口头的言语，也包括书写的文字，要辨识更加困难。

孟子只说应该知道像“诐辞”这类话语错在哪里，问题出在哪里，《周易·系辞》中“将叛者其辞惭”数句，则对如何通过言语识别其人真实的心态，作了具体的提示。

《日知录》中有一篇题为“文辞欺人”的文章，也谈知言，以“真伪”二字为试金石，可参看。

易逆数也[1]

“数往者顺”。造化人事之迹，有常而可验，顺以考之于前也。“知来者逆”。变化云为之动，日新而无穷，逆以推之于后也。圣人“神以知来[2]，知以藏往”，作为《易》书，“以前民用”[3]。所设者未然之占[4]，所期者未至之事，是以谓之逆数。虽然，若不本于八卦已成之迹，亦安所观其会通而系之爻象乎？是以“天下之言性也[5]，则故而已矣”。

逆数并非臆测，“知来”须建立在“藏往”的基础上。只有对以往的迹象了然于胸，才有可能预测未来的情状。藏往知来和温故知新有相通之处，但内涵更加丰富。

刘汝佳[6]曰：“天地间一理也，圣人因其理而画为卦以象之，因其象而著为变以占之。象者，体也，象其已然者也。占者，用也，占其未然者也。已然者为往，往则有顺之之义焉。未然者为来，来则有逆之之义焉。如象天而画为乾[7]，象地而画为坤，象雷、风而画为震、巽，象水、火而画为坎、离，象山、泽而画为艮、兑。此皆"观变于阴阳而立卦[8]，发挥于刚柔而生爻"者也，不谓之'数往者顺'乎？如筮得乾而知'乾：元亨利贞'[9]；筮得坤而知'坤：元亨，利牝马之贞'；筮得震而知'震：亨。震来虩虩，笑言哑哑'；筮得巽而知'巽：小亨。利有攸往，利见大人'；筮得坎而知'习坎：有孚，维心亨，行有尚'；筮得离而知'离：利贞，亨。畜牝牛吉'；筮得艮而知'艮其背，不获其身，行其庭，不见其人'；筮得兑而知'兑：亨，利贞'。此皆'通神明之德''类万物之情'者也[10]，不谓之'知来者逆'乎？夫其顺数已往，正所以逆推将来也。孔子曰：'殷因于夏礼[11]，所损益可知也。周因于殷礼，所损益可知也。''数往者顺'也。'其或继周者[12]，虽百世可知也。''知来者逆'也。故曰：'易，逆数也。'若如邵子之说[13]，则是羲、文之《易》已判而为二[14]，而又以震、离、兑、乾为数已生之卦[15]，巽、坎、艮、坤为推未生之卦，殆不免强孔子之书以就己之说矣。”

［注释］

[1] 易逆数也：《周易·说卦》：“数往者顺，知来者逆，是故《易》逆数也。”韩康伯注：“作《易》以逆睹来事。”孔颖达疏：“《易》之为用，人欲数知既往之事者，《易》则顺后而知之；人欲数知将来之事者，《易》则逆前而数之。是故圣人用此《易》道，以逆数知来事也。”逆数，倒数，这里意为预测。 [2]“神以知来”二句：语出《周易·系辞上》。来知德《周易集注》：“凡吉凶之几，兆端已发，将至而未至者，曰来；吉凶之理，见在于此，一定而可知者，曰往。知来者，先知也；藏往者，了然蕴畜于胸中也。” [3] 以前民用：《周易·系辞上》：“是兴神物，以前民用。”兴，起。前，引导。 [4] 所设者未然之占：未然，尚未成为事实。占，占卜。 [5]“天下之言性也”二句：语出《孟子·离娄下》。原文下面还有一句“故者以利为本”。 [6] 刘汝佳：字无美，号紫芝。明无为州（治所在今安徽无为）人。有政绩。 [7] 象天而画为乾：根据天象画为乾卦。这里“乾”为乾卦，非《易》中的《乾》篇。下面坤、震、巽、坎、离、艮、兑，意与乾相同。 [8]“观变于阴阳而立卦”二句：语出《周易·说卦》。孔颖达疏：“既观象立卦，又就卦发动挥散于刚柔两画，而生变动之爻。”来知德《易经来注图解》：“观变者，六十四卦皆八卦之变。阳变阴，阴变阳也。”生爻，生成爻辞。 [9] 筮得乾而知“乾：元亨利贞”：筮得乾，卜筮（占卜）得乾卦（非《易》篇名）。“元亨利贞”为乾卦卦辞，下面“元亨，利牝马之贞”等，

分别为坤卦等各卦卦辞。[10] 此皆“通神明之德”“类万物之情”者也：《周易·系辞下》：“以通神明之德，以类万物之情。”谓通晓万物神妙的本性，将万物的真实情况分别归类。[11]“殷因于夏礼”以下四句：语出《论语·为政》，言殷（商）朝、周朝沿袭夏朝、殷（商）朝的礼仪制度，所增加和废除的内容，是可以知道的。[12]“其或继周者”二句：语出《论语·为政》，言如果有继承周朝的朝代，就是一百代以后，也是可以预先知道的。[13] 邵子：邵雍，字尧夫，赐谥康节，生于林县（今属河南）。北宋理学家。[14] 羲、文之《易》：伏羲、周文王所撰的《易经》。[15]“而又以震、离、兑、乾为数已生之卦”二句：邵雍说：“天地定位一节，明伏羲八卦也。八卦相错者，相交错而成六十四卦也。数往者顺，若顺天而行，是左旋也，皆已生之卦也，故云数往也。知来者逆，若逆天而行，是右行也，皆未生之卦也，故云知来也。夫易之数由逆而成矣，此一节直解图意，若逆知四时之谓也。”（《皇极经世书·观物外篇》）朱熹说：“天地定位，山泽通气，雷风相薄，水火不相射，八卦相错。邵子曰：此伏羲八卦之位，乾南、坤北、离东、坎西、兑居东南、震居东北、巽居西南、艮居西北。于是八卦相交而成六十四卦，所谓先天之学也。起震而历离、兑以至于乾，数已生之卦也。自巽而历坎、艮以至于坤，推未生之卦也。《易》之生卦，则以乾、兑、离、震、巽、坎、艮、坤为次，故皆逆数也。”（《周易本义》）

［点评］

《易》本卜筮之书，易卦的功用在“神以知来，知以藏往”，即能“本于八卦已成之迹”，借助“未然之占”，明白“未至之事”，用以指导日常生活。由于《易》广大悉备，有天道，有地道，有人道，因此其功用也就不仅限于人事，也包括自然现象，遍及整个宇宙。这就是“易，逆数也”的含义。

这种能逆推天道人事的巨大功能，也是《易》的魅力所在。后世许多学者沉浸在对卦爻、象数的研究之中。宋初道士陈抟作《先天图》，传至邵雍。邵雍受此启发，提出“先天学”，影响甚大。“先天学，心法也，故图皆自中起，万化万事生乎心也”，“先天之学，心也；后天之学，迹也”（《皇极经世书·观物外篇》）。与此相应的是“先天八卦”和“后天八卦”说，前者为伏羲所画八卦，后者为文王演绎的八卦；前者为本为体，后者是前者的演变。邵雍重视作为自然法则的“先天八卦”，轻视已成王者之法的“后天八卦”，抛弃了汉代经学家以象数解释卦辞、爻辞的繁琐的说《易》形式。他认为“神生数，数生象，象生器”（同上），说《易》也从先验的“数”展开，被称为《易》学中的“数学”。

邵雍的《易》学观，独标异帜，新人耳目。对此，朱熹持肯定的评价，而清初一些学者，如黄宗羲、黄宗炎、毛奇龄、胡渭等人，则表示否定。顾炎武认为：《易》虽为卜筮之书，但预测将来，必须建立在已有事实的基础之上，而非随心所欲、无中生有的臆测。“若不本于八卦已成之迹，亦安所观其会通而系之爻象乎？”他还强调《易》的平易性，人人都可掌握：“且夫《易》之为书，广大悉备，一爻之中，具有天下古今之大……然此特识其大者而已，其实人人可用。”（《亭林文集·与友人论易书》）虽然邵雍本身主要是一个理学家，但“先天学”名义上出自道家，以此说《易》，明显带有神秘主义色彩。这显然和顾炎武的《易》学观相忤。本文即借刘汝佳之口，批评“先天八卦”说。

孔子论易

孔子论《易》，见于《论语》者二章而已，曰：“加我数年[1]，五十以学《易》，可以无大过矣。”曰：“南人有言曰[2]：‘人而无恒，不可以作巫医。’善夫！‘不恒其德，或承之羞。’子曰：‘不占而已矣。’”是则圣人之所以学《易》者，不过“庸言庸行[3]”之间，而不在乎图书象数也[4]。今之穿凿图象以自为能者，畔也[5]。

学《易》重在“庸言庸行”之间，是在倡导生活中的哲学。

记者于夫子学《易》之言[6]，而即继之曰：“子所雅言[7]，《诗》《书》、执礼，皆雅言也。”是知夫子平日不言《易》，而其言《诗》《书》、执礼者，皆言《易》也。人苟循乎《诗》《书》、执礼之常而不越焉，则自天佑之，吉无不利矣。故其作《系辞传》，于“悔吝”“无咎”之旨特谆谆焉[8]。而大象所言，凡其体之于身、施之于政者，无非用《易》之事。然辞本乎象，故曰：“君子居则观其象而玩其辞[9]。”观之者浅，玩之者深矣。其所以与民同患者，必于辞焉著之，故曰：“圣人之情见乎辞[10]。”若“天一，地二”“易有太极”二章[11]，皆言数之所起，亦赞《易》之所不可遗[12]，而未尝专以象数教人为学也。是故出入以度，无有师保，如临父母，文王、周公、孔子之《易》也。希夷之图、康节之书[13]，道家之《易》也。自二子之学兴，而空疏之人、迂怪之士举窜迹于其中以为《易》[14]，而其《易》为方术之书，于圣人寡过反身之学[15]，去之远矣。

“《诗》三百[16]，一言以蔽之，曰‘思无邪’。”《易》六十四卦，三百八十四爻，一言以蔽之，曰：“不恒其德，或承之羞。”夫子所以思得见夫“有恒”也[17]。有恒，然后可以无大过。

“不恒其德，或承之羞”这八字，不仅概括了《易》卦爻的精义，也概括了孔子作《易传》的深意。

[注释]

[1]“加我数年”以下三句：语出《论语·述而》。 [2]“南人有言曰”以下八句：语出《论语·子路》。“不恒其德”二句，语出《周易·恒卦》。即：不能坚持，三心二意，就会招致羞耻。因此孔子说：这就不必去占卦了。（因为他只能是凶，不会有吉。） [3]庸言庸行：指平平常常的言行。《周易·乾卦·文言》：“子曰：龙德而正中者也。庸言之信，庸行之谨，闲邪存其诚。善世而不伐，德博而化。”庸，平常。 [4]图：卦图。象：卦象、爻象。数：阴阳数、爻数。 [5]畔：通“叛”。在此言违背了孔子的教诲。 [6]记者：记录孔子在《论语》中所说的话的人。 [7]“子所雅言”以下三句：语出《论语·述而》。言孔子用标准语的场合是：读《诗》、读《书》、行礼。雅言，当时各国通用的标准用语。 [8]“悔吝”“无咎”之旨：《周易·系辞上》：“悔吝者，忧虞之象也。”忧虞，忧患。又：“悔吝者，言乎其小疵也。无咎者，善补过也。”因行事尚有小问题，故有悔吝。《周易·乾卦·象传》：“君子终日乾乾，夕惕若，厉，无咎。”言君子时时自强不息，警惕戒惧，如同涉水过河，不敢怠慢，就能免于过失。 [9]君子居则观其象而玩其辞：语出《周易·系辞上》。谓君子平时审视六爻刚柔进退得失忧虞之象，玩味吉凶悔吝之辞，以明其所以然之理。 [10]圣人之情见乎辞：语出《周易·系辞下》。 [11]天一，地二：语出《周易·系辞上》。《周易》筮法，通过数的运算来求卦，有十个数，五奇五偶，奇数一、三、五、七、九代表天，偶数二、四、六、八、十代表地。易有太极：语出《周易·系辞上》。易，变易。太极，天地未分之前，元气混一的状态。意谓太极是易的原始，宇宙的变化从太极开始。 [12]赞：使幽隐者显，使未见者见。有彰明之义。 [13]希夷之图：陈抟，字图南，号扶摇子，赐号“希夷先生”，亳州真源（今河南鹿邑）人。北

宋初期道家学者。著有《太极图》和《先天方圆图》等。康节：邵雍，赐谥康节。[14] 举：全。[15] 寡过反身：将所学到的东西用在自己身上，以少犯错误。反身，返之于身。[16]“《诗》三百”以下三句：语出《论语·为政》。[17] 夫子所以思得见夫“有恒”也：《论语·述而》：“善人，吾不得而见之矣；得见有恒者，斯可矣。”有恒者，谓有操守的人。

［点评］

顾炎武论《易》，强调其经世致用的功能，特别是对普通人日常生活的指导作用。他说：“《易》于天道之消息，人事之得失，切实示人，学者玩索其义，处世自有主张。”（《亭林余集·与任钧衡》）“圣人之所以学《易》者，不过‘庸言庸行’之间，而不在乎图书象数也……大象所言，凡其体之于身、施之于政者，无非用《易》之事。”《易经》的主体是卦爻，但象数深奥隐晦，常人不能通晓。“‘君子居则观其象而玩其辞。’观之者浅，玩之者深矣。其所以与民同患者，必于辞焉著之，故曰：‘圣人之情见乎辞。’”这里说的“辞”，固然指卦辞、爻辞，但常人依然不易理解。相比之下，《易传》所言更加具体明白，“与民同患”之意更深，用以指导人事，更有裨益。

虽说孔子晚年喜读《易经》，但现存《论语》，其中谈到《易》的言词，仅有二处。后人所说的孔子论《易》，都是就《易传》而言的。但关于《易传》的作者，即使在古代也有不同的看法。在《朱子周易本义》中，顾炎武肯定《易传》为孔子所作，绝不仅仅是考辨作者，更深的意义是：既经圣人之手，那么《易传》本身也是经籍，和《易经》具有同样的地位和价值，理应为众人祖述。宗经和征圣相连，征圣主要是征孔，即以孔圣人的看法作为判断是非的依据。“孔子之删述六经，即伊尹、太公救民于水火之心。”（《亭林文集·与人书三》）他作《易传》，当然也是为了济世泽民。后人说《易》，也应以此为宗旨。而陈抟之图、邵雍之书，直至“今之穿凿图象以自为能者”，显然背叛了孔子的宗旨，“于圣人寡过反身之学，去之远矣”。故顾炎武斥之为道家之《易》、方术之书。

伏羲画易虽不可信，但《易经》建立在象数的基础上则不容置疑。孔子学《易》，研究《易》，主要也在《易》的卦象和爻数。故朱熹论《易》，不废象数，黄宗羲也有《易学象数论》。顾炎武认为《易》本平易，后世有些人却故弄虚玄，凿之过深，反失去了《易》的本意，不失为高明之论；他否定象数之学，重视实际应用，有其积极意义，只是言辞偏激，未免矫枉过正。

罔中于信以覆诅盟[1]

国乱无政，小民有情而不得申，有冤而不见理，于是不得不愬之于神[2]，而诅盟之事起矣。苏公遇暴公之谮[3]，则“出此三物，以诅尔斯”；屈原遭子兰之谗[4]，则告五帝以折中，命咎繇而听直。至于里巷之人，亦莫不然[5]。而鬼神之往来于人间者，亦或著其灵爽[6]，于是赏罚之柄[7]，乃移之冥漠之中[8]，而蚩蚩之氓[9]，其畏王铁[10]，常不如其畏鬼责矣。乃世之君子，犹有所取焉，以辅王政之穷[11]。今日所传地狱之说、感应之书[12]，皆苗民诅盟之余习也[13]。“明明棐常[14]，鳏寡无盖”，则王政行于上，而人自不复有求于迷信鬼神，是平民百姓在现实社会中得不到帮助、看不到希望后聊以自慰的选择。

神。故曰：有道之世，“其鬼不神[15]”。所谓“绝地天通”者[16]，如此而已矣[17]。

［注释］

[1] 罔中于信以覆诅盟：语出《尚书·周书·吕刑》。信，原作“行”，据《吕刑》改。罔，无，没有。覆，反，背叛。诅（zǔ），发誓。诅盟，对神明立下的誓约。言没人遵守信用，以致背叛了誓约。 [2] 愬：同“诉”。 [3]“苏公遇暴公之谮”以下三句：《毛诗序》谓暴公为周卿士，诬陷中伤苏公，苏公作《何人斯》诗，和他绝交。“出此三物，以诅尔斯”，语出《诗·小雅·何人斯》。言拿出猪、犬、鸡三物，求神明降祸到你的身上。古时订盟，杀牲歃血，告誓神明，若有违背，令神明降祸。 [4]“屈原遭子兰之谗”以下三句：屈原，芈姓，屈氏，名平，字原。出生于楚国丹阳秭归（今湖北宜昌）。早年受楚怀王信任，任左徒、三闾大夫。因遭贵族排挤诽谤被流放。楚国郢都被秦军攻破后，自沉于汨罗江殉国。战国时期楚国诗人，“楚辞”的创立者和代表作家。《史记·屈原列传》：楚顷襄王登位后，以其弟子兰为令尹。子兰与屈原政见不合，命上官大夫在顷襄王前诬陷屈原，屈原因此被放逐。所作《惜颂》诗，为进谏招致祸患而痛惜，前面几句为：“惜诵以致愍兮，发愤以抒情。所非忠而言之兮，指苍天以为正。令五帝以折中兮，戒六神与向服。俾山川以备御兮，命咎繇使听直。”折中，谓中正公平。咎繇，即皋陶（gāo yáo），历经唐虞夏三代，长期掌管刑法，以正直闻名天下，后世尊为“中国司法始祖”。听直，判断曲直是非。 [5] 不然：不是这样。 [6] 亦或著其灵爽：有时也会显示灵验。 [7] 柄：权柄，指权力。 [8] 冥漠：虚无，也指阴间。 [9] 蚩蚩之氓：即无知的百姓。蚩蚩，无知貌。氓，

百姓。 [10]铁：铡刀。古代也用作斩人的刑具。 [11]穷：不足，缺陷。 [12]感应：谓神明对人事的反响。 [13]苗民：又称三苗、有苗，古代部落名，主要生活在长江中游以南一带。 [14]“明明棐常”二句：语出《尚书·周书·吕刑》。言贤德之人扶持常道，孤苦之人不受伤害。明明，勉力。棐常，辅助常道。盖，通“害”，伤害。 [15]其鬼不神：《老子》：“以道莅天下，其鬼不神。”用“道”治理天下，鬼神就起不了作用。 [16]绝地天通：《尚书·吕刑》：“乃命重、黎，绝地天通。”孔安国传：“重即羲，黎即和。尧命羲、和世掌天地四时之官，使人神不扰，各得其序。”绝地天通，断绝平民与天神沟通的途径。 [17]如此而已矣：《日知录集释》引清胡承诺语，深中肯綮：“鬼神者，前圣尊而称之，百官以畏，万民以服，皆所以正人心者也，王道大明，作福作灾，于己取之，盖无所事于神矣。道之不明，理不可信，不得不求救于神，以免意外之祸。愚民小夫缘此冀无端之福，武人剧盗顿首像设之前，出庙门而行杀。度九黎乱德之世，大都如此。《书》曰：‘伯夷降典，折民惟刑。’盖折民邪妄，惟当示以典礼。典礼胜，邪妄息矣。其不度于礼者，刑必施焉。故狄公毁淫祠，折以刑之谓也。”

［点评］

迷信是一种社会现象。在古代中国，迷信的对象，则主要是现实社会不见不闻的鬼神。至于迷信的原因，既有因认知不足、无法控御而产生的对自然的敬畏，也有因社会不公、堕入困境而产生的恐惧和不安。诚然，人类和鬼神阴阳相隔、天地相隔，但也由此使人能和不满的现实划出一道虚拟的间隔，将人生的目标指向不负自己的未来，寻找精神上的支撑，获得某种心灵的慰藉。透过迷信的表面，是非常实际的功能性的需求。本文便是对此展开的论述。

“国乱无政，小民有情而不得申，有冤而不见理，于是不得不愬之于神。”这是迷信鬼神的现实基础，是一种不得已的心理需求。因为人世不公，不可信任，而鬼神间或还会“著其灵爽”，反倒可以身相许，“于是赏罚之柄，乃移之冥漠之中”。顾炎武并不信鬼神之说，但也不否认：“世之君子，犹有所取焉，以辅王政之穷。”值得注意的是：本文标题出自《尚书·吕刑》，这可能是中国最早的有文字记载的法典。作者谈迷信的产生，是和法令不行、百姓无所凭依相关的。“明明棐常，鳏寡无盖”，只要统治者扶持常道，不让孤苦之人受到伤害，执法施令，取信于民，“则王政行于上，而人自不复有求于神”。重要的是：“伯夷降典，折民惟刑。”（《尚书·吕刑》）国家应颁布法典，让人遵法守法，若有惩罚，也应依据法典行事，这样才能服人。所以说：在太平盛世，“其鬼不神”，迷信之风就不会盛行。

文侯之命[1]

《竹书纪年》[2]：幽王三年[3]，嬖褒姒。五年，王世子宜臼出奔申[4]。八年，王立褒姒之子伯盘古“服”字，与“盘”字相似而误。为太子[5]。九年，申侯聘西戎及鄫[6]。十年，王师伐申[7]。十一年，申人、鄫人及犬戎入周[8]，弑王及王子伯盘。申侯、鲁侯、许男、郑子立宜臼于申[9]，虢公翰立王子余臣于携[10]，周二王并立。平王元年[11]，王东徙雒邑。晋侯会卫侯、郑伯、秦伯，以师从王入于成周[12]。二十一年，晋文侯杀王子余臣于携[13]。《左传》昭二十六年：王子朝告诸侯之辞曰[14]：“携王奸命，诸侯替之[15]，而建王嗣。”杜氏以携王为伯服，盖失之不考[16]。然则《文侯之命》报其立己之功[17]，而望之以杀携王之效也[18]。郑公子兰之从晋文公而东也[19]，请无与围郑，晋人许之。今平王既立于申，申国在今信阳州[20]。自申迁于雒邑，而复使周人为之戍申，《竹书纪年》："平王三十三年，楚人侵申。三十六年，王人戍申[21]。"则申侯之伐，幽王之弑，不可谓非出于平王之志者矣。当日诸侯但知其冢嗣为当立[22]，而不察其与闻乎弑为可诛[23]。虢公之立王子余臣，或有见乎此也。自文侯用师，替携王以除其偪[24]，而平王之位定矣。后之人徒以成败论，而不察其故，遂谓平王能继文、武之绪[25]，而惜其弃岐、丰七百里之地[26]，岂为能得当日之情者哉！孔子生于二百年之后，盖有所不忍言，而录《文侯之命》于《书》，录《扬之水》之篇于《诗》[27]，其旨微矣[28]。《葛藟》[29]，《诗序》谓"平王弃其九族"，似亦未可尽非。《古今人表》以平王、申侯与幽王、褒姒、虢石父同列下下[30]。

诛心之论。

黄汝成按："春秋起平王末年，而托始于让位之隐，或亦有微意欤。"（《日知录集释》）

《传》言平王东迁[31]，盖周之臣子美其名尔。综其实不然。凡言迁者，自彼而之此之辞，盘庚迁于殷是也[32]。幽王之亡宗庙社稷，以及典章文物，荡然皆尽，镐京之地已为戎狄所居[33]。平王乃自申东保于雒，天子之国与诸侯无异，而又有携王与之颉颃[34]，并为人主者二十年，其得存周之祀幸矣，而望其中兴哉！如东晋元帝不可谓之迁于建康[35]。

［注释］

[1] 文侯之命：《尚书·周书》篇名。《书序》："（周）平王锡（赐予）晋文侯秬鬯（jù chàng，古代以黑黍酿制的酒，用于祭祀降神）、圭瓒（古代的一种玉制酒器，形状如勺，以圭为柄，用于祭祀），作《文侯之命》。" [2]《竹书纪年》：又称《汲冢纪年》。春秋时期晋国史官和战国时期魏国史官作。西晋咸宁年间汲郡（今河南汲县）人不准盗发战国时期魏襄王（或曰魏安鳌王）的墓葬，发现此书。共十三篇，叙述夏、商、西周和春秋、战国的历史，按年编次。是古代唯一留存的未经秦火的编年通史。 [3]"幽王三年"二句：幽王，周幽王，名宫涅（shēng），周宣王之子。幽王三年（前779），幽王攻打褒国，褒国兵败，献褒姒乞降。褒姒貌美，深得幽王宠爱。嬖（bì），宠幸。 [4] 王世子宜臼出奔申：世子，古代诸侯王嗣子的称号，此指周太子。宜臼母申王后为申国国君申侯之女。 [5] 王立褒姒之子伯盘为太子：周幽王四年，褒姒生子，名伯服。八年（前774），周幽王废黜申后和太子宜臼，立褒姒为王后，伯服为太子。 [6] 申侯聘西戎及鄫：聘，诸侯派大夫见别国诸侯，是诸侯之间邦交的礼仪。西戎，古时对西方诸部落的统称。鄫国，在今山东临沂境内。 [7] 王师：指周朝军队。 [8]"申人、鄫人及犬戎入周"二句：周幽王十一年

（前 771），申侯联合鄫国、犬戎攻入周王室，在骊山下杀死周幽王，西周灭亡。犬戎，古代部落名，又名猃狁（xiǎn yǔn），生活在今陕西、甘肃一带。 [9] 立宜臼于申：申、鲁、许等诸侯国拥立姬宜臼继位。 [10] 虢公翰立王子余臣于携：与此同时，以虢国为首的姬姓诸侯国在携地拥立周幽王庶弟余臣，称携王。周王室出现了“二王并立”的局面。 [11]“平王元年”二句：姬宜臼为避犬戎之难，于公元前 770 年迁都洛邑，是为周平王。命郑武公、晋文侯辅佐皇室，支撑残局。东迁之后的周朝，史称东周。东周开始的这一年，便是春秋时期的开端。 [12] 成周：周武王灭殷商后就着手在中原建立新都，平王东迁后改名洛邑，位于今河南洛阳。 [13] 晋文侯杀王子余臣于携：携王为虢公翰所立，对虢公翰言听计从，引起姬姓大诸侯国国君晋文侯姬仇不满。周平王二十一年（前 750），晋文侯姬仇于虢地亲自击杀周携王。 [14] 王子朝告诸侯之辞：周敬王姬贵的庶长子，名朝。在争夺王位中失败，于周敬王四年（鲁昭公二十六年，前 516），带着全部典籍和一些贵族逃往楚国，派人向诸侯陈说。 [15] 替：废除。 [16] 盖失之不考：《日知录集释》引杨宁（zhù）语：“观《左传》后序，则成侯已见《竹书》，但不甚信之耳，并非失考。”成侯，指杜预，封丰乐亭侯，谥号为成。 [17] 立己：拥立自己（周平王）登上王位。 [18] 望之以杀携王之效也：作《文侯之命》之时，依然是“二王并立”的局面，故平王希望晋文侯能杀携王。 [19]“郑公子兰之从晋文公而东也”三句：《左传》僖公三十年：“初，郑公子兰出奔晋，从于晋侯（跟从晋文公）。伐郑，请无与围郑（请求不参加围攻郑国的战斗）。许之，使待命于东。”郑公子兰（即郑穆公，名兰）为郑文公庶子，继位前流亡在晋国，因此不忍心参与伤害故国的事。 [20] 信阳州：治所在今河南信阳。 [21] 王人：周王朝的百姓。 [22] 冢嗣：嫡长子。 [23] 与闻乎弑：参与过问杀害其父幽王的事。 [24] 偪：同“逼”，逼迫。 [25] 文、武之绪：周文王、武王留下的事业。 [26] 岐、丰：岐，岐山，周王室肇基之地，在今陕西宝鸡。丰，丰镐，丰京和镐京，西周国都，位于今陕西西安长安区。平王东迁，故谓之“弃岐、丰七百里之地”。 [27]《扬之水》：《诗经・王风》篇名。朱熹《诗集传》：“平王不能行其威令于天下，无以保其母家，乃劳天子之民，远为诸侯戍守，故周人之戍申者，又以非其职而怨思焉。则其哀懦微弱，而得罪于民，又可见矣。” [28] 微：精深，微妙。 [29]“《葛藟》”二句：葛藟，《诗经・王风》篇名。《毛诗序》：“《葛藟》，王族，刺平王也。周室道衰，弃其九族焉。”朱熹《诗集传》云：“世衰民散，有去其乡里家族，而流离失所者，作此诗以自叹。” [30]《古今人表》：《汉书》篇名。 [31]《传》言平王东迁：《传》，《左传》。语出《左传》僖公二十二年。 [32] 盘庚迁于殷：商朝中期，盘庚继位，为躲避天灾政祸，决定迁都于殷（今河南安阳殷墟遗址）。自此以后，政局稳定，商朝强盛，商族才定居下来不再迁徙。 [33] 镐京之地已为戎狄所居：戎狄，潘耒康熙三十四年遂初堂刻本（下简称“潘耒本”）作“西戎”，天头有佚名原校记（以下各篇称“原校记”）：“‘西戎所有’，原本作‘戎狄所居’。”据此改。镐京，即京城丰镐。 [34] 颉颃（xié háng）：原指鸟上下翻飞，引申为不相上下，互相抗衡。 [35] 东晋元帝不可谓之迁于建康：永嘉之乱，晋愍帝被俘，西晋灭亡。晋朝宗室与大臣拥戴琅琊王司马睿登位，史称晋元帝，是为东晋开国皇帝。晋朝南迁江东，建都建康（今江苏南京），成为偏安政权。

[点评]

周平王东迁，是中国古代史，特别是先秦史中的一件大事。以此为标志，西周灭亡，东周开始，周王朝从此一蹶不振，中国出现了长达五百多年的列强争霸、混战不休的分裂局面。孔子作《春秋》，即起于周平王后期鲁隐公继位之年（前722）。虽说周平王保全了周王室，但后人认为他胸无大志、不思中兴，对其评价一直不高。《汉书·古今人表》，将其和昏庸的亡国之君幽王同列，置于下下等。苏轼认为“周之失计，未有如东迁之缪者也”，指责“平王举文、武、成、康之业而大弃之，此一败而粥（鬻）田宅者也”（《东坡志林·周东迁失计》）。本文也是批评周平王的文字，文中言“平王东迁，盖周之臣子美其名尔。综其实不然”，还是沿袭前人之说。和宋代学者对周平王的态度一样，文中也包含了对后世苟安一隅的皇朝的不满。但本文的可贵之处，则在并未止于这些常见的表面的指责，而是能探赜索隐，作了深刻的诛心之论。“申侯之伐，幽王之弑，不可谓非出于平王之志者矣。当日诸侯但知其冢嗣为当立，而不察其与闻乎弑为可诛”，直指周平王有弑君父之罪。他赏赐晋文侯，也是为了残杀手足：“报其立己之功，而望之以杀携王之效也。”后世引起无数血案的宫廷之争，周平王可谓始作俑者。一个历来被认为平庸的周平王，在顾炎武的笔下，露出了被人忽视的心理阴暗、生性残忍的一面。

丰熙伪尚书[1]

五经得于秦火之余[2]，其中固不能无错误。学者不幸而生乎二千余载之后，信古而阙疑[3]，乃其分也。近世之说经者，莫病乎好异。以其说之异于人，而不足以取信，于是舍本经之训诂[4]，而求之诸子百家之书。犹未足也，则舍近代之文，而求之远古。又不足，则舍中国之文，而求之四海之外。如丰熙之《古书世本》[5]，尤可怪焉。鄞人言出其子坊伪撰[6]。又有子贡《诗传》[7]，后儒往往惑之。曰“箕子朝鲜本者[8]，箕子封于朝鲜，传《书》古文，自《帝典》至《微子》止，后附《洪范》一篇”。曰“徐市倭国本者[9]，徐氏为秦

“信古而阙疑”，是本文的旨意，也是顾炎武学术研究的准则。

博士，因李斯坑杀儒生，托言入海求仙，尽载古《书》至岛上，立倭国，即今日本是也”。二国所译书，其曾大父河南布政使庆录得之[10]，以藏于家。按宋欧阳永叔《日本刀歌》[11]：“徐福行时书未焚，逸《书》百篇今尚存。”盖昔时已有是说，而叶少蕴固已疑之[12]。夫诗人寄兴之辞，岂必真有其事哉！日本之职贡于唐久矣[13]，自唐及宋，历代求书之诏不能得，而二千载之后庆乃得之，其得之又不以献之朝廷而藏之家，何也？宋咸平中[14]，日本僧奝然以郑康成注《孝经》来献，不言有《尚书》。至曰“箕子传《书》古文，自《帝典》至《微子》”，则不应别无一篇逸《书》，而一一尽同于伏生、孔安国之所传[15]。其曰“后附《洪范》一篇”者，盖徒见《左氏传》三引《洪范》，皆谓之《商书》，文公五年，引“沈渐刚克[16]，高明柔克”。成公六年，引“三人占[17]，从二人”。襄公三年，引“无偏无党[18]，王道荡荡”。《正义》曰[19]：“箕子商人，所说故谓之《商书》。”而不知“王者”，周人之称；“十有三者”，周史之记，不得为商人之书也。《禹贡》以道山、道水移于九州之前[20]，此不知古人先经后纬之义也[21]。孔安国传“道岍及岐”，即云“更理说所治山川首尾所在”。是自汉以来，别无异文。《史记·夏本纪》亦先九州而后道山、道水。《五子之歌》“为人上者[22]，奈何不敬”，以其不叶，而改之曰“可不敬乎”，谓本之《鸿都石经》[23]。据《正义》言蔡邕所书《石经尚书》，止今文三十四篇，无《五子之歌》，熙又何以不考而妄言之也？《五子之歌》，乃孔氏古文[24]，东晋豫章内史梅赜所上[25]。故《左传》成公十六年，引“怨岂在明，不见是图”。哀公六年，引“惟彼陶唐[26]，有此冀方”。杜预注并以为逸《书》。《国语·周》单襄公引“民可近也[27]，而不可上也”，单穆公引“关石和钧[28]，王府则有”。韦昭解亦以为逸《书》[29]。

以上引经据典，论丰氏《尚书》出自伪造，明白无误。

夫“天子失官[30]，学在四夷”。使果有残编断简，可以裨经文而助圣道[31]，固君子之所求之而惟恐不得者也。若乃无益于经，而徒为异以惑人，则其于学也，亦谓之异端而已。愚因叹夫昔之君子，遵守经文，虽章句先后之间犹不敢辄改，故元行冲奉明皇之旨[32]，用魏徵所注《类礼》撰为《疏义》，成书上进，而为张说所驳，谓章句隔绝，有乖旧本，竟不得立于学官。夫《礼记》

信古阙疑，是为了提防异端惑人，而非抱残守缺。

二戴所录[33]，非夫子所删，况其篇目之次，元无深义[34]，而魏徵所注，则又本之孙炎[35]。字叔然，汉末人。以累代名儒之作[36]，申之以诏旨，而不能夺经生之所守，盖唐人之于经传，其严也如此。故啖助之于《春秋》，卓越三家[37]，多有独得，而史氏犹讥其"一本所承[38]，自用名学"，谓后生诡辨，为助所阶。乃近代之人，其于读经卤莽灭裂[39]，不及昔人远甚，又无先儒为之据依，而师心妄作[40]，刊传记未已也[41]，进而议圣经矣，更章句未已也[42]，进而改文字矣。此陆游所致慨于宋人[43]，陆务观曰："唐及国初[44]，学者不敢议孔安国、郑康成，况圣人乎？自庆历后，诸儒发明经旨，非前人所及。然排《系辞》，毁《周礼》，疑《孟子》，讥《书》之《胤征》《顾命》，不难于议经，况传注乎？"赵汝谈至谓《洪范》非箕子之作[45]。而今且弥甚。徐防有言[46]："今不依章句[47]，妄生穿凿，以遵师为非义，意说为得理，轻侮道术，寖以成俗。"呜呼，此学者所宜深戒！若丰熙之徒，又不足论也。近有谓得朝鲜本《尚书》，于《洪范》"八政"之末添多五十二字者。按元王恽《中堂事记》[48]："中统二年[49]，高丽世子禃来朝，宴于中书省[50]。问

汉代徐防的话，千年之后，在顾炎武心中引起更深的感慨，引为对当代学者的告诫。

曰：‘传闻汝邦有古文《尚书》及海外异书。’答曰：‘与中国书不殊。’”是知此五十二字者，亦伪撰也。汉东莱张霸伪造《尚书》百二篇[51]，“以中书校之，非是。霸辞受父，父有弟子尉氏樊并”，诏存其书。“后樊并谋反，乃黜其书。”而伪《逸书·嘉禾篇》有“周公奉鬯立于阼阶[52]，延登，赞曰：假王莅政”之语，莽遂依之，以称居摄[53]。是知惑世诬民，乃犯上作乱之渐[54]，大学之教“禁于未发”者[55]，其必先之矣。

异端惑众，不仅危害学术，还会祸害整个社会，务必预加防范。

[注释]

[1] 丰熙伪尚书：丰熙，字原学，浙江鄞县（今属浙江宁波）人。嘉靖时任翰林学士。《尚书》，儒家五经之一。尚，即“上”；书，即史官所记史书，《尚书》即上古史书。 [2] 秦火：指秦始皇焚书坑儒。 [3] 信古而阙疑：相信古人，把疑难问题保留下来，不妄加评论。阙，同“缺”。 [4] 训诂：又称“训故”“故训”“解诂”等。用通俗的语言解释词义叫“训”；用当代的话解释古代的语言叫“诂”。最早见于西汉鲁人毛亨的《诗故训传》，“故”“训”“传”三者都是注解古文的方法。 [5]《古书世本》：即《古书世学》，题“宋丰稷正音，明丰庆续音，明丰熙集说，明丰坊考补”，为丰氏世代相续之作，故谓之“世本”。 [6] 鄞人言出其子坊伪撰：坊，丰坊，丰熙子，字存礼，又字存叔，晚年更名道生。精于书法，篆、隶、行、草、楷五体并善。相传丰坊为人，目空古今，滑稽玩世。好藏书，尤嗜碑帖，卖尽祖传田

产千余亩，聚书五万卷，藏书处名“万卷楼”。曾谎称祖先于北宋年间得秘府《河图石本》《鲁诗石本》《大学石本》，于驿馆得《朝鲜尚书》《日本尚书》。有《古书世学》六卷。 [7] 子贡《诗传》：《四库全书总目提要》卷十七《诗传》：“旧本题曰‘子贡撰’。实明丰坊所作。《明史》坊本传称‘坊为《十三经训诂》，类多穿凿。世所传子贡《诗传》即坊编本’者是也。其说升鲁于《邶》《鄘》之前，降《郑》于《郐》《曹》之后，《大雅》《小雅》，各分为三，曰续、曰传，皆与所作《申培诗说》同。”子贡，复姓端木，名赐，字子贡。卫国黎（今河南浚县）人。孔门十哲之一。有雄辩之才，且善于经商。 [8] 箕子：名胥余，商纣王的叔父，官太师，封于箕。预见商朝必亡。商亡后，远走朝鲜，创立箕氏侯国，史称朝鲜国的创立者。 [9] 徐市：市，同“黻”（fú）。又作“徐福”，字君房，秦朝著名方士，曾任秦始皇的御医。率领三千童男女自山东沿海东渡，传说遍及韩国南部与日本，传说为日本国的创立者。 [10] 庆：丰庆，明英宗天顺间为河南布政使。 [11] 欧阳永叔《日本刀歌》：欧阳永叔，欧阳修，字永叔，号醉翁，晚号六一居士，吉州吉水（今属江西）人。官至参知政事。北宋文学家，开创一代文风的文坛领袖。所作《日本刀歌》，借日本出口的宝刀，慨叹秦始皇焚书坑儒导致一部分文化典籍的流失。 [12] 叶少蕴：叶梦得，字少蕴，苏州长洲人。高宗时任户部尚书、江东安抚大使等官职。南宋文学家。 [13] 职贡：古代藩属或外国对于朝廷按时纳贡。 [14] “宋咸平中”二句：奝（diāo）然，俗姓秦。生于日本京都，幼入东大寺从观理习三论宗，又从石山寺元杲习真言密教。宋太平兴国八年（983），为弘扬佛法，率领弟子乘宋商船入宋求法。雍熙三年（986）六月，乘台州商船回日本。咸平，宋真宗年号（998—1003）。其时奝然已回日本，疑有误。郑康成，郑玄。郑玄《六艺论》有《孝经注》一卷。清鲍廷博云：“《孝经郑氏注》废于唐，亡于五季，至宋雍熙间日本僧奝然以献于朝，诏藏秘阁，嗣后历元及明，未闻有述之者，讫无传焉。”（《孝经郑注序》）［15］伏生：伏胜，字子贱。曾为秦博士。秦时焚书，于壁中藏《尚书》，汉初仅存二十九篇，教于齐鲁之间。文帝时求能治《尚书》者，以年九十余，老不能行，乃使晁错往受之。《今文尚书》学者，皆出其门。孔安国：字子国，鲁国人，孔丘十世孙。受《尚书》于伏生。汉武帝末期，鲁共王坏孔府旧宅，于壁中得《古文尚书》《礼记》《论语》及《孝经》，皆蝌蚪文字，当时人不识，安国以今文读之，又奉诏作书传，定为五十八篇，谓之《古文尚书》。［16］“沈渐刚克”二句：语出《尚书·周书·洪范》。杜预注：“沈渐，犹滞溺也。高明，犹亢爽也。言各当以刚柔胜己本性，乃能成全也。”（《春秋左传正义》）克，胜。刚克即以刚强见胜，柔克即以柔顺见胜。孔颖达疏：“地之德沈深而柔弱矣，而有刚能出金石之物也。”谓地德深沉柔弱，柔中有刚。［17］“三人占”二句：《尚书·周书·洪范》：“三人占，则从二人之言。”孔颖达疏：“从二人之言者，二人为善既钧，故从众也。”［18］“无偏无党”二句：语出《尚书·周书·洪范》。偏，偏颇，不公正。党，偏私，偏袒。言不偏私，不结党，治国大道就平坦宽广。［19］《正义》：指唐孔颖达等人的《五经正义》。［20］《禹贡》以道山、道水移于九州之前：《禹贡》，《尚书·夏书》篇名。道，当为“导”，开通。道山，谓开通岍山等山脉，直至庐山。道水，谓疏通弱水等河流，直至大海。［21］此不知古人先经后纬之义也：《周礼·冬官考工记·匠人》“国中九经九纬，经涂九轨”。郑玄注：“经纬，谓涂（同“途”）也。”贾公彦疏：“南北之道为经，东西之道为纬。”《禹贡》九州，自冀州起，自北往南，依次陈说。导山、导水则自岍山、弱水起，自西往东，依次陈说。先九州而后导山、导水。丰氏《古书世学》中的《禹贡》篇，“以道（导）

山、道（导）水移于九州之前”，故谓之“不知古人先经后纬之义”。 [22]“《五子之歌》为人上者”以下四句：《五子之歌》，《尚书·夏书》篇名。大禹之孙、夏朝第三代君主太康贪图享乐，在外打猎长期不归，国都被后羿侵占。太康的五个弟弟和母亲在洛河边，追述大禹的告诫而作《五子之歌》，表达五人的怨恨和谴责。其一云：“皇祖有训，民可近，不可下（与下文《国语·周语》所引不同）。民惟邦本，本固邦宁。予视天下愚夫愚妇，一能胜予。一人三失，怨岂在明，不见是图。予临兆民，懔乎若朽索之驭六马。为人上者，奈何不敬？”末句“敬”字与前“予”“图”“马”等字声韵不协。叶（xié），指声韵协调。 [23]《鸿都石经》：东汉灵帝熹平四年（175），蔡邕奉命定儒家六经文字，亲自以隶书体书写，命工镌刻，至光和六年（183）告成。石经刻于四十六块高一丈、宽四尺的长方形石碑之上，共二十多万字，立于太学门外，称《鸿都石经》，又称《熹平石经》。 [24]孔氏古文：传说西汉景帝程姬之子刘余被封为鲁王后，为扩大王府，侵占一部分孔子旧居，在屋壁中发现暗藏的《礼》《论语》《孝经》《尚书》等简书，因其字体远在先秦，时人称为蝌蚪文字。孔子十二世孙孔安国以伏胜所传校定，多出二十五篇，被称为《古文尚书》。 [25]东晋豫章内史梅赜所上：永嘉之乱后，晋室南渡。豫章内史梅赜献了一部《古文尚书》，计有经文五十八篇，包括西汉今文二十八篇，后世指为伪书。 [26]“惟彼陶唐”二句：语出《五子之歌》其二。陶唐，即唐尧。初封于陶，后徙于唐。冀方，冀州地区。 [27]“《国语·周》单襄公引‘民可近也’”二句：见《国语·周语中·单襄公论郤至佻天之功》。单（shàn）襄公，春秋时期单国国君。《五子之歌》谓“民可近，不可下”，《国语》谓“民可近也，而不可上也”。“上”“下”二字正反。但《五子之歌》之“下”字，可作轻视解，《国语》之“上”字，可作居高临下解，于文意均无碍。 [28]“单穆公引‘关石和钧’”二句：见《国语·周语下·单穆公谏景王铸大钱》。单穆公，春秋时期单国国君。“关石和钧”二句出《五子之歌》其四。韦昭注：“关，门关之征也。石，今之斛也。言征赋调钧，则王之府藏常有也。”和，平。钧，同“均”。 [29]韦昭：韦曜，本名韦昭，字弘嗣，吴郡云阳（今江苏丹阳）人。东吴四朝重臣。三国时期著名史学家，有《吴书》《国语注》等。 [30]“天子失官”二句：语出《左传》昭公十七年。言天子丧失了自己的职守，官守的学术散落到四夷之地。“夷”，原作“裔”，据《左传》改。 [31]裨：裨益，使受益。 [32]“故元行冲奉明皇之旨”以下七句：《旧唐书·元行冲传》：“初，有左卫率府长史魏光乘奏请行用魏徵所注《类礼》，上遽令行冲集学者撰《义疏》，将立学官。行冲于是引国子博士范行恭、四门助教施敬本检讨刊削，勒成五十卷，十四年八月奏上之。尚书左丞相张说驳奏曰：‘今之《礼记》，是前汉戴德、戴圣所编录，历代传习，已向千年，著为经教，不可刊削。至魏孙炎始改旧本，以类相比，有同抄书，先儒所非，竟不行用。贞观中，魏徵因孙炎所修，更加整比，兼为之注，先朝虽厚加赏锡，其书竟亦不行。今行冲等解徵所注，勒成一家，然与先儒第乖，章句隔绝，若欲行用，窃恐未可。’上然其奏，于是赐行冲等绢二百匹，留其书贮于内府，竟不得立于学官。”元行冲，元澹，字行冲，河南人。开元中，为弘文馆学士。博学，尤通古训。明皇，唐玄宗的谥号。魏徵，字玄成，巨鹿郡下曲阳县（今河北晋州）人。唐太宗时任宰相，唐初政治家。张说，字道济，一字说之，洛阳（今属河南）人。唐玄宗时三次为相，执掌文坛三十年。学官，指学校。 [33]二戴：指戴德与戴胜（或戴圣）。戴德，字延君，梁国睢阳（今河南商丘南）人。汉代学者，今文礼学“大戴学”的开创者，有《大戴礼记》。戴圣，字次君。汉代今文经学的开创者，有《小戴礼记》。戴圣与叔父戴德曾随后苍学《礼》，后人合称为“大小戴”。 [34] 元：原来。 [35] 孙炎：字叔然，乐安（今山东博兴）人。三国时期经学家，受业于郑玄。曾为《礼记》作注。 [36] 累代：历代，接连几代。 [37] 三家：指《左传》《公羊传》《穀梁传》三家。 [38] “而史氏犹讥其‘一本所承’”二句：《新唐书・儒学传下》：“啖助在唐，名治《春秋》，摭讪三家，不本所承，自用名学，凭私臆决，尊之曰‘孔子意也’。赵、陆从而唱之，遂显于时。”一，当为“不”。 [39] 灭裂：草率，粗略。 [40] 师心：师心自用，自以为是。 [41] 刊：改动。未已：不止，未毕。 [42] 更：更改。 [43] 陆游：字务观，号放翁，越州山阴（今浙江绍兴）人。南宋诗人。 [44] “唐及国初”以下十二句：语出王应麟《困学纪闻》卷八。庆历，宋仁宗年号。皮锡瑞《经学历史》：“排《系辞》谓欧阳修，毁《周礼》谓修与苏轼、苏辙，疑《孟子》谓李觏、司马光，讥《书》谓苏轼，黜《诗序》谓晁说之。” [45] 赵汝谈至谓《洪范》非箕子之作：赵汝谈，字履常，宋太祖八世孙。南宋宁宗庆元前后在世，居余杭。学识渊博，于经学最见功底。《宋史・赵汝谈传》“汝谈天资绝人，沈思高识，自少至老，无一日去书册。其论《易》，以为为占者作；《书・尧》《舜》二典宜合为一，禹功只施于河洛，《洪范》非箕子之作；《诗》不以《小序》为信；《礼记》杂出诸生之手；《周礼》宜傅会女主之书。要亦卓绝特立之见。” [46] 徐防：字谒卿，东汉沛国铚（今安徽濉溪）人。奉事明帝、和帝。父、祖均治经学。 [47] “今不依章句”六句：语出《后汉书・徐防传》。浸（qīn），渐渐。 [48] 王恽：字仲谋，号秋涧，卫州路汲县（今河南卫辉）人。元朝学者、诗人。为元世祖忽必烈、元裕宗真金和元成宗皇帝铁穆耳三代著名谏臣。 [49] 中统：元世祖年号。 [50] 中书省：古代皇帝直属的中枢官署之名。为正规的宰相机构，掌管制令决策，是中央最高权力机关。 [51] “汉东莱张霸伪造《尚书》百二篇”以下八句：见《汉书·儒林传》。中书，宫中的藏书。尉氏，地名，在今河南开封。 [52]“而伪《逸书·嘉禾篇》有‘周公奉鬯立于阼阶’”以下四句：见《汉书·王莽传上》所载汉平帝死后，群臣请王莽“居摄践祚，如周公故事”的奏言。鬯（chàng），古代祭祀用的酒。阼阶，东阶。延登，引入而登殿。假王，暂署的、非正式受命的王。莅政，掌管政事。 [53] 居摄：因皇帝年幼不能亲政，由大臣代居其位处理政务。 [54] 渐：征兆，迹象，苗头。 [55] 大学之教“禁于未发”者：《礼记·学记》：“大学之法，禁于未发之谓豫（同“预”）。”

［点评］

刘知幾的“疑古”“惑经”之论，在唐代尚罕知音，至宋则蔚成风气，陆游在当时已生感慨。如此说经，得失互见，一方面“发明经旨，非前人所及”，另一方面也有师心自用、凭私臆决之处。就“读经卤莽灭裂”“妄生穿凿”而言，明人走得更远。孔子曾告诫子张：“多闻阙疑，慎言其余。”（《论语·为政》）这也是他编纂《春秋》的原则。本文开篇即将“信古阙疑”与“病乎好异”对举提出。前者是顾炎武治经，也是治学的原则，无论是信，还是疑，都须建立在求真的基础上；而一味“好异”，势必会放言无忌，妄议古人，这是治学的大忌。前者实事求是，后者标新立异，从两相比较中，可见治学态度、治学规则，乃至学者素养的区别。

顾炎武“先人皆通经学古”（《钞书自序》）。他毕生尊崇经学，治学也从经学入手，对像丰坊那样故弄虚玄、

“轻侮道术”的人尤为不满，但既不依傍，也不盲从。“阙疑”并非不疑，五经“不能无错误”，只是应该疑其所当疑，而不是信口雌黄，妄加訾毁。他赞同孟子的话：“尽信书，则不如无书。”认为这在当今更有现实意义。以《尚书》而言，他怀疑“古时有《尧典》无《舜典》，有《夏书》无《虞书》，而《尧典》亦《夏书》也”(《日知录·古文尚书》)；“《泰誓》之文出于魏晋间人之伪撰者”(《日知录·泰誓》)。他也相信“《书序》为后人伪作，逸《书》之名亦多不典”；“不但《书序》可疑，并百篇之名亦未可信矣”(《日知录·书序》)。顾炎武信古，是信古籍中真实的部分；他尊经，是尊经籍中有价值的内容。以此，他对古籍的真伪、书中文字是否有讹误，特别注意。“是故信而好古，则旧本不可无存；多闻阙疑，则群书亦当并订。此非后之君子之责而谁任哉？”(《日知录·监本二十一史》)顾炎武晚年至关中，以唐开成石经，校明监本九经，甄别各经出入之处，或以史实佐证，著《九经误字》。九经中的不少脱误，“皆赖炎武此书校明，今本得以补正，则于典籍不为无功矣”(《四库全书总目提要·九经误字》)。

言私其豵

“雨我公田[1]，遂及我私。”先公而后私也。“言私其豵[2]，献豜于公。”先私而后公也。自“天下为家[3]，各亲其亲，各子其子”，而人之有私，固情之所不能免矣，故先王弗为之禁[4]。非惟弗禁，且从而恤之[5]。建国亲侯[6]，胙土命氏[7]，画井分田[8]，合天下之私以成天下之公，此所以为王政也。至于当官之训，则曰“以公灭私[9]”，然而禄足以代其耕[10]，田足以供其祭[11]，使之无“将母”之嗟[12]，“室人”之谪[13]，又所以恤其私也。此义不明久矣。世之君子必曰“有公而无私”，此后代之美言，非先王之至训矣。

这是一篇如何认识、处理公私关系的文字。

[注释]

[1]“雨我公田”二句：语出《诗经·小雅·大田》。言雨下在公田中，也洒到我的私田。商、周时土地制度为井田制。公田是由劳动者共同耕种，而将收获物全部缴给统治者的土地。同“私田”相对称。私，私田。 [2]“言私其豵”二句：语出《诗经·豳风·七月》。言，语助词，无义。豵（zōng），一岁小猪，代指小兽。豜（jiān），三岁的猪，代指大兽。言小兽归猎者私有，大兽献给公家。 [3]“天下为家”以下三句：语出《礼记·礼运》。言天下为一家私有，各人只亲爱自己的父母，只慈爱自己的子女。 [4]弗：不。 [5]恤：体恤，替他人实际处境着想而同情、怜悯。 [6]建国亲侯：《周易·比卦》：“先王以建万国，亲诸侯。”谓建立万国，亲抚诸侯。 [7]胙土命氏：《左传》隐公八年：“天子建德，因生以赐姓，胙之土而命之氏。”谓古代天子立有德之人为诸侯，根据他的生地赐姓，又分封土地且赐与他族氏。 [8]画井分田：《孟子·滕文公上》：“方里而井，井九百亩，其中为公田，八家皆私百亩，同养公田。公事毕，然后敢治私事。” [9]以公灭私：语出《尚书·周书·周官》。 [10]禄足以代其耕：俸禄足以替代耕种的收入。 [11]田足以供其祭：田，古代君王赏赐给宗亲臣僚的封地。言封地所得足以提供祭祀的费用。 [12]“将母”之嗟：《诗经·小雅·四牡》：“王事靡盬，不遑将母。”言王家的差使没完没了，以此顾不上奉养老母。靡，无。盬（gǔ），止息。将，奉养。 [13]“室人”之谪：《诗经·邶风·北门》：“我入自外，室人交遍谪我。”言我从外面回家，家人个个责骂我。谪，谴责，责难。

[点评]

本文讨论的，是一个纠缠学者上千年的问题：公与私，孰轻孰重？就人的行为而言，该孰先孰后？据《尚书·周官》，周朝建国之初，成王训诫百官，有“以公灭私，民其允怀”这样的话。即官员若能用公心灭除私欲，就能获得百姓的信任和思念。这话说得一点不错，但它针对的仅仅是官吏，作为普通的百姓，是否也该“以公灭私”呢？对此，宋代道学家持肯定的态度。前人有“天理人欲”说，天理即伦理纲常，人欲即人的欲望。《礼记》中虽也肯定：“饮食男女，人之大欲存焉。”（《礼运》）但又认为：“夫物之感人无穷，而人之好恶无节，则是物至而人化物也。人化物也者，灭天理而穷人欲者也。于是有悖逆诈伪之心，有淫泆作乱之事。”（《乐记》）宋代道学家明确主张“存天理、灭人欲”。就一定意义上说，天理和人欲的对立，即公与私的对立；“以公灭私”，是“存天理、灭人欲”的必然结果。与顾炎武同时的王夫之、稍后的戴震等人，为维护人欲的必要性和合理性，对道学家的主张，作了有力的抨击：“虽视人之饥寒号呼，男女哀怨，以至垂死冀生，无非人欲。”“凡事为皆有于欲，无欲则无为矣。”（《孟子字义疏证》）“后儒不知情之至于纤微无憾，是谓理。而其所谓理者，同于酷吏之所谓法。酷吏以法杀人，后儒以理杀人。浸浸乎舍法而论理，死矣，更无可救矣。”（《戴东原集·与某书》）顾炎武的态度，不像王、戴那么激烈，但也不同意“以公灭私”这种偏激的看法。他认为“人之有私，固情之所不能免矣”，因此古代贤明的君王从不禁止私欲，非但不禁止，还持体恤和同情的态度。这实际上关系到国家和国民关系的问题。国家由国民组成，二者一体相连，维护国民的利益，也是维护国家的利益；窒息国民的欲望，也会断送国家的生机。“合天下之私以成天下之公，此所以为王政也。”

大 原[1]

"薄伐猃狁[2]，至于大原"，毛、郑皆不详其地[3]。其以为今太原阳曲县者[4]，始于朱子[5]，《吕氏读诗记》、严氏《诗缉》并云[6]。而愚未敢信也。古之言"大原"者多矣，若此诗则必先求泾阳所在[7]，而后大原可得而明也。《汉书·地理志》：安定郡有泾阳县[8]，"幵头山在西[9]，《禹贡》泾水所出[10]"。《后汉书·灵帝纪》："段颎破先零羌于泾阳[11]。"注[12]："泾阳县属安定，在原州[13]。"《郡县志》[14]："原州平凉县[15]，本汉泾阳县地，今县西四十里泾阳故城是也。"然则大原当即今之平凉，而后魏立为原州[16]，亦是取古大原之名

"大原"究竟在何处？求得"泾阳所在"，是解决问题的关键。下面的论证，都从这里展开。

尔。《唐书》[17]：原州平凉郡，治平高[18]。“广德元年没吐蕃[19]。节度使马璘表置行原州于灵台之百里城[20]。贞元十九年徙治平凉[21]。元和三年又徙治临泾[22]。大中三年收复关陇[23]，归治平高。”计周人之御猃狁，必在泾、原之间。若晋阳之太原[24]，在大河之东[25]，距周京千五百里[26]，岂有寇从西来，兵乃东出者乎？故曰：“天子命我[27]，城彼朔方。”而《国语》宣王“料民于大原”[28]，亦以其地近边而为御戎之备，必不料之于晋国也。又按《汉书》贾捐之言[29]：“秦地南不过闽越[30]，北不过大原，而天下溃畔[31]。”亦是平凉而非晋阳也。汉武帝始开朔方郡[32]，故秦但有陇西、北地、上郡而止[33]。若晋阳之太原，则其外有雁门、云中、九原[34]，不得言“不过”也。若《书·禹贡》“既修大原，至于岳阳[35]”；《春秋》“晋荀吴帅师败狄于大原[36]”；及子产对叔向“宣汾洮[37]，障大泽，以处大原”，则是今之晋阳。而岂可以晋之大原为周之大原乎？司马相如《上林赋》[38]：“布濩闳泽[39]，延蔓太原。”阮籍《东平赋》[40]：“长风振厉，萧条太原。”高平曰原[41]，盖古人之通称也。

根据历史地名的沿革，推断大原即现今的平凉。

根据地理位置的距离，推断大原不在晋阳。

根据史书记载，作进一步论证。

根据文学作品，指出太原并非仅仅是地名。

吾读《竹书纪年》而知周之世有戎祸也，盖

始于穆王之征犬戎[42]。六师西指，无不率服[43]，于是迁戎于太原[44]。十七年[45]。以黩武之兵，而为徙戎之事。懿、孝之世[46]，戎车屡征。至夷王七年[47]，虢公帅师“伐太原之戎[48]，至于俞泉，获马千匹”。则是昔日所内徙者，今为寇而征之也。宣王之世，虽号中兴，三十三年[49]，“王师伐太原之戎，不克”；三十八年，“伐条戎、奔戎，王师败逋”；三十九年[50]，“伐羌戎，战于千亩，王师败逋”；四十年，“料民于太原”。其与后汉西羌之叛[51]，大略相似。幽王六年[52]，“命伯士帅师伐六济之戎，王师败逋”。《后汉书·西羌传》并用此。严尤以为周得中策[53]，盖不考之言。于是关中之地[54]，戎得以整居其间[55]，而陕东之申侯[56]，至与之结盟而入寇。自迁戎至此，一百七十六年。《周语》：“申、缯、西戎方强[57]，王室方骚。”盖宣王之世，其患如汉之安帝也；幽王之世，其患如晋之怀帝也[58]。戎之所由来，非一日之故，而三川之震[59]，“檿弧”之谣[60]，皆适会其时者也。然则宣王之功，计亦不过唐之宣宗[61]，而周人之美宣，亦犹鲁人之颂僖也[62]，事劣而文侈矣。“书不尽言[63]”，“是以论其世也[64]”。如毛公者[65]，岂非独见其情于意言之表者哉！《竹书纪年》自共和以后多可信[66]，盖亦必有所传，其前则好事者为之尔。

结句含蓄不尽，耐人玩味。

[注释]

[1] 大原：大，通“太”。潘耒《日知录》刻本原文及原注，或作“大原”，或作“太原”，并不一致。现依原文不改。 [2]“薄伐猃狁”二句：语出《诗经·小雅·六月》。薄，置于句首的组词。薄伐，征伐。猃狁（xiǎn yǔn），也作“猃狁”，古代北方游牧民族。 [3] 毛、郑皆不详其地：毛，大毛公毛亨或小毛公毛苌。毛亨，战国末年鲁国（今山东曲阜）人，秦始皇时避居河间（今属河北）。据称其诗学传自子夏，作《毛诗故训传》，简称《毛传》，以授其侄毛苌。世称“二毛”所传为古文诗学“毛诗学”。郑，郑玄，著有《毛诗传笺》（简称《郑笺》）。不详，不知道。 [4] 阳曲县：史称“三晋首邑”，今属山西太原。 [5] 始于朱子：见朱熹《诗集传》。 [6]《吕氏读诗记》：即《吕氏家塾读诗记》，南宋学者吕祖谦著。严氏《诗缉》：南宋严粲所著《诗缉》。 [7] 若此诗则必先求泾阳所在：《诗经·小雅·六月》中尚有“猃狁匪茹，整居焦获。侵镐及方，至于泾阳”数句。“薄伐猃狁，至于大原”，因“侵镐及方，至于泾阳”而起。泾阳，今属陕西咸阳，位于泾河之北。 [8] 安定郡：汉武帝元鼎三年（114），析北地郡地置安定郡。 [9] 幵（jiān）头山：杜佑《通典》：原州高平县“有笄头山，语讹亦曰汧屯山，泾水所出，一名崆峒山”。在今宁夏固原南。 [10]《禹贡》泾水所出：泾水，泾河，黄河最大支流渭河的最大支流，发源于宁夏六盘山东麓。 [11] 段颎破先零羌于泾阳：建宁元年（168），汉灵帝命段颎镇压东羌起义。七

月，又破先零羌于泾阳。段颎，字纪明。武威姑臧（今甘肃武威）人。戍边征战十余年，与羌人作战先后达一百八十次，最终平定西羌，并击灭东羌。先零羌，两汉时期西羌族的一支。 [12] 注：南朝宋范晔所著《后汉书》，有唐章怀太子李贤注。 [13] 原州：今属宁夏固原。 [14]《郡县志》：唐李吉甫所著《元和郡县图志》。 [15] 平凉县：今甘肃平凉崆峒区。 [16] 后魏立为原州：后魏，指南北朝时期的北魏。北魏太延二年（436），在今固原置高平镇，北周时改高平镇为原州。 [17]《唐书》：指北宋欧阳修等人合著的《新唐书・地理志》。 [18] 平高：西魏末改高平县置为平高郡治（在今宁夏固原）。 [19] 广德：唐代宗李豫的年号。吐蕃（tǔ bō）：意为"大蕃"，古代藏族政权。 [20] 马璘：字仁杰，岐州扶风（今属陕西）人。安史之乱后长年镇守西北，多次与吐蕃交战，以杀敌报国为己任。行原州：兼理原州事务。行，兼任官职。灵台之百里城：即今甘肃灵台西五十里百里镇。 [21] 贞元：唐德宗李适的年号。徙治：将治所迁徙（至某地）。 [22] 元和：唐宪宗李纯的年号。临泾：在今甘肃镇原南。 [23] 大中：唐宣宗李忱的年号。关：今陕西关中地区。陇：今甘肃乌鞘岭以东、宝鸡以西地区以及宁夏全境，因为在陇山（也叫六盘山）周围而称为陇。 [24] 晋阳：古代北方著名都会，故址在今山西太原晋源一带。 [25] 大河：指黄河。 [26] 周京：西周京城丰京和镐京。今陕西西安长安区有丰镐遗址。 [27]"天子命我"二句：语出《诗经・小雅・出车》。朔方，古人以朔气指北方的寒气，故北方又称朔方。 [28] 宣王"料民于大原"：宣王，姬姓，名静，字靖。周厉王之子，周幽王之父。即位后励精图治，史称"宣王中兴"。晚年穷兵黩武，损失惨重。《国语・周语上・仲山父谏宣王料民》："宣王既丧南国之师，乃料民于大原。"料，统计。料民，统计国民人口。 [29]《汉书》贾捐之言：《汉书・贾捐之传》载：

贾捐之，字君房，贾谊的曾孙。元帝即位之初，上疏论征伐珠崖（治所在今海南琼山东南）的得失，建议放弃珠崖。 [30] 闽越：先秦部落名，属百越的一支。在今福建一带。 [31] 畔：通“叛”。 [32] 朔方郡：位于黄河河套的西北部，所辖朔方县城址在今内蒙古鄂托克旗西北部。 [33] 陇西、北地、上郡：均为秦、汉时郡名。陇西，郡治狄道（今甘肃临洮）。北地，郡治义渠县（在今甘肃庆阳西南），后多次迁徙。上郡，郡治肤施县（今陕西绥德）。 [34] 雁门、云中、九原：战国时赵武灵王为抵御匈奴置雁门、云中郡。均为秦、汉时郡名。雁门，秦时治所善无（今山西右玉南）。云中，秦时郡治云中（今内蒙古托克托东北）。九原，秦时郡治九原城（在今内蒙古包头）。 [35] 岳阳：在今湖南。 [36]《春秋》“晋荀吴帅师败狄于大原”：《左传》昭公元年：“晋荀吴帅师败狄于大卤。”杜预注：“大卤，大原晋阳县也。”《穀梁传》昭公元年：“中国曰大原，夷狄曰大卤。号从中国，名从主人。‘原’者何？上平曰原，下平曰隰。”原，即地势高的平地。荀吴，春秋后期晋国大夫。率军多与戎狄部落作战，扫平晋国周边的游牧部落。 [37]“及子产对叔向‘宣汾洮’”以下三句：语出《左传》昭公元年。子产，姬姓，公孙氏，名侨，字子产。春秋时期政治家、思想家。郑穆公之孙，前 554 年为卿，先后辅佐郑简公、郑定公，为郑国执政。叔向，姬姓，羊舌氏，名肸，字叔向。春秋时期晋国大夫、政治家，与郑国子产、齐国晏婴齐名。宣，疏通。汾，汾水，即今山西的汾河。洮，洮水，又名桃水。即今山西的桃河。障，堵塞。大原，杜预注：“大原，晋阳也。” [38] 司马相如《上林赋》：司马相如，字长卿，蜀郡成都（今属四川）人。西汉辞赋家。代表作品为《子虚赋》《上林赋》，后者主要铺叙天子上林苑中的景观。 [39] 布濩（hù）：遍布。闳泽：大湖。闳，通“宏”，宏大。延蔓：绵延伸展。太原：广阔的平原。　[40] 阮籍《东平赋》：阮籍，字嗣宗。陈留尉氏（今河南开封）人。三国时期魏国诗人，“竹林七贤”之一，崇奉老庄之学。《东平赋》前面描写东平（今属山东）的山川形势、风俗习惯。　[41]“高平曰原”二句：黄汝成《日知录集释》引全祖望语：“《尚书大传》：‘大而高平者谓之太原。’《春秋题辞》：‘高平曰太原。’故平凉亦有太原之名。”　[42] 穆王之征犬戎：穆王，姬姓，名满，又称“穆天子”。西周第五位君主。在位期间，曾征犬戎，伐徐戎，作《吕刑》。传说中尚有关于穆王西游见西王母的记载。　[43] 率服：相率而服从。也指顺服。　[44] 迁戎于太原：《后汉书·西羌列传》：“至穆王时，戎狄不贡，王乃西征犬戎，获其五王，又得四白鹿，四白狼，王遂迁戎于太原。”　[45] 十七年：周穆王十七年。　[46] 懿、孝：周懿王（姬囏）、周孝王（姬辟方），周室国势自此开始衰弱。　[47] 夷王：姬姓，名燮。周懿王之子。　[48]“虢公帅师‘伐太原之戎’”以下三句：语出《后汉书·西羌列传》。虢公，虢国君主。虢国是西周同宗诸侯封国，为周王室的屏障。　[49]“三十三年”以下六句：《后汉书·西羌列传》：“宣王立四年，使秦仲伐戎，为戎所杀。王乃召秦仲子庄公，与兵七千人伐戎，破之，由是少却。后二十七年，王遣兵伐太原戎，不克。后五年，王伐条戎、奔戎，王师败绩。”与本文所记，年份有出入。王国维《竹书纪年辑校》所载，与本文所记，出入尤多。条戎、奔戎，均为古代戎族的一支。条戎分布在今山西中部。逋（bū），逃亡。　[50]“三十九年”以下四句：《史记·周本纪》：“（周宣王）三十九年，战于千亩，王师败绩于姜氏之戎。”千亩，古代地名，在今山西介休南。　[51] 后汉西羌之叛：东汉安帝（刘祜）永初元年夏，因官府举措不当，激起羌族叛乱，“自羌叛十余年间，兵连师老，不暂宁息。军旅之费，转运委输，用二百四十余亿，府帑空竭。延及内郡，边民死者不可胜数，并、凉二州，遂至虚耗”（《后汉书·西羌列传》）。 [52]“幽王六年”以下三句：范祥雍《古本竹书纪年辑校订补》：“案《西羌传》作‘后十年’，谓周宣王三十九后十年。宣王四十六年卒，又三年即当幽王三年。”伯士，西周将领，在征伐六济的戎狄时战死。 [53]严尤以为周得中策：严尤，字伯石，善战，自比乐毅、白起，颇受王莽器重，任大司马。曾就出征匈奴事上书云：“臣闻匈奴为害，所从来久矣，未闻上世有必征之者也。后世三家周、秦、汉征之，然皆未有得上策者也。周得中策，汉得下策，秦无策焉。”（《汉书·匈奴传下》） [54]关中：指函谷关以西地区，位于今陕西中部。 [55]整居：完全占据。 [56]“而陕东之申侯”二句：见《文侯之命》注[8]。 [57]“申、缯、西戎方强”二句：语出《国语·郑语》，非《周语》。申，申国。缯（zēng），缯国。骚，骚扰，不安宁。 [58]其患如晋之怀帝也：晋怀帝，名司马炽。永嘉五年（311），密诏苟晞讨伐司马越，由此引起永嘉之乱，被汉赵昭武帝刘聪俘虏，三年后被毒杀。西晋灭亡。 [59]三川之震：《国语·周语上》：“幽王二年，西周三川皆震。伯阳父曰：‘周将亡矣！夫天地之气，不失其序；若过其序，民乱之也。阳伏而不能出，阴迫而不能烝，于是有地震。今三川实震，是阳失其所而镇阴也。阳失而在阴，川源必塞；源塞，国必亡。’” [60]“檿（yǎn）弧”之谣：《国语·郑语·史伯为桓公论兴衰》：“宣王之时童谣曰：‘檿弧箕服，实亡周国。’”檿，山中的桑树。木材坚韧，可做弓、车辕。弧，弓。檿弧，用檿桑木制作的弓。箕，一种树木名，服，箭袋。箕服，用箕木制作的箭袋。 [61]唐之宣宗：唐宣宗，名李忱。在位时勤于政事，整顿吏治，惠民爱物，史称“大中（唐宣宗年号）之治”。但《新唐书》谓其“精于听断，而以察为明，无复仁恩之意。呜呼，自是而后，唐衰矣”。 [62]鲁人之颂僖：僖，鲁僖公，名姬申，春秋时期鲁国君主。颇有政治才干，处于列强争霸的年代，应对游刃有余。在位时是鲁国最强盛的时期。 [63] 书不尽言：《周易·系辞上》："书不尽言，言不尽意。"谓文字难以充分表达想说的话，言语也难以充分表达人的心意。 [64] 是以论其世也：《孟子·万章下》："颂其诗，读其书，不知其人可乎？是以论其世也，是尚友也。"言吟诵古人的诗，阅读古人的书，却不了解古人的为人，行吗？所以要讨论古人所处的时代，这样才能进而与古人为友。 [65]"如毛公者"二句：《毛诗·小雅》小序对西周后期的政事，颇多微词，故称毛公能见微知著，"独见其情于意言之表者"。 [66] 共和：共和行政，又称周召共和，周厉王无道，国人暴动，攻入王宫，周厉王逃跑，政权由大臣周定公和召穆公共同执掌，史称"共和"。共和元年，即前 841 年，是我国历史有确切纪年的开始。

[点评]

《诗经·小雅·六月》中的"大原"，究竟在何处？连博闻强识的毛公、郑玄都不清楚，而同样博学多才的朱熹、吕祖谦等人，认为这就是后世晋阳的太原，但顾炎武并不认可。如何解决这个历史地理研究中的疑点？顾炎武别具慧眼，他从《六月》诗本身着手，提出求得"泾阳所在"，才是解决问题的关键。本文引经据典，博采兼收，多方证佐，举要归纳，层层剖析，势如破竹。《四库全书总目提要·日知录》称顾炎武"学有本原，博赡而能通贯，每一事必详其始末，参以证佐，而后笔之于书，故引据浩繁而抵牾者少。非如杨慎、焦竑诸人，偶然涉猎，得一义之异同，知其一而不知其二者"。俞樾说他"于经史古义、注疏旧说，爬罗剔抉，不遗一字"（《重刻愧园集序》。这种治学精神和方法，在本文得到充分的体现。

朱熹《诗集传·六月》:“猃狁内侵，逼近京邑。(厉)王崩，子宣王靖即位。命尹吉甫帅师伐之，有功而归。诗人作歌以叙其事如此。”后人常将这首诗看作宣王中兴的表现。但顾炎武却看到了另外一面，即外族入侵对中原造成的伤害。下面一段突然转入“周之世有戎祸”，不仅后汉西羌之叛，与其“大略相似”，明末异族入侵的祸害更加惨烈；至于“王师败逋”，更是惨不忍睹。而吴三桂引狼入室，“至与之结盟而入寇”，其祸远比申侯为甚。“戎之所由来，非一日之故”，明末各种谣传蜂起，也远非“檿弧”之谣可比。最终不仅关中之地，就是中原大地，都让异族得以“整居其间”。顾炎武亲身经历的南明小朝廷，与周幽王、晋怀帝之世无异，故心有戚戚，对这首诗作了异乎寻常的阐发。文中指出“宣王中兴”，并不像史书说的那么可观，后人的赞美，未免言过其实。“书不尽言”，“是以论其世也”。讨论古人的时世，是为了鉴古知今，更清楚地了解当今国家社会的真情。古往今来，读《六月》诗的人不计其数，但有几人，能别有会心？如顾炎武，“岂非独见其情于意言之表者哉”？

夸　毗

“天之方懠[1]，无为夸毗。”《释训》曰[2]：“夸毗，体柔也。”《后汉书·崔骃传》注：“夸毗，谓佞人足恭[3]，善为进退[4]。”天下惟体柔之人，常足以遗民忧而召天祸[5]。夏侯湛有云[6]：“居位者以善身为静，以寡交为慎，以弱断为重[7]，以怯言为信[8]。”《抵疑》[9]。白居易有云[10]：“以拱默保位者为明智[11]，以柔顺安身者为贤能，以直言危行者为狂愚，以中立守道者为凝滞。故朝寡敢言之士，庭鲜执咎之臣[12]。自国及家，寖而成俗。故父训其子曰：‘无介直以立仇敌[13]。’兄教其弟曰：‘无方正以贾悔尤。’且慎默积于中，则职事废于外；强毅

以“柔”开篇。下面谈世上、特别是官场，柔顺、巧佞之徒比比皆是，祸害国家。

果断之心屈，畏忌因循之性成。反谓率职而居正者[14]，不达于时宜；当官而行法者，不通于事变。是以殿最之文[15]，虽书而不实；黜陟之典[16]，虽备而不行。”《长庆集·策》。罗点有云[17]：“无所可否，则曰得体；与世浮沉，则曰有量。众皆默，己独言，则曰沽名；众皆浊，己独清，则曰立异。”《宋史》本传。观三子之言，其于末俗之敝，可谓恳切而详尽矣。至于佞谄日炽，刚克消亡[18]，朝多“沓沓”之流[19]，士保“容容”之福[20]。苟由其道，无变其俗，必将使一国之人皆化为“巧言令色孔壬”而后已[21]。然则丧乱之所从生，岂不阶于夸毗之辈乎[22]！乐天作《胡旋女》诗曰：“天宝季年[23]时欲变，臣妾人人学圆转[24]。”是以屈原疾楚国之士，谓之“如脂如韦[25]”，而孔子亦云：“吾未见刚者[26]。”

以“刚”作结。因世上罕见刚强之人，故更让人期待，更值得提倡。

［注释］

[1]“天之方懠”二句：语出《诗经·大雅·板》。懠（qí），愤怒。夸毗（pí）：以谄谀、卑屈取媚于人。《毛传》：“夸毗，体柔人也。”孔颖达疏引李巡曰：“屈己卑身，求得于人，曰体柔。” [2]释训：《尔雅》第三篇篇名。《尔雅》是中国最早的一部

解释词义的专著。孔颖达《毛诗正义·关雎》:“‘诂训传’者，注解之别名。毛以《尔雅》之作多为释《诗》，而篇有《释诂》《释训》，故依《尔雅》训而为《诗》立传。传者，传通其义也。《尔雅》所释十有九篇，独云诂、训者，诂者，古也，古今异言，通之使人知也；训者，道也，道物之貌，以告人也。《释言》则《释诂》之别，故《尔雅序篇》云：《释诂》《释言》，通古今之字，古与今异言也。《释训》言形貌也。然则‘诂训’者，通古今之异辞，辨物之形貌，则解释之义尽归于此。” [3] 足恭：语出《论语·公冶长》。谓过分恭敬以取悦于人。 [4] 进退：指（为达到目的）或进或退、或取或舍的行为。 [5] 遗：留下。 [6] 夏侯湛：字孝若，谯国谯郡（今安徽亳州）人，西晋文学家。 [7] 弱断：缺乏担当，不肯明确作决断。 [8] 怯言：不轻易表示意见。 [9]《抵疑》：见《晋书·夏侯湛传》。 [10] 白居易：字乐天，号香山居士，祖籍山西太原，生于河南新郑。唐代诗人，新乐府运动的倡导者。 [11] 拱默：拱手缄默，无所作为。 [12] 执咎：敢于建言，不怕任过。《诗经·小雅·小旻》:“发言盈庭，谁敢执其咎？”郑玄笺：“谋事者众，讻讻满庭，而无敢决当是非，事若不成，谁云己当其咎责者？言小人争知而让过。” [13] 无介直以立仇敌：直，原作“真”，据《日知录集释》、《白氏长庆集》卷六十三《策林二》改。 [14] 率职：奉行职事，尽职。举正，举，原作“居”，据《白氏长庆集》卷六十三《策林二》改。 [15] 殿最：古代对官员政绩或军功的考绩，下等称为“殿”，上等称为“最”。 [16] 黜陟：指官吏的升降。撤销官职为“黜”，提升官职为“陟”。 [17] 罗点：南宋崇仁县（今属江西）人。宁宗时签书枢密院事。 [18] 刚克：以刚强取胜。 [19] 沓沓：《孟子·离娄上》:“《诗》曰：‘天之方蹶，无然泄泄。’泄泄，犹沓沓也。事君无义，进退无礼，言则非先王之道者，犹沓沓也。”朱熹《孟子集注》:“泄泄，怠缓悦从之貌。言天欲颠覆周室，群臣无得泄泄然，不急救正之。”“沓沓，即泄泄之意。” [20] 容容：《汉书·翟方进传》：“朕诚怪君，何持容容之计，无忠固意，将何以辅朕帅道群下？”颜师古注：“容容，随众上下也。” [21] 巧言令色孔壬：巧言令色，语出《论语·阳货》。令色，伪善、谄媚的脸色。孔壬，《尚书·虞书·皋陶谟》：“能哲而惠，何忧乎驩兜（帝尧之臣，因与共工、鲧一起作乱，被舜流放至崇山），何迁乎有苗（即三苗，古代部落名），何畏乎巧言令色孔壬！”孔安国传：“禹言有苗、驩兜之徒甚佞如此。”孔颖达疏：“巧言令色为甚佞之人。”《后汉书·郅恽传》：“昔虞舜辅尧，四罪（古代传说驩兜（欢兜）、共工、三苗、鲧合称为“四罪”）咸服，谗言弗庸（用），孔任不行，故能作股肱，帝用有歌。”李贤注：“孔，甚也；任，佞也。” [22] 阶：由来。 [23] 天宝季年：天宝末年。天宝，唐玄宗年号。 [24] 圆转：白居易《胡旋女》诗原作“圜转”，即旋转。胡旋舞是由西域康居传来的民间舞，为在跳舞时须快速不停地旋转而得名。 [25] 如脂如韦：语出屈原《卜居》。言像油脂一样光滑，像熟牛皮一样柔软，善于应付环境。 [26] 吾未见刚者：语出《论语·公冶长》。

［点评］

传说老子的老师常拟得病，“老子往问焉，曰：‘先生疾甚矣，无遗教可以语诸弟子者乎？’常拟曰：‘子虽不问，吾将语子。’常拟……张其口而示老子曰：‘吾舌存乎？’老子曰：‘然。’‘吾齿存乎？’老子曰：‘亡。’常拟曰：‘子知之乎？’老子曰：‘夫舌之存也，岂非以其柔耶？齿之亡也，岂非以其刚耶？’常拟曰：‘嘻，是已。天下之事已尽矣，无以复语子哉！’”（刘向《说苑·敬慎》)《说苑》为笔记小说类的著作，未必真有其事，但老子重柔抑刚，则非虚言。“交易之道，刚者易折。惟有至阴至柔，方可纵横天下。天下柔弱者莫如水，然上善若水。”“柔弱胜刚强。”“勇于敢则杀，勇于不敢则活。”(《老子》)均堪称名言。老子的刚柔说，含有辩证思想，应具体分析。但老庄末流，确实将“柔顺”作为立身之本、养生之道、保身之术。以此，“强毅果断之心屈，畏忌因循之性成”；“朝寡敢言之士，庭鲜执咎之臣。自国及家，寖而成俗”；“佞谄日炽，刚克消亡”。就个人而言，可“苟全性命于乱世”，但对国家和民族，则“常足以遗民忧而召天祸”；“丧乱之所从生，岂不阶于夸毗之辈乎”？苏轼一针见血地指出：“士患不刚耳，长养成就，犹恐不足，当忧其太刚而惧之以折耶！折不折，天也，非刚之罪。为此论者，鄙夫患失者也。”“所好夫刚者，非好其刚也，好其仁也。所恶夫佞者，非恶其佞也，恶其不仁也。”(《刚说》)孔子说：“刚毅木讷，近仁。”(《论语·子路》)“巧言令色，鲜矣仁。”(《论语·阳货》)一味“柔”的结果，必然是“佞”。唯有“富贵不能淫，贫贱不能移，威武不能屈”(《孟子·滕文公下》)的刚者，才是真正的仁者。这正是本文的旨意。

鲁颂商颂[1]

《诗》之次序，犹《春秋》之年月，夫子因其旧文[2]，“述而不作”也[3]。“颂者[4]，美盛德之形容”，以告宗庙。鲁之《颂》，颂其君而已，而列之《周颂》之后者，鲁人谓之《颂》也。郑氏曰[5]：“襄公时，季孙行父请命于周，而史克作之。”然春秋列国卿大夫赋诗，无及此四篇者[6]。世儒谓夫子尊鲁，而进之为《颂》，是不然。鲁人谓之《颂》，夫子安得不谓之《颂》乎？“为下不倍”也[7]。《春秋》书“公”、书“郊禘[8]”，亦同此义。孟子曰“其文则史[9]”，不独《春秋》也，虽六经皆然。今人以为圣人作书，必有惊世绝俗之见，此是以

“六经皆然”，即六经皆史。

私心待圣人。世人读书如王介甫[10]，才入贡院，而一院之事皆欲纷更，《宋史·张方平传》。此最学者之大病也。

列国之《风》何以无鲁[11]？大师陈之[12]，固曰“鲁诗”，不谓之《颂》矣。孔子，鲁人也，从鲁而谓之《颂》，此如鲁史之书“公”也。然而《泮水》之文[13]，则固曰鲁侯也。

商何以在鲁之后？曰：草庐吴氏尝言之矣[14]：“大师所职者，当代之诗也。商则先代之诗，故次之周、鲁之后。”《汲冢周书》“伊尹朝[15]，献《商书》”，附于《王会解》之后，即其例也。

［注释］

[1] 鲁颂商颂：《诗经》“三颂”，即《周颂》《鲁颂》《商颂》。《鲁颂》为歌颂鲁僖公的乐歌。《商颂》为歌颂商朝祖先的乐歌。 [2] 因：沿袭。 [3] 述而不作：语出《论语·述而》。谓只是阐述古人的学说而不表达自己的看法。 [4]“颂者”以下三句：《诗大序》：“颂者，美盛德之形容，以其成功告于神明者也。”言颂是赞美君主的大德并加以形容表现，将成功的消息告诉祖先的神灵。 [5]“郑氏曰”以下四句：《毛诗·鲁颂》：“《駉》，颂僖公也……鲁人尊之，于是季孙行父请命于周，而史克作是颂。”郑玄注：“季孙行父，季文子也。史克，鲁史也。”季孙行父，姬姓，季氏，谥文，史称季文子。在鲁国执国政三十三年，辅佐鲁宣公、

鲁成公、鲁襄公三代君主。史克，鲁国史官。《毛诗正义·鲁颂谱》孔颖达疏："《駉》颂序云：'史克作是颂。'广言作颂，不指《駉》篇，则四篇皆史克所作……故王肃云：当文公时，鲁贤臣季孙行父请于周，而令史克作颂四篇以祀。是肃意以其作在文公之时，四篇皆史克所作也。" [6] 四篇：《鲁颂》共有《駉》《有駜》《泮水》《閟宫》四篇。 [7] 为下不倍：语出《礼记·中庸》。倍，同"背"。 [8]《春秋》书"公"、书"郊禘"：孔子编订的《春秋》，是依据鲁国史官年、季、月、日所编《春秋》加以整理修订的著作。鲁国国君的封爵为侯，但《春秋》书鲁国国君，均称"公"。郊禘，古代帝王以祖先配祭昊天上帝。 [9] 其文则史：《孟子·离娄下》："晋之《乘》，楚之《梼杌》，鲁之《春秋》，一也。其事则齐桓、晋文，其文则史。" [10]"世人读书如王介甫"以下三句：《宋史·张方平传》："王安石方用事，嶷然不小屈，以是望高一时。守宋都日，富弼自亳（州）移汝（州），过见之曰：'人固难知也。'方平曰：'谓王安石乎？亦岂难知者！方平顷知皇祐（宋仁宗年号）贡举（古时地方官府向帝王荐举人才的科目），或称其文学，辟（授与官职）以考校（考查）。既入院，凡院中之事，皆欲纷更。方平恶其人，檄使出，自是未尝与语也。'"王介甫，王安石，字介甫，号半山。抚州临川（今属江西）人。北宋政治家、文学家、思想家。宋神宗时任宰相，推行变法。封荆国公，世称王荆公。工诗文，名列"唐宋八大家"。贡院，古代乡试的考场，即开科取士的地方。 [11] 列国之《风》何以无鲁：《诗经·国风》十五篇，包括十五个诸侯国的乐歌，其中无《鲁风》。 [12] 大师：即太师，古代乐官之长。 [13]"然而《泮水》之文"二句：《诗经·鲁颂·泮水》："思乐泮水，薄采其芹。鲁侯戾止，言观其旂。"鲁侯，指鲁僖公。 [14] 草庐吴氏：吴澄，字幼清，晚字伯清，学者称其为草庐先生，抚州崇仁（今属江西乐安）人。元代理学家、经学家。　[15]“《汲冢周书》‘伊尹朝’”以下三句：见《汲冢周书》卷七。

[点评]

《诗经》三颂：《周颂》《鲁颂》《商颂》。周、商为天子国，鲁为诸侯国，将鲁置于周、商之列，看似并不匹配；论年代，商在周前，而反置于鲁之后，也不合常理。鲁何以独有颂？商何以在周之后？本文即对这两个问题的回答。前人认为孔子作《春秋》，含有微言大义，《诗经》是孔子删定的，是否也有所寄托？顾炎武认为：孔子所编《诗经》的次序，只是“因其旧文，‘述而不作’”，别无深意。这和列国之《风》无鲁，情况相同。至于周在商前，则因古代乐官的职守所致。“今人以为圣人作书，必有惊世绝俗之见，此是以私心待圣人。”如此平易的解释，不失为实事求是的通达之说。

不过本文引人注意的价值不仅在此。“六经皆史”，是中国史学史中的一个重要命题。提起这四个字，人们首先想起的往往是晚于顾炎武的章学诚。“六经皆史也。古人不著书，古人未尝离事而言理，六经皆先王之政典也。”（《文史通义·易教上》）顾炎武认为：“孟子曰‘其文则史’，不独《春秋》也，虽六经皆然。”即六经皆史。当然，这也不是顾炎武首先提出。相传为隋代人王通所作的《文中子》，已“言圣人述史三焉，《书》《诗》《春秋》三者，同出于一”（《困学纪闻》卷八）。明代持这种看法的人更多，如王守仁言：“以事言谓之史，以道言谓之经。事即道，道即事。《春秋》亦经，《五经》亦史。”（《传习录》）王世贞言："天地间无非史而已……《六经》，史之言理者也。"（《艺苑卮言》）强调这一点，对理解顾炎武的治学思想，有特殊意义。他虽重经学，但并未将经籍神圣化、神秘化。在他的眼中，经籍同时也是记载历史事实的古籍。即以《日知录》论，其中经说很多是史说，如前面所录的《文侯之命》《大原》，便是明显的例子。他治经，常用经史互证之法，或通过史实阐明经义，或借助经文探讨史事，博及古今，探幽入微。朱一新甚至认为他"生平史学深于经学"（《无邪堂答问》）。

春秋阙疑之书

孔子曰："吾犹及史之阙文也[1]。"史之阙文，圣人不敢益也[2]。《春秋》桓公十七年[3]："冬十月朔[4]，日有食之[5]。"《传》曰[6]："不书日，官失之也[7]。"僖公十五年："夏五月，日有食之。"《传》曰："不书朔与日，官失之也。"以圣人之明，千岁之日至可坐而致，岂难考历布算以补其阙[8]？而夫子不敢也，况于史文之误而无从取正者乎？况于列国之事得之传闻、不登于史策者乎[9]？《左氏》之书[10]，成之者非一人，录之者非一世，可谓富矣，而夫子当时未必见也。史之所不书，则虽圣人有所不知焉者。且

孔子不敢做的事，后人却敢做。非但敢做，如丰坊等人，还自以为得意，以此欺世惑人。顾炎武强调"多闻阙疑"，应了孟子一句话："予岂好辩哉？予不得已也！"

《春秋》[11]，鲁国之史也，即使历聘之余[12]，必闻其政，遂可以百二十国之宝书[13]，增入本国之记注乎[14]？成公十三年，“公会诸侯伐秦”下，《正义》曰[15]：“经文依史官策书，策书所无，故经文遂阙也。传文采于简牍[16]，简牍先有，故传文独存也。”若乃改葬惠公之类不书者[17]，旧史之所无也。曹大夫、宋大夫、司马、司城之不名者[18]，阙也。“齐崔氏出奔卫”[19]，去名而书族；“宋杀其大夫山[20]”，去族而书字，疑皆前史之阙。郑伯髡顽、楚子麇、齐侯阳生之实弑而书“卒”者[21]，传闻不胜简书，是以从旧史之文也。邵氏曰[22]：“赴以卒则卒，赴以弑则弑。弑而赴以卒，其弑也传闻云尔也。传闻不胜简书，是以书‘卒’以待察也，比之疑狱。”《左氏》出于获麟之后[23]，网罗浩博，实夫子之所未见。乃后之儒者似谓已有此书，夫子据而笔削之。即《左氏》之解经，于所不合者亦多曲为之说[24]，而经生之论遂以圣人所不知为讳。是以新说愈多，而是非靡定。故今人学《春秋》之言，皆郢书燕说[25]，而夫子之不能逆料者也。子不云乎：“多闻阙疑[26]，慎言其余。”岂特告子张乎？修《春秋》之法亦不过此。

“今人学《春秋》之言，皆郢书燕说”。或者说，后人读经说经，都是“六经注我”。

《春秋》，因鲁史而修者也。《左氏传》，采列国之史而作者也。故所书晋事，自文公主夏盟[27]，政交于中国，则以列国之史参之，而一从周正[28]；自惠公以前[29]，则间用夏正。其不出于一人明矣。其谓“赗仲子”为“子氏未薨”[30]，“平王崩”为“赴以庚戌”[31]，先壬戌十二日[32]。“陈侯鲍卒”为“再赴”[33]，似皆揣摩而为之说。

［注释］

[1] 吾犹及史之阙文也：语出《论语·卫灵公》，言我还能看到史书中已经散佚的文献。 [2] 益：增益，增加。 [3]《春秋》：我国第一部编年体史书。相传为孔子编订。 [4] 朔：农历初一。每月此日，月球恰好运行到与太阳黄经相等的时刻，此时地面观测者看不到月面任何明亮的部分，这时的月相叫“朔”，又称新月。由于“朔”为一月之始，所以“朔”也引申出“初始”等义。 [5] 日有食之：即日食。 [6]《传》：指《左传》。 [7] 官：史官。 [8] 考历布算：根据历数研考，进行布筹运算。 [9] 史策：即史册。 [10]《左氏》之书：即《左传》。 [11]“且《春秋》”二句：《春秋》据鲁国史官的记载编订，是自鲁隐公至鲁哀公这段时期的鲁国国史。 [12] 历聘：历天下以求聘用。 [13] 百二十国之宝书：《春秋公羊传·隐公第一》徐彦疏：“闵因叙云：‘昔孔子受端门之命，制《春秋》之义，使子夏等十四人求周史记，得百二十国宝书，九月经立……周史而言宝书者，宝者，保也，

以其可世世传保以为戒，故云宝书也。'" [14] 记注：记录史实。 [15]《正义》：孔颖达《春秋左传正义》。 [16] 简牍：我国古代遗存下来的写有文字的竹简与木牍的概称。用竹片写的书称"简策"，用木版写的叫"版牍"。 [17] 若乃改葬惠公之类不书者：《左传》隐公元年："冬十月庚申，改葬惠公。公弗临，故不书。"鲁惠公立桓为太子，鲁隐公以摄政的名义，出于谦让，不敢以丧主的身份到场哭泣，故《春秋》不加记载。 [18] 不名：没有名字。 [19]"齐崔氏出奔卫"二句：语出《左传》宣公十年。书"崔氏"，有氏族，无名字。 [20]"宋杀其大夫山"二句：语出《左传》成公十五年。书"山"，有名字，无氏族。 [21]"郑伯髡顽、楚子麇、齐侯阳生之实弑而书'卒'者"以下三句：郑僖公，姬姓，郑氏，名恽，一名髡（kūn）顽，春秋时期郑国君主，伯爵。因政见不合，被叔公公子骓所弑。《春秋经》襄公七年："十有二月……郑伯髡顽如会，未见诸侯，丙戌，卒于鄵。"《左传》襄公七年："郑僖公……将会于鄬，子驷相，又不礼焉。侍者谏，不听，又谏，杀之。"楚子麇，楚郏敖，名熊员（《左传》作"熊纴"），春秋时期楚国国君，子爵。被叔父、令尹公子围所弑。《春秋经》昭公元年："冬十有一月己酉，楚子麇卒。"《左传》昭公元年："十一月己酉，公子围至，入问王疾，缢而弑之。"齐悼公，姜姓，吕氏，名阳生。春秋时期齐国君主，侯爵。齐国大臣田乞立齐悼公，开田氏贵族专齐政的先河。被田乞之子田常指使人毒杀。《春秋经》哀公十年："三月戊戌，齐侯阳生卒。"《左传》哀公十年："齐人弑悼公，赴于师。"《春秋经》依据的是史官记录的简书，而《左传》依据的是社会的传闻。传闻不如简书正规，故孔子采用史官的记录。 [22]"邵氏曰"以下八句：赴，同"讣"。此指讣告。言《春秋经》据讣告书写，讣告言"卒"，《春秋》也书"卒"；讣告言"弑"，《春秋》也书"弑"。据说是"弑"，但讣告言“卒”，那么“弑”只是传闻。传闻不能和公文相比，所以还是书“卒”，让此事作为一个疑案待考。 [23] 获麟：《史记·孔子世家》：“鲁哀公十四年（前481）春，狩大野。叔孙氏车子钼商获兽，以为不祥。仲尼视之，曰：‘麟也。’取之。曰：‘河（黄河）不出图，雒（洛水）不出书，吾已矣夫！’颜渊死，孔子曰：‘天丧予！’及西狩见麟，曰：‘吾道穷矣！’”《春秋》至此搁笔。两年后，孔子去世。 [24] 曲为之说：作不合常理的解说。 [25] 郢书燕说：《韩非子·外储说左上》：“郢（楚国国都郢城）人有遗（寄给）燕相国书者，夜书，火不明，因谓持烛者曰：‘举烛。’云而过书‘举烛’。举烛，非书意也，燕相受书而说（悦）之，曰：‘举烛者，尚明也，尚明也者，举贤而任之。’燕相白（告诉）王，王大说，国以治。治则治矣，非书意也。今世举学者多似此类。”后用以指曲解了原文的意思，但也表达了另一种可取的看法。 [26]“多闻阙疑”二句：语出《论语·为政》。 [27] 文公主夏盟：文公，晋文公，姬姓，名重耳，春秋时期晋国君主。在位时文治武功卓著，成为春秋五霸中第二位霸主，开创了晋国长达百年的霸业。《左传》襄公二十四年：“昔匄之祖，自虞以上为陶唐氏，在夏为御龙氏，在商为豕韦氏，在周为唐杜氏，晋主夏盟为范氏，其是之谓乎？”杜预注：“晋为诸夏（中原）盟主。” [28] 周正：周历正月，即农历十一月。《史记·历书》：“夏正以正月，殷正以十二月，周正以十一月。” [29] 惠公：名夷吾，晋文公之弟，春秋时期晋国君主。即位在晋文公之前。 [30] 其谓“赗仲子”为“子氏未薨”：《左传》隐公元年：“秋，七月，天王使宰咺来归（通“馈”，赠送）惠公（隐公父）、仲子（隐公同父异母弟桓公之母）之赗。缓，且子氏未薨，故名。”赗（fèng），古时送给丧家用于丧事的财物。因咺是下大夫级的宰夫，送礼品又送得太迟，没有赶上惠公的葬礼，而且当时仲子还没去世，故直称其名。[31]“平王崩”为“赴以庚戌”:《左传》隐公三年:“春,王三月壬戌,平王崩,赴以庚戌,故书之。”周朝历法三月壬戌日,周平王去世。讣告上写作庚戌日,故《春秋》也记载死日为庚戌。[32]先壬戌十二日:壬戌日为二十四日,庚戌日为十二日,早了十二日。[33]“陈侯鲍卒”为“再赴”:《左传》桓公五年:“春正月,甲戌,己丑,陈侯鲍卒,再赴也。”关于陈侯鲍的忌日,《春秋》记载了甲戌、己丑两个日子,这是因为陈侯病危时发生动乱,国内混乱,因此发了两次讣告。

[点评]

“《春秋》之称,微而显,志而晦,婉而成章,尽而不污,惩恶而劝善,非圣人谁能修之?”(《左传》成公十四年)“(孔子)为《春秋》,笔则笔,削则削,子夏之徒不能赞一词。”(《史记·孔子世家》)“及夫子殁而微言绝,七十子卒而大义乖。”(刘歆《移书让太常博士》)提起《春秋》,人们就会想到“微言大义”“《春秋》笔法”。本文对此显示了不同的看法。文章从“多闻阙疑,慎言其余”这八字展开论述。顾炎武认为:孔子编《春秋》,态度和方法都十分谨慎,对不清楚、无法确认的史料,宁可阙疑,也不敢草率记载。“况于史文之误而无从取正者乎?况于列国之事得之传闻、不登于史策者乎?”孔子采录史官的记载,不用传闻,也是因为不少传闻“皆揣摩而为之说”,不可靠。以此成为“春秋之信史”(《公羊传》昭公十二年)。由于所处环境的限制,孔子不可能掌握当时各国所有的史料,如“《左氏》之书,成之者非一人,录之者非一世,可谓富矣,而夫子当时未必见也。

史之所不书，则虽圣人有所不知焉者”。“后之儒者似谓已有此书，夫子据而笔削之。即《左氏》之解经，于所不合者亦多曲为之说，而经生之论遂以圣人所不知为讳。是以新说愈多，而是非靡定。”即使像孔子那样的“天纵之圣”，也不是全知全能的，应实事求是区分。如果为维护圣人的绝对权威而进行曲解，只会混淆是非，造成思想认识的混乱。文中举“郑伯髡顽、楚子麇、齐侯阳生之实弑而书‘卒’者”为例，说明孔子《春秋》和《左传》记载的区别，只是所依据的史料不同罢了，未必像后人认为的那样，都是在“为尊者讳，为亲者讳，为贤者讳”（《春秋公羊传》闵公元年）。有人问陆九渊：“何不著书？”答道：“六经注我！我注六经！”（《象山先生全集·语录》）自明以后，“我注六经”日益稀少，而“六经注我”之风则盛行于世。“六经注我”并非不可，但须建立在“我注六经”的基础之上。失去这个基础，自我作古，这不是提高，更不是发展，往往是信口妄言。这是治经，也是治学的大忌，是顾炎武毕生不懈批评的恶习。

关于《左传》的作者，汉代刘向、刘歆、班固等人都认为出自与孔子同时的左丘明。至唐、宋年间，学者开始怀疑《左传》并非左丘明所作，但并无确实的依据。《四库全书总目提要》：“仍定为左丘明作，以袪众惑。至其作传之由，则刘知幾‘躬为国史’之言，最为确论。”康有为出于宣扬托古改制思想的需要，断言《左传》乃西汉末年刘歆伪造。本文并未对此展开讨论，但在最后一段，根据《左传》自身的记载，指出“其不出于一人明矣”，不失为一种比较客观和通达的说法。

春秋言天之学

天文五行之学[1]，愈疏则多中，愈密则愈多不中。春秋时言天者，不过本之分星[2]，合之五行，验之日食、星孛之类而已[3]。五纬之中[4]，但言岁星[5]，而余四星占不之及[6]，何其简也。邵子曰[7]："五星之说，自甘公、石公始。"而其所详者，往往在于君、卿、大夫言语、动作、威仪之间，及人事之治乱敬怠。故其说也易知，而其验也不爽[8]。扬子《法言》曰[9]："史以天占人，圣人以人占天。"

"愈疏则多中，愈密则愈多不中。"这句话含有两层意思：从疏、密之分，可见对《春秋》言天之说，不须作繁琐的、神秘化的解释。"中"即切合实事，言天是为了警戒人事。

［注释］

[1] 五行之学：《尚书·周书·洪范》："五行：一曰水，二曰

火，三曰木，四曰金，五曰土。水曰润下（滋润），火曰炎上（燃烧），木曰曲直（弯曲，舒张），金曰从革（成分致密，善分割），土爰稼穑（意指播种收获）。”《孔子家语·五帝》篇中记载：“天有五行，水火金木土，分时化育，以成万物。”五行是中国古代哲学的一种系统观，古人用五行学说说明世界万物的形成及其相互关系，上观天文，下察地理。　[2] 分星：《周礼·春官·保章氏》：“以星土辨九州之地，所封封域皆有分星，以观妖祥。”《汉书·地理志》：“而保章氏掌天文，以星土辩九州之地，所封封域皆有分星，以视吉凶。”　[3] 星孛（bèi）：古代对彗星的称呼。孛，光芒四射的彗星。《春秋》文公十四年：“秋七月，有星孛入于北斗。”　[4] 五纬：又称五星，古人对太白、岁星、辰星、荧惑、镇星这五颗星的合称（即金、木、水、火、土星）。五星与日、月合称七曜。　[5] 岁星：即木星。道教称之为福星。东周至汉朝使用“岁星纪年法”。　[6] 占不之及：占不及之。即不用于占卜。　[7] “邵子曰”以下三句：语出邵雍《皇极经世书·观物外篇下》。甘公，甘德。战国时齐国人。是世界上最古老星表的编制者和木卫三的最早发现者。著有《天文星占》八卷、《岁星经》等。石公，石申，又名石申父。战国中期魏国天文学、占星学家。是以其姓名命名月球背面的环形山的中国人之一。著有《天文》八卷（西汉以后此书被尊为《石氏星经》）等。后人将甘、石的天文学著作合称《甘石星经》，是现存世界上最早的天文学著作。　[8] 爽：差失，不合。　[9] “扬子《法言》曰”以下三句：扬子，扬雄，字子云，蜀郡成都（今属四川）人。西汉时期辞赋家、思想家，著有《法言》《太玄》等。《法言》为扬雄模仿《论语》而作。《法言·五百》：“或问：‘圣人占天乎？’曰：‘占天地。’‘若此，则史也何异？’曰：‘史以天占人，圣人以人占天。’”

[**点评**]

前面说过，顾炎武论《易》，有两个特色：一是强调其经世致用的功能，特别是对普通人日常生活的指导作用。二是认为《易》本身并不复杂，“其实人人可用”，反对将《易》神秘化。这两点，同样体现在他对其他经籍的论述之中。如《春秋》，“其所详者，往往在于君、卿、大夫言语、动作、威仪之间，及人事之治乱敬怠。故其说也易知，而其验也不爽”。

“人法地，地法天，天法道，道法自然。”（《老子》）“天人合一”说，堪称中华传统文化的核心。鲁国大旱，孔子认为：“邦大旱，毋乃失诸刑与德乎？”子贡补充道：“若夫正刑与德，以事上天，此是哉！”（上海博物馆藏战国楚竹简《鲁邦大旱》）已开“天人感应”说的先声。在《春秋》三传中，有不少关于天人合一、天人感应的记载。班固说：“周道敝，孔子述《春秋》，则《乾》《坤》之阴阳，效《洪范》之咎征，天人之道粲然著矣。”（《汉书·五行志》）至汉，董仲舒明确提出：“天人之际，合而为一。”（《春秋繁露·深察名号》）本文以扬雄“史以天占人，圣人以人占天”结束。这两句话，正是对《春秋》天人说的阐述，“以天占人”即通过观测天象卜知人事，“以人占天”即通过观察世相测知天意。在当时的历史条件下，借助天意（天帝的意愿），是限制君权、遏制君王不适当的行为唯一有效（当然也很有限）的手段，有其积极意义，故应加以重视。

医　师

古之时庸医杀人[1]，今之时庸医不杀人，亦不活人，使其人在不死不活之间，其病日深而卒至于死。夫药有君臣[2]，人有强弱。有君臣，则用有多少；有强弱，则剂有半倍[3]。多则专，专则其效速[4]；倍则厚，厚则其力深。今之用药者，大抵杂泛而均停[5]，既见之不明[6]，而又治之不勇，病所以不能愈也。而世但以不杀人为贤，岂知古之上医不能无失[7]。《周礼·医师》：“岁终，稽其医事[8]，以制其食[9]。十全为上[10]；十失一，次之；十失二，次之；十失三，次之；十失四为下。”是十失三四，古人犹用之。而淳于意之对

唐代庸医直接杀人，明代庸医表面上不杀人，但也不能救活人，结果还是让人死，可谓间接杀人。

孝文[11]，尚谓“时时失之，臣意不能全也”。《易》曰：“裕父之蛊[12]，往见吝。”奈何独取夫“裕蛊”者，以为其人虽死，而不出于我之为。呜呼，此张禹之所以亡汉[13]，李林甫之所以亡唐也[14]。朱文公《与刘子澄书》[15]，所论“四君子汤”，其意亦略似此。

《唐书》：许胤宗言[16]：“古之上医[17]，惟是别脉。脉既精别，然后识病。夫病之与药，有正相当者，惟须单用一味，直攻彼病，药力既纯，病即立愈。今人不能别脉，莫识病源，以情臆度，多安药味。譬之于猎，未知兔所，多发人马，空地遮围，冀有一人获之，术亦疏矣。假令一药偶然当病，他味相制，气势不行，所以难差，谅由于此。”《后汉书》：“华佗精于方药[18]，处齐不过数种。”夫《师》之六五[19]，任九二则吉，参以三、四则凶。是故官多则乱，将多则败，天下之事亦犹此矣。

医道和治国之道相通。

［注释］

[1] 古之时庸医杀人：《旧唐书·张文仲传》：“大抵医药虽同，人性各异。庸医不达药之行使，冬夏失节，因此杀人。” [2] 药有君臣：《神农本草序》：“药有君、臣、佐、使，以相宣摄。”徐

春甫《古今医统》:“药之治病各有所主，主治者君也；辅治者臣也；与君相反而相助者佐也；引经及引治病之药至于病所者使也。” [3]半倍：或一半，或加倍。 [4]专则其效速：据黄汝成《续刊误》补。 [5]均停：均匀妥帖，也指平板而少变化。 [6]“既见之不明”二句：言庸医既看不清病情，又不敢果断治病。 [7]上医：高明的医师。 [8]稽：考核。 [9]食：禄，俸禄。 [10]全：痊愈。 [11]“而淳于意之对孝文”二句：淳于意，西汉临淄（今山东淄博东北）人。精医道。曾任齐太仓令，史称仓公。孝文，西汉文帝。《史记·扁鹊仓公列传》:“问臣意：‘诊病决死生，能全无失乎？’臣意对曰：‘意治病人，必先切其脉，乃治之。败逆者不可治，其顺者乃治之。心不精脉，所期死生视可治，时时失之，臣意不能全也。’” [12]“裕父之蛊”二句：语出《周易·蛊卦》。裕，宽容，姑息。蛊，事故。《序卦传》:“蛊者，事也。”言宽容父辈的弊病，必然会出事故，生悔吝（悔恨）之心。 [13]张禹之所以亡汉：张禹，字子文，河内轵县（今河南济源）人。西汉时期丞相。《汉书·张禹传》:“永始、元延之间，日蚀、地震尤数，吏民多上书言灾异之应，讥切王氏（太后王政君家族）专政所致。上（汉成帝）惧变异数见，意颇然之，而未有以明见，乃车驾至禹弟（府宅），辟（屏除）左右，亲问禹以天变，因用吏民所言王氏事示禹。禹自见年老，子孙弱，又与曲阳侯（王根）不平，恐为所怨。禹则谓上曰：‘春秋二百四十二年间，日蚀三十余，地震五，或为诸侯相杀，或夷狄侵中国。灾变之异，深远难见，故圣人罕言命，不语怪神。性与天道，自子赣（孔子弟子）之属不得闻，何况浅见鄙儒之所言！陛下宜修政事以善应之，与下同其福喜，此经义意也。新学小生，乱道误人，宜无信用，以经术断之。’上雅信爱禹，由此不疑王氏。后曲阳侯根及诸王子弟闻知禹言，皆喜说，遂亲就禹。”班固谓张禹等人“皆持禄保位，被阿谀之讥”。李德裕直斥张禹“致汉室之亡，成王莽之篡，皆因禹而发，可谓汉之贼也，国之妖也。”(《张禹论》) [14]李林甫之所以亡唐：李林甫，小字哥奴，陇西郡成纪县（今甘肃秦安）人。是唐玄宗时期在位时间最长的宰相。史称李林甫“城府深密，人莫窥其际。好以甘言啖人，而阴中伤之，不露辞色”，“口有蜜，腹有剑”，“诸道节度尽用胡人，精兵咸戍北边，天下之势偏重，卒使（安）禄山倾覆天下，皆出于林甫专宠固位之谋也”，“凡在相位十九年，养成天下之乱，而上不之寤也”(《资治通鉴》卷二百一十四至卷二百一十六《唐纪》)。 [15]“朱文公《与刘子澄书》”二句：罗大经《鹤林玉露》甲编：“周益公（周必大）参大政，朱文公（朱熹）《与刘子澄书》云：‘如今是大承气证，渠（他）却下四君子汤，虽不为害，恐无益于病尔。’”中医方剂有大承气汤，为泻下剂，寒下，具有峻下热结之功效，主治阳明腑实证。四君子汤，中医方剂名，为补益剂，具有补气、益气健脾之功效，主治脾胃气虚证。 [16]许胤宗：常州义兴（今江苏宜兴）人，隋唐间医家，曾官尚药奉御等职。 [17]“古之上医”以下二十五句：语出《新唐书·方技·许胤宗》传。相制，互相制约。差，同“瘥”，病痊愈。 [18]“华佗精于方药”二句：语出《后汉书·方术列传下》。齐，方剂。 [19]“夫《师》之六五”以下三句：《周易·师卦》：“六五：田有禽，利执言，无咎。长子帅师，弟子舆尸，贞凶。”“九二：在师中，吉，无咎；王三锡命。”“六三：师或舆尸，凶。”“六四：师左次，无咎。”

[点评]

治病关键在对症下药，在如何用药。因此，首先得摸清病情，在此基础上决定用什么药，剂量多少。这是检验医德、医术的试金石。而庸医往往既乏医术，“见之不明”，又亏医德，“治之不勇”，不求有功，但求无过，不肯承担风险，于是敷衍了事，“不杀人，亦不活人，使其人在不死不活之间”。由于“世但以不杀人为贤”，这样在表面上就推卸了自身该负的责任，而病人却因“其病日深而卒至于死”。但庸医依然心安理得，“以为其人虽死，而不出于我之为”，全无“吾虽不杀伯仁，伯仁由我而死”（《晋书·刘隗传》）的悔意。

“醉翁之意不在酒，在乎山水之间也。”（欧阳修《醉翁亭记》）本文谈的是医道，针对的则是治国之道。庸医以此误人，奸臣、庸臣以此亡国，“张禹之所以亡汉，李林甫之所以亡唐也”。在顾炎武之前，张居正推行改革，后人赞道：“方明隆（隆庆，明穆宗年号）万（万历，明神宗年号）之际，明之政已驰矣。自世宗（嘉靖）西内静摄，君荒于上，臣纵于下，将嬉于边，士嚣于庠。纪纲万事，群堕于冥昧之中之中。而瓦解土崩之祸，将隐中于晏安无事之日。自非有雷霆之力不足以集上下涣散之孰，非有整齐严厉之法不足以其积久疲顽之习。”（潘博《张江陵书牍序》）当社会症结愈陷愈深之时，正需要张居正这样的人，大刀阔斧下重药，用“大承气汤”，但也有当政者出于各种顾虑，畏缩软弱，采用仅有调理作用的温和的“四君子汤”。朱熹对周必大为政不得力的感慨，也是顾炎武的感慨。文中还指出庸医用药的一个特点：“不能别脉，莫识病源，以情臆度，多安药味。”“假令一药偶然当病，他味相制，气势不行，所以难差，谅由于此。”而朝廷用人，多设官职，互相牵制，官场机构臃肿，互相扯皮，致使能者难以施展，和庸医用药，如出一辙。

乐 章[1]

《诗》三百篇，皆可以被之音而为乐[2]。自汉以下，乃以其所赋五言之属为“徒诗”[3]，而其协于音者[4]，则谓之“乐府”[5]。宋以下，则其所谓“乐府”者，亦但拟其辞，而与“徒诗”无别。于是乎诗之与乐判然为二，不特乐亡，而诗亦亡。

开篇提出诗与乐的关系及其演变。后面七段，全是围绕这个主题，从音律、诗体、乐器等多方面展开的具体论述。

古人以乐从诗，今人以诗从乐。古人必先有诗，而后以乐和之。舜命夔教胄子[6]：“诗言志，歌永言，声依永，律和声。”是以登歌在上，而堂上堂下之器应之，是之谓以乐从诗。宋国子丞王普言[7]：“古者既作诗[8]，从而歌之，然后以声律协和而成曲。

自历代至于本朝，雅乐皆先制乐章，而后成谱。崇宁以后，乃先制谱，后命辞，于是辞律不相谐协，且与俗乐无异。”朱子曰：“诗之作[9]，本言志而已。方其诗也，未有歌也；及其歌也，未有乐也。以声依永，以律和声，则乐乃为诗而作，非诗为乐而作也。诗，出乎志者也；乐，出乎诗者也。诗者其本，而乐者其末也。”古之《诗》，大抵出于中原诸国，其人有先王之风，讽诵之教，其心和，其辞不侈[10]，而音节之间，往往合于自然之律。《楚辞》以下[11]，即已不必尽谐[12]。《文心雕龙》言《楚辞》“讹韵实繁[13]”。降及魏、晋，羌戎杂扰，方音递变[14]，南北各殊。故文人之作，多不可以协之音，而名为乐府，无以异于徒诗者矣。元稹言[15]：“乐府等题[16]，除《铙吹》《横吹》《郊祀》《清商》等词在乐志者，其余《木兰》《仲卿》《四愁》《七哀》之类，亦未必尽播于管弦也。”人有不纯，而五音十二律之传于古者[17]，至今不变，于是不得不以五音正人声，而谓之以诗从乐。以诗从乐，非古也，后世之失，不得已而为之也。

《汉书》：“武帝举司马相如等数十人[18]，造为诗赋，略论律吕，以合八音之调，作‘十九章之歌’。”夫曰“略论律吕，以合八音之调”，是以诗从乐也。后代乐章皆然。

《安世房中歌》十七章[19]，《郊祀歌》十九章，皆郊庙之正乐[20]，如三百篇之《颂》。其他诸诗，所谓“赵、代、秦、楚之讴[21]”，如列国之《风》[22]。

“十九章”，司马相如等所作，“略论律吕，以合八音”者也。“赵、代、秦、楚之讴”，则有协有否。“以李延年为协律都尉[23]”，采其可协者以被之音也。

乐府中如《清商》《清角》之类[24]，以声名其诗也。如《小垂手》《大垂手》之类[25]，以舞名其诗也。以声名者，必合于声；以舞名者，必合于舞。至唐而舞亡矣，至宋而声亡矣，于是乎文章之传盛，而声音之用微，然后徒诗兴而乐废矣。

歌者为诗，击者、拊者、吹者为器[26]，合而言之谓之乐。对诗而言，则所谓乐者八音，“兴于诗[27]，立于礼，成于乐”是也，分诗与乐言之也。专举乐，则诗在其中。“吾自卫反鲁[28]，然后乐正，《雅》《颂》各得其所”是也，合诗与乐言之也。

《乡饮酒礼》[29]："工四人，二瑟。"注[30]："二瑟，二人鼓瑟，则二人歌也。"古人琴瑟之用，皆与歌并奏，故有一人歌、一人鼓瑟者。汉文帝"使慎夫人鼓瑟[31]，上自倚瑟而歌"是也。师古曰："倚瑟，即今之以歌合曲也。"亦有自鼓而自歌，孔子之"取瑟而歌"是也[32]。若乃卫灵公听新声于濮水之上[33]，而使师延写之，则但有曲而无歌，此后世"徒琴"之所由兴也。

言诗者大率以声音为末艺[34]，不知古人入学，自六艺始[35]，孔子以"游艺"为学之成[36]。后人之学好高，以此为瞽师、乐工之事[37]，遂使三代之音不存于两京[38]，两京之音不存于六代[39]，而声音之学，遂为当今之绝艺。

对乐的认识和态度，也是对"艺"的认识和态度。

"七月流火[40]"，天文也。"相其阴阳[41]"，地理也。"四矢反兮[42]"，射也。"两骖如舞[43]"，御也。"止戈为武[44]""皿虫为蛊[45]"，书也。"千乘三去[46]""亥有二首六身[47]"，数也。古之时人人知之，而今日遂为绝学。且曰"艺而已矣，不知之无害也"。此近代之儒，所以自文其空疏也。

［注释］

［1］乐章：能配乐的诗。后亦泛指能入乐的诗词。［2］被：加，施加。［3］徒诗：不入乐的诗。徒，只，仅仅。［4］协：调和，和谐。［5］乐府：秦代以来朝廷设立的管理音乐的机构，汉武帝用来训练乐工、制定乐谱和采集歌词，其中采集了大量民歌。后“乐府”成为一种带有音乐性的诗体名称。［6］“舜命夔教胄子”以下五句：语出《尚书·虞书·尧典》。夔，上古帝舜时的乐官。胄子，帝王或卿大夫的长子。永，通“咏”。依一定的腔调缓慢地诵吟。律，乐律，即音律，指音乐上的律吕、宫调等。［7］王普：字伯照，闽县（在今福建福州）人。宋高宗绍兴年间官国子丞。精律历。［8］“古者既作诗”以下十一句：语出《宋史·乐志五》。雅乐，雅，正。雅乐即典雅纯正的音乐，是古代传统的宫廷音乐，帝王朝贺、祭祀天地等大典时所用。崇宁，宋徽宗年号。［9］“诗之作”以下十六句：语出朱熹《答陈体仁》。［10］侈：夸张，过分。［11］《楚辞》：相传为屈原开创的一种新文体。以其运用楚地的文学样式、方言声韵，具有浓厚的地方色彩，故名。代表作品有屈原《离骚》《九歌》《九章》、宋玉《九辩》等。［12］谐：协调。［13］《文心雕龙》言《楚辞》“讹韵实繁”：《文心雕龙》，南朝梁刘勰撰。是中国文学理论批评史上第一部有严密体系的、“体大而虑周”（章学诚《文史通义·诗话篇》）的文学理论著作。《文心雕龙·声律》：“《楚辞》辞楚（用楚音作辞），故讹韵实繁。”讹韵，错乱的音韵。［14］方音：指方言特有的音调。［15］元稹：字微之，河南洛阳人。北魏宗室鲜卑拓跋部后裔。唐宪宗元和间一度任宰相。与白居易同科及第，共同倡导新乐府运动，世称“元白”，诗称“元和体”。［16］“乐府等题”以下四句：语出元稹《乐

府古题序》。《铙吹》，指《鼓吹曲辞》。铙吹，即铙歌。军中乐歌，所用乐器有笛、觱篥、箫、笳、铙、鼓等，为鼓吹乐的一部。《横吹》，《横吹曲辞》。横吹，乐器名。即横笛，又名短箫。《郊祀》，《郊庙歌辞》。郊祀，古代君王在一年中某些重要的时日，带领三公九卿等诸大臣依据礼法于国都郊外祭祀上天，为百姓和国家祈福的一种祭祀活动。《清商》，《清商曲辞》。清商，清商乐，又称清商曲，隋唐时简称清乐。是三国、六朝时占主导地位的一种传统音乐。乐志，旧时纪传体史书中有《乐志（书）》，用以综述音乐发展沿革及相关典章制度。《木兰》，《木兰诗》，南北朝时北朝民歌，宋郭茂倩《乐府诗集》归入《横吹曲辞·梁鼓角横吹曲》中。是一首长篇叙事诗。《仲卿》，《古诗为焦仲卿妻作》，又名《孔雀东南飞》，是中国文学史中最长的叙事诗，与《木兰诗》合称“乐府双璧”。《四愁》，东汉张衡作。对后世七言诗的发展有很大影响。《七哀》，汉末及三国魏诗人王粲、曹植均有《七哀诗》。管弦，管乐器与弦乐器，泛指乐器，也指管弦乐。 [17] 五音十二律：古代的定音方法。五音，即宫、商、角、徵、羽。十二律，即用三分损益法将一个八度分为十二个不完全相同的半音的一种律制。各律从低到高依次为：黄钟、大吕、太簇、夹钟、姑洗、仲吕、蕤宾、林钟、夷则、南吕、无射、应钟。 [18]“武帝举司马相如等数十人”以下五句：武帝，汉武帝刘彻。在位时颇有作为，后世褒贬不一。律吕，古代乐律的统称。又称十二律，可分为六律（六阳律）、六吕（六阴律）。是有一定音高标准和相应名称的中国音律体系。八音，古代有八种制造乐器的材料，通常为金、石、丝、竹、匏、土、革、木八种不同质材。也用以泛指音乐。“十九章之歌”，指《郊祀歌》十九章。汉武帝郊祀时所用的乐歌。 [19]《安世房中歌》十七章：相传为汉初唐山夫人所作。 [20] 正乐：雅正的音乐。 [21] 赵、代、秦、楚之讴：《汉书·礼乐志》："至武帝定郊祀之礼……乃立乐府，采诗夜诵，有赵、代、秦、楚之讴。"讴，歌。　[22] 列国之《风》：指《诗经》中的《国风》。　[23] 以李延年为协律都尉：语出《汉书·礼乐志》。李延年，汉武帝宠妃李夫人之兄。世代为倡。因擅长音律，故颇得武帝宠爱，封协律都尉（为诗谱乐的乐官）。　[24]《清角》：雅曲名。"清"指升高半音，清角指的是比角音高半音的音。如：若 mi 是角音，清角就是 fa。　[25]《小垂手》《大垂手》：均为舞名。梁简文帝萧纲诗《赋乐府得大垂手》："垂手忽苕苕，飞燕掌中娇。罗衣恣风引，轻带任情摇。讵似长沙地，促舞不回腰。"《小垂手》："舞女出西秦，蹑影舞阳春。且复小垂手，广袖拂红尘。折腰应两笛，顿足转双巾。蛾眉与曼脸，见此空愁人。"刘歆《西京杂记》："（戚）夫人善为翘袖折腰之舞。"郭茂倩《乐府解题》："《大垂手》《小垂手》，皆言舞而垂其手也。"陈良运《歌以咏言，舞以尽意——中国古代舞蹈美之窥探》："所谓'大垂手'，双手下垂仅随身而动，独显窈窕身段舞动之美，以'罗衫''轻带'之'引'与'摇'，表现舞者含情脉脉之态。'小垂手'即手小有所动，'广袖拂红尘'，以微动之手拂动长袖而生风。也'折腰'，也'顿足'，但不失温婉娴静之美。"　[26] 拊：拍。《尚书·虞书·尧典》有夔"击石拊石，百兽率舞"之说。　[27]"兴于诗"以下三句：语出《论语·泰伯》。　[28]"吾自卫反鲁"以下三句：语出《论语·子罕》。　[29]《乡饮酒礼》：《仪礼》篇名。　[30] 注：指郑玄注。　[31]"汉文帝'使慎夫人鼓瑟'"二句：见《史记·张释之冯唐列传》。　[32] 孔子之"取瑟而歌"：《论语·阳货》："孺悲欲见孔子，孔子辞以疾，将命者（传话的人）出户，取瑟而歌，使之（孺悲）闻之。"　[33]"若乃卫灵公听新声于濮水之上"二句：《史记·乐书》："卫灵公之时，将之晋，至于濮水之上舍。夜半时闻鼓琴声，问左右，皆对曰'不闻'。乃召师涓曰：'吾闻鼓琴音，问左右，皆不闻。其状似鬼神，为我听而写之。’师涓曰：‘诺。’因端坐援琴，听而写之。”卫灵公，姬姓，名元，春秋时期卫国君主。新声，新作的流行乐曲。濮水，古代水名。是流经古菏泽（在今山东）区域的一条河流。师延，上古时期的神话人物。黄帝时为司乐之官。后世以其为中华民族第一位乐神宗祖。此应为“师涓”。师涓，春秋时期卫国音乐家，以善弹琴著称。 [34] 末艺：小技艺。 [35] 六艺：《周礼·地官·司徒》：“六艺：礼、乐、射、御、书、数。”古时要求学生掌握的六种基本才能：礼（礼节）、乐（音乐）、射（射箭）、御（驾驶马车）、书（书法）、数（术数，计算、数学的技术）。 [36] 孔子以“游艺”为学之成：《论语·述而》：“志于道，据于德，依于仁，游于艺。” [37] 瞽师：盲乐师。 [38] 两京：西汉京城在长安，东汉京城在洛阳，合称两京，借指两汉。 [39] 六代：即六朝（吴、东晋、宋、齐、梁、陈）。 [40] 七月流火：语出《诗经·豳风·七月》。火（古读 huǐ），或称大火，星名，即心宿。流，流动。每年夏历五月黄昏时候，这星当正南方，在正中和最高的位置。过了六月就偏西向下了，故谓之“流”。 [41] 相其阴阳：语出《诗经·大雅·公刘》。为观察山的北面（阴）和南面（阳）。 [42] 四矢反兮：语出《诗经·齐风·猗嗟》。朱熹《诗集传》：“四矢，射礼每发四矢。反，复也，中皆得其故处也。”言射出的四支箭都中靶心。 [43] 两骖如舞：语出《诗经·郑风·大叔于田》。骖（cān），驾车的四马中外侧两边的马。 [44] 止戈为武：语出《左传》宣公十二年。言“止”“戈”二字合成一个“武”字。 [45] 皿虫为蛊：语出《左传》昭公元年。言器皿中的毒虫即蛊。 [46] 千乘三去：语出《左传》僖公十五年。言三次驱除一千辆兵车。 [47] 亥有二首六身：语出《左传》襄公三十年。言“亥”字是“二”字头、“六”字身。

［点评］

本文所论，是诗与乐的关系。顾炎武继承了王普、朱熹等宋代学者的看法，认为诗先于乐。“古人以乐从诗，今人以诗从乐”，“以诗从乐，非古也，后世之失，不得已而为之也”。这里有两层意思：按诗乐的本原而言，诗先于乐；乐理应依附诗，诗依附乐是不得已而为之，即本不该有的事。这不是说乐不重要，恰恰相反，在此强调的是：诗不能离开乐，有诗应有乐，或者说：有诗必有乐，诗乐不可分。“诗之与乐判然为二，不特乐亡，而诗亦亡。”顾炎武的前辈学者陈第说：“《诗经》三百篇，诗之祖，亦韵之祖也。”（《毛诗古音考序》）也许还可加一句：“《诗经》三百篇，亦乐之祖也。”“凡音者，生于人心者也；乐者，通伦理者也……是故审声以知音，审音以知乐，审乐以知政，而治道备矣。”（《礼记·乐记》）顾炎武强调诗乐合一，其实也是重视在乐诗中表现的伦理意义。

“乐”为“六艺”之一。最后两段论“学”与“艺”的关系。古人常将“技”“艺”二字关联，视“艺”为“技”，而又将“技”和“学”分割，雕虫小技，为博雅君子所不屑为。“虽小道，必有可观者焉；致远恐泥，是以君子不为也。”（《论语·子张》）“小道”即小技。《论语》虽载此言，只是出自子夏之口，其实孔子很重视“艺”，且“以‘游艺’为学之成”。“古人入学，自六艺始。”“六艺”之教，起于西周，乃“养国子以道”（《周礼·地官司徒·保氏》）。世传《周礼》为周公所作，居“三礼”之首。而周公正是儒学先驱，孔子终身仰慕的榜样。“学”和“艺”并不对立，而需兼顾。人该掌握的，不仅是理论知识，还有实践技能。那些轻视技艺，“且曰‘艺而已矣，不知之无害也’。此近代之儒，所以自文其空疏也”。

爱百姓故刑罚中[1]

“不忍”之心，即孟子所说的“恻隐之心”，即爱民之心。

人君之于天下，不能以独治也。独治之而刑繁矣，众治之而刑措矣[2]。古之王者，不忍以刑穷天下之民也，是故一家之中，父兄治之；一族之间，宗子治之[3]。其有不善之萌，莫不自化于闺门之内[4]；而犹有不帅教者[5]，然后归之士师[6]。然则人君之所治者约矣[7]。然后“原父子之亲、立君臣之义以权之[8]，意论轻重之序、慎测浅深之量以别之；悉其聪明、致其忠爱以尽之”。夫然，刑罚焉得而不中乎？是故宗法立而刑清。天下之宗子各治其族，以辅人君之治，“罔攸兼于庶狱”[9]，而民自不犯于有司[10]。风俗之醇，科条之简[11]，有自来矣。《诗》曰：“君之宗之[12]。”吾是以知宗子之次于君道也。

[注释]

[1] 爱百姓故刑罚中：《礼记·大传》：“是故人道亲亲也。亲亲故尊祖，尊祖故敬宗，敬宗故收族，收族故宗庙严，宗庙严故重社稷，重社稷故爱百姓，爱百姓故刑罚中，刑罚中故庶民安，庶民安故财用足，财用足故百志成，百志成故礼俗刑，礼俗刑然后乐。”中，公正，公平。 [2] 刑措：也作“刑错”“刑厝”。置刑法而不用。措，安放。 [3] 宗子：指大宗的嫡长子，也指族长。 [4] 闺门：古代称内室的门。也指家门、城门。 [5] 帅：遵循。 [6] 士师：《周礼》列为秋官司寇之属官，掌禁令、狱讼、刑罚之事。用作对执法官员的通称。 [7] 约：简约。 [8]“原父子之亲、立君臣之义以权之”以下三句：语出《礼记·王制》。为司寇“听五刑之讼”的前提。权，权衡。意论，考虑。浅深，郑玄注：“谓俱有罪，本心有善恶。”悉，尽。致，给予，奉献。意谓：凡审理判决案件，一定要从体谅父子亲情、确立君臣大义的角度进行权衡；要考虑罪犯罪情节的轻重程度，谨慎地分析作案动机之间的不同，区别对待；要竭尽自己的才智，奉献自己的忠恕仁爱之心，彻底了解案情。 [9] 罔攸兼于庶狱：《尚书·周书·立政》：“文王罔攸兼于庶言；庶狱庶慎，惟有司之牧夫是训用违；庶狱庶慎，文王罔敢知于兹。”罔，无，没有。攸，语助词。兼，兼管。庶，众多，各种。言，谓民众申诉之言。狱，狱讼案件。谓文王没有兼管众多申诉事项，众多狱讼案件，众多该谨慎处理的事，只由主管官员决定可否。对这些具体的事情，文王并不过问。 [10] 有司：主管某部门的官吏，也用于泛指官吏。 [11] 科

条：指法令条文。 [12] 君之宗之：语出《诗经·大雅·公刘》。为之君（君主），为之宗（族主）。

[点评]

人们常说“法律无情”，但也有人认为“法律不外乎人情”，法国文豪雨果说“普遍的良心是法律的基础”（《九三年》）。本文所言，正是法与情之间的关系。由于所处时代和社会环境、文化背景的差异，顾炎武不可能具有雨果那样的思想，但在执法必须考虑人情这点上，则有自己明确的看法。他认为执法者除了智慧，还须具有足够的爱心，只有这样，在审案时才能体谅人情，考虑情节轻重、动机差异，根据具体情况进行具体分析，刑罚才有可能真正做到公正。程晋芳说“亭林生于明末，目击宽弛之弊，思以严厉矫之，说近申韩，几不自觉”（《勉行堂文集·正学论五》）。从本文看，说得有些片面。

文中提出“独治”和“众治”的区别，前者“刑繁”，后者“刑措”，“刑繁”则伤害百姓，“刑措”则百姓安宁。“众治”并非今人所理解的民主思想，主要指旧时宗法社会的地方管理。顾炎武无疑主张后者，具体的措置则是分朝廷之权，交给社会，一起承担教化百姓的责任。由于社会的力量无所不在，就能将罪恶遏制在萌芽状态，从而产生民风淳朴、刑法简约的效果。

庶民安故财用足[1]

民之所以不安，以其有贫有富。贫者至于不能自存，而富者常恐人之有求，而多为吝啬之计，于是乎有争心矣。夫子有言："不患贫而患不均[2]。"夫惟"收族"之法行[3]，而岁时有"合食"之恩[4]，吉凶有"通财"之义[5]。"本俗六安万民[6]"，"三曰联兄弟"，而"乡三物"之所兴者[7]，"六行"之条，曰睦曰恤，不待王政之施，而"矜寡、孤独、废疾者[8]，皆有所养"矣。此所谓"均无贫"者，而财用有不足乎？至于《葛藟》之刺兴[9]，《角弓》之赋作[10]，"九族乃离[11]"，一方相怨[12]，而瓶罍交耻[13]，泉池并

去"争心"需要"均贫富"，"均贫富"有赖"曰睦曰恤"之行，如此就能"养人之欲而给人之求"，而不愁财用不足——这就是本文的思路。

竭[14]，然后知先王宗法之立，其所以养人之欲而给人之求[15]，为周且豫矣[16]。宋范文正公苏州义田[17]，至今裔孙犹守其法[18]。范氏无穷人。

［注释］

[1] 庶民安故财用足：语出《礼记·大传》。 [2] 不患贫而患不均：语出《论语·季氏》。 [3] 收族：陈澔《礼记集说》："收，不离散也。宗道既尊，故族无离散。"《仪礼·丧服》："大宗者，收族者也。不可以绝。"郑玄注："收族者，谓别亲疏，序昭穆。"谓以上下尊卑、亲疏远近之序团结族人。 [4] 合食：指合祭，同炊。《公羊传》文公二年："其合祭奈何？毁庙（亲过高祖者移神主于太庙之称）之主，陈于大（太）祖，未毁庙之主，皆升，合食于大祖。" [5] 通财：流通财货或朋友间互通财物。《周礼·地官司徒·大司徒》："颁职事十有二于邦国、都鄙。使以登万民……六曰通财。" [6]"本俗六安万民"二句：语出《周礼·地官司徒·大司徒》。"本俗"上有"以"字。本俗，传统习俗。 [7]"而'乡三物'之所兴者"以下三句：《周礼·地官司徒·大司徒》："以乡三物教万民而宾兴之：一曰六德：知、仁、圣、义、忠、和。二曰六行：孝、友、睦、姻、任、恤。三曰六艺：礼、乐、射、御、书、数。"乡，本土。 [8]"矜寡、孤独、废疾者"二句：语出《礼记·礼运》。矜（guān）寡，犹鳏寡，孤苦的老人。矜，通"鳏"。废疾，残疾。 [9]《葛藟（lěi）》之刺兴：《葛藟》，《诗经·王风》篇名。葛藟，藤类蔓生植物，即野葡萄。《毛诗序》："《葛藟》，王族刺平王也。周室道衰，弃其九族焉。"朱熹《诗集传》："世衰民散，有去其乡里家族而流离失所者，作此诗以自叹。"并谓此诗每章前二句如"绵绵葛藟，在河之浒"，都用"兴"的手法。前人归纳出《诗经》中三种主要表现手法，即赋、比、

兴。“赋者，敷陈其事而直言之者也”；“比者，以彼物比此物也”；“兴者，先言他物以引起所咏之词也”（《诗集传》）。兴，以其他事物为发端，引起所要歌咏的内容。与诗歌内容有一定联系。 [10]《角弓》之赋作：《角弓》，《诗经·小雅》篇名。角弓，用角装饰的弓。《毛诗序》：“《角弓》，父兄刺幽王也。不亲九族而好谗佞，骨肉相怨，故作是诗也。” [11] 九族乃离：语出《尚书·商书·仲虺之诰》。九族，自高祖至玄孙九代族人。 [12] 一方相怨：《诗经·小雅·角弓》：“民之无良，相怨一方。”言互相埋怨者都站在自己这一边的立场责怪对方（而不肯反思自己有什么问题）。 [13] 瓶罍（léi）交耻：《诗经·小雅·蓼莪》：“瓶之罄（尽）矣，维罍之耻。”瓶，汲水器具。言瓶中无水，罍也会因此感到羞耻。罍：盛水器具。比喻关系密切，相互依存，彼此利害一致。 [14] 泉池并竭：《诗经·大雅·召旻》：“池之竭矣，不云自频。泉之竭矣，不云自中。”《诗集传》：“频，崖。”“池，水之钟也。泉，水之发也。故池之竭由外之不入，泉之竭由内之不出。言祸乱有所从起，而今不云然也。”这里说泉水断流，池水就会枯竭。同样比喻关系密切，相互依存，彼此利害一致。 [15] 养人之欲而给人之求：《荀子·礼论》：“先王恶其乱也，故制礼义以分之，以养人之欲，给人之求。”言供养人的欲望，满足人的需求。 [16] 周且豫：豫：同“预”。言预先考虑周到。 [17] 宋范文正公苏州义田：范文正公，范仲淹，字希文。祖籍邠州（治所在今陕西彬州），后移居苏州吴县（今属江苏）。北宋政治家、文学家。谥号“文正”，世称范文正公。宋仁宗皇祐元年，范仲淹出资购买良田千亩，成立范氏义庄。“范文正公，苏人也。平生好施与，择其亲而贫，疏而贤者，咸施之。方贵显时，置负郭（靠近城郭）常稔（庄稼成熟）之田千亩，号曰义田，以养济群族之人。日有食，岁有衣，嫁娶凶葬，皆有赡。”（钱公辅《义田记》） [18] 裔孙：相隔久远的子孙。

[点评]

本文紧接前篇，就治国安民的大政继续进行探讨。前篇谈执法，如何管理百姓；本文谈民生，如何养育百姓，目的都是维护社会的安定。孔子有一段名言："丘也闻有国有家者，不患寡而患不均，不患贫而患不安。盖均无贫，和无寡，安无倾。"(《论语·季氏》）无论是一国还是一家，不怕财富少，就怕分配不平均；不怕人口少，就怕社会不太平。若是财富平均，就无所谓贫穷；百姓和睦，就不在乎人多少；社会太平，就不会有被推翻的危险。这就是说：由分配不均带来的贫富不等，是激起人与人之间的争斗、造成社会不安的根源。为富不仁，无同情心，以此产生矛盾、斗争。对此，前人已做过不少努力，如周代的"收族"之法、"合食"之恩、"通财"之义，宋代的"义庄"等，使孤苦残疾之人获得生计。文中将"均贫富"作为"养人之欲而给人之求"的主要措施，而其实施，则有赖富者、强者的慈善、体恤之心。这和墨子的"兼爱"思想、孟子的"恻隐之心""可以为善"说，一脉相承。"大笑猗氏辈，为富皆不仁。"(皮日休《偶书》）虽然文中已提出"瓶罍交耻，泉池并竭"这样的警告，伤害别人最后也会伤害自己，只是世上的富人，大多缺乏慈善之心，更不具备"兼爱"的思想，而"常恐人之有求，而多为吝啬之计"的人，却比比皆是，致使矛盾日益激化，社会始终不得安宁。不过在当时，顾炎武确实也找不到解决矛盾的更好的办法。

致　知

“致知”者[1]，“知止”也。董文清槐以“知止”二节合“听讼章”为《格物传》[2]。知止者何？“为人君止于仁[3]，为人臣止于敬，为人子止于孝，为人父止于慈，与国人交止于信”，是之谓止。知止，然后谓之知至[4]。君臣、父子、国人之交，以至于“礼仪三百[5]，威仪三千”，是之谓物。

《诗》曰：“天生烝民[6]，有物有则。”《孟子》曰：“舜明于庶物[7]，察于人伦。”昔者武王之访[8]，箕子之陈；曾子、子游之问[9]，孔子之答，皆是物也。故曰“万物皆备于我矣[10]”。

惟君子为能体天下之物[11]，故《易》曰：“君子以言有物而行有恒[12]。"《记》曰："仁人不过乎物[13]，孝子不过乎物。"

"格物"为"致知"的前提。谈"致知"，不能离开"格物"。

以格物为"多识于鸟兽草木之名"则末矣[14]。"知者无不知也[15]，当务之为急。"

"听讼"者[16]，"与国人交"之一事也。

[注释]

[1]"'致知'者"二句：《礼记·大学》："致知在格物（研究、认识）。物格而后知至。""知止而后有定。"朱熹《大学章句》："致，推极也；知，犹识也。推极吾之知识，欲其所知无不尽也。""止者，所当止之地，即至善之所在也。知之，则志有定向。"致知，获取完善的知识。格物，穷究世间万物的原理。知止，立志达到至善的境地。 [2]董文清槐以"知止"二节合"听讼章"为《格物传》：董槐，字庭植，号榘堂，濠州定远（今属安徽）人。南宋理宗宝祐年间任右相兼枢密使。谥号文清。著有《大学记》，已佚。黄震《黄氏日钞·读礼记》："辛酉岁见《董丞相槐行实》载此章，谓经本无阙文，此特错简之厘正未尽者耳。首章'明德''新民''至善'三句纲领之下，即继以'欲明明德'以下条目八事之详，此经也。自'知止而后有定，定而后能静，静而后能安，安而后能虑，虑而后能得。物有本末，事有终始，知所先后，则近道矣。'此谓'知本'。'子曰："听讼，吾犹人也。必也使无讼乎！"无情者不得尽其辞，大畏民志。此谓知本。'此谓'知之至'也。右正系释致知在格物，不待别补，今错在首章三句之下耳。" [3]"为人君止于仁"以下五句：语出《礼记·大学》。 [4]知至："物格而后知至。"谓通过格物获得知识。 [5]"礼仪三百"二句：语出

《礼记·中庸》。《礼记·礼器》云："经礼三百、曲礼三千。"郑玄注："经礼谓《周礼》也。《周礼》六篇，其官有三百六十。曲犹事也，事礼谓今《礼》（指《仪礼》）也。"孔颖达沿袭此说。朱熹说："经礼三百，便是《仪礼》中士冠、诸侯冠、天子冠礼之类，此是大节，有三百条。如始加，再加，三加，又如'坐如尸，立如齐'之类，皆是其中之小目，便有三千条。或有变礼，亦是小目。"（《朱子语类·礼四》） [6]"天生烝民"二句：语出《诗经·大雅·烝民》。烝（zhēng），众。烝民，即庶民，是先秦对"百姓"的称呼。物，形体。则，准则。谓人既有外在的形体，又有内在的准则。 [7]"舜明于庶物"二句：语出《孟子·离娄下》。庶物，众物，万物。 [8]"昔者武王之访"二句：《尚书·周书·洪范》："惟十有三祀（祀即年。指周文王建国后的第十三年，也是周武王灭商后的第二年），王访于箕子……箕子乃言曰……"箕子所陈，即《洪范》篇。 [9]"曾子、子游之问"二句：见《礼记·曾子问》《礼记·檀弓》。 [10]万物皆备于我矣：语出《孟子·尽心上》。言在我的身上具备万物之理。 [11]惟君子为能体天下之物：张载《正蒙·大心》："大其心则能体天下之物。"体，体察。 [12]君子以言有物而行有恒：语出《周易·家人卦》。言有物，说话诚实。行有恒，行为端正，恒久不变。 [13]"仁人不过乎物"二句：语出《礼记·哀公问》。不过乎物，不逾越事（物）理。 [14]多识于鸟兽草木之名：语出《论语·阳货》。 [15]"知者无不知也"二句：语出《孟子·尽心上》。当务，眼前该做的事。 [16]听讼：《论语·颜渊》："听讼，吾犹人也。必也使无讼乎！"又见《礼记·大学》。言审理案件，我和别人一样。重要的是一定要做到不让诉讼的案件发生。

[点评]

《大学》提出的"三纲领"（明明德、亲民、止于至善）和“八条目”（格物、致知、诚意、正心、修身、齐家、治国、平天下），其中“格物致知”既是人认识世界、获取知识的首要途径，也是人治理国家、改造社会的认知基础。尽管自汉以来，谈论“格物致知”的不乏其人，但众说纷纭，迄无定论。与顾炎武同时的刘宗周说：“格物之说，古今聚讼有七十二家。”（《大学杂言》）宋明理学家都喜说“格物致知”，朱熹重在穷理，王守仁重在正心。本文提出了一种新的看法，将“致知在格物”径直解为“‘致知’者，‘知止’也”，“知止，然后谓之知至”。格物是穷究世间万物的道理；以此致知，获取各方面的知识；进而知止，达到至善的境地。如此，才算掌握了完美的知识，才是一个完善的认知过程，才能体现“万物皆备于我”的真谛。既不离物，也不离心。因此，只是着眼于外物是不够的，“以格物为‘多识于鸟兽草木之名’则末矣”；仅仅关注内心也不行，“知者无不知也，当务之为急”。顾炎武既重穷理，也重正心，而最终都应落实到“当务之急”上。什么是当务之急？就是他念念不忘的“国家治乱之原，生民根本之计”（《与黄太冲书》）。

“‘听讼’者，‘与国人交’之一事也。”“与朋友交，言而有信。”（《论语·学而》）“与国人交，止于信。”（《礼记·大学》）审理案件，既然是人与人交往中的一事，当然也得以信为本。这“信”，就是公平、公正。这就需要“格物”，了解实情；以此“致知”，有正确无误的判断。只有这样，才能做到公平、公正。这也是“当务之急”中的一事。

未有上好仁而下不好义者也[1]

治化之隆，则“遗秉”“滞穗”之利及于寡妇[2]；恩情之薄，则“耰鉏”“箕帚”之色加于父母[3]。故欲使民兴孝兴弟，莫急于生财。以好仁之君，用“不畜聚敛之臣[4]”，则财足而化行。“人人亲其亲[5]，长其长，而天下平”矣。

即“仓廪实而知礼节，衣食足而知荣辱”之意。

［注释］

[1] 未有上好仁而下不好义者也：《礼记·大学》：“未有上好仁而下不好义者也，未有好义其事不终者也，未有府库财非其财者也。” [2] 则“遗秉”“滞穗”之利及于寡妇：《诗经·小雅·大田》：“彼有遗秉，此有滞穗，伊寡妇之利。”秉，把，指捆成束一把把的谷穗。滞，遗留。伊，是。言那里、这里，都有一把把留下的谷穗，这些听任孤寡妇女取走，对她们生活有利。 [3] 则“耰鉏”“箕帚”之色加于父母：贾谊《治安策》：“商君（商鞅）遗礼

义，弃仁恩，并心于进取。行之二岁，秦俗日败……借父耰鉏，虑有德色；母取箕帚，立而谇语。”耰（yōu），古代弄碎土块，平整土地用的农具。鉏，同“锄”。言儿子将农具借给父亲，脸上会露出恩赐的表情；婆婆用了媳妇的畚箕扫帚，媳妇立马口出恶言。 [4] 不畜聚敛之臣：《礼记·大学》：“百乘之家不畜聚敛之臣。与其有聚敛之臣，宁有盗臣。此谓国不以利为利，以义为利也。”畜，收养。 [5]“人人亲其亲”以下三句：语出《孟子·离娄上》。

[点评]

汉代民谣：“吴王好剑客，百姓多创瘢。楚王好细腰，宫中多饿死。”（《资治通鉴·汉纪三十八》）作为万众仰望的帝王，必然也是社会的表率。民风淳厚或浇薄，是朝政清明或昏暴的对应。朝廷若能心系百姓，关注民瘼，而不是逞意妄为，唯利是图，国家必然富强，社会就会安宁。但本文的认识不仅于此。顾炎武认为：自古以来，从未见过人力物力匮乏而能立国的。要提升百姓素质，美化社会风俗，拯救道德颓败，改变“世变日新，人情弥险”的状况，根本在改善百姓的生活。因此，首先要做的是增加社会财富，而关键则在懂得生财之道。“欲使民兴孝兴弟，莫急于生财。”

朝闻道夕死可矣[1]

“有弗学[2]，学之弗能，弗措也。有弗问，问之弗知，弗措也。有弗思，思之弗得，弗措也。有弗辨，辨之弗明，弗措也。有弗行，行之弗笃，弗措也。”“不知年数之不足也[3]，俛焉日有孳孳，毙而后已。”故曰：“朝闻道，夕死可矣。”

诸葛亮的名言“鞠躬尽瘁，死而后已”，即本于此。

“吾见其进也[4]，未见其止也。”有一日未死之身，则有一日未闻之道。

[注释]

[1] 朝闻道夕死可矣：语出《论语·里仁》。 [2]“有弗学”以下十五句：语出《礼记·中庸》。弗，不。措，放置。言要么不学（问，思，辨，行），学了没有学会，绝不罢休。 [3]“不知年数之不足也”以下三句：语出《礼记·表记》。俛，同“俯”。 [4]“吾

见其进也”二句：语出《论语·子罕》。

［点评］

“朝闻道，夕死可矣”，体现了为追求真理献身的精神。但本文的旨意，主要在不懈的追求、不断的进取。“吾见其进也，未见其止也”，这是孔子对颜渊的赞美，也是他对众弟子的要求。顾炎武又引申出两句话：“有一日未死之身，则有一日未闻之道。”这既是《日知录》撰写的动力，更是顾炎武一生孜孜以求的写照。

忠　恕

《延平先生答问》门人朱熹元晦编。曰[1]："夫子之道，不离乎日用之间。自其尽己而言，则谓之忠；自其及物而言，则谓之恕，莫非大道之全体。虽变化万殊，于事为之末，而所以贯之者未尝不一也。"曾子"答门人之问[2]，正是发其心尔，岂有二邪？若以为夫子'一以贯之'之旨甚精微，非门人所可告，姑以'忠恕'答之，恐圣贤之心不若是之支也[3]。如孟子言'尧、舜之道[4]，孝弟而已矣'，人皆足以知之，但合内外之道，使之体用一原，显微无间，则非圣人不能尔"。朱子又尝作《忠恕说》，其大指与此略同。按此说甚明，而《集注》乃谓借学者“尽己、推己”之目以著明之[5]，是疑忠恕为下学之事[6]，不足以言圣人之道也。然则是二之[7]，非一之也。

慈溪黄氏曰[8]：“天下之理[9]，无所不在，而人之未能以贯通者，己私间之也。尽己之谓忠，推己及人之谓恕。忠恕既尽，己私乃克，此理所在，斯能贯通。故忠恕者，所以能一以贯之者也。”

元戴侗作《六书故》[10]，其训“忠”曰：“尽己致至之谓忠。《语》曰：‘为人谋而不忠乎[11]？’又曰：‘言思忠[12]。’《记》曰：‘丧礼，忠之至也[13]。’又曰：‘祀之忠也[14]，如见亲之所爱，如欲色然。’又曰：‘瑕不掩瑜[15]，瑜不掩瑕，忠也。’《传》曰：‘上思利民，忠也[16]。’又曰：‘小大之狱[17]，虽不能察，必以情’，‘忠之属也。’《孟子》曰：‘自反而仁矣[18]，自反而有礼矣，其横逆由是也，君子必自反也，我必不忠。’观于此数者，可以知‘忠’之义矣。‘反身而诚[19]’，然后能忠；能忠矣，然后由己推而达之家、国、天下，其道一也。”其训“恕”曰：“推

“尽己致至之谓忠”，即在如何时候、如何场合，都要尽其仁爱、诚信之心。

己及物之谓恕。‘己欲立而立人[20]，己欲达而达人’，施诸己而不愿[21]，亦勿施于人，恕之道也。充是心以往，达乎四海矣。故曰：‘夫子之道[22]，忠恕而已矣。’忠也者，‘天下之大本也’。恕也者，‘天下之达道也[23]’。”本程子。“子贡问曰[24]：‘有一言而可以终身行之者乎？’子曰：‘其恕乎！’”仲弓问仁[25]，夫子告之，亦以敬、恕。夫圣人者，何以异于人哉？知终身可行，则知“一以贯之”之义矣。

只有尽己之忠，怀有仁爱、诚信之心，方能推己及物，才谈得上恕。

《中庸》记夫子言“君子之道四”[26]，无非忠恕之事。而《乾》九二之龙德[27]，亦惟曰“庸言之信，庸行之谨”。然则忠恕，君子之道也。何以言“违道不远[28]”？曰：此犹之云“巧言令色[29]，鲜矣仁”也。古人语辞云尔[30]。“违道不远”，即道也。违禽兽不远，即禽兽也。孟子已自申之。岂可以此而疑忠恕之有二乎？或曰：孟子言“强恕而行[31]，求仁莫近焉”，何也？曰：此为未至乎道者言之也。孟子曰：“由仁义行[32]，非行仁义也。”仁义岂有二乎！今人谓有圣人之忠恕，有学者之忠恕，非也。尽得忠恕，方是圣人，学者所以学为忠恕。

君子之道，即忠恕之道，亦即仁义之道。

［注释］

[1]《延平先生答问》：李侗，字愿中，学者称延平先生，南剑州剑浦（今属福建南平）人。杨时（程颢、程颐门下四大弟子之一）门生。朱熹年轻时拜李侗为师，后辑录李侗答朱熹问儒家经义的一些信札，成《延平先生答问》一书。　[2]曾子“答门人之问”：《论语·里仁》：“子曰：‘参乎！吾道一以贯之。’曾子曰：‘唯。’子出，门人问曰：‘何谓也？’曾子曰：‘夫子之道，忠恕而已矣。’”曾子，见《艮其限》注[12]。　[3]支：支离，烦琐凌乱。　[4]“如孟子言‘尧、舜之道’”二句：语出《孟子·告子下》。　[5]而《集注》乃谓借学者“尽己、推己”之目以著明之：朱熹《论语集注·里仁》：“尽己之谓忠，推己之谓恕。‘而已矣’者，竭尽而无余之辞也。夫子之一理浑然而泛应曲当，譬则天地之至诚无息，而万物各得其所也。自此之外，固无余法，而亦无待于推矣。曾子有见于此而难言之，故借学者尽己、推己之目以著明之，欲人之易晓也。盖至诚无息者，道之体也，万殊之所以一本也；万物各得其所者，道之用也，一本之所以万殊也。以此观之，一以贯之之实可见矣。”　[6]下学：《论语·宪问》：“子曰：不怨天，不尤人，下学而上达。”何晏《论语集解》引孔安国语：“下学人事，上知天命。”　[7]“然则是二之”二句：忠恕合圣人内外之道（一之），现将其看作下学之“事”，从“道”中分离，故说“二之”。　[8]慈溪黄氏：黄震，见《艮其限》注[10]。　[9]“天下之理”以下十二句：语出《黄氏日钞·临汝书堂癸酉岁旦讲义》。己私间之，以一己之私而与理相隔。　[10]元戴侗作《六书故》：戴侗，字仲达，浙江永嘉人。南宋理宗淳祐间知台州。元世祖至元间卒。所著《六书故》，是一部用六书理论来分析汉字的字书。　[11]为人谋而不忠乎：语出《论语·学而》。　[12]言思忠：语出《论语·季氏》。　[13]“丧礼”二句：

语出《礼记·礼器》。 [14]“祀之忠也”以下三句：语出《礼记·祭义》。孔颖达疏：“明文王祭思亲忠敬之甚”，“言齐（斋戒）时思念亲之平生嗜欲，如似真见亲所爱在于目前”。又引王肃然解：“欲色，如欲见父母之颜色。”杨天宇《礼记译注》译：“祭祀（奉献祭品）时的虔诚，就像见到了（已故）亲人生平所喜爱的东西，就像看到了亲人想要得到这些东西的神色。” [15]“瑕不掩瑜”以下三句：语出《礼记·聘义》。 [16]“上思利民”二句：语出《左传》桓公六年。 [17]“小大之狱”以下四句：语出《左传》庄公十年。曹刿问鲁庄公凭借什么和齐国作战，鲁庄公答道：“大大小小的案件，虽不能一一明察，但一定会根据实情来裁决。”曹刿说：“这才是尽职的事。” [18]“自反而仁矣”以下五句：《孟子·离娄下》：“有人于此，其待我以横逆，则君子必自反也：我必不仁也，必无礼也；此物奚宜至哉！其自反而仁矣，自反而有礼矣，其横逆由是也；君子必自反也：我必不忠。自反而忠矣，其横逆由是也；君子曰：‘此亦妄人也已矣，如此则与禽兽奚择哉，于禽兽又何难焉！’是故，君子有终身之忧，无一朝之患也。”横逆，粗暴蛮横的态度。自反，反省自己。此物奚宜至哉，要不这种态度怎么会冲我来呢？由是，还是这样。 [19]反身而诚：《孟子·尽心上》：“万物皆备于我矣。反身而诚，乐莫大焉。强恕而行，求仁莫近焉。”言反躬自问，能做到诚实无欺，便是最大的快乐。 [20]“己欲立而立人”二句：语出《论语·雍也》。言（作为一个仁者，）自己想站得住，也要帮助别人站得住；自己想兴旺发达，也要帮助别人兴旺发达。 [21]“施诸己而不愿”二句：语出《礼记·中庸》。 [22]“夫子之道”二句：语出《论语·里仁》。 [23]天下之达道也：《礼记·中庸》：“中也者，天下之大本也。和也者，天下之达道也。” [24]“子贡问曰”以下四句：语出《论语·卫灵公》。 [25]“仲弓问仁”以下三句：《论语·颜渊》："仲弓问仁。子曰：'出门如见大宾，使民如承大祭。己所不欲，勿施于人。在邦无怨，在家无怨。'" [26]"《中庸》记夫子言'君子之道四'"二句：《礼记·中庸》："君子之道四，丘未能一焉（我孔丘一条也没能做到）。所求乎子以事父，未能也；所求乎臣以事君，未能也；所求乎弟以事兄，未能也；所求乎朋友先施之，未能也。庸德之行，庸言之谨，有所不足，不敢不勉，有余不敢尽。言顾行，行顾言，君子胡不慥慥（忠厚诚实的样子）尔！"平常的道德要实行，平常的言谈应谨慎。 [27]"而《乾》九二之龙德"二句：《周易·乾卦·文言》："九二曰：'见龙在田，利见大人。'何谓也？子曰：'龙德而正中者也。庸言之信，庸行之谨，闲邪存其诚，善世而不伐，德博而化。《易》曰："见龙在田，利见大人。"君德也。'"九二爻辞说：龙在大地出现，有利于大德大才之人出世。这是什么意思？孔子说："有龙德的君子具备中正之道……"庸，常，平常。高亨《周易大传今注》："庸由正中而来。正中者，无过，无不及，无偏，无邪也。正中之言乃为庸言，正中之行乃为庸行。之犹是也。"正中之道就是常道，故平常的言语无不诚实，平常的行为无不严谨。 [28]违道不远：《礼记·中庸》："忠恕违道不远，施诸己而不愿，亦勿施于人。"言人能做到忠恕，就离中庸之道不远了。 [29]"巧言令色"二句：语出《论语·阳货》。 [30]云尔：用于语尾，表示如此而已。 [31]"强恕而行"二句：语出《孟子·尽心上》。 [32]"由仁义行"二句：语出《孟子·离娄下》。言能遵照仁义行事，而不是勉强施行仁义。

［点评］

《论语》中共有十八处提到"忠"，"恕"见于《论语》仅有二处。"夫子之道，忠恕而已矣。"（《论语·里仁》）朱熹注："尽己之谓忠，推己之谓恕。而已矣者，竭尽而无余之辞也。”(《论语集注》)钱穆作了补充说明:“尽己之心以待人谓之忠,推己之心以及人谓之恕。”(《论语新解》)忠就自身说,恕就待人说,忠内恕外。忠内,故难知;恕外,故易见。从恕,可测忠的真伪、程度,忠恕实为一体。由此而言:“忠也者,‘天下之大本也’。恕也者,‘天下之达道也’。”

忠恕之道即仁义之道。仁是完美的道德境界,义是合宜的行为规范。仁作为“二人相对”的字义符号,本身就是一种隐喻,要求人不仅关心自己,还要为对方(他人)着想。忠、恕二字,堪称融和人与人间的感情、协调人与人间的关系的最有效的准则。恕不是简单的宽恕,而是将心比心,以自己的心思来揣度别人的心思,是真切的同情和理解。“由仁义行,非行仁义也”,这就是恕的真谛。而唯有终身行恕的人,才能永远不失其仁爱之心,故孔子于此尤为强调。文中赞同忠恕“合内外之道,使之体用一原,显微无间”的说法,就是强调忠恕发乎人的本性,是“性本善”的体现。

在《论语》中,忠恕并提,忠在恕先。但置于社会关系中,实际上是恕在忠先。恕是一个“限定”词,其实质是人不能以邻为壑,为满足自身的欲望而去侵犯他人的权益;其前提则是人与人之间都是平等的,任何人都没有超越别人、控制别人的特权。因此,恕是维护社会秩序和正义的基础,是在一个正常的、有理性的社会中,任何人都必须遵循的最起码的行为准则。也许正是由此着眼,法国思想家伏尔泰认为孔子的“己所不欲,勿施于人”,是超过基督教义的最纯粹的道德。

夫子之言性与天道[1]

性与天道，在文章之中。

夫子之教人[2]，“文、行、忠、信”，而性与天道在其中矣，故曰“不可得而闻”。“子曰[3]：‘二三子以我为隐乎？吾无隐乎尔。吾无行而不与二三子者，是丘也。’”谓“夫子之言性与天道，不可得而闻”，是疑其有隐者也。不知“夫子之文章”，无非“夫子之言性与天道”，所谓“吾无行而不与二三子者，是丘也”。

子贡之意[4]，犹以文章与性与天道为二，故曰：“子如不言[5]，则小子何述焉？”“子曰：‘天何言哉，四时行焉，百物生焉。天何言哉！’”是故可仕可止[6]，可久可速，无一而非天也；恂恂便便[7]，侃侃誾誾，无一而非天也。

性与天道，在世事之中。

"动容周旋中礼者[8]，盛德之至也。"孟子以为尧、舜性之之事[9]。夫子之文章[10]，莫大乎《春秋》。《春秋》之义[11]，尊天王，攘戎翟，诛乱臣贼子，皆性也，皆天道也。故胡氏以《春秋》为圣人性命之文[12]，而"子如不言，则小子其何述"乎？

性与天道，在政事之中。

今人但以《系辞》为夫子言性与天道之书。愚尝三复其文[13]，如"鸣鹤在阴"七爻[14]，"自天祐之"一爻[15]，"憧憧往来"十一爻[16]，"履，德之基也"九卦[17]，所以教人学《易》者，无不在于言行之间矣。故曰："初率其辞[18]，而揆其方，既有典常，苟非其人，道不虚行。"

性与天道，在言行之中。

"樊迟问仁[19]，子曰：'居处恭，执事敬，与人忠。'""司马牛问仁[20]，子曰：'仁者，其言也讱。'"由是而充之，"一日克己复礼[21]"，有异道乎？今之君子，学未及乎樊迟、司马牛，而欲其说之高于颜、曾二子[22]，是以终日言性与天道，而不自知其堕于禅学也[23]。

朱子曰："圣人教人[24]，不过孝弟忠信、持守诵习之间”，“此是下学之本。今之学者以为钝根，不足留意，其平居道说，无非子贡所谓‘不可得而闻’者”。又曰：“近日学者病在好高[25]。《论语》未问‘学而时习’，便说‘一贯’；《孟子》未言‘梁惠王问利’，便说‘尽心’。《易》未看六十四卦，便读《系辞》。”此皆躐等之病[26]。又曰：“圣贤立言，本自平易，今推之使高，凿之使深[27]。”

《黄氏日钞》曰：“夫子述六经[28]，后来者溺于训诂，未害也。濂洛言道学，后来者借以谈禅，则其害深矣。”

孔门弟子不过四科[29]，自宋以下之为学者，则有五科，曰“语录科”。

刘石乱华[30]，本于清谈之流祸[31]，人人知之。孰知今日之清谈，有甚于前代者。昔之清谈谈老、庄，今之清谈谈孔、孟。未得其精，而已遗其粗；未究其本，而先辞其末。不习六艺之文，不考百王之典，不综当代之务[32]，举夫子论学论政之大端，一切不问，而曰“一贯”，曰“无言”，以“明心见性”之空言[33]，代修己治人之实学。股肱惰而万事荒[34]，爪牙亡而四国乱[35]，神州荡覆，宗社丘墟[36]。昔王衍“妙善玄言”[37]，“自比子贡”。及为石勒所杀，将死，顾而言曰：“呜呼！吾曹虽不如古人，向若不祖尚浮虚，戮力以匡天下，犹可不至今日。”今之君子，得不有愧乎其言！

［注释］

[1] 夫子之言性与天道：《论语·公冶长》：“子贡曰：‘夫子之文章，可得而闻也；夫子之言性与天道，不可得而闻也。’”文章，指有关古代文献的学问。 [2]“夫子之教人”二句：《论语·述而》：“子以四教：文、行、忠、信。”指文献、行为、忠诚、信誉。 [3]“子曰：‘二三子以我为隐乎’”以下五句：语出《论语·述而》。孔子说：“你们这些学生以为我有所隐瞒吗？我没什么可隐瞒的。我没有事不向你们公开，这就是我孔丘的为人。” [4] 子贡：见《丰熙伪尚书》注 [7]。 [5]“子如不言”以下七句：《论语·阳货》：“子曰：‘予欲无言。’子贡曰：‘子如不言，则小子何述焉？’子曰：‘天何言哉？四时行焉，百物生焉，天何言哉？’”孔子说：“我想保持沉默。”子贡说：“先生如果不说话，那我们传述什么呢？”孔子说：“天说过什么呢？四季照常运行，百物照样生长，天说过什么呢？” [6]“可仕可止”二句：《孟子·公孙丑上》：“可以仕则仕，可以止则止，可以久则久，可以速则速：孔子也。” [7]“恂恂便便”二句：《论语·乡党》：“孔子于乡党，恂恂如也，似不能言者。其在宗庙朝廷，便便言，唯谨尔。”恂恂（xún），恭顺。如，……的样子。便便（pián），能言

善辩。言孔子在家乡非常谦恭，像一个不会说话的人。他在宗庙和朝廷上，能言善辩，只是十分谨慎罢了。　[8]“动容周旋中礼者”二句：语出《孟子·尽心下》。言举止、仪容、进退揖让都符合礼的要求，乃道德最高境界。　[9]孟子以为尧、舜性之之事：《孟子·尽心上》：“尧、舜，性之也；汤、武，身之也；五霸，假之也。”言尧、舜本性具备仁义，商汤、周武王是亲身实践仁义，春秋五霸是假借仁义。　[10]“夫子之文章”二句：《孟子·滕文公下》：“《春秋》，天子之事也。是故孔子曰：‘知我者，其惟《春秋》乎！罪我者，其惟《春秋》乎！’”　[11]“《春秋》之义”以下四句：天王，即天子。《孟子·滕文公下》：“孔子成《春秋》而乱臣贼子惧。”　[12]胡氏以《春秋》为圣人性命之文：胡氏，胡安国。其子胡寅说他“笃志于天人性命之学”（《崇正辨》）。胡安国志在《春秋》，“潜心是书二十余年，以为天下事物无不备于此。每叹曰：‘此传心要典也。’”（《宋史·胡安国传》）　[13]三复：反复诵读。　[14]鸣鹤在阴：《周易·中孚卦》：“九二：鸣鹤在阴，其子和之，我有好爵，吾与尔靡之。《象》曰：‘其子和之’，中心愿也。”言鹤在山阴处鸣叫，幼鹤在旁边和应。我有好酒，愿意和你分享。爵，酒器，借指酒。靡，靡费，消费。中心愿，发自内心的愿望。　[15]自天祐之：《周易·大有卦》：“上九：自天祐之，吉，无不利。”祐，同“佑”。保佑。　[16]憧憧往来：《周易·咸卦》：“九四：贞吉，悔亡。憧憧往来，朋从尔思。《象》曰：‘贞吉，悔亡’，未感害也。‘憧憧往来’，未光大也。”“《彖》曰：咸，感也。柔上而刚下，二气感应以相与。”《咸卦》即谈男女之间的感应之理。憧憧，形容心动的样子。“九四”言女子贞洁自守，行为没有过失，这似乎不利于男子求爱，其实不然，所以说“未感害也”，即不妨碍男女间的感情交流。相感之后，便会有所表现，出现“憧憧”之貌、“往来”之行。但毕竟还刚开始，所以说“未光大也”，即尚未充分表现出来。“朋从尔思”，即女子的情思会在交往中和男子的感情交融。 [17] 履，德之基也：语出《周易·系辞下》。《序卦传》：“履者，礼也。”孔颖达《周易正义》：“为德之时，先须履践其礼，敬事于上，故履为德之初基也。”言礼是培养德性的基础。 [18]“初率其辞”以下五句：语出《周易·系辞下》。初，始。率，循。辞，卦、爻之辞。揆，度。方，向。典常，不可改易的常法。苟，若。孔颖达《周易正义》：“《易》虽千变万化，不可为典要。然循其辞，度其义，原寻其初，要结其终，皆唯变所适，是其常典也。”言开始学《易》应遵循卦、爻的文辞，思考其指引的方向，掌握不可改易的常法（规律）。如果不是得道的人，《易》道也难以凭空施行。 [19]“樊迟问仁”以下五句：语出《论语·子路》。见《艮其限》注 [11]。樊迟，名须。孔子学生。 [20]“司马牛问仁”以下四句：语出《论语·颜渊》。司马牛，名耕。孔子学生。讱（rèn）：说话迟缓。因付诸行动很难，故说话表态不得不迟缓。 [21] 一日克己复礼：《论语·颜渊》：“颜渊问仁。子曰：‘克己复礼为仁。一日克己复礼，天下归仁焉。为仁由己，而由人乎哉？’”言克制自己的欲望，使言语行动都合于礼，这就是仁。一旦做到这一点，天下人就会称你是仁人。发扬仁德完全取决于自己，难道还要靠别人吗？ [22] 颜、曾：颜渊、曾参（shēn）。颜渊，曹姓，颜氏，名回，字子渊，鲁国人。孔子最得意的门生，后世尊称“复圣”。曾参，字子舆，鲁国人。春秋末年思想家，孔子著名弟子。相传“四书”中的《大学》即其所作。 [23] 禅宗：又称佛心宗，汉传佛教宗派之一，始于菩提达摩，盛于六祖惠能，中晚唐之后成为汉传佛教的主流。惠能指出佛性人人皆有，创顿悟成佛之学，一方面使繁琐的佛教简易化，一方面也使从印度传入的佛教中国化。禅宗的核心思想为：“不立文字，教外别传；直指人心，见性成佛。” [24]“圣人教人”

以下七句：见朱熹《答王季和》《答林谦之》。下学，《论语·宪问》："子曰：'不怨天，不尤人，下学而上达。'"何晏《论语集解》引孔安国语："下学人事，上知天命。"谓学习人情事理的基本知识。钝根，佛教语。《法华经·药草喻品》："正见邪见，利根钝根。"谓根机愚钝，不能领悟佛法。后也用于指缺少灵性。 [25]"近日学者病在好高"以下七句：语出《朱子语类》卷十九。学而时习，《论语》首篇《学而》前二句为："学而时习之，不亦说乎？"一贯，一以贯之。见《忠恕》注 [2]。梁惠王问利，《孟子》首篇《梁惠王上》开篇为："孟子见梁惠王。王曰：'叟（老先生）不远千里而来，亦将有以利吾国乎？'"尽心，《孟子》最后二篇为《尽心上》《尽心下》。《尽心上》："尽其心者，知其性（本性）也。知其性，则知天（天命）矣。存其心，养其性，所以事天也。" [26] 躐等：逾越等级；不按次序。 [27]"圣贤立言"以下四句：语出《答刘子澄》。 [28]"夫子述六经"以下六句：语出《黄氏日钞》卷三十八《晦庵先生语类续集》。濂洛，濂指周敦颐，原居道州营道濂溪，世称濂溪先生，为宋代理学之祖，其学生程颐、程颢兄弟，家居洛阳，世称其学为洛学。二程是与朱熹齐名的理学奠基者。道学，即理学。 [29] 四科：孔门四种科目：德行、言语、政事、文学。《论语·先进》："德行：颜渊、闵子骞、冉伯牛、仲弓。言语：宰我、子贡。政事：冉有、季路。文学：子游、子夏。"故后世有"四科十哲"说。 [30] 刘石乱华：西晋惠帝时，发生八王之乱。北方少数民族趁乱反晋，占据中原。其中最主要的是匈奴、鲜卑、羯、羌、氐五大胡人部落，故史称"五胡乱华"。刘，刘渊，字元海，新兴郡（今山西忻州）人，匈奴首领冒顿单于后代。趁着西晋诸王内乱，割据并州，建立汉国（前赵）。石，石勒，字世龙，上党武乡（今山西榆社）人。羯族部落首领，十六国时期后赵开国皇帝。 [31] 本于清谈之流祸：清谈，清雅的谈论。特指魏晋时承袭东汉清议的风气，就一些玄学问题析理问难，反复辩论的文化现象。《晋书·儒林传序》：“有晋始自中朝，迄于江左，莫不崇饰华竞，祖述虚玄……遂使宪章弛废，名教颓毁，五胡乘间而竞逐，二京继踵以沦胥。”《资治通鉴》卷七十九《晋纪一·武帝》胡三省注：“清谈之祸，迄乎永嘉，流及江左，犹未已也。” [32] 综：管理，整治。 [33] 明心见性：《元史·仁宗本纪三》：“明心见性，佛教为深；修身治国，儒道为切。”谓屏弃世俗一切杂念，彻悟因杂念而迷失了的本性（即佛性）。 [34] 股肱（gōng）：比喻左右辅佐之臣。股，大腿；肱，胳膊。 [35] 四国：四方诸侯国。 [36] 宗社：宗庙和社稷，泛指国家。 [37]“昔王衍‘妙善玄言’”以下十句：见《晋书·王衍传》。王衍，字夷甫。琅琊临沂（今山东临沂）人。西晋末年重臣，玄学清谈领袖。玄言，指魏晋间崇尚老庄玄理的言论。

［点评］

“性与天道”，这是备受宋明理学家关注的问题，但顾炎武却说：“命与仁，夫子之所罕言也，性与天道，子贡之所未得闻也……是故性也、命也、天也，夫子之所罕言，而今之君子之所恒言也；出处、去就、辞受、取与之辨，孔子、孟子之所恒言，而今之君子之所罕言也。”（《亭林文集·与友人论学书》）他对这种状况的反感，一方面是因为“夫子之教人，‘文、行、忠、信’，而性与天道在其中矣”，即性与天道就在世事、人事之中，故“圣贤立言，本自平易”，人人知晓，无需多谈。另一方面，也是因为他看到：“终日言性与天道，而不自知其堕于禅学也。”即脱离世事、人事，性与天道便无着落，“推之使高，凿之使深”的结果，是沦为不着边际的空谈。这也是顾炎武实事求是思想的体现。用章学诚的话说：“性命之说易入虚无……实学求是与空谈性天不同科也。”（《文史通义·朱陆》）

更让顾炎武担忧的是：“孰知今日之清谈，有甚于前代者。昔之清谈谈老、庄，今之清谈谈孔、孟。”他看到：不仅心学末流已流为禅学，就是理学的继承者，也沾染了禅学的习气。黄震已经提出：“夫子述六经，后来者溺于训诂，未害也。濂洛言道学，后来者借以谈禅，则其害深矣。”如果说在宋末还初见端倪，那么至明末已成风气。其结果是“不习六艺之文，不考百王之典，不综当代之务……以‘明心见性’之空言，代修己治人之实学”，最终导致“股肱惰而万事荒，爪牙亡而四国乱，神州荡覆，宗社丘墟”。这是士人的堕落，是学界的不幸，更是时代的悲剧。

清谈之风，起于魏晋年间，文人学士不谈国事民生，好说老庄玄理。西晋建国之初，傅玄在上疏时即指出：“近者魏武好法术，而天下贵刑名；魏文慕通达，而天下贱守节。其后纲维不摄，而虚无放诞之论盈于朝野，使天下无复清议，而亡秦之病复发于今。”（《晋书·傅玄传》）“清谈误国”之论，始见于此。东晋依然“以浮虚相扇，儒雅日替。（范）宁以为其源始于王弼、何晏，二人之罪深于桀纣”（《晋书·范宁传》）。《日知录》中有《正始》篇，论及当时风气，深有同感：“以至国亡于上，教沦于下，羌戎互僭，君臣屡易，非林下诸贤之咎而谁咎哉？”一掬哀时泪，不为前朝流。

博学于文

“君子博学于文[1]。”自身而至于家国天下，制之为度数[2]，发之为音容，莫非文也。“品节斯[3]，斯之谓礼。”孔子曰：“伯母、叔母疏衰[4]，踊不绝地。姑姊妹之大功，踊绝于地。知此者，由文矣哉！由文矣哉！”《记》曰：“三年之丧[5]，人道之至文者也。”又曰：“礼减而进[6]，以进为文。乐盈而反，以反为文。”《传》曰：“文明以止[7]，人文也。观乎人文以化成天下。”故曰：“文王既没[8]，文不在兹乎！”而《谥法》“经纬天地曰文”[9]，与弟子之学《诗》《书》六艺之“文”[10]，有深浅之不同矣。

同一“文”字，含义大不相同。“博学于文”之“文”，主要是天文、人文、礼乐之文，而不仅仅是文献资料。

［注释］

[1] 君子博学于文：语出《论语·雍也》。 [2] 度数：标准，规则。 [3]“品节斯”二句：语出《礼记·檀弓下》。孔颖达疏：“品，阶格也；节，制断也。”品节，言按等级而加以节制。斯，这，这个，这里。言对人的哀乐之情区分轻重等级而加以节制，这就称作礼。 [4]“伯母、叔母疏衰”以下七句：语出《礼记·杂记下》。疏衰，即齐衰。丧服中“五服”之一，规格次于斩衰。踊不绝地，哭泣跳跃时脚不离地面。踊，往上跳。大功，丧服中“五服”之一，服期九月。踊绝于地，哭泣跳跃时脚离开地面。由文矣哉，言这样做可称能行礼了。 [5]“三年之丧”二句：语出《礼记·三年问》。言守丧三年，是人情在丧礼上最完美的表现。 [6]“礼减而进”以下四句：语出《礼记·乐记》，又见《祭义》。原文前有“礼主其减，乐主其盈”二句。进，郑玄注：“谓自勉强也。”言礼所重在减损（使礼仪形式趋于简单），乐所重在充盈（使表现形式趋于丰富）。因礼减损，人才能勉力遵循，故谓之“减而进”。因乐充盈，人才能得到陶冶回归本性，故谓之“盈而反”。 [7]“文明以止”以下三句：语出《周易·贲卦·彖传》。言观察人的文明礼仪各止（守）其分（不逾越）的现象，就可以教化天下。 [8]“文王既没”二句：语出《论语·子罕》。言周文王死了以后，文献制度不都在我这里吗？ [9]《谥法》：指《逸周书·谥法解》。 [10] 弟子之学《诗》《书》六艺之“文”：《论语·学而》：“弟子入则孝，出则弟，谨而信，泛爱众，而亲仁。行有余力，则以学文。”朱熹《论语集注》：“文，谓《诗》《书》六艺之文。”

［点评］

在《亭林文集·与友人论学书》中，顾炎武揭橥“博学于文”“行己有耻”，提出“自一身以至于天下国家，皆学之事也”。孔子说：“君子博学于文，约之以礼。”谈“文”，不能离开“礼”。本文列举了先秦儒家经籍中关于“文”的陈述，说明这是一种体现礼乐精神的“文”，不是象形指事的文字，也不是表情达意的文章，而是包含着丰富社会内容、伦理内容的大文化，即经天纬地之文。由此，“博学于文”才能成为顾炎武所认定的立身行事的准则。

予一以贯之[1]

“好古敏求[2]”，“多见而识[3]”，夫子之所自道也。然有进乎是者。六爻之义[4]，至赜也[5]，而曰“知者观其彖辞[6]，则思过半矣”。三百之《诗》[7]，至泛也，而曰“一言以蔽之[8]，曰思无邪”。三千三百之仪[9]，至多也，而曰“礼[10]，与其奢也，宁俭”。十世之事[11]，至远也，而曰“殷因于夏礼，周因于殷礼，虽百世可知”。百王之治，至殊也，而曰“道二[12]，仁与不仁而已矣”。此所谓“予一以贯之”者也。其教门人也，必先“叩其两端[13]”，而使之“以三隅反[14]”。故颜子则“闻一以知十”[15]，而子贡“切磋”

孔子所说的“一以贯之”，是用一个基本观念来贯穿所学的知识。后世将一以贯之解释成自始至终不作改变，有离孔子本意。

之言[16]，子夏“礼后”之问[17]，则皆善其“可与言诗”。岂非天下之理，殊途而同归，大人之学，举本以该末乎？彼章句之士[18]，既不足以观其会通，而高明之君子，又或语德性而遗问学[19]，均失圣人之指矣。

［注释］

[1] 予一以贯之：语出《论语·卫灵公》。 [2] 好古敏求：《论语·述而》：“我非生而知之者，好古，敏以求之者也。”敏，勤勉。 [3] 多见而识：语出《论语·述而》。识（zhì），记住。 [4] 六爻：见《朱子周易本义》注 [27]。 [5] 赜（zé）：幽深玄妙；深入探求。 [6]“知者观其彖辞”二句：语出《周易·系辞下》。知，同“智”。彖辞，即卦辞。思过半，领悟大半。 [7] 三百之《诗》：即《诗》三百（篇）。 [8]“一言以蔽之”二句：见《论语·为政》。 [9] 三千三百之仪：《礼记·中庸》：“礼仪三百，威仪三千，待其人然后行。”见《致知》注 [4]。 [10]“礼”以下三句：语出《论语·八佾》。 [11]“十世之事”以下五句：《论语·为政》：“子张问：‘十世可知也？’子曰：‘殷因于夏礼，所损益，可知也；周因于殷礼，所损益，可知也。其或继周者，虽百世，可知也。’”子张问：“今后十代（的礼仪制度）可以预先知道吗？”孔子说：“殷朝沿袭夏朝的礼仪制度，所增加和废除的内容，是可以知道的；周朝沿袭殷朝的礼仪制度，所增加和废除的内容，也是可以知道的。那么，如果有继承周朝的朝代，就是一百代以后，也是可以预先知道的。”这里反其意而用之，言由于看不到前人的记载，即使是孔子这样的大圣人，也无法理解前

代的礼仪制度。 [12] “道二”二句：语出《孟子·离娄上》。道二，言治国之道有二种。 [13] 叩其两端：《论语·子罕》：“吾有知乎哉？无知也。有鄙夫问于我，空空如也。我叩其两端而竭焉。”言：“我有知识吗？其实没有知识。有个粗俗的人向我讨教，我对他的问题一无所知。我就从问题正反两方面不断探讨，这样就能把问题彻底弄清楚。” [14] 以三隅反：《论语·述而》：“举一隅不以三隅反，则不复也。”言教他一点，却不能举一反三的，就不再说了。 [15] 颜子则“闻一以知十”：见《论语·公冶长》。颜子，颜渊，见《夫子之言性与天道》注 [22]。言颜渊听到一件事，就能推知十件事。 [16] 子贡“切磋”之言：《论语·学而》：子贡曰：“《诗》云：‘如切如磋，如琢如磨’，其斯之谓与？”子曰：“赐（子贡名）也始可与言诗已矣，告诸往而知来者。”子贡，见《丰熙伪尚书》注 [7]。 [17] 子夏“礼后”之问：《论语·八佾》：“子夏问曰：‘“巧笑倩兮，美目盼兮，素以为绚兮。”何谓也？’子曰：‘绘事后素（先有白色的底子，然后再绘画）。’曰：‘礼后乎（是不是礼乐的产生在仁义之后呢）？’子曰：‘起予者商也！始可与言《诗》已矣。’”子夏，姒姓，卜氏，名商，字子夏，春秋末晋国温（今河南温县西南）人。孔门十哲之一。 [18] 章句：见《朱子周易本义》注[42]。 [19] 语德性而遗问学：《礼记·中庸》：“君子尊德性而道问学。”言君子既推重与生俱有的德性，又重视通过学习、存养发扬德性。这里批评当今君子只知其一，不知其二。

［点评］

本文前面列举孔子论《易》《诗》《礼》《春秋》之语，诠释何谓“一以贯之”，引出最后几句：“彼章句之士，既不足以观其会通，而高明之君子，又或语德性而遗问学，均失圣人之指矣。”以此作为结语，颇有深意。“易简工夫终久大，支离事业竟浮沉。”（陆九渊《鹅湖和陆教授兄韵》）关于朱熹、陆九渊异同的争辨，是理学史上一个引人注目的公案，二家生徒各持其说，或以陆学偏于尊德性而失之空疏，或以朱学偏于道问学而失之支离。虽然后世出现了调停朱陆异同的主张，但“章句之士”偏于道问学、“高明之君子”偏于尊德性的分歧终究存在。顾炎武认为：“天下之理，殊途而同归，大人之学，举本以该末。”大学之道，必须格物致知（道问学）和正心诚意（尊德性）并进，方可完成治国平天下的大业。潘耒称亭林为“通儒”，即能一以贯之，两不偏废，无畸重畸轻之弊。

君子疾没世而名不称焉[1]

疾名之不称，则必求其实矣，君子岂有务名之心哉！是以《乾》初九之《传》曰[2]："不易乎世[3]，不成乎名。"

古人求没世之名，今人求当世之名。吾自幼及老，见人所以求当世之名者，无非为利也。名之所在，则利归之，故求之惟恐不及也。苟不求利，亦何慕名？

"疾名之不称"，和"岂有务名之心"，并不矛盾。

[**注释**]

[1] 君子疾没世而名不称焉：语出《论语·卫灵公》。言君子只恨到死仍无名望。 [2]《乾》初九之《传》：《乾》，《周易·乾卦》。初九，见《朱子周易本义》注 [44]。《传》，指《文言传》，见《朱子周易本义》注 [10]。 [3]"不易乎世"二句：不为世俗

转变立场，不求当世之名。

［点评］

“君子岂有务名之心哉！”陆耀谓俗儒之病，“乃原其病之所起，则骛名之一念实为之”（《切问斋集·复戴东原言理欲书》）。追名逐利，历来被看作人堕落的起因。但孔子说：“君子疾没世而名不称焉。”即使是君子，内心也有扬名后世的愿望。司马迁遭宫刑之后，忍辱负重，发愤作《史记》，就出于“恨私心有所不尽，鄙没世，而文采不表于后也”，故“退论书策，以舒其愤，思垂空文以自见”（《报任安书》），以此成为后世文人学士的表率。就治国而言，“汉人以名为治，故人材盛”。在《名教》这篇文章中，顾炎武提倡“以名为教”，以挽救日益溃败的官场痼疾、社会风气。好名的对错，全看人的动机如何。顾炎武认为：君子所求的，是没世之名，即身后之名，只有那些能立德、立功、立言，建立不朽业绩、造福后世的人，才会享有如此令名。今人所求的，是当世之名，即和利益相伴的名，求名即求利。对有所追求的人来说，这是在“名”字面前无可回避的选择。

自视欿然[1]

人之为学，不可自小，又不可自大。“得百里之地而君之[2]，皆足以朝诸侯，有天下”，不敢自小也。“附之以韩、魏之家[3]，如其自视欿然，则过人远矣”，不敢自大也。“予将以斯道觉斯民也[4]”，“思天下之民，匹夫匹妇有不被尧、舜之泽者，若己推而内之沟中”，则可谓不自小矣。“自耕稼、陶、渔以至为帝[5]，无非取于人者”，则可谓不自大矣。故自小，小也；自大，亦小也。今之学者，非自小则自大，吾见其同为小人之归而已。

自小，是妄自菲薄；自大，是忘乎所以。究其实，都是心胸小、见识浅，同为不能成大事的小人。

[注释]

[1] 欿（kǎn）然：不自满。 [2]“得百里之地而君之”以下

三句：语出《孟子·公孙丑上》。言（像伊尹、伯夷、孔子那样的贤人，）若能得到方圆百里的一块地担任君主，都能使诸侯来朝见，最终拥有天下。　[3]“附之以韩、魏之家”以下三句：语出《孟子·尽心上》。附，增益。韩、魏之家，指晋国六卿中富室韩、魏两家。言在他原有的家产上，再添加韩、魏两家的财产，如果他还能做到不自满，那就不是寻常人了。　[4]“予将以斯道觉斯民也”以下四句：语出《孟子·万章上》。斯道，指尧舜之道。觉，使……觉悟。斯民，百姓。内，同“纳”，放入。　[5]“自耕稼、陶、渔以至为帝”二句：语出《孟子·公孙丑上》。言（舜）从农夫、陶工、渔夫做起，直到成为帝王，他的长处都是从别人那里学取的。

［点评］

本文所说的，是如何正确对待自己的问题。既不能妄自菲薄，即“不可自小”；也不能狂妄自大，即“不可自大”。自小者无远大抱负，自大者无自知之明。自小者不想成大事，自大者不能成大事。有抱负者，即使身在困苦之中，依然怀着兼济天下的雄心，“予将以斯道觉斯民也”，“贫贱不能移”；即使时来运转，“附之以韩、魏之家”，依然“自视欿然”，“富贵不能淫”；进而达到“三军可夺帅，匹夫不可夺志”的境地，“威武不能屈”。这种高昂的格调，这种“大丈夫”的气概，在《孟子》中表现得尤为特出。

饭糗茹草[1]

开篇四句，即“生于忧患，而死于安乐”之意。

享天下之大福者，必先天下之大劳；宅天下之至贵者[2]，必执天下之至贱。是以殷王小乙使其子武丁“旧劳于外”[3]，“知小人之依”。而周之后妃[4]，亦必“服澣濯之衣，修烦缛之事”。“及周公遭变[5]，陈后稷先公王业之所由者，则皆农夫女工衣食之务也”。干宝《晋纪论》[6]。古先王之教，能事人而后能使人。其心不敢失于一物之细，而后可以胜天下之大。舜之圣也，而“饭糗茹草”；禹之圣也[7]，而“手足胼胝，面目黧黑”，此其所以道济天下，而为万世帝王之祖也，况乎其不如舜、禹者乎！《朱子语类》言：舜之耕稼陶渔[8]，“夫子之钓弋”，“子路之负米，子贡之埋马”，皆贱者之事，而古人不辞也。“有若三踊于鲁大夫之庭，冉有用矛以入齐军，而樊须虽少能用命”，此“执干戈以卫社稷”，而古人所不辞也。“后世骄侈日甚，反以臣子之职为耻。”

［注释］

[1] 饭糗茹草：《孟子·尽心下》：“舜之饭糗茹草也，若将终身焉？”饭、茹，吃。糗（qiǔ），干粮。草，野菜。 [2] 宅：居于。 [3] “是以殷王小乙使其子武丁‘旧劳于外’”二句：《尚书·周书·无逸》：“其在高宗，时旧劳于外，爰暨小人……爰知小人之依，能保惠于庶民。”小乙，又作祖乙，商中宗。在位时制定了商代的祭祀制度。武丁，商高宗。任用刑徒出身的傅说等贤能之人辅政，励精图治，史称“武丁盛世”。旧，《史记》作“久”。爰，于是。暨，及。小人，指底层百姓。裴骃《史记集解》引马融语：“武丁为太子时，其父小乙使行役，有所劳役于外。与小人从事，知小人艰难劳苦也。” [4] “而周之后妃”以下三句：《晋书·孝愍帝纪》：“妃后躬行四教，尊敬师傅，服澣濯之衣，修烦辱之事，化天下以成妇道。”澣（huàn），同“浣”。濯（zhuó），洗。澣濯，洗涤。烦缛，繁杂卑贱。 [5] “及周公遭变”以下三句：干宝《晋纪总论》：“及周公遭变，陈后稷先公风化之所由，致王业之艰难者，皆农夫女工衣食之事也。”周武王灭商二年后去世，成王幼小，尚在襁褓之中，周公摄政。其兄弟管叔、蔡叔怀疑周公有取代周成王的野心，于是在国中散布流言说：“周公将对成王不利。”“遭变”即指此事。后稷，姬姓，名弃。尧、舜、禹时均为农官，教民耕种，相传为最早种稷（粟或黍类的粮食作物）和

麦的人。周人以后稷为始祖。 [6] 干宝：字令升，新蔡（今属河南）人，后迁居海宁（今属浙江）。东晋文学家、史学家。所著《搜神记》，被称作“中国志怪小说的鼻祖”。 [7]“禹之圣也”以下三句：《墨子·备梯》：“禽滑厘子事子墨子，三年，手足胼胝，面目黧黑。”《史记·李斯列传》：“禹凿龙门，通大夏，疏九河，曲九防，决渟水致之海，而股无胈，胫无毛，手名胼胝，面目黎黑。”胼胝，老茧。黧，古作“黎”，“黑”的意思。黧黑是同义反复词，形容人脸色发黑。 [8]“舜之耕稼陶渔”以下十三句：见《朱子语类》卷十三。夫子之钓弋，《论语·述而》：“子钓而不纲，弋不射宿。”言孔子钓鱼，不用大网竭泽而渔；射鸟，不射归巢栖息的鸟。子路，名仲由，字子路，又字季路，鲁国卞（在今山东泗水）人。孔门十哲之一。为人伉直，好勇尚武。刘向《说苑·建本》：“子路曰：‘负重道远者不择地而休，家贫亲老者不择禄而仕。昔者由事二亲（双亲）之时，常食藜藿之实（粗劣的饭菜），而为亲负米百里之外。’”《礼记·檀弓下》：“仲尼之畜狗死，使子贡埋之，曰：‘吾闻之也，敝帷（帷帐）不弃，为埋马也；敝盖（车盖）不弃，为埋狗也。丘也贫，无盖，于其封也，亦予之席（草席），毋使其首陷焉（不要让狗的头直接陷在泥土中）。’路马死，埋之以帷。”辟，通“避”。有若，字子有，世称“有子”，孔门七十二贤之一。《左传》哀公八年：“微虎欲宵攻王舍，私属徒七百人，三踊于幕庭，卒三百人，有若与焉。”（吴国攻打鲁国。鲁大夫微虎想要夜袭吴王的住处，率领他的部属七百人，在帐幕外的庭院里向上跳三次，最后选了三百人，有若也在里边。）冉有，冉求，字子有。鲁国人。孔门七十二贤之一。曾担任鲁国卿大夫季孙氏宰臣。樊须，字子迟，世称“樊迟”。鲁国人。孔门七十二贤之一。《左传》哀公十一年：“齐为鄎（息国）故，国书、高无丕帅师伐我（鲁国）……冉求帅左师，管周父御（驾车），樊迟为右（车右）。季孙曰：'须（樊须）也弱（年少）。'有子曰：'就用命焉（虽年少，但能效命）。'……师（鲁国军队）及齐师战于郊，齐师自稷曲，师不逾沟（不敢过沟与齐军作战）。樊迟曰：'非不能也，不信子（你，有若）也。请三刻（与众三刻约信）而逾之。'如之（按这样做），众从之……孔子曰：'能执干戈以卫社稷，可无殇（不作夭折看待）也。'冉有用矛于齐师，故能入其军。孔子曰：'义也。'"

[点评]

《孟子》中有一段励志的名言："舜发于畎亩之中，傅说举于版筑之中，胶鬲举于鱼盐之中，管夷吾举于士，孙叔敖举于海，百里奚举于市。故天将降大任于是人也，必先苦其心志，劳其筋骨，饿其体肤，空乏其身，行拂乱其所为，所以动心忍性，曾益其所不能。"（《告子下》）本文所表达的，正是同样的意思。老子说"祸兮福之所倚"。从人生的轨迹看，对很多人而言，也可以说：劳兮福之所倚，贱兮贵之所倚。《老子》还说"治大国若烹小鲜"。本文认为治大国始于烹小鲜。干大事必须从小事做起，"其心不敢失于一物之细，而后可以胜天下之大"。那些好高骛远、骄侈日甚、以应尽职责为耻者，正是失去羞耻之心的人。

州县赋税

王士性《广志绎》曰[1]："天下赋税，有土地肥瘠不甚相远，而征科乃至悬绝者[2]。当是国初草草[3]，未定画一之制[4]，而其后相沿，不敢议耳。如真定之辖五州二十七县[5]，苏州之辖一州七县[6]，无论所辖，即其广轮之数[7]，真定已当苏之五，而苏州粮二百三万八千石[8]，真定止一十万六千石。然犹南北异也。若同一北方也，河间之繁富[9]，二州十六县；登州之贫寡[10]，一州七县，相去殆若莛楹[11]。而河间粮止六万一千，登州乃二十三万六千。然犹直隶、山东异也[12]。若在同省，汉中二州十四县之殷庶[13]，视临洮二州三县之冲疲[14]，易知也。而汉中粮止三万，临洮乃四万四千。然犹各道异也。若在同道，顺庆不大于保宁[15]，其辖二州八县，均也。而顺庆粮七万五千，保宁止二万。然犹两郡异也[16]。若在一邑[17]，则同一西南充也[18]，而负郭十里[19]，田以步计，赋以田起；二十里外，则田以绳量[20]，不步矣；五十里外，田以约计，不绳矣。官赋无定数，私价亦无定估[21]，何其悬绝也。惟是太平日久[22]，累世相传，民皆安之，以为固然，不自觉耳。”夫王者制邑居民[23]，则壤成赋[24]，岂有大小轻重不同若此之甚哉！

因无视各府土地、人口的差异，没有制定公平的准则，造成征收赋税时的不公和不均。

且以所辖州县言之，真定三十二，西安三十六[25]，开封、平阳各三十四[26]，济南三十[27]，成都三十一[28]，而松江、镇江、太平止三县[29]，汉阳、兴化止二县[30]。其直隶之州，则如徐州、泽州之四县[31]，郴州之五县[32]，嘉定之六县[33]，潼川之七县[34]，俨然一府也；而其小者或至于无县可辖。且国初之制[35]，多因元旧，平阳一路共领九州[36]，殆据山西之半。至洪武二年[37]，始以泽、潞、辽、沁四州直隶山西行省[38]，而今尚有五州。若蒲州自古别为一郡[39]，屡次建言[40]，皆为户部所格[41]。归德一州向属开封[42]，至嘉靖二十四年始分为府[43]。天下初定，日不暇给，沿元之非，遂至二三百年。崔铣言[44]："今之郡[45]，大者千里，属邑数十。为长者名数且不能悉，奚望其理也。宜令大郡不过四百里，邑百里。"然则后之王者，审形势以制统辖，度辐员以界郡县[46]，则土田以起征科，乃平天下之先务，不可以虑始之艰，而废万年之利者矣。

各府统辖，本来就很不合理，却又长期被因袭沿用，不肯改变。

《太祖实录》[47]：洪武八年三月，"平阳府言：'所属蒲、解二州，距府阔远，乞以直隶山西行省为便。'未许。"至天启四年[48]，巡按山西李日宣请以二州十县分立河中府[49]，治运城[50]，以运使兼知府事[51]，运同兼清军[52]，运副兼管粮[53]，运判兼理刑[54]。事下户部，户部下山西，山西下河东，河东下平阳府议之，竟寝不行[55]。按汉河东郡二十四县[56]，后汉二十城。魏正始八年[57]，分河东之汾北十县为平阳郡[58]。此所谓欲制千金之裘[59]，而与狐谋其皮也[60]。且商、雒之于关内[61]，陈、许之于大梁[62]，德、棣之于济南[63]，颍、亳之

保护既得利益，是不肯改变的根本原因。

于凤阳[64]，自古不相统属。去府既远，更添司道[65]，于是有一府之地而四五其司道者，官愈多而民愈扰，职此之由矣。

昔仲长统《昌言》谓[66]：“诸夏有十亩共桑之迫[67]，远州有旷野不发之田。”范晔《酷吏传》亦言：汉制“宰守旷远[68]，户口殷大。”而《后汉·马援传》：既平交阯[69]，“奏言西于县户有三万二千[70]，远界去庭千余里，庭，县庭也。请分为封溪、望海二县[71]。许之”。《华阳国志》[72]：“巴郡太守但望字伯门，太山人[73]。见《风俗通》[74]。上疏言：‘郡境南北四千[75]，东西五千，属县十四，土界遐远，令、尉不能穷诘奸凶[76]。时有贼发，督邮追案十日乃到[77]，贼已远逃，踪迹绝灭。其有犯罪，逮捕证验，文书诘讯，从春至冬，不能究讫，绳宪未加[78]，或遇德令[79]。是以贼盗公行，奸宄不绝[80]。太守行农桑[81]，不到四县；刺史行部[82]，不到十县。’欲请分为二郡，其后遂为三巴[83]。”《水经注》[84]：“山阴县[85]，汉会稽郡治也。永建中，阳羡周嘉上书，以县远，赴会稽至难，求得分置。遂以浙江西为吴，以东为会稽。”此皆远县之害，已见于前事者也。《北齐书》[86]：赫连子悦“除林虑守[87]，世宗往晋阳[88]，路由是郡，因问所不便。子悦答言：‘临水、武安二县[89]，去郡遥远，山岭重叠，车步艰难。若东属魏郡[90]，则地平路近。’世宗笑曰：‘卿徒知便民[91]，不觉损干[92]。’子悦答以‘所言因民疾苦，不敢以私润负心[93]’”。嗟乎！今之牧守，其能不徇于私而计民之便者，吾未见其人矣。

当今官场，难见不谋私利、一心为民的人。

［注释］

[1] 王士性《广志绎》：王士性，字恒叔，号太初，宗沐侄，临海（今属浙江）城关人。万历间历任四川、广西、山东等地参议。一生游迹几遍全国，凡所到之处广事搜访，详加记载，著有《广志绎》《五岳游草》《广游志》等。下面引文出自《广志绎·方舆崖略》。 [2] 征科：征收赋税。 [3] 国初：指明朝初期。草草：草率。 [4] 画一：一致。 [5] 真定：府名。治所在今河北正定。 [6] 苏州：府名。治所在今江苏苏州吴中。 [7] 广轮：广袤。指土地面积。 [8] 粮：指当地所交的公粮。 [9] 河间：府名。治所在今河北河间。 [10] 登州：府名。治所在今山东蓬莱。 [11] 莛楹：比喻二者相差悬殊。莛，植物的茎。楹，堂屋前部的柱子。 [12] 直隶：明称直隶于京师的地区为直隶。直隶北京的地区为北直隶，简称北直，相当今北京、天津两市、河北省大部和河南、山东的小部地区；直隶南京的地区为南直隶，简

称南直，相当今江苏、安徽两省。此指北直隶。 [13] 汉中：府名。治所在今陕西汉中。 [14] 临洮：府名。治所在今甘肃临洮。冲疲：地当冲要，民情疲顽。 [15] 顺庆：府名。治所在今四川南充。保宁：府名。治所在今四川阆中。 [16] 郡：古代行政区域，相当于明、清时的府。 [17] 邑：古代行政区域，后世用作县的别称。 [18] 西南充：指四川南充。 [19] 负郭：靠近城郭。 [20] 絚（gēng）：大绳索。 [21] 定估：指物品的定价。 [22] 惟是：只是。 [23] 制邑居民：《礼记·王制》：“凡居民，量地以制邑，度地以居民，地邑民居，必参相得也。”谓设置都邑，让百姓居住。 [24] 则壤成赋：《尚书·夏书·禹贡》：“六府孔修，庶土交正，厎慎财赋，咸则三壤成赋。”则，（制定）规则。言水、火、金、木、土、谷这些财富所聚的六府治理得很好，各处的土地都要征收赋税，慎重制定征收赋税的规则，都按照土地肥瘠的三个等级确定赋税数额。 [25] 西安：府名。治所在今陕西西安长安。 [26] 开封、平阳：都为府名。开封府治在今河南开封，平阳府治在今山西临汾。 [27] 济南：府名。治所在今山东济南历城。 [28] 成都：府名。治所在今四川成都。 [29] 松江、镇江、太平：都为府名。松江府治在今上海松江，镇江府治在今江苏镇江，太平府治在今安徽当涂。 [30] 汉阳、兴化：都为府名。汉阳府治在今湖北武汉汉阳，兴化府治在今福建莆田。 [31] 徐州、泽州：徐州治所在今江苏徐州，泽州治所在今山西晋城。 [32] 郴（chēn）州：治所在今湖南郴州。 [33] 嘉定：州名。治所在今四川龙游。 [34] 潼川：州名。治所在今四川三台。 [35] 国初：潘耒本作“明初”。黄侃《日知录校记》：“抄本‘明’作‘国’。”据此改。 [36] 平阳一路：平阳路，元代行政区划，治所在今山西临汾。 [37] 洪武二年：1369 年。 [38] 始以泽、潞、辽、沁四州直隶山西行省：潞州治所在今山西长治，辽州治所在今山西左权，沁州治所在今山西沁源。行省，起于元朝的行政区划，在明、清两朝得到发展，并为现代中国所继承。 [39] 蒲州：治所在今山西永济。 [40] 建言：提议。 [41] 户部：明清时期户部掌全国疆土、田地、户籍、赋税、俸饷及一切财政事宜。格：阻止，搁置。 [42] 归德：治所在今广西平果。 [43] 嘉靖二十四年：1545 年。嘉靖，明世宗朱厚熜年号。 [44] 崔铣：字子钟，又字仲凫，号后渠，世称后渠先生，河南安阳人。明代学者。嘉靖间任南京礼部右侍郎。 [45] “今之郡”以下七句：语出《士翼》。悉，知道。奚，怎么。 [46] 辐员：当为“幅员”，又作“幅圆”。指疆域，广狭称“幅”，周围称“员”。疆域有广狭及四至，所以称疆域为幅员。 [47] “《太祖实录》”以下七句：见《太祖实录》卷九十八。解，解州，治所在今山西运城。 [48] 天启四年：1624 年。天启，明熹宗朱由校年号。 [49] 巡按：明永乐元年（1403）后，以一省为一道。派监察御史分赴各道巡视，考察吏治，每年以八月出巡，称巡按御史。李日宣：字晦伯，江西吉水人。天启五年（1625），与族父李邦华被宦官弹劾为“东林邪党”。 [50] 治运城：治所在今山西运城。 [51] 运使：转运使。明、清时有转盐运使，专管盐务。 [52] 运同：明、清时盐同知的简称，为盐运使的佐官。 [53] 运副：转运副使。 [54] 运判：明、清时盐运判官的简称，为盐运使的佐官。 [55] 寝：停止，停息。 [56] 汉河东郡：治所在今山西夏县北。 [57] 正始八年：247 年。正始，三国魏齐王曹芳年号。 [58] 平阳郡：治所在今山西临汾。 [59] 千金之裘：价值千金的皮衣。《史记·刘敬叔孙通列传》：“语曰：‘千金之裘，非一狐之腋也。’” [60] 与狐谋其皮：《太平御览》引《苻子》：“周人有爱裘而好珍馐，欲为千金之裘，而与狐谋其皮；欲具少牢之珍，而与羊谋其馐。言未卒，狐相率逃于重丘之下，羊相呼藏于深林之中，故周人十年不制一裘，五年不具一牢。”比喻所谋之事有害于对方的切身利益，终难达到目的。 [61] 商、雒之于关内：商，商州，治所在今陕西商洛。雒，洛阳，今属河南。关内，古时称函谷关或潼关以西王畿附近为关内，即今陕西西安及附近地区。此指西安府。 [62] 陈、许之于大梁：陈州，治所在今河南周口。许州，治所在今河南许昌。大梁，战国时魏国都城，在今河南开封西北。后用作开封的别称。此指开封府。 [63] 德、棣之于济南：德州，治所在今山东陵县。棣州，治所在今山东惠民。济南，府名，今属山东。 [64] 颍、亳之于凤阳：颍州，治所在今安徽阜阳。亳（bó）州，今属安徽。凤阳，府名，今属安徽。 [65] 司道：明代布政司、按察司与分守道、分巡道等的统称。 [66] 仲长统《昌言》：仲长统，字公理，山阳郡高平（今山东邹城西南）人。东汉末年哲学家、政论家。敏思好学，博览群书。不矜小节，时人称为狂生。曾参与丞相曹操的军事，但没有得到重用。著论名《昌言》，计十余万言。原书已佚，今流传的为后人辑本。 [67] “诸夏有十亩共桑之迫”二句：语出《昌言上》。诸夏，义近“华夏”。泛指中原地区，也用于指中国。十亩共桑之迫，《诗经·魏风·十亩之间》：“十亩之间兮，桑者闲闲兮。行与子还兮。”写采桑人收工后结伴同归的情景。这里说仅十亩之地，就有不少采桑人拥挤在一起。 [68] “宰守旷远”二句：语出《后汉书·酷吏列传》。宰守，宰，县宰；守，太守，泛指地方长官。言郡县疆域辽阔（地方长官在很远的地方），人口众多。 [69] “而《后汉·马援传》”二句：马援，字文渊，扶风郡茂陵县（今陕西兴平东北）人。东汉开国功臣。官至伏波将军，世称“马伏波”。东汉光武帝建武十八年（42），交阯女子征侧、征贰举兵造反，征侧自立为王。马援率军南击交阯，大破叛军。交阯，又作“交趾”。秦以后设交趾郡，为今越南北部。 [70] 西于县：治所在今越南永富省东英县。 [71] 封溪、望海二县：封溪县治在今越南河内市东英县。望海县治在今越南河北省北宁西北。均属交阯郡。 [72]《华阳国志》：东晋常璩著。是一部记载古代中国西南地区历史、地理、人物的地方志著作。 [73] 巴郡太守但望字伯门，太山人：《华阳国志・巴志》："（东汉）孝桓帝以并州刺史泰山但望（字伯阖）为巴郡太守，勤恤民隐。"太山，即泰山，在今山东泰安。 [74]《风俗通》：即《风俗通义》，东汉泰山太守应劭辑录。书中记录了大量神话异闻，为研究汉以前风俗和鬼神崇拜的重要文献。 [75]"郡境南北四千"二句：谓巴陵郡南北长四千里，东西长五千里。 [76]令、尉：县令、县尉。后者为县令佐官，掌治安捕盗之事。 [77]督邮：督邮书掾、督邮曹掾的简称。汉代各郡的重要属吏，代表太守督察县乡，宣达政令兼司法等。追案：追究查办案情。 [78]绳宪：即法绳，法律制裁。 [79]德令：施恩德的政令，指大赦令。 [80]奸宄（guǐ）：违法作乱的人。也指违法作乱的事。宄，坏人。 [81]太守行农桑：《后汉书・郑弘传》："太守第五伦行春，见而深奇之。"李贤引《续汉志》注："太守常以春行所主县，劝人农桑，振救乏绝。" [82]刺史行部：《后汉书・酷吏列传》："刺史行部，见（黄）昌，甚奇之，辟从事。"汉武帝于元封五年分全国为十三部（州），各部始置刺史一人。"刺"即检核问事之意，"史"为"御史"之意。刺史即各部（州）监察长官。行部，巡行所属部域，考核政绩。 [83]三巴：汉末巴、巴东、巴西三郡，合称三巴。相当于今重庆和四川部分地区。 [84]《水经注》：北魏郦道元著。名为《水经》之注，实则以《水经》为纲，详细记载了一千多条河流及有关的历史遗迹、人物掌故、神话传说等资料。下面引文出自《水經注》卷四十《浙江》。 [85]"山阴县"以下九句：语出《水经注・浙江水》。秦朝和西汉时期，会（kuài）稽郡治所在吴县（在今江苏苏州），辖境大致相当于今江苏南部、上海西部、浙江大部以及福建部分地区。永建(东汉顺帝年号)四年,分会稽郡浙江以北诸县置吴郡,会稽郡治所移至山阴县(在今浙江绍兴)。杨守敬《水经注疏》引《元和志》,谓周嘉时任阳羡(治所在今江苏宜兴)令。 [86]《北齐书》:下面引文,出自《北齐书·赫连子悦传》。 [87] 赫连子悦:字士忻,统万城(今陕西靖边)人。北魏至北齐时期的大臣。除:授、拜(官职)。林虑:治所在今河南林州。 [88] 世宗:高澄,字子惠,生于怀朔镇(今内蒙古固阳)。高欢长子,东魏权臣。其弟高洋建立北齐之后,追谥高澄为文襄皇帝,庙号世宗。晋阳:故址在今山西太原晋源,东魏和北齐的实际行政中心。 [89] 临水、武安二县:临水县治在今山西临县。武安,今属河北。 [90] 魏郡:治所在今河北邯郸。 [91] 便民:原作"民便",据《日知录集释》本、《北齐书·赫连子悦传》乙正。 [92] 不觉损干:《日知录集释》引杨宁语:"干,郡守所食于郡者。" [93] 私润:个人好处。

[点评]

孔子谈民生与治政的关系,有一段名言:"丘也闻有国有家者,不患寡而患不均,不患贫而患不安。盖均无贫,和无寡,安无倾。"言无论是一国还是一家,不怕财富少,就怕分配不平均;不怕人口少,就怕社会不太平。若是财富平均,就无所谓贫穷;百姓和睦,就不在乎人多少;社会太平,就不会有被推翻的危险。也就是说:公正和公平,是决定百姓幸福感和维护社会安定的基础。而对众多日出而作、日入而息的底层劳作者而言,赋税的多少,直接影响其生活水平,故赋税的公正和公平,具有格外重要的意义。但实际情况却并非如此,不合理的现象普遍存在，而且始终存在。本文即对此展开探讨。

顾炎武认为：要免除征收赋税时所出现的不平、不均、不公、不定的现象，理应制定合理的法规，“则壤成赋”，使各地官府行事有所依据。“后之王者，审形势以制统辖，度辐员以界郡县，则土田以起征科，乃平天下之先务。”道理很明白，操作也不复杂，但为什么就行不通呢？即使有识之士提出合理化的建议，也被官场所否定，依然沿袭陈习，因循不改。顾炎武进而指出：行不通，主要是因为主事者不肯改。对那些地方长官来说，郡县就是他们的寄生窝，郡县的收益，和他们的私人利益密切相关，因此对任何有损其既得利益的事，都必然会反对。“此所谓欲制千金之裘，而与狐谋其皮也。”至于是否扰民、是否损民，都毫不在乎。以此，顾炎武格外怀念古代那些一心为公、情系百姓的循吏，如赫连子悦那样“徒知便民，不觉损干”，“因民疾苦，不敢以私润负心”的人。可叹的是：“今之牧守，其能不徇于私而计民之便者，吾未见其人矣。”

法　制

法制禁令，王者之所不废，而非所以为治也。其本在正人心、厚风俗而已。故曰：“居敬而行简[1]，以临其民。”周公作《立政》之书[2]，曰：“文王罔攸兼于庶言[3]，庶狱庶慎。”又曰：“庶狱庶慎，文王罔敢知于兹。”其丁宁后人之意[4]，可谓至矣。秦始皇之治[5]，“天下之事无大小皆决于上[6]，上至于衡石量书，日夜有呈，不中呈，不得休息”，而秦遂以亡。太史公曰[7]：“昔天下之网尝密矣[8]，然奸伪萌起：其极也，上下相遁，至于不振。”然则法禁之多，乃所以为趣亡之具[9]，而愚暗之君，犹以为未至也。杜子

以过去的历史为鉴，可知国家的兴旺、社会的安宁，在德不在刑。

美诗曰[10]："舜举十六相[11]，身尊道何高。秦时任商鞅，法令如牛毛。"又曰："君看灯烛张[12]，转使飞蛾密。"其切中近朝之事乎！

汉文帝诏[13]："置三老、孝弟、力田常员[14]，令各率其意以道民焉。"夫三老之卑，而使之得"率其意"，此文景之治所以"至于移风易俗[15]，黎民醇厚"，而上拟于成康之盛也[16]。

汉文帝是明君，诸葛亮是贤臣。他们都以道德教化为先导，由此取得治国的成功。

诸葛孔明"开诚心[17]，布公道"，而上下之交，人无间言[18]。以蕞尔之蜀[19]，犹得小康。魏操、吴权任法术以御其臣[20]，而篡逆相仍[21]，略无宁岁[22]。天下之事，固非法之所能防也。

叔向与子产书曰[23]："国将亡[24]，必多制。"夫法制繁，则巧猾之徒皆得以法为市[25]，而虽有贤者，不能自用，此国事之所以日非也。善乎杜元凯之解《左氏》也[26]，曰："法行则人从法，法败则法从人。"宣公十二年《传解》[27]。

前人立法之初，不能详究事势，豫为变通之地[28]。后人承其已弊，拘于旧章[29]，不能更革，而复立一法以救之。于是法愈繁而弊愈多，天下之事，日至于丛脞[30]，其究也"眊而不行[31]"，语出《汉书・董仲舒传》。师古曰[32]:“眊,不明也。”上下相蒙,以为无失祖制而已。此莫甚于有明之世,如勾军、行钞二事[33],立法以救法,而终不善者也。

反过来看,奸恶之徒很容易钻刑法的空子;而刑法一旦出现问题,就会造成不可收拾的局面。

宋叶适言[34]:“国家因唐、五代之极弊[35],收敛藩镇之权,尽归于上,一兵之籍、一财之源、一地之守,皆人主自为之也。欲专大利而无受其大害,遂废人而用法,废官而用吏,禁防纤悉,特与古异,而威柄最为不分[36]。虽然,岂有是哉!故人才衰乏,外削中弱,以天下之大而畏人[37],是一代之法度又有以使之矣。”又曰:“今内外上下[38],一事之小、一罪之微,皆先有法以待之。极一世之人志虑之所周浃,忽得一智,自以为甚奇,而法固已备之矣,是法之密也。然而人之才不获尽,人之志不获伸,昏然俛首[39],一听于法度,而事功日堕,风俗日坏,贫民愈无告,奸人愈得志,此上下之所同患,而臣不敢诬也。”又曰:“万里之远[40],嚬呻动息[41],上皆知之。虽然,无所寄任,天下泛泛焉而已。百年之忧,一朝之患,皆上所独当,而群臣不与也。夫万里之远,皆上所制命,则上诚利矣。百年之忧，一朝之患，皆上所独当，而其害如之何？此外寇所以凭陵而莫御[42]，雠耻所以最甚而莫报也。”

陈亮上孝宗书曰[43]：“五代之际[44]，兵财之柄倒持于下，艺祖皇帝束之于上，以定祸乱。后世不原其意，束之不已，故郡县空虚，而本末俱弱。”

洪武六年九月丁未，命有司庶务[45]，“更月报为季报[46]，以季报之数类为岁报。凡府、州、县轻重狱囚，即依律断决，不须转发。果有违枉，从御史、按察司纠劾”。令出，天下便之。

[**注释**]

[1]“居敬而行简”二句：语出《论语·雍也》。谓态度严肃，办事简要，以此治理百姓。 [2]《立政》：《尚书·周书》篇名。王引之《经义述闻》：“‘政’与正同。正，长也。立正，谓建立长官也。”即谈设官用人之道。 [3]“文王罔攸兼于庶言”以下五句：见《爱百姓故刑罚中》注[9]。 [4]丁宁：即叮咛。 [5]秦始皇：嬴姓，赵氏，名政。秦朝的建立者。 [6]“天下之事无大小皆决于上”以下六句：语出《史记·秦始皇本纪》。衡，秤。石，古代重量单位，一百二十斤为一石。衡石为称重量的器物。衡石量书，古时文书用竹简木札，以衡石来计算文书的重量，用以形容君主勤于国政。中呈，又作“中程”，达到预定的期限。 [7]太

史公：司马迁，字子长，左冯翊夏阳（今陕西韩城西南）人。西汉史学家、文学家、思想家。发愤完成中国第一部纪传体通史《史记》(原名《太史公书》)。 [8]“昔天下之网尝密矣”以下五句：语出《史记·酷吏列传》。 [9]趣亡：奔向灭亡。趣，通“趋”。 [10]杜子美：杜甫，字子美，原籍襄阳（今属湖北），后徙巩县（今河南巩义）。唐代大诗人。 [11]“舜举十六相”以下四句：语出《述古三首》(其二)。《左传》文公十八年：“昔高阳氏有才子八人……天下之民谓之‘八恺’。高辛氏有才子八人……天下之民谓之‘八元’……舜臣尧，举八恺使主后土，以揆百事，莫不时序，地平天成；举八元使布五教于四方，父义、母慈、兄友、弟共、子孝，内平外成……是以尧崩而天下如一，同心戴舜以为天子，以其举十六相，去四凶也。”商鞅，姬姓，公孙氏，名鞅，卫国人。战国时期法家代表人物。辅佐秦孝公，推行变法，史称“商鞅变法”。 [12]“君看灯烛张”二句：语出《写怀二首》(其二)。飞蛾靠光指引飞行，故会飞向点燃的灯烛。 [13]汉文帝：刘恒。为人宽容平和，即位后励精图治，朴素仁厚，开启“文景之治”。 [14]“置三老、孝弟、力田常员”二句：语出《汉书·文帝纪》。三老、孝弟、力田，均为汉代乡官。常员，固定的名额。率其意，按照他们的本意。道民，引导百姓。 [15]“此文景之治所以‘至于移风易俗’”二句：文景之治，汉初因多年战乱导致社会经济凋敝，汉文帝、汉景帝推崇黄老治术，采取“轻徭薄赋”“与民休息”的政策，迎来中国历史上统一后的第一个盛世，史称“文景之治”。“至于移风易俗，黎民醇厚”，语出《汉书·景帝纪》。 [16]成康之盛：西周周成王、周康王在位年间，对内推行周公“明德慎罚”的主张，对外扩大疆域，为周最强盛的时期，史称“成康之治”。 [17]诸葛孔明：诸葛亮，字孔明，号卧龙，琅琊阳都（今山东沂南）人。三国时期蜀汉丞相，政治家、军事家。“开诚心”二句：语出《三国志·蜀书·诸葛亮传》。 [18] 间言：非难、毁谤的话。 [19] 蕞尔：形容地域狭小。 [20] 魏操、吴权：三国魏国曹操、吴国孙权。曹操，本名吉利，字孟德，小名阿瞒，沛国谯县（今安徽亳州）人。东汉末年政治家、军事家。曹魏政权的奠基人。去世后，其子曹丕称帝，追尊曹操为武皇帝。孙权，字仲谋。吴郡富春县（今浙江杭州富阳）人。三国吴国的建立者。 [21] 相仍：相继，连续不断。 [22] 略：大约，大致。 [23] 叔向与子产书：叔向、子产，见《大原》注[37]。 [24]“国将亡”二句：语出《左传》昭公六年。制，法规，制度。 [25] 以法为市：将法规作为权利交易的工具。 [26] 杜元凯：杜预。 [27]《传解》：《春秋经传集解》。 [28] 豫：同“预”。 [29] 旧章：过去的典章制度。 [30] 丛脞（cuǒ）：细碎，杂乱。脞，琐细。 [31] 眊（mào）：眼睛昏花，看不清楚。 [32] 师古：颜师古。 [33] 勾军：征兵。行钞：发行纸币。 [34] 叶适：字正则，号水心居士，温州永嘉（今浙江温州）人。南宋学者，永嘉学派集大成者。著有《水心集》。 [35]“国家因唐、五代之极弊”以下十七句：语出《水心集·始论二》。 [36] 威柄：威权，权力。 [37] 畏人：谓畏辽人、金人。 [38]“今内外上下”以下十八句：语出《水心集·实谋》。 [39] 俛首：低头，表示服从。俛，同“俯”。 [40]“万里之远”以下十九句：语出《水心集·实谋》。 [41] 嚬呻：蹙眉呻吟。嚬，同“颦”，皱眉。动息：动静。谓情况，消息。 [42] 凭陵：侵扰。 [43] 陈亮：字同甫，号龙川，婺州永康（今属浙江）人。学者称为龙川先生。南宋学者、文学家，永康学派创立者。孝宗：宋孝宗赵昚（shèn），字元永，秀州（今浙江嘉兴）人。宋高宗赵构养子。后世称其“卓然为南渡诸帝之称首”。 [44]“五代之际”以下八句：语出《上孝宗皇帝第三书》。艺祖皇帝，宋太祖赵匡胤，字元朗，小名香孩儿，涿郡人，生于洛阳夹马营（在今河南洛阳）。宋朝开国皇帝。艺祖，指有才艺文德的祖先，太祖或高祖的通称。 [45]有司庶务：有司，指主管某部门的官吏。古代设官分职，各有专司，故称。庶务，指各种政务。 [46]“更月报为季报”以下七句：语出《太祖实录》卷八八。《明史·刑法志二》文字稍有异同。御史按察司，元世祖设山东东西、河东陕西、山北东西、河北河南四道提刑按察司，为御史台直辖机构，掌管各地监察事宜。明代按察司主管一省司法事务。纠劾，举发弹劾。

［点评］

孔子说：“道之以政，齐之以刑，民免而无耻；道之以德，齐之以礼，有耻且格。”（《论语·为政》）老子说：“上德不德，是以有德；下德不失德，是以无德。”“法令滋章，盗贼多有。”（《老子》）都认为使用严刑峻法，并不能使国家安宁。而晚于他们的法家，如商鞅、韩非等人，看法截然相反。治国任德还是任刑，始终存在着两种不同的选择。汉武帝时，虽然“罢黜百家，独尊儒术”，但又重用酷吏，推行苛政，身受其害的司马迁，追思汉文帝时的仁政，叹道：“法令者治之具，而非制治清浊之源也。昔天下之网尝密矣，然奸伪萌起，其极也，上下相遁，至于不振……汉兴，破觚而为圜，斫雕而为朴，网漏于吞舟之鱼，而吏治烝烝，不至于奸，黎民艾安。由是观之，在彼不在此。”（《史记·酷吏列传序》）显然站在孔子这一边。前人说司马迁写《酷吏列传》“讽谏微情，盎然可掬，此极用意文字也”（姚苎田《史记菁华录》），也可用于本文。

“法制禁令，王者之所不废，而非所以为治也。其本在正人心、厚风俗而已。”开篇这几句，表明顾炎武的态度，可谓是孔子、司马迁等人“任德不任刑”思想的翻版。下面对后世统治者为何好用刑法，以及由此造成的祸患，作了诛心的探讨。法是因人的需要产生的，是人制定的，又用于制约人。从立法的目的说，人应服从法。但在实际应用时，又常因人而异。杜预说：“法行则人从法，法败则法从人。”法治还是人治，是法制约众人，还是少数人控制法，这是法大还是人大的问题，根本说上是法大还是权大的问题。司马迁在《酷吏列传》中，多次提到汉武帝对那些酷吏的赏识：“天子以为能。”文中所引叶适的三段话，对君主任法的动机、心理作了进一步的阐述。弃德任刑和专权密切相关。“今之君人者，尽四海之内为我郡县犹不足也，人人而疑之，事事而制之，科条文簿日多于一日，而又设之监司，设之督抚，以为如此，守令不得以残害其民矣。”（《亭林文集·郡县论一》）这尚出自公心，更多的是由于私欲。“国家因唐、五代之极弊，收敛藩镇之权，尽归于上，一兵之籍、一财之源、一地之守，皆人主自为之也。欲专大利而无受其大害，遂废人而用法，废官而用吏，禁防纤悉，特与古异，而威柄最为不分。”更有甚者，“万里之远，嚬呻动息，上皆知之”。即群臣的一举一动，都在君主的监视和掌握之中。

任人不当，任法必有流弊。若“拘于旧章，不能更革，而复立一法以救之。于是法愈繁而弊愈多，天下之事，日至于丛脞”。即老子所言“法令滋章，盗贼多有”；

杜诗所云“君看灯烛张，转使飞蛾密”。有见于此，叔向才有“国将亡，必多制”的告诫。而让顾炎武格外感慨的是专权任法对人才的摧残：“法令日繁，治具日密，禁防束缚至不可动，而人之智虑自不能出于绳约之内，故人材亦以不振。”（《日知录·人材》）以此，他发出如此的偏激之言：“法令者，败坏人材之具。”（同上）这里所说的“法令”，只是被君主操纵和利用的法令而已。而人才的兴废，又直接影响到国家的兴亡：“有司之官，凛凛焉救过之不给，以得代为幸，而无肯为其民兴一日之利者，民乌得而不穷，国乌得而不弱？”（《亭林文集·郡县论一》）明朝亡国之君崇祯帝至死都不悔悟：“朕非亡国之君，诸臣皆亡国之臣。”而从不正视如此反讽的现实：“百年之忧，一朝之患，皆上所独当，而群臣不与也。夫万里之远，皆上所制命，则上诚利矣。百年之忧，一朝之患，皆上所独当，而其害如之何？此外寇所以凭陵而莫御，雠耻所以最甚而莫报也。”“三百年来，当国大臣皆畏避而不敢言，至天子独断行之，而已晚矣！”（《日知录·宗室》）

省 官

光武中兴[1]，海内人民可得而数，裁十二三。鄣塞破坏[2]，亭燧绝灭[3]，或空置太守、令长[4]，招还流民。帝笑曰："今边无人[5]，而设长吏治之，如《春秋》'素王'矣。"以故省并郡国及官僚，屡见于史，而总之曰："兵革既息[6]，天下少事，文书调役，务从简寡，至乃十存一焉。"以此知省官之故，缘于少事。今也文书日以繁，狱讼日以多，而为之上者主于裁省，则天下之事必将丛脞而不胜[7]；不胜之极，必复增官，而事不可为矣。

晋荀勖之论[8]，以为"省官不如省事[9]，省事不如清心。昔萧、曹相汉[10]，'载其清静[11]，民以宁一'，所谓清心也。抑浮说，简文案，略细苛，宥小失[12]，有好变常以徼利者[13]，必行其诛，所谓省事也"。此探本之言，为治者识此，可无纷纷于职官多寡之间矣。

［注释］

[1]"光武中兴"以下三句：言光武帝登位时，国内人口稀少，才是战乱前的十分之二三。光武，汉光武帝刘秀，字文叔，南阳蔡阳（今湖北枣阳）人。东汉开国皇帝。东汉建国之初，国家衰败，民生凋敝。光武帝在位期间，经济和文化都得到恢复和发展，史称"光武中兴"。裁，通"才"。 [2]鄣塞：指秦汉边塞险要处用于防御的小城，是边城派出的鄣尉所在的地方，形同后代的哨所。 [3]亭燧（suì）：古代筑在边境上的烽火亭，用作侦伺和举火报警。此指古时边防告警的烽火。 [4]空置太守、令长：秦汉时治万户以上县者为令，不足万户者为长。后因以"令长"泛指县令。因边地无人，太守、县令无事可做，故说"空置"。 [5]"今边无人"以下三句：应劭《汉官仪上》引《续汉书郡国志五补注》："上笑曰：'今边无人而设长吏治之，难如春秋素王矣。'"钱钟书《管锥编·全后汉文卷三五》："'圣而不王'曰'素王'，谓空有其德，而无其位；今适相反，空有其位，而无其事，具臣素食。'素'之为言空也，而空有位不足比空有德，故曰'难如'。" [6]"兵革既息"以下五句：语出《后汉书·光武帝纪下》。 [7]丛脞（cuǒ）：细碎，杂乱。 [8]荀勖（xù）：字公曾，颍川颍阴（今河南许昌）人。三国至西晋时音律学家、藏书家，西晋开国功

臣。 [9]“省官不如省事”以下十三句：语出《资治通鉴》卷八十《晋纪二·武帝》。 [10]萧、曹相汉：萧、曹，萧何、曹参。萧何，沛郡丰邑（今江苏丰县）人。汉初三杰之一。秦末辅佐刘邦建立汉朝，为首任相国。曹参，字敬伯，泗水郡沛县（今江苏沛县）人。西汉开国功臣，继任萧何为相国，秉承“萧规曹随”、休养生息的政策。 [11]“载其清静”二句：语出《史记·曹相国世家》。 [12]宥：宽容，原谅。 [13]徼（jiǎo）利：谋利，求利。徼，求。

[点评]

唐代名相李德裕曾说：“省事不如省官，省官不如省吏，能简冗官，诚治本也。”（《新唐书·李德裕传》）以此，他曾上疏要求罢免郡县官吏二千余员，引起众怒。宋太祖赵匡胤认为：“吏员猥多，难以求其治；俸禄鲜薄，未可责以廉。与其冗员而重费，不若省官而益俸。”（《续资治通鉴长编》卷十一）省官，即精简机构，裁减冗员。历史上的“省官”，常常是由于“少事”。一旦事务繁多，势必会增添官员，省官也就成了一句空话。但官多未必就能解决事情，滥竽充数者比比皆是，更何况对不少人来说，做官是谋生，确切些说是谋利的手段，“一邑之中，食利于官者亡虑数千人。恃讼烦刑苛，则得以吓射人钱。故一役而恒六、七人共之，若不生事端，何以自活？”（《菰中随笔》）以此造成“官多则乱，将多则败”（《日知录·医师》）的局面。一些有识之士，从正本清源的角度考虑，提出要制止官吏生事，首要的是君主“省事，省事则无所售其吓射。即勒之应役，将有不愿而逃去者。

尤安民之急务也”(《菰中随笔》)。本文后半段即申述此意，以“萧规曹随”，“载其清静，民以宁一”为榜样，视“省官不如省事，省事不如清心”为“探本之言”，即君主“清心省事”，不折腾，使贪官奸吏无机可乘，这才是釜底抽薪之策，是为政的根本。

人　材

宋叶适言：法令日繁[1]，治具日密，禁防束缚至不可动，而人之智虑自不能出于绳约之内，故人材亦以不振。今与人稍谈及度外之事[2]，辄摇手而不敢为。夫以汉之能尽人材，陈汤犹扼腕于文墨吏[3]，而况于今日乎？宜乎豪杰之士无以自奋，而同归于庸懦也。

使枚乘、相如而习今日之经义[4]，则必不能发其文章；使管仲、孙武而读今日之科条[5]，则必不能运其权略。故法令者，败坏人材之具，以防奸宄而得之者什三，以沮豪杰而失之者常什七矣。

由于法令的约束，使人不敢有所作为，堕入平庸懦弱之中。

自万历以上[6]，法令繁而辅之以教化，故其治犹为小康。万历以后，法令存而教化亡，于是机变日增，而材能日减。其君子工于“绝缨”[7]，而不能获敌之首；其小人善于“盗马”[8]，而不肯救君之患。诚有如《墨子》所云“使治官府则盗窃[9]，守城则倍畔”，“使断狱则不中，分财则不均”；《吕氏春秋》所云“处官则荒乱[10]，临财则贪得，列近则持谏，将众则罢怯”。又如刘蕡所云“谋不足以翦除奸凶[11]，而诈足以抑扬威福；勇不足以镇卫社稷，而暴足以侵害闾里”者。呜呼！吾有以见徒法之无用矣[12]。

《实录》言[13]：宣德五年八月[14]，“丙戌。上罢朝，御文华殿[15]，学士杨溥等侍[16]。上问：‘庶官之选[17]，何术而可以尽得其人？’溥对曰：‘严荐举，精考课，何患不得？’上曰：‘近代有罪举主之法[18]，夫以一言之荐而欲保其终身，不亦难乎？朕以为教养有道，人材自出。汉董仲舒言[19]：素不养士而欲求贤[20]，犹不琢玉而求文采。此知本之论也。’”徒循三载考绩之文[21]，而不行三物教民之典[22]，虽尧、舜亦不能以成

人才需要培养，离不开教化。

"允厘"之治矣[23]。

[注释]

[1]"法令日繁"以下五句：叶适《水心集·纪纲二》："至其治具则日密，法令则日烦，禁防束缚自不可动，爵禄恩意豢养，群臣狃于区区文墨之中，侥幸之习胜，而志气日消，削节义日隳败矣……纪纲之失，犹其粗者耳，并与人才皆坏，人之智虑不能自出于绳约之内。"绳约，指绳索，后用以指拘束、约束。 [2]度外：法度之外。 [3]陈汤犹扼腕于文墨吏：《汉书·陈汤传》载：陈汤，字子公，山阳瑕丘（今山东兖州东北）人。汉元帝时，任西域副校尉，曾假托圣旨，胁迫西域都护甘延寿出兵，攻杀与汉对抗的匈奴郅支单于。陈汤平时比较贪婪，所缴获的财物进入汉界后多不依法上交。司隶校尉逮捕了陈汤的部下审查此事。陈汤因讨伐匈奴功大，被汉元帝赦免。汉成帝即位后，丞相匡衡上奏，旧事重提。而陈汤又向成帝上书，说康居王送到汉朝来的王子为假王子，犯有诬告和欺君之罪。陈汤被捕入狱，拟处死刑。幸亏谷永等人上疏为他辩护，才躲过一劫。文墨，指律令判状。《汉书·刑法志》："专任刑罚，躬操文墨。"文墨吏，指狱吏。《汉书·杜周传》："张汤、杜周并起文墨小吏，致位三公，列于酷吏。" [4]枚乘：字叔，淮阴（今属江苏）人。西汉辞赋家。著有《七发》等。相如：司马相如。经义：指科举考试的一种科目。宋代以经书中文句为题，应试者作文阐明其义理，故称。明清沿用而演变成八股文。 [5]管仲：姬姓，管氏，名夷吾，字仲，谥敬，颍上（今属安徽）人。春秋时期政治家、军事家，法家代表人物。齐桓公即位后，担任国相，辅佐齐桓公成为春秋五霸之首。后人托名管仲作《管子》。孙武：字长卿，春秋末期齐国乐安（今山东北部）人。春秋时期军事家。吴王阖闾时，率领吴国军队大败楚

国军队，占领楚国都城郢城。作《孙子兵法》十三篇，被誉为“兵学圣典”，孙武也被誉为“兵家至圣”。科条：指法令条文、法律条文。 [6]万历：明神宗朱翊钧年号。 [7]“其君子工于‘绝缨’”二句：刘向《说苑·复恩》：“楚庄王赐臣酒，日暮酒酣，灯烛灭，乃有人引美人之衣者。美人援绝其冠缨（用手摘下他帽子上的穗带），告王曰：‘今者烛灭，有引妾衣者，妾援得其冠缨，持之，趣火来上（快将火烛拿上来），视绝缨（没有穗带）者。’王曰：‘赐人酒，使醉失礼，奈何欲显妇人之节而辱士乎？’乃命左右曰：‘今日与寡人饮，不绝冠缨者不欢。’群臣百有余人，皆绝去其冠缨而上火。卒尽欢而罢。居二年，晋与楚战，有一臣常在前，五合五获首，却敌，卒得胜之。庄王怪而问曰：‘寡人德薄，又未尝异子（特殊对待你），子何故出死不疑如是？’对曰：“臣当死，往者醉失礼，王隐忍不暴而诛也，臣终不敢以荫蔽之德，而不显报王也。常愿肝脑涂地，用颈血湔（洗）敌久矣。臣乃夜绝缨者也。’遂斥晋军，楚得以强。” [8]“其小人善于‘盗马’”二句：《吕氏春秋·仲秋纪·爱士篇》：“昔者秦缪公乘马而车为败，右服（在右边驾车的马）失而野人取之。缪公自往求之，见野人方将食之于岐山之阳。缪公叹曰：‘食骏马之肉，而不还饮酒，余恐其伤女也。’于是遍饮而去。处一年，为韩原之战，晋人已环缪公之车矣，晋梁由靡已扣缪公之左骖矣，晋惠公之右路石奋投而击缪公之甲，中之者已六札矣。野人之尝食马肉于岐山之阳者三百有余人，毕力为缪公疾斗于车下，遂大克晋，反获惠公以归。” [9]“使治官府则盗窃”以下四句：语出《墨子·尚贤中》。《墨子》，战国时期墨家著作，由墨子（墨翟）自著和弟子记述墨子言论两部分组成。倍畔，背叛。倍，通“背”。畔，通“叛”。 [10]“处官则荒乱”以下四句：语出《吕氏春秋·有始览·务本》。陈奇猷《吕氏春秋校释》引陈昌齐语：“《晏子春秋》有‘持巧谀以正禄’语。‘谏’

字或当为‘谀’也。”《吕氏春秋》，又称《吕览》，是在秦国丞相吕不韦主持下，集合门客们编撰的一部杂家著作。罢（pí），同“疲”。 [11]“谋不足以翦除奸凶”以下四句：语出《新唐书·刘蕡传》。刘蕡（fén），字去华，祖籍幽州昌平（今属北京）。唐文宗太和初举贤良方正，秉笔直书，主张除掉宦官。后因宦官诬害，贬为柳州司户参军，客死异乡。翦，“剪”的异体字。 [12]徒法：《孟子·离娄上》：“徒善不足以为政。徒法不能以自行。”言只有善德不足以处理国家政务，只有法令不能够使之自己发生效力。 [13]《实录》：指《明实录》中的《宣宗章皇帝实录》卷六九。 [14]宣德五年：1430年。宣德，明宣宗年号。 [15]文华殿：明代宫殿，为皇太子的观政之处。 [16]杨溥：字弘济，号澹庵，荆州石首（今属湖北）人。在内阁供职十六年，明英宗时接任首辅。 [17]庶官：百官。 [18]罪举主之法：谓在荐举官吏时，若被荐举的人出事，荐举者也要追究责任。举主，荐举（推荐）别人的人。 [19]董仲舒：广川（今河北景县西南）人。西汉哲学家。其“罢黜百家，表彰六经”的主张被汉武帝所采纳，使儒学成为中国社会正统思想。 [20]“素不养士而欲求贤”二句：语出《汉书·董仲舒传》。 [21]三载考绩：三年考核的成绩。考绩，按一定标准考核官吏的成绩。 [22]三物教民：见《庶民安故财用足》注[7]。 [23]允厘：《尚书·虞书·尧典》：“允厘百工，庶绩咸熙。”孔安国传：“允，信。厘，治。”

[点评]

明宣宗问：如何做才能选拔人才？杨溥回答说：只要严格遵循考核制度就行。但宣宗不同意这种看法。对此，顾炎武也有同感。选拔固然离不开考核，但一味依赖法令，也有其流弊。由于法令繁苛，禁防严密，将人的手脚都束缚住，稍有越规的行为，就会因触犯法令而获罪。以致在官场和人交谈，只要稍微超出允许的范围，便摇手噤口，如同惊弓之鸟。这样的人，怎么可能有所作为？但法令又禁不了人的淫欲私念，对公事敷衍了事，对国事漠不关心，对图谋私利则处处在意。其结果是：只见善于“绝缨”“盗马”之辈，不闻为国纾忧解难之人。以此，顾炎武发出“徒法无用”的慨叹。他赞同董仲舒的话：“素不养士而欲求贤，犹不琢玉而求文采。”人才需要培养，需要一个教化淳美的社会环境。“教养有道，人材自出。”

应该指出的是：顾炎武针对的目标，是因法令繁苛造成的流弊，或者说，是将法令扭曲的结果，而不是法本身。《日知录》中还有一篇谈选拔人才的文章《铨选之害》，里面引了南宋参知政事龚茂的一段话：“法者，公天下而为之者也。例者，因人而立以坏天下之公者也。昔之患在于用例破法，今之患在于因例立法，自例行而法废矣。”所谓“例”，就是根据自身需要而以“法”的名义制定的政令，其如何贯彻执行，都因人而异，因需而定，故“法可知，而例不可知”。在同一篇文章所引叶适的话：“人主之立法，常为不肖者之地，而消靡其贤才，以俱入于不肖而已。”这里所说的“法”，其实也是一种“例”。

封　驳[1]

人主之所患，莫大乎“唯言而莫予违[2]”。“齐景公燕赏于国内[3]，万钟者三，千钟者五。令三出，而职计莫之从。公怒，令免职计。令三出，而士师莫之从。”《晏子春秋》。此“畜君”之诗所为作也[4]。汉哀帝封董贤[5]，而丞相王嘉“封还诏书”。胡三省曰[6]：“后世给、舍封驳本此。”后汉钟离意为尚书仆射[7]，“数封还诏书”。自是封驳之事多见于史，而未以为专职也。

唐制：凡诏敕皆经门下省[8]，事有不便，得以封还。而给事中有“驳正违失”之掌[9]，著于《六典》[10]。《唐书》[11]：给事中在汉为加官，至唐属之门下省，使之驳正奏抄，涂窜诏敕之不便。如袁高[12]、崔植[13]、韦弘景[14]、狄兼谟[15]、郑肃[16]、韩佽[17]、韦温[18]、郑公舆之辈[19]，并以封还敕书，垂名史传。亦有召对慰谕[20]，如德宗之于许孟容；中使嘉劳[21]，如宪宗之于薛存诚者。而元和中[22]，给事中李藩在门下，制敕有不可者，即于黄纸后批之。吏请别连白纸，藩曰："别以白纸，是文状也，何名批敕？"宣宗以右金吾大将军李燧为岭南节度使[23]，已命中使赐之节，给事中萧仿封还制书。上方奏乐，不暇别召中使，使优人追之，节及燧门而返。人臣执法之正，人主听言之明，可以并见。德宗时，卢杞量移饶州刺史。制出，给事中袁高执之不下；擢浙东观察判官齐总为衡州刺史，给事中许孟容封还诏书。宪宗末，皇甫镈奏减内外官俸以助国用，给事中崔植封还敕书。穆宗时，授李训四门助教，给事中郑肃、韩佽封还制书；刘士泾擢太仆卿，给事中韦弘景封还诏书。文宗时，赦官典犯赃者，给事中狄兼谟封还敕书。宣宗时[24]，赦康季荣擅用官钱，给事中封还敕书。懿宗时，贬右补阙王谱，给事中郑公舆封还敕书。

封驳之事，古已有之，至唐朝始定为制度。

五代废弛。宋太宗淳化四年六月[25]，"戊寅，始复给事中封驳”[26]。而司马池犹谓“门下虽有封驳之名[27]，而诏书一切自中书以下，非所以防过举也”。本朝虽罢门下省长官[28]，而独存六科给事中[29]，以掌封驳之任。旨必下科[30]，其有不便，给事中驳正到部，谓之“科参”。若曰“抄出驳之”“抄出寝之”是也。六部之官，无敢抗科参而自行者，故给事中之品卑而权特重。万历之时[31]，九重渊默。泰昌以后[32]，国论纷纭，而维持禁止，往往赖“抄参”之力。“天启六年[33]，大理寺正许志吉以请旌母节事，为礼科右给事中张惟一抄参。具疏申辩，奉旨：‘参驳系科臣执掌，许志吉险辞饰辩，着罚俸三个月。’”今人所不知矣。

明代余风尚存。

《元城语录》曰[34]：“王安石荐李定[35]，时陈襄弹之[36]，未行；已擢监察御史里行，宋次道封还词头[37]，辞职，《清波杂志》[38]：“唐制，唯给事得封还诏书。富郑公知制诰日，封刘从愿妻遂国夫人，公乃缴还词头。”后人遂踵而行之，中书舍人缴还词头自此始。罢之；次直吕大临[39]，再封还之；最后付苏子容[40]，又封还之；更奏，复下，至于七八。子容与大临俱落职奉朝请[41]，名誉赫然。此乃祖宗德泽百余年，养成风俗，与齐太史见杀三人而执笔如初者何异[42]！”

［注释］

[1] 封驳：意为封还皇帝失宜诏令，驳正臣下奏章违误。汉代已有封还诏书之事，然无封驳之名，也无专职执掌，至唐代始定为制度。 [2] 唯言而莫予违：《论语·子路》：“人之言曰：‘予无乐乎为君，唯其言而莫予违也。’”言做国君并没有什么乐趣，只是没人敢违抗我说的话罢了。 [3]“齐景公燕赏于国内”以下九句：语出《晏子春秋·谏上》。齐景公，姜姓，吕氏，名杵臼。春秋时期齐国君主。燕赏，给与筵席等赏赐。万钟，指优厚的俸禄。钟，古代量器名。万钟者三，即赏赐三人万钟。职计，古官名，掌会计。士师，《周礼》列为秋官司寇的属官，掌禁令、狱讼、刑罚之事。古代用作对执法官员的通称。 [4]“畜君”之诗：《孟子·梁惠王下》：“其诗曰：‘畜君何尤？’畜君者，好君也。”朱熹《孟子集注》：“言晏子能畜止其君之欲，宜为君之所尤，然其心则何过哉？”畜君，谓匡正君主之失。 [5]“汉哀帝封董贤”二句：《汉书·王嘉传》：“会祖母傅太后薨，上（汉哀帝）因托傅太后遗诏。令成帝母王太后下丞相、御史，益封贤二千户，及赐孔乡侯、汝昌侯、阳新侯国。嘉封还诏书，因奏封事谏上及太后……”王嘉，字公仲，平陵（今陕西咸阳西北）人。汉哀帝时为丞相，封新甫侯。 [6]“胡三省曰”二句：胡三省，字身之，又字景参，号梅涧，台州宁海（今浙江宁海）人。宋元之际史学家。著有《资治通鉴音注》等。《资治通鉴》卷三十五《汉纪二十七·哀帝》载王嘉封还诏书事，故胡三省作注。给、舍，给事中、中书舍人。 [7]“后汉钟离意为尚书仆射”二句：《后

汉书·钟离意传》：汉明帝时，“朝廷莫不悚栗，争为严切，以避诛责。惟（钟离）意独敢谏争，数封还诏书，臣下过失辄救解之。”钟离意，字子阿，会稽山阴（今浙江绍兴）人。一生清正廉洁，勇于直谏。 [8] 门下省：魏晋至宋的中央最高政府机构之一。隋、唐正式设立三省六部制，三省即中书省、门下省、尚书省。中书省为全国政务中枢，掌握行政大权。门下省与中书省同掌机要，共议国政，并负责审查诏令，签署章奏，有封驳之权。尚书省为中央最高政令机构，下辖六部二十四司。 [9] 给事中有“驳正违失”之掌：《唐六典》卷八：“给事中掌侍奉左右，分判省事。凡百司奏抄，侍中审定，则先读而署之，以驳正违失。”给事中，官名。隋、唐以后为门下省的要职，掌驳正政令之违失。 [10]《六典》:《唐六典》。唐玄宗时官修，张说、张九龄等人编纂的行政性质法典。是我国现有的最早的一部行政法典。六典之名出自《周礼》，原指治典、教典、礼典、政典、刑典、事典，后世设六部即本于此。 [11]“《唐书》”以下五句:《新唐书·百官志二》：“给事中四人，正五品上……凡百司奏抄，侍中既审，则驳正违失。诏敕不便者，涂窜而奏还，谓之涂归。” [12] 袁高：字公颐，号旭山，沧州东光（今河北东光）人。唐德宗贞元元年，入为给事中。《旧唐书·袁高传》载：唐德宗想重新启用奸臣卢杞，“令高草诏书”，但袁高上疏反对，坚持己见，最后使德宗改变主意。 [13] 崔植：字公修，博陵安平（今河北安平）人。唐穆宗即位，任宰相。《新唐书·崔植传》：“元和中，为给事中。时皇甫镈判度支，建言减百官奉禀，植封还诏书。” [14] 韦弘景：京兆人。唐宪宗元和年间入为京兆少尹，迁给事中。《旧唐书·韦弘景传》：“刘士泾以驸马交通邪幸，穆宗用为太仆卿。弘景与给事薛存庆封还诏书……穆宗遣宰臣宣谕，弘景等固执如前。” [15] 狄兼谟：字汝谐，并州太原（今山西太原）人。初唐名臣狄仁杰族孙。《旧唐书·狄兼谟传》:“(穆宗)长庆、(文宗)大和中,历郑州刺史,以治行称,入为给事中。开成初,度支左藏库妄破渍污缣帛等赃罪,文宗以事在赦前不理。兼谟封还敕书,文宗召而谕之曰:‘嘉卿举职,然朕已赦其长官,典吏亦宜在宥。然事或不可,卿勿以封敕为艰。’” [16] 郑肃:字乂敬,荥阳(今属河南)人,世儒家。唐文宗时任给事中。唐武宗立,任宰相,与李德裕同心辅政。《旧唐书·郑肃传》:“帝(文宗)以肃尝侍太子,言论典正,复令兼太子宾客,为东宫授经。既而太子失宠,上不悦,有废斥意。肃因召见,深陈邦国大本、君臣父子之义。上改容嘉之。” [17] 韩佽(cì):字相之,京兆长安(今陕西西安)人。《旧唐书·李德裕传》:“上(文宗)欲授训(李训)谏官。德裕奏曰:‘李训小人,不可在陛下左右。顷年恶积,天下皆知;无故用之,必骇视听。’……上顾王涯曰:‘商量别与一官。’遂授四门助教。制出,给事中郑肃、韩佽封之不下。” [18] 韦温:字宏育,京兆万年(今陕西西安)人。《旧唐书·韦温传》:“拜给事中。王晏平为灵武(灵州大都督府长史、朔方灵盐节度),刻削军士,赃罪发,帝以智兴之故(王晏平父王智兴丧),减死,贬官。温三封诏书,文宗深奖之。” [19] 郑公舆:《资治通鉴》卷二百五十《唐纪六十六·懿宗》:“白敏中三表辞位,上不许。右补阙王谱上疏,以为:‘陛下致理之初,乃宰相尽心之日,不可暂阙。敏中自正月卧疾,今四月矣,陛下虽与他相坐语,未尝三刻,天下之事,陛下尝暇与之讲论乎!愿听敏中罢去,延访硕德,以资聪明。’己酉,贬谱为阳翟令。谱,珪之六世孙也。五月,庚戌朔,给事中郑公舆封还贬谱敕书。上令宰相议之,宰相以为谱侵敏中,竟贬之。”《新唐书·白敏中传》谓:“帝怒,斥谱阳翟令。给事中郑公舆申救,不听。”和郑公舆同时的裴庭裕,作《东观奏记》,其中有郑公舆为他事驳还制书的记载。 [20]“亦有召对慰谕”二句：许孟容，字公范，京兆长安人。德宗时任给事中。宪宗时拜京兆尹，执法刚正，豪右敛迹。《旧唐书·许孟容传》："浙江东道观察使裴肃卒，以摄副使齐总为衢州刺史。时总为肃剥下进奉以希恩，遽授大郡，物议喧然。诏出，孟容执奏曰……寻有谏官论列，乃留中不下。德宗召孟容对于延英（殿），谕之曰：'使百执事皆如卿，朕何忧也。'自给事中袁高论卢杞后，未尝有可否，及闻孟容之奏，四方皆感上之听纳，嘉孟容之当官。" [21]"中使嘉劳"二句：薛存诚，字资明，河东宝鼎（在今山西万荣西南）人。宪宗时任给事中。《旧唐书·薛存诚传》："僧鉴虚者，自贞元中交结权倖，招怀赂遗，倚中人（宦官）为城社，吏不敢绳。会于頔、杜黄裳家私事发，连逮鉴虚下狱。存诚案鞫得奸赃数十万，狱成，当大辟（死刑）。中外权要，更于上前保救，上宣令释放，存诚不奉诏。明日，又令中使诣台宣旨曰：'朕要此僧面诘之，非赦之也。'存诚附中使奏曰：'鉴虚罪款已具，陛下若召而赦之，请先杀臣，然后可取。不然，臣期不奉诏。'上嘉其有守，从之，鉴虚竟笞死。洪州监军高重昌诬奏信州刺史李位谋大逆，追赴京师。上令付仗内鞫问。存诚一日三表，请付位于御史台。及推案无状，位竟得雪。"《新唐书·薛存诚传》："神策军（唐朝的最重要禁军）与咸阳尉袁儋不平，诬奏之，儋被罚。二敕皆执不下。宪宗悦，遣使劳之，拜御史中丞。"中使，宫中派出的使者。多指宦官。 [22]"元和中"以下九句：李藩，新、旧《唐书》作"李籓"。籓，同"藩"。字叔翰，其先赵州（治所在今河北赵县）人。《旧唐书·李籓传》：宪宗时"迁给事中。制敕有不可，遂于黄敕后批之。吏曰：'宜别连白纸。'籓曰：'别以白纸，是文状，岂曰批敕耶！'裴垍言于帝，以为有宰相器，属郑绹罢免，遂拜籓门下侍郎、同平章事。" [23]"宣宗以右金吾大将军李燧为岭南节度使"以下七句：萧仿，字思道，祖籍南兰陵（今江苏武进）人。初唐大臣萧瑀侄萧钧的后人。唐懿宗时任宰相。《新唐书·萧仿传》:“大和中，擢进士第。除累给事中。宣宗力治，喜直言，尝以李璲为岭南节度使，使者已赐节，而仿封还诏书。帝方作乐，不暇命使，遣优工趋出追之，未及璲所而还。后以封敕脱误，法当罚，侍讲学士孔温裕曰：‘给事中驳奏，为朝廷论得失，与有司奏事不类，不应罚。’诏可。” [24]“宣宗时”以下三句：《资治通鉴》卷二百四十九《唐纪六十五·宣宗》:“右威卫大将军康季荣前为泾原节度使，擅用官钱二百万缗，事觉，季荣请以家财偿之。上以季荣有开河、湟功，许之。给事中封还敕书。谏官亦上言。十二月，庚辰，贬季荣夔州长史。” [25]淳化四年：993年。 [26]“戊寅”二句：语出《宋史·太宗本纪二》。 [27]“而司马池犹谓‘门下虽有封驳之名’”以下三句：司马池，字和中，夏县（今属山西）人。《宋史·司马池传》:“会诏百官转对，池言：‘唐制门下省，诏书之出，有不便者得以封还。今门下虽有封驳之名，而诏书一切自中书以下，非所以防过举也。’” [28]本朝虽罢门下省长官：本朝，潘耒本作“明代”。黄侃《日知录校记》:“抄本‘明代’作‘本朝’。”据此改。自元朝起，废门下省。 [29]六科给事中：明制分设吏、户、礼、兵、刑、工六科给事中掌侍从规谏，稽察六部之弊误，有驳正制敕违失之权。 [30]“旨必下科”以下四句：《明史·职官志三》:“六科，掌侍从、规谏、补阙、拾遗、稽察六部百司之事。凡制敕宣行，大事覆奏，小事署而颁之；有失，封还执奏。凡内外所上章疏下，分类抄出，参署付部，驳正其违误。”科参，也称“抄参”。 [31]“万历之时”二句：九重，指宫禁，朝廷，也指帝王。渊默，深沉、不说话。明神宗朱翊钧即位初期，励精图治，颇有作为。但中后期则沉湎酒色，几乎很少上朝，乃至长达二十五年不召见大臣。“渊默”是对他委婉的批评。 [32]“泰昌以后”

二句：泰昌，明光宗年号。明光宗朱常洛在位时，宫廷中发生红丸案、移宫案，连同之前的梃击案，合称明末三大迷案。三大案关乎帝王的安危、朝廷由谁控制。当时东林党人（江南士大夫集团）和宦官集团的斗争日益激烈，三大案成为党争的话题，朝野议论纷纷。 [33]“天启六年”以下八句：语出孙承泽《春明梦余录·六科》。 [34]《元城语录》：北宋马永卿所著笔记。马永卿从刘安世问学一年有余，退必记其论学之语，后经整理成此书。刘安世，字器之，元城（今河北大名）人，学者称元城先生。 [35]王安石荐李定：李定，字资深，扬州（今属江苏）人。少受学于王安石。任御史中丞时，劾苏轼诗文攻击时政，怨谤君父，逮苏轼赴御史台问狱。 [36]陈襄：字述古，号古灵先生，侯官（今福建福州）人。官判尚书都省等。其人公正廉明，识人善荐。弹（tán）：弹劾。 [37]宋次道封还词头：宋次道，宋敏求，字次道，赵州平棘（今河北赵县）人。宋英宗时任知制诰。神宗时加龙图阁直学士。编著有《唐大诏令集》。词头是内、外两制词臣撰拟制诏时所依据的摘由或提要，内容多为皇帝下达的有关人事任免方面的处理意见。如果词臣对于当草制书的决策有异议，可以将词头封还，不予草制，即所谓“封还词头”。封还词头形成于北宋仁宗朝，主要由中书舍人职掌。宋的封驳制度发展为以中书舍人封还词头为主、给事中封驳为辅的模式。 [38]《清波杂志》以下八句：见《清波杂志》卷九。《清波杂志》，南宋周煇所著笔记。富郑公，富弼，字彦国，洛阳（今属河南）人。宋仁宗时为宰相，英宗时为枢密使，进封郑国公。神宗时再度为相，反对王安石变法。知制诰，官名，可起草诏令。缴（jiǎo），交付。 [39]直吕大临：直，遇，逢。吕大临，字与叔。京兆蓝田（今陕西蓝田）人。宋代关学开创者张载的弟子。据史料记载，吕大临一生以治学为主，无心仕途，“范祖禹荐其好学修身如古人，可备劝学，未及用而卒”（《宋史》本传）。从未在朝廷任职，更无落职奉朝请之事。当为“李大临”之误。《宋史·李大临传》：“李大临，字才元，成都华阳人……神宗雅知其名，擢修起居注，进知制诰、纠察在京刑狱。言青苗法有害无益，王安石怒。会李定除御史，宋敏求、苏颂相继封还词命，次至大临，大临亦还之。帝批：‘去岁诏书，台官不拘官职奏举，后未审更制也。’颂、大临合言：‘故事，台官必以员外郎、博士，近制但不限此，非谓选人亦许之也。定以初等职官超朝籍，躐宪台，国朝未有。幸门一开，名器有限，安得人人满其意哉。’复诏谕数四，颂、大临故争不已，乃以累格诏命，皆归班，大临以工部郎中出知汝州……大临清整有守，论议识大体，因争李定后名益重，世并宋敏求、苏颂称为‘熙宁三舍人’云。” [40] 苏子容：苏颂，字子容，原籍福建泉州府同安县（今属福建厦门），后徙居润州丹阳（今属江苏）。宋哲宗时为宰相。李约瑟称其为“中国古代和中世纪最伟大的博物学家和科学家之一”。 [41] 奉朝请：古代给予闲散官的待遇。春季的朝见为“朝”，秋季的朝见为“请”。奉朝请即有参加朝会的资格。 [42] 齐太史见杀三人而执笔如初：太史，官名。春秋时掌管起草文书、策命诸侯卿大夫、记载史事，兼管典籍、历法、祭祀等事。《左传》襄公二十五年载：齐庄公与齐执政大夫崔杼之妻通奸，多次去崔杼家，并将崔杼的冠帽赏给别人。崔杼大怒，寻找机会杀了庄公。“太史书曰：‘崔杼弑其君。’崔子杀之。其弟嗣书而死者二人。其弟又书，乃舍之。南史氏闻太史尽死，执简以往。闻既书矣，乃还。”

［点评］

“溥天之下，莫非王土；率土之滨，莫非王臣。”（《诗经·小雅·北山》）帝王拥有君临天下、主宰一切的权势，也担负着无比重大的责任，稍有闪失，便会给国家和人民造成无法弥补的伤害。但人非圣贤，孰能无过？更何况不受任何制约、能够为所欲为的帝王。“虽乏谏诤姿，恐君有遗失。”（杜甫《北征》）如何纠正帝王的过失，便成了古代谏臣最重要的使命。只是帝王已习惯享有由“唯其言而莫予违”带来的快感，抵制他的决定，让他改变自己的看法，会带来很大的风险，乃至付出生命的代价。故前代封驳，都取决于官员的个人品质，出自为民抗争的献身精神。唐朝的政治环境相对比较宽松、和谐，“唐太宗时如封伦、房乔、高俭、尉迟恭、颜籀，并以字为名，盖因天子常称臣下之字故尔。其时堂陛之间未甚阔绝，君臣而有朋友之义，后世所不能及矣”（《日知录·人主呼人臣字》）。唐太宗的雄才大略，带来了唐王朝前期空前的强盛繁荣；而国家的强盛繁荣，又使唐王朝能有恢宏的气度，容纳各种不同的看法。洪迈说：“唐人歌诗，其于先世及当时事，直辞咏寄，略无避隐。至宫禁嬖昵，非外间所应知者，皆反复极言，而上之人亦不以为罪。”（《容斋续笔》）这在杜甫诗中表现得格外突出。正是在这样的政治环境中，封驳制度得以在唐朝确立。宋代虽已出现有意识通过文字罗织罪名的现象，但由于宋太祖留下“不得杀士大夫及上书言事人”的“誓碑”（陆游《避暑漫抄》。此事是否属实虽说存疑，但宋朝不杀士大夫和言官则是事实），故宋承唐风，封驳之事依然不衰。在君主专制体制下，“人臣执法之正”，往往取决于“人主听言之明”，于此可见。

即便如此，封驳在唐朝也不容易。由于给事中既可封驳帝王诏令，也可封驳执政决策，以此引起两个对立面，既有帝王的厌恶，也有奸臣的阻扰。和顾炎武同时的胡承诺说："考唐之政事堂，宰执议事之所，旧在门下省，后移入中书省。盖门下省，给事中所居也。中书省，阁臣所居也。唐之给事有封还诏书之例，其于宰相建白，例得驳正。不于门下议事，而于中书议事，乃阁臣志在自专，不使门下与闻，因而无从驳正。待取中旨，然后封还，则其势已难，甘塞默者多矣。此宰执巧于持权之法，必宗楚客、李林甫辈所为。"（《日知录集释》引）元、明以后，虽然谏官的言职仍在，但已今非昔比，和唐朝不可同日而语。明朝帝王的严苛，对言臣残酷的惩罚，远远超过之前任何一个朝代，鲜血淋漓的廷杖，迫使绝大多数人只得噤口。以此，那些依然敢于封驳、敢于直谏的人，格外令人起敬。"在齐太史简，在晋董狐笔"，"是气所磅礴，凛烈万古存"（文天祥《正气歌》）。齐太史兄弟为直笔相继赴难、晋太史董狐不畏强权，直书真相、汉太史令司马迁身受酷刑，依然秉笔直书，开创了中国史家"直笔"的传统。顾炎武认为：那些敢于封驳的谏臣，"与齐太史见杀三人而执笔如初者何异"，同样垂名史传，足以千古。

守　令[1]

所谓天子者，执天下之大权者也。其执大权奈何？以天下之权，寄之天下之人，而权乃归之天子。自公卿大夫，至于百里之宰[2]，一命之官，莫不分天子之权，以各治其事，而天子之权乃益尊。后世有不善治者出焉，尽天下一切之权而收之在上，而万幾之广[3]，固非一人之所能操也，沈约《宋书》论曰[4]："孝建、泰始[5]，主威独运，空置百司，权不外假，而刑政纠杂，理难遍通。"而权乃移于法，于是多为之法以禁防之。虽大奸有所不能逾，而贤智之臣亦无能效尺寸于法之外，相与兢兢奉法，以求无过而已。于是天子之权不寄之人臣，而寄

和《法制》篇所言专权任法对人才的摧残、《人材》篇所言禁防严密使人不能有所作为，同一意思。

之吏胥[6]。是故天下之尤急者，守令亲民之官，而今日之尤无权者，莫过于守令。守令无权，而民之疾苦不闻于上，安望其致太平而延国命乎！《书》曰：“元首丛脞哉[7]！股肱惰哉！万事堕哉！”盖至于守令日轻，而胥史日重，则天子之权已夺，而国非其国矣，尚何政令之可言耶？削考功之繁科[8]，循久任之成效，必得其人而与之以权，庶乎守令贤而民事理，此今日之急务也。

选拔人才，应该看重的不是繁复的考核，而是实际的政绩。

元吴渊颖《欧阳氏急就章解后序》曰[9]：“今之世，每以三岁为守令满秩[10]，曾未足以一新郡县之耳目而已去。又况用人不得专辟[11]，临事不得专议，钱粮悉拘于官而不得专用，军卒弗出于民而不得与闻。盖古之治郡者，自辟令丞[12]；唐世之大藩[13]，亦多自辟幕府僚属。是故守主一郡之事，或司金谷[14]，或按刑狱[15]，各有分职，守不烦而政自治。虽令之主一邑[16]，丞则赞治而掌农田水利[17]，主簿掌簿书，尉督盗贼[18]，令亦不劳，独议其政之当否而已。今自一命而上[19]，皆出于吏部，遇一事，公堂完署，甲是乙否。吏或因以为奸，勾稽文墨[20]，补苴罅漏，涂擦岁月，填塞辞款，而益不能以尽民之情状。至于唐世之赋[21]，上供、送使、留州，自有定额；兵则郡有都试[22]，而惟守之所调遣。宋之盛时，岁有常贡[23]，官府所在，用度赢余，过客往来，廪赐丰厚[24]，故士皆乐于其职而疾于赴功；兵虽不及于唐，义勇民丁[25]，团结什伍[26]，衣装弓弩，坐作击刺，各保乡里，敌至即发，而郡县固自兼领者也。今则官以钱粮为重，不留赢余，常俸至不能自给，故多赃吏；兵则自近戍远，既为客军[27]，尺籍伍符[28]，各有统帅，但知坐食郡县之租税，然已不复系守令事矣。夫辟官、莅政、理财、治军，郡县之四权也，而今皆不得以专之，是故上下之体统虽若相维[29]，而令不一；法令虽若可守，而议不一。为守令者，既不得其职，将欲议其法外之意，必且玩常习故[30]，辟嫌碍例[31]，而皆不足以有为。又况三时耕稼[32]，一时讲武，不复古法之便易，而兵农益分。遇岁一俭[33]，郡县之租税悉不及额[34]，军无见食[35]，东那西挟[36]，仓廥空虚[37]，而郡县无复赢蓄以待用。或者水旱洊至[38]，闾里萧然，农民菜色，而郡县且不能以振救，而坐至流亡。是以言莅事而事权不在于郡县，言兴利而利权不在于郡县，言治兵而兵权不在于郡县，尚何以复论其富国裕民之道哉？必也复四者之权，一归于郡县，则守令必称其职，国可富，民可裕，而兵农各得其业矣。”

作为地方长官，不仅要有职，还要有与其职责匹配的权力。只有这样，才会有所担当，才能解决各种实际问题，才有利国益民之效。

宋理宗“淳祐八年[39]，监察御史兼崇政殿说书陈求鲁奏[40]：‘今日救弊之策，大端有四：宜采夏侯太初并省州郡之议[41]，俾县令得以直达于朝廷；用宋元嘉六年为断之法[42]，俾县令得以究心于抚字；法艺祖出朝绅为令之典[43]，以重其权；遵光武擢卓茂为三公之意[44]，以激其气。然后为之正其经界[45]，明其版籍，约其妄费，裁其横敛。’”此数言者，在今日亦可采而行之。

所说四端，其实就是提高地方官的权力和地位，提供足够的时间，让他们施展才能，有所作为。

《旧唐书·乌重胤传》[46]：“元和十三年[47]，为横海节度使，上言曰：‘臣以河朔能拒朝命者[48]，其大略可见。盖刺史失其职，反使镇将领兵事。若刺史各得职分，又有镇兵，则节将虽有禄山、思明之奸[49]，岂能据一州为畔哉[50]！

所以河朔六十年能拒朝命者，只以夺刺史、县令之职，自作威福故也。臣所管德、棣、景三州[51]，已举公牒[52]，各还刺史职事讫；应在州兵，并令刺史收管。’从之。繇是法制修立，各归名分。”是后虽幽、镇、魏三州以河北旧风[53]，自相更袭，在沧州一道[54]，独禀命受代，自重胤制置使然也。

祖宗朝，凡大府，知府之任，多有“赐敕[55]”，然无常例。成化四年七月[56]，廉州府知府邢正将之任[57]，以“廉州密迩珠池，喉襟交阯，近为广西流贼攻陷城邑，生民凋弊，特请赐敕”。从之。吉安府知府许聪将之任[58]，以“吉安多强宗豪右，词讼繁兴”，亦请赐敕，“俾得权宜处置”。从之。

对地方官来说，身带“赐敕”，就能挟天子之名以自重，提高自己的权力与权威。

［注释］

[1] 守令：郡守（知府）、县令。古代最主要的两级地方长官。 [2]百里之宰：古时一县辖地百里，因用以借指县令。 [3]万幾：《尚书·虞书·皋陶谟》：“无教逸欲（安逸贪欲），有邦（有邦国的君主）兢兢业业，一日二日（日日，天天）万幾。”幾，通“机”，指政务。孔安国传：“幾，微也，言当戒惧万事之微。”后以“万幾”指帝王日常处理的纷繁政务。 [4] 沈约：字休文，

吴兴郡武康县（今浙江德清）人。南朝梁大臣，文学家。著有《晋书》《宋书》等。 [5]“孝建、泰始”以下六句：语出《宋书·恩幸传》。孝建，南朝宋孝武帝刘骏的年号。泰始，南朝宋明帝刘彧的年号。百司，百官。假，借用，利用。 [6]吏胥：地方官府中掌管簿书案牍的小吏。 [7]“元首丛脞哉”以下三句：语出《尚书·虞书·益稷》。元首，指君王。丛脞（cuǒ），细碎，烦琐。股肱（gōng），大腿和胳膊，古代用以比喻左右得力的帮手。指大臣。堕，荒废。 [8]考功：按照一定标准考核官吏的政绩。繁科：繁琐的科条（法令条文）。 [9]吴渊颖：吴莱，本名来凤，字立夫，门人私谥渊颖先生。浦阳（今浙江浦江）人。元代学者，宋濂曾从其学。著有《渊颖吴先生集》。 [10]满秩：任期到期。秩（zhì），俸禄。 [11]辟：授予官职。 [12]令丞：县令、县丞。 [13]藩：藩镇，也称方镇，是唐朝中、后期设立的军镇。藩是“保卫”之意，镇指军镇。唐朝设置军镇，本为保卫自身安全，但后来尾大不掉，反形成地方割据的局面。 [14]司金谷：主管钱粮。司，主持，操作。 [15]按：考察，查询。 [16]令：县令。邑：县的别称。 [17]丞：县丞。赞：辅佐。 [18]尉：县尉。 [19]一命：周代最低一级的官，后用以泛指低微的官职。 [20]勾稽：同“钩稽”，查考审核。 [21]“至于唐世之赋”二句：《新唐书·食货志二》：“分天下之赋以为三，一曰上供，二曰送使，三曰留州。”上供，上交朝廷的赋税。送使，属州输送与节度、观察使府的赋税。留州，留给本州的赋税。 [22]都试：即大试，各郡每年举行一次的军事演习。 [23]常贡：向朝廷固定不变的进献礼品。 [24]廪（lǐn）赐：俸禄和赏赐。 [25]义勇：古时州郡乡里自募的兵。 [26]团结什伍：团结，唐宋时地方民兵丁壮组织。什伍，古代军队编制，五人为伍，十人为什，称什伍。泛指军队的基层建制。 [27]客军：非由当地人组成的军队。 [28] 尺籍伍符：《史记·张释之冯唐列传》：“夫士卒尽家人子，起田中从军，安知尺籍伍符。”司马贞《史记索隐》：“尺籍者，谓书其斩首之功于一尺之板。伍符者，命军人伍伍相保，不容奸诈。” [29] 维：维系，维持。 [30] 玩常习故：似为“玩故习常”，意为因循守旧，安于现状。 [31] 辟：同“避”。辟嫌即“避嫌”。碍例：妨碍规定的条例。 [32] “又况三时耕稼”二句：《国语·周语上·虢文公谏宣王不籍千亩》：“三时务农而一时讲武，故征则有威，守则有财。”韦昭注：“三时，春、夏、秋。一时，冬也。讲，习也。” [33] 俭：贫乏，歉收。 [34] 不及额：不到规定的额度。 [35] 见食：看得到的食物。 [36] 那（nuó）：移动，后作“挪”。 [37] 廥（kuài）：仓库。 [38] 洊（jiàn）至：再至，相继而至。洊，再。 [39] “淳祐八年”以下十六句：语出《宋史·食货志上二》。宋理宗，赵昀，南宋皇帝。晚年沉湎声色，朝政落入奸相贾似道之手，国势衰弱。淳祐八年，1248年。 [40] 陈求鲁：字质甫，浙江乐清人。宋宁宗嘉定间中榜眼。官至大理寺卿。为官刚正廉洁，严治不法之人。 [41] “宜采夏侯太初并省州郡之议”二句：夏侯玄，字太初，沛国谯县（今安徽亳州）人。博学多识，才华出众，与何晏等人开创魏晋玄学的先河。《三国志·魏书·夏侯玄传》：太傅司马懿问以时事，夏侯玄在答话中说：“古之建官，所以济育群生，统理民物也，故为之君长以司牧之。司牧之主，欲一而专，一则官任定而上下安，专则职业修而事不烦……若省郡守，县皆径达，事不拥隔，官无留滞，三代之风，虽未可必，简一之化，庶几可致，便民省费，在于此矣。” [42] “用宋元嘉六年为断之法”二句：《宋书·良吏传》：“守宰之职，以六期为断，虽没世不徙，未及曩时，而民有所系，吏无苟得……凡百户之乡，有市之邑，歌谣舞蹈，触处成群，盖宋世之极盛也。”元嘉，南朝宋文帝年号。元嘉六年，429

年。抚字，安抚，抚养。字，抚爱，养育。 [43]“法艺祖出朝绅为令之典”二句：艺祖，指宋太祖。《宋史·选举志》：“太祖始削外权，命文臣往莅之，由是内外所授官，多非本职，惟以差遣为资历。建隆四年，诏选朝士分治剧邑，以重其事。大理正奚屿知馆陶，监察御史王祐知魏，杨应梦知永济，屯田员外郎于继徽知临清，常参官宰县自此始。”《日知录·知县》原注引《山堂考索》：“艺祖开基，召诸镇会于京师，赐第以留之。分命朝臣，出守列郡，号权知军州事。军谓兵，州谓民也。”于慎行《笔麈》：“宋时，大县四千户以上选朝官知，小县三千户以下选京官知，故知县与县令不同，以京、朝官之衔知某县事，非外吏也。” [44]“遵光武擢卓茂为三公之意”二句：卓茂，字子康，南阳郡宛县（今河南南阳）人。西汉末年曾任密县令，深得百姓爱戴、官吏信服。后归刘秀，为云台三十二将之一。《后汉书·卓茂传》：“光武初即位……乃下诏曰：‘前密令卓茂，束身自修，执节淳固，诚能为人所不能为。今以茂为太傅，封褒德侯。’” [45]经界：土地、疆域的分界。 [46]乌重胤：字保君，甘州张掖（今甘肃张掖）人，羌族。参与平定淮西叛乱。唐文宗大和元年，奉命讨伐叛臣李同捷，多次击败叛军，病逝于军中。 [47]元和十三年：818年。元和，唐宪宗年号。 [48]河朔能拒朝命者：汉武帝置朔方郡（在今内蒙古河套地区的鄂尔多斯草原），为历代兵家必争之地。后以“河朔”泛指黄河以北地区。安史之乱后，河朔三镇趁机崛起，抗拒王命，朝廷无可奈何。 [49]禄山、思明之奸：安禄山，本姓康，字轧荦山，营州柳城县（今辽宁朝阳）人，粟特族。骁勇善战，屡建功勋。天宝年间，深得唐玄宗宠信，平步青云，兼任平卢、范阳和河东三镇节度使，受封东平郡王。史思明，字崒干，宁夷州（今辽宁朝阳）人，粟特族。懂晓六蕃语言。骁勇善战。天宝十四年（755），安禄山以诛杀宰相杨国忠为名，发动安史之乱，攻破两京，建立伪燕政权。史思明为叛乱的元凶之一。不久安禄山为次子安庆绪所杀，史思明又杀死安庆绪，自称大燕皇帝，随即为长子史朝义所杀。史朝义兵败自杀后，安史之乱平息。 [50] 畔：通“叛”。 [51] 德、棣、景三州：德州，治所在安德（今山东陵县）。棣州，治所在厌次（今山东惠民）。景州，治所在弓高（今河北景县东北）。 [52]公牒：官方文书。 [53]“是后虽幽、镇、魏三州以河北旧风”二句：幽州，治所在蓟县（今天津蓟州）。镇州，治所在真定（今河北正定）。魏州。治所在元城（在今河北大名）。谓幽、镇、魏三州仍按河北藩镇的旧风，抗拒朝廷，父死子承。 [54]“在沧州一道”二句：沧州，治所在清池（今河北沧州东南）。谓唯有沧州的长官，是由朝廷任命接替的。 [55] 赐敕：下诏令。 [56] 成化四年：1468 年。成化，明宪宗年号。 [57]“廉州府知府邢正将之任”以下七句：语出《宪宗实录》卷五十六。廉州，治所在今广西合浦。之任，赴任，上任。密迩（ěr），接近。迩，近。珠池，又名“珠海（珠母海）”。在广西合浦东南海中。古代为采珠之所。喉襟，比喻要害之地。 [58]“吉安府知府许聪将之任”以下六句：语出《宪宗实录》卷五十六。吉安，治所在今江西吉安。豪右，豪强，世家大户。黄汝成《日知录集释》引沈彤语：“况钟知苏州府，亦赐敕。”

[点评]

《亭林文集》中，有著名的“三论”，即《郡县论》《钱粮论》《生员论》，对当时社会的一些重要制度及其流弊，作了深入的探讨。其中《郡县论》是对当时国家行政制度的考察和思考。顾炎武看到：因封建制日久生弊，无法适应时代的需要，故被郡县制取代。但随着岁月的流逝，郡县制的流弊也日益明显，特别是到了明末，“郡县之敝已极，而无圣人出焉，尚一一仍其故事，此民生之所以日贫，中国之所以日弱而益趋于乱也”（《郡县论一》）。由于治标并不能真正解决问题，因此了解产生这些弊端的根源，才是首要的事。他认为根源就是君主的高度集权。“封建之失，其专在下；郡县之失，其专在上。”在《爱百姓故刑罚中》一文中，顾炎武已经提出：“人君之于天下，不能以独治也。独治之而刑繁矣，众治之而刑措矣。”前人说“用人不疑，疑人不用”，“将在外，君命有所不受”。但实际情况正相反，“今之君人者，尽四海之内为我郡县犹不足也，人人而疑之，事事而制之，科条文簿日多于一日，而又设之监司，设之督抚，以为如此，守令不得以残害其民矣”（《郡县论一》）。于是“尽天下一切之权而收之在上”，以致将地方长官应有的用人、理财、行政、治军的职权都没收了。“夫辟官、莅政、理财、治军，郡县之四权也，而今皆不得以专之。”

国事纷纭，政务繁杂，决非个人之力所能操持。倘若大权独揽，身处怀疑、监督、管制之下的官员，即使有志于造福百姓，也因手无实权而不能有所作为。“今日所以百事皆废者，正缘国家取州县之财，纤毫尽归之于上，而吏与民交困，遂无以为修举之资。”（《日知录·馆舍》）而危害最大的是严重打击百官办事的积极性，形成惰政。“有司之官，凛凛焉救过之不给，以得代为幸，而无肯为其民兴一日之利者，民乌得而不穷，国乌得而不弱？率此不变，虽千百年，而吾知其与乱同事，日甚一日者矣。”(《郡县论一》)政事荒废，“国非其国”，君王的权威也就无从谈起，故顾炎武称之为“不善治者”。

如何改变这种状况？回到封建制既不明智，也无可能。正确的方式是“以天下之权，寄之天下之人”。顾炎武不可能有现代的民主思想，他所说的“天下之人”，并不是普天下的民众，而是士大夫阶层；就地方管理说，主要指郡守、县令。“众治”是针对“独治”而言的，是想通过扩大郡守、县令的职权，来改变“主威独运”的状况。这正是“寓封建之意于郡县之中”的真实含意，顾炎武认为，这才是达到天下大治的有效途径。

在《菰中随笔》中，顾炎武说“守令之难有四”，可参看：“坐堂皇，抚一邑，专精课治，何业不就？而时日耗于趋迎，精神殚于馈遗，卷韝鞠跽，东西奔驰，其难一。工于弥缝，善事上官者，躐荐台省，不者辄以他事中之，畏简书不若其畏上台，其难二。首尾牵制，文移把持，尺寸以上不得轻有所举，长材无以自见，掣肘之患，其难三。官如行马，仅一过耳，书役为主人，官者为客，则其弊不可得知，知不可得竟，其难四。”

治　地

古先王之治地也，无弃地而亦不尽地。田间之“涂九轨[1]”，有余道矣。“遗山泽之分[2]”，“秋水多，得有所休息”，有余水矣。是以功易立而难坏，年计不足而世计有余[3]。后之人一以急迫之心为之，商鞅决裂阡陌[4]，而中原之疆理荡然。宋政和以后[5]，围湖占江，而东南之水利亦塞[6]。《宋史·刘韐传》[7]：“鉴湖为民侵耕[8]，官田收其租[9]，岁二万斛[10]。政和间涸以为田，衍至六倍[11]。”《文献通考》：“圩田、湖田多起于政和以来[12]。其在浙间者，隶应奉局[13]。其在江东者，蔡京、秦桧相继得之[14]。大概今之田，昔之湖。徒知湖中之水可涸以垦田，而不知湖外之田将胥而为水也[15]。”于是

由于水利在古代农耕中的重要性，因此在规划耕地时，必须为引水和排水的场所留有余地。

行事留有余地和只顾眼前，孰利孰弊，显而易见。

十年之中，荒恒六七，而较其所得，反不及于前人。子曰："无欲速[16]，无见小利。"夫欲行井地之法[17]，则必自此二言始矣。

[注释]

[1] 涂九轨：《周礼·冬官考工记·匠人》："国中九经九纬，经涂九轨。"言都城中有九条南北大道、九条东西大道，每条大道可容九辆车并行。 [2]"遗山泽之分"以下三句：《汉书·沟洫志》引贾让《治河策》："古者立国居民，疆理土地，必遗川泽之分，度水势所不及。大川无防，小水得入，陂障卑下，以为汙泽，使秋水多，得有所休息，左右游波，宽缓而不迫。"遗山泽之分，（在规划中）留下河流和湖泊这部分。秋水多得有所休息，秋天水多，让水有停留的地方。 [3] 年计不足而世计有余：从年度计算收益有所不足，但从世世代代看收益则多了。 [4]"商鞅决裂阡陌"二句：《战国策·秦策》："夫商君为孝公平权衡，正度量，调轻重，决裂阡陌，教民耕战，是以兵动而地广，兵休而国富。"商鞅，姬姓，公孙氏，名鞅，卫国人。战国时期政治家，法家代表人物。辅佐秦孝公推行变法，史称"商鞅变法"。阡陌，田地中间纵横交错的小路。决裂阡陌，即打通原来的小路，重新规划，开辟大道。疆理，《诗经·小雅·信南山》："我疆我理，南东其亩。"《毛传》："疆，画经界也；理，分地理也。"即划分田界。 [5] 政和：宋徽宗年号。 [6] 塞：壅塞，堵塞。 [7] 刘韐（gé）：又名福高，字仲偃，崇安（今福建武夷山）人。在任河北河东宣抚参议官时，慧眼识岳飞。"靖康之变"，金兵攻陷汴京，悬梁殉国。 [8] 鉴湖：在今浙江绍兴城西南，古时有"鉴湖八百里"之说。 [9] 田：《宋史》作"因"。 [10] 斛（hú）：古代量器。

一斛本为十斗，后来改为五斗。[11]衍：多出。[12]圩(wéi)：低洼地区周围防水的堤。圩田，低洼地区四周筑堤防水的田地。湖田：湖边围垦的水田。[13]应奉局：宋徽宗崇宁元年(1102)，置造作局于苏州、杭州，制造宫廷所用珍巧器物。四年，又置苏州应奉局，搜罗东南各地奇花异石、名木佳果，由水陆运送京师，称为花石纲。[14]蔡京：字元长，兴化军仙游县（今福建仙游）人。北宋末年奸相，工书法。秦桧：字会之，生于黄州，籍贯江宁（今江苏南京）。南宋初年奸相，对金兵入侵，奉行割地、称臣、纳贡的议和政策。[15]胥：通"须"，等待。[16]"无欲速"二句：《论语·子路》："子曰：'无欲速，无见小利。欲速则不达，见小利则大事不成。'"言不要图快，不要贪小利。图快反而不能达到目的，贪小利就办不成大事。[17]井地之法：即井田制，中国古代社会的土地国有制度。西周时期，道路和渠道纵横交错，把土地分隔成方块，形状像"井"字，因此称做"井田"。井田属周王所有，分配给庶民集体耕种，周边为私田，中间为公田。

[点评]

作为一个重视实地考察、好学深思的人，顾炎武对各地破坏生态环境及由此造成的危害，十分了解。他看到：自宋徽宗政和以后，围湖占江造田的情况十分普遍，严重破坏了东南地区的水利设施，致使灾荒不断发生，而农业收获，反而不如不曾围湖造田的年代。不仅东南地区如此，他根据历史事实证明，黄河流域生态环境的破坏，并不是因为自然的变迁，而是由人为的因素造成："河政之坏也，起于并水之民贪水退之利，而占佃河旁污泽之地，不才之吏因而籍之于官，然后水无所容，而横决为害……由此观之，非河犯人，人自犯之。”（《日知录·河渠》）顾炎武曾去过位于山东寿张的梁山泊。这里古称巨野泽，是《水浒》英雄结义之地，他以五代、宋、金三史的史料记载说明，山东梁山水泊本有方圆八百里的水面，而到了明末清初，却只剩下方圆十里的面积了，可见黄河流域自然生态破坏之严重。可笑的是，有个寿张知县修方志，没有一点历史知识，说梁山泊本来就只有十里水面，说它方圆八百里，是小说家在骗人（《日知录·河渠》）。

同样面对自然，反倒是古人的做法要明智些：“不违农时，谷不可胜食也；数罟不入洿池，鱼鳖不可胜食也；斧斤以时入山林，材木不可胜用也。”（《孟子·梁惠王上》）“有天下而欲厚民之生，正民之德，岂必自损以益人哉？”（《日知录·上九弗损益之》）如《孟子》所言，就是《周易》“弗损，益之”的意思。在文中，顾炎武引用孔子的话，提醒世人切不可为贪小利误了大事，即为眼前利益而误了长远之计。即使为了生产和生活，也要重视保护自然生态环境，力求可持续的发展。

文中最后将希望寄于恢复古代的井田制，未免如程晋芳所言“信古太深”（《勉行堂文集·读日知录》）。在顾炎武经世治国的主张中，确有一些是古非今的内容，未必可取，无须以此为贤者讳。

苏松二府田赋之重[1]

……

吴中之民，有田者什一，为人佃作者十九。其亩甚窄，而凡沟渠道路，皆并其税于田之中。岁仅秋禾一熟，一亩之收不能至三石，凡言石者，皆以官斛[2]。少者不过一石有余。而私租之重者至一石二三斗，少亦八九斗。佃人竭一岁之力，粪壅工作，一亩之费可一缗[3]，而收成之日，所得不过数斗，至有今日完租而明日乞贷者。故既减粮额，即当禁限私租，上田不得过八斗，如此则贫者渐富，而富者亦不至于贫。《元史·成宗纪》：至元三十一年十月辛巳[4]，时成宗即位。江浙

“恩及富室，而不被及于贫民”，使人联想白居易《杜陵叟》诗：“虚受吾君蠲免恩。”前后同慨。

行省臣言[5]：“陛下即位之初，诏蠲今岁田租十分之三[6]。然江南与江北异，贫者佃富人之田，岁输其租。今所蠲特及田主，其佃民输租如故，则是恩及富室，而不被及于贫民也。宜令佃民当输田主者，亦如所蠲之数。”从之。本朝宣德十年五月乙未[7]，刑科给事中年富亦有此请。大德八年正月己未诏[8]：“江南佃户私租太重[9]，以十分为率普减二分，永为定例。”前一事为特恩之蠲，后一事为永额之减，而皆所以宽其佃户也。是则厚下之政，前代已有行之者。

汉武帝时，董仲舒言[10]：“或耕豪民之田[11]，见税什五。”唐德宗时[12]，陆贽言[13]：“今京畿之内[14]，每田一亩，官税五升，而私家收租有亩至一石者，是二十倍于官税也。降及中等，租犹半之。夫土地，王者之所有；耕稼，农夫之所为。而兼并之徒，居然受利。望令凡所占田，约为条限，裁减租价，务利贫人。”仲舒所言，则今之分租；贽所言，则今之包租也。然犹谓之“豪民”，谓之“兼并之徒”。《食货志》：“豪民侵陵，分田劫假。”师古曰[15]：“分田，谓贫者无田而取富人田耕种，共分其所收也。假，亦谓贫人赁富人之田也。劫者，富人劫夺其税，侵欺之也。”宋已下则公然号为“田主”矣。

[注释]

[1] 苏松：苏州府（治所在今江苏苏州吴中区）、松江府（治所在今上海松江）。 [2] 官斛：官府标准量器。本为十斗，南宋末改为五斗。 [3] 缗（mín）：成串的铜钱，每串一千文。 [4] 至元三十一年：1294年。至元，元世祖忽必烈年号。 [5] 江浙行省：全称江浙等处行中书省，为直属元朝中央政府的一级行政区，辖境相当于今苏南、皖南、上海、浙江、福建等地。 [6] 蠲（juān）：免除。 [7] 本朝：潘耒本作“明朝”，据原校记改。 [8] 大德八年：1304年。大德，元成宗年号。 [9]“江南佃户私租太重”以下三句：语出《元史·成宗纪四》。 [10] 董仲舒：见《人材》注[19]。 [11]“或耕豪民之田”二句：见《汉书·食货志上》。 [12] 唐德宗：李适。在位时用杨炎为相，废租庸调制，改行“两税法”。 [13] 陆贽：字敬舆，苏州嘉兴（今浙江嘉兴）人。唐朝政治家、政论家。唐德宗贞元间任宰相。有《陆宣公翰苑集》。 [14]“今京畿之内”以下十七句：语出《陆贽集·均节赋税恤百姓六条》其六“兼并之家私敛重于公税”。 [15] 师古：见《朱子周易本义》注[11]。

[点评]

《苏松二府田赋之重》是《日知录》中篇幅最长的一篇，计五千余字。早在唐代，韩愈就已感叹：“当今赋出于天下，江南居十九。”（《送陆歙州诗序》）明代江南赋役之重，更是前所未有。明初，“独苏、松二府之民，则因赋重而流移失所者多矣”。明中叶，苏州府耕地仅占全国耕地的百分之一，而税粮则占近十分之一。明宪宗、孝宗两朝宰相丘濬，在其所作《大学衍义补》中，对江南赋役之重，深表忧虑。到明末，据顾炎武考察，松江府税粮，“自有田税以来，未有若是之重者也。以农夫蚕妇，冻而织，馁而耕，供税不足，则卖儿鬻女。又不足，然后不得已而逃，以至田地荒芜，钱粮年年拖欠”。江南为全国最富裕的地区，尚因科征之重，造成民力之竭。“苛政猛于虎”，一至于此。

《苏松二府田赋之重》引了成化间溧水知县王弼的《永丰谣》：“永丰圩接永宁乡，一亩官田八斗粮。人家种田无厚薄，了得官租身即乐。前年大水平斗门，圩底禾苗没半分。里胥告灾县官怒，至今追租如追魂。有田追租未足怪，尽将官田作民卖。富家得田贫纳租，年年旧租结新债。旧租了，新租促，更向城中卖黄犊。一犊千文任时估，债家算息不算母。呜呼！有犊可卖君莫悲，东邻卖犊兼卖儿。但愿有儿在我边，明年还得种官田。”顾炎武叹道：“读此诗，知当日官佃之苦即已如此。《元史·阎复传》言：‘江南公田租重，宜减以贷贫民。’而以官作民，亦不始于近日矣。”这里选录最后两段，则论私租之苦，指出这一方面是因为豪民的兼并侵凌，另一方面也是由于朝廷的政策“恩及富室，而不被及于贫民”。

顾炎武十分重视经济与教化的关系，百姓生活与社会治乱的关系，直截了当地说：“今天下之患，莫大乎贫。”（《郡县论六》）贫穷，不仅是现实中的忧患，也是影响将来的隐患。在《苏松二府田赋之重》中，他指出：

赋税过重，增加百姓负担，造成百姓贫困，阻碍社会发展，成为动乱的根源。要提升百姓素质，美化社会风俗，拯救道德颓败，改变“世变日新，人情弥险”的状况，关键在改善生活，使“贫者渐富，而富者亦不至于贫”，只有这样，才能真正实现国家的安宁富强。

财　用

古人制币[1]，以权百货之轻重[2]。钱者，币之一也。将以导利而布之上下，非以为人主之私藏也。《食货志》言[3]：“‘民有余则轻之[4]，故人君敛之以轻；民不足则重之，故人君散之以重。’凡轻重敛散之以时，则准平[5]。使万室之邑，必有万钟之臧[6]，臧繦千万[7]；千室之邑，必有千钟之臧，臧繦百万。”孟康曰[8]：“繦，钱贯也[9]。”齐武帝永明五年九月丙午诏[10]，以粟帛轻贱，工商失业，“良由圜法久废，上币稍寡”。可令“京师及四方出钱亿万，籴米谷、丝绵之属，其和价以优黔首”。南齐豫章王嶷镇荆州[11]，“以谷过贱[12]，听民以米当口钱，优评斛一百”。优评者，增价而取之。唐宪宗时[13]，白居易策言[14]：“今天下之钱日以减耗[15]，或积于内府，或滞于私家。若复日月征收，岁时输纳，臣恐谷帛之价转贱，农桑之业益伤，十年以后，其弊必更甚于今日。”而元和八年四月[16]，敕以钱重货轻，出内库钱“五十万贯，令两市收买布帛，每端匹视旧估加十之一”。十二年正月[17]，又敕出内库钱“五十万贯，令京兆府拣择要便处开场，依市价交易”。今日之银，犹夫前代之钱也。乃岁岁征数百万贮之京库，而不知所以流通之术，于是银之在下者至于竭涸，而无以继上之求，然后民穷而盗起矣。单穆公有言：“绝民用以实王府[18]，犹塞川原而为潢汙也”。自古以来，有民穷财尽，而人主独拥多藏于上者乎？此无他，不知钱币之本为上下通共之财，而以为一家之物也。《诗》曰：“不吊昊天[19]，不宜空我师。”有子曰[20]：“百姓不足[21]，君孰与足？”古人其知之矣。

财聚于上，是谓国之不祥。不幸而有此，与其聚于人主，无宁聚于大臣[22]。昔殷之中年[23]，

钱币只有散布在民间，在市场的流通中，才能起到激活经济和贸易的作用。朝廷若将钱财视作一家之物，拥为私有，势必使市场因钱币短缺而失去活力，造成物贱价贵的状况，对民生造成巨大的伤害。

“有乱政同位[24]，具乃贝玉”，“总于货宝[25]”，贪浊之风亦已甚矣。有一盘庚出焉[26]，遂变而成中兴之治。及纣之身[27]，“用乂雠敛[28]”，鹿台之钱、巨桥之粟[29]，聚于人主，《史记·殷本纪》：“厚赋税以实鹿台之钱。”而“前徒倒戈[30]”，自燔之祸至矣[31]。故尧之禅舜[32]，犹曰“四海困穷[33]，天禄永终”。而周公之系《易》曰[34]：“涣，王居无咎[35]。”《管子》曰：“与天下同利者[36]，天下持之；擅天下之利者，天下谋之。”呜呼！崇祯末年之事[37]，可为永鉴也已。后之有天下者，其念之哉！

从历史教训看，凡是一味聚敛的王朝，无不以亡国告终。

唐自行两税法以后[38]，“天下百姓输赋于州府[39]，一曰上供，二曰送使，三曰留州”。《旧唐书·裴垍传》[40]《新唐书·食货志》同。元稹状言：“臣伏准前后制敕及每岁旨条[41]，‘两税留州、留使钱外，加率一钱一物，州府长吏并同枉法计赃，仍令出使御史访察闻奏’。”及宋太祖“乾德三年[42]，诏诸州支度经费外，凡金帛悉送阙下，无得占留”。《宋史·食货志》。自此一钱以上皆归之朝廷，而簿领纤悉特甚于唐时矣[43]。然宋之所以愈弱而不可振者，实在此。《宋史》言：“宋聚兵京师[44]，外州无留财，天下支用悉出三司，故其费寖多。”昔人谓古者“藏富于民”[45]，自汉以后，财已不在民矣，而犹在郡国，不至尽辇京师[46]，是亦汉人之良法也。后之人君，知此意者鲜矣。

财富分配，以藏富于民为上，其次藏富于州县，藏富于朝廷最不足取。

自唐开成初[47]，归融为户部侍郎兼御史中丞[48]，奏言：“天下一家[49]，何非君土？中外之财，皆陛下府库。”而宋元祐中[50]，苏辙为户部侍郎[51]，则言：“善为国者[52]，藏之于民，其次藏之州郡。州郡有余，则转运司常足[53]。犹今之布政司[54]。转运司既足，则户部不困。自熙宁以来[55]，言利之臣不知本末，欲求富国而先困转运司。转运司既困，则上供不继；上供不继，而户部亦惫矣。两司既困，虽内帑别藏积如丘山[56]，而委为朽壤，无益于算也。”是以仁宗时[57]，富弼知青州[58]，朝廷欲辇青州之财入京师，弼上疏谏。金世宗欲运郡县之钱入京师[59]，徒单克宁以为如此则“民间之钱益少”[60]，亦谏而止之。

有识之士，一直坚持“藏富于民”的主张，对朝廷聚敛天下财富提出批评。

以余所见有明之事[61]，尽外库之银以解户部[62]，盖起于末造[63]，而非祖宗之制也。王士性《广志绎》言[64]："天下府库莫盛于川中[65]。余以戊子典试于川[66]，询之藩司[67]，库储八百万。银两之数。即成都、重庆等府俱不下二十万，顺庆亦十万[68]。盖川中无起运之粮[69]，而专备西南用兵故也。两浙赋甲天下[70]。余丁亥北上[71]，滕少师松为余言[72]：'癸酉督学浙中[73]，藩司储八十万。后为方伯[74]，止四十万。今为中丞[75]，藩司言不及二十万矣。'十年之间，积贮一空如此。及余己丑参政广西[76]，顾臬使问自浙粮储来[77]，询之，则云浙藩今已不及十万也。广西老库储银十五万不启，每岁以入为出耳。余甲午参政山东[78]，藩司亦不及二十万之储。庚辰入滇[79]，滇藩亦不满十万，与浙同，每岁取矿课五六万用之[80]。今太仓所蓄[81]，亦止老库四百余万，有事则取诸太仆寺[82]。余乙未贰卿太仆时[83]，亦止老库四百万。每岁马价不足用，则取之草料[84]。盖十年间东倭西哱[85]，所用于二帑者，逾二百万故也。"其所记万历时事如此。

至天启中[86]，用操江范济世之奏[87]，一切外储尽令解京，而搜括之令自此始矣。今录上谕全文于此，俾后之考世变者得以览焉。天启六年四月七日上谕[88]：“工部、都察院：朕思殿工肇兴，所费宏巨，今虽不日告成[89]，但所欠各项价银，已几至二十万。况辽东未复[90]，兵饷浩繁，若不尽力钩稽，多方清察，则大工必至乏误，而边疆何日敉宁[91]？殊非朕仰补三朝阙典之怀[92]，亦非臣下子来奉上之谊也[93]。朕览南京操江宪臣范济世两疏所陈[94]，凿凿可据。其所管应天、扬州府等处库贮银两[95]，前已有旨，尽行起解，到京之日，照数察收。似此急公徇上之诚，足为大小臣工模范。使天下有司皆同此心，朕何忧乎鼎建之殷繁、军饷之难措哉[96]！范济世所奏，奉旨已久，其银两何尚未解到？尔工部、都察院即行文速催，以济急用。且天之生财，止有此数，既上不在官，又下不在民，岂可目击时艰，忍置之无用之地？朕闻得盐运司每年募兵银六千两，实收在库约有二十余万两。又盐院康丕扬在任[97]，一文未取，每年加派银一万，约有二十余万两。又故监鲁保遗下每年余银四万两[98]，约有四十余万两。连前院除支销费过余银约有八十余万两，刷卷察盘可据[99]。又南太仆寺解过马价余银二十六万两[100]，见寄在应天等府贮库。又户科贮库余银约有七万两，寄收应天府。又操江寄十四府余银约有十万两[101]。又操江寄贮扬州、镇江、安庆三府备倭余银约有三十余万两[102]。北道刷卷，御史可据。已上七宗[103]，俱当遵照范济世所奏事例，彻底清察。就着南京守备内臣刘敬、杨国瑞亟委廉干官胡良辅、刘文耀[104]，会同该部院抚按官[105]，着落经管衙门，察核的确，速行起解。有敢推避嫌怨、隐匿稽迟、怀私抗阻者，必罪有所归。如起解不完，则抚按等官，都不许考满迁转[106]。刘敬等亦不许扶同蒙蔽[107]，骫法徇私[108]，必须殚力急公，尽心搜括，庶大工、边务均有攸赖[109]，国家有用之物，不至为贪吏侵渔。昭朕裕国恤民德意。”又闻：南京内库，祖宗时所藏金银珍宝，皆为魏忠贤矫旨取进[110]。先帝谕中所云“将我祖宗库贮[111]，传国奇珍异宝，盗窃几至一空”者，不知其归之何所？自此搜括不已，至于加派[112]；加派不已，至于捐助[113]，以讫于亡。繇此言之，则搜括之令，开于范济世，成于魏忠贤，而外库之虚，民力之匮，所繇来矣。崇祯元年六月，奉旨："范济世阿逢逆珰[114]，妄报操银[115]，贻害地方，着冠带闲住[116]。"以英明之主继之[117]，而犹不免乎"与乱同事[118]"。然则知上下之为一身、中外之为一体者，非圣王莫之能也。传曰："长国家而务财用者[119]，必自小人矣。"岂不信夫！

明末聚敛之风远较前朝为甚，而最热衷聚敛的，正是高踞庙堂之上的君王。

开科取士[120]，则天下之人日愚一日；立限征粮[121]，则天下之财日窘一日。吾未见无人与财而能国者也。然则如之何？必有作人之法[122]，而后科目可得而设也[123]；必有生财之方，而后赋税可得而收也。

生财无错，但如何生财，当政者理应深思。

［注释］

[1] 币：《说文》："币，帛也。"后用以泛指财物、礼物，又指钱币、货币。　[2] 权：衡量。　[3]《食货志》：指《汉书·食货志下》。　[4]"民有余则轻之"以下四句：《管子·国蓄》："故善者委施于民之所不足，操事于民之所有余。夫民有余则轻之，故人君敛之以轻；民不足则重之，故人君散之以重。"言百姓有余的东西必然轻贱，为了不让百姓吃亏，君主就要在轻贱的时候收进；百姓缺乏的东西必然贵重，为了不让百姓加重负担，君主就要在

贵重的时候放出，以此平衡物价。 [5] 准平：测量平面的仪器，引申为均衡之意。古代置平准官于京师，总管全国运到京师的物资财货，由国家经营，“贵则卖之，贱则买之”，以此调剂、平稳物价，防止富商大贾从中谋取巨利，称为“平准”。 [6] 钟：古代容量单位。《左传》昭公三年：“齐旧四量：豆、区、釜、钟……釜十则钟。”一钟受六斛四斗，一石受十斗。臧：同“藏”。 [7] 繦（qiǎng）：绳索。这里指一贯钱（古时千钱为一贯）。 [8] 孟康：字公休，安平广宗（今河北威县东）人。孟子的十八世孙，三国曹魏时学者。著有《汉书音义》等。 [9] 繦，钱贯也：《汉书·食货志下》颜师古注引。 [10] “齐武帝永明五年九月丙午诏”以下八句：见《南齐书·武帝本纪》。齐武帝，萧赜，字宣远，南兰陵（今江苏武进）人。南朝齐第二位皇帝。永明，齐武帝年号。永明五年，487 年。圜法，指币制。《汉书·食货志下》：“太公为周立九府圜法。”颜师古注：“圜，谓均而通也。”上币，上等货币。《管子·国蓄》：“以珠玉为上币，以黄金为中币，以刀布为下币。”《汉书·食货志下》：“秦兼天下，币为二等：黄金以溢为名，上币。”颜师古注：“上币者，二等之中，黄金为上，而钱为下也。” [11] 南齐豫章王嶷镇荆州：萧嶷，字宣俨。齐武帝萧赜同母弟。曾任荆州刺史，封豫章文献王。为人宽仁弘雅，有大成之量。 [12] “以谷过贱”以下三句：语出《南齐书·豫章文献王传》。 [13] 唐宪宗：李纯。在位期间励精图治，改革弊政，于元和间成功削藩，史称“元和中兴”。 [14] 策：古代科举考试的一种文体。唐代诗人白居易于元和元年参加制举试前，独自拟作策文，以自砺自试。 [15] “今天下之钱日以减耗”以下九句：语出《白氏文集·策林二·十九息游惰劝农桑议赋税复租庸罢缗钱用谷帛》，文字稍有出入。内府，皇室的仓库。 [16] “而元和八年四月”以下五句：语出《旧唐书·食货志上》。元和八年，813年。两市，长安城中东市、西市的合称。旧估，原来的估价。 [17]“十二年正月”以下四句：见《旧唐书·食货志上》。要便处，原指险要而便于扼守制敌之处，此指重要且又便于来往之处。 [18]“绝民用以实王府”二句：语出《国语·周语下·单穆公谏景王铸大钱》。潢汙，聚积不流的水。汙，同“污”。 [19]“不吊昊天”二句：语出《诗经·小雅·节南山》。不吊，不淑，即不善。昊天，皇天。空，穷。师，民众。 [20]有子：有若，有氏，名若。孔门七十二贤之一。 [21]“百姓不足”二句：语出《论语·颜渊》。言如果百姓贫困，国君又怎么会富足？ [22]无宁：宁可。 [23]殷之中年：殷（商）朝中期。 [24]“有乱政同位”二句：语出《尚书·商书·盘庚中》。言现在有捣乱政事的人在位，只知聚敛钱财。 [25]总于货宝：语出《尚书·商书·盘庚下》。总，聚敛。 [26]“有一盘庚出焉”二句：盘庚，甲骨文作“般庚”，商朝君王。为了改变当时社会不安定的局面，决心再一次迁都至殷（今河南安阳），史称“盘庚迁殷”。迁都后整顿商朝政治，发展经济，使衰落的商朝出现中兴的局面。 [27]纣：帝辛，子姓，名受，商朝亡国君主，世称“商纣王”。《史记·殷本纪》：“帝辛，天下谓之纣。”《集解》：《谥法》残义损善曰纣。 [28]用乂雠敛：乂，原作“人”，据《日知录集释》《尚书·商书·微子》改。乂，同“刈”，杀戮。雠，《康熙字典》：“或作‘稠’。《尚书·商书·微子》：‘用乂雠敛。’传：‘马本作稠，云数也。敛谓赋敛也。’”言用杀戮横征暴敛。 [29]鹿台之钱、巨桥之粟：《史记·殷本纪》：“厚赋税以实鹿台之钱，而盈巨桥之粟。”鹿台，商纣王费时七年所建的宫苑建筑，在都城商邑（今河南淇县）。巨桥，故址在今属河南浚县，与商古都朝歌临近。相传为殷纣聚敛粮食之所。周武王克殷，散其粟赈民。《逸周书·克殷解》：“（武王）乃命南宫忽振鹿台之财，巨桥之粟。” [30] 前徒倒戈：言前方的部队投降敌方，反过来打自己人。《尚书·周书·武成》：“（商纣王和周武王的军队）会于牧野，罔有敌于我师，前徒倒戈，攻于后以北，血流漂杵。” [31] 自燔之祸：商纣王兵败后，“登鹿台，衣其宝玉衣，赴火而死”（《史记·殷本纪》）。 [32] 尧之禅舜：上古时没有父死子继的体制，而是选择贤能之人作接班人。如尧举荐舜作为自己的继承人，史称“尧舜禅让”。禅，禅让，让位，传位。 [33]“四海困穷”二句：语出《尚书·夏书·大禹谟》。言如果天下百姓陷于贫困，那么上天赐给你的禄位就会永远终止了。 [34] 周公之系《易》：见《朱子周易本义》注 [4]。 [35] 涣，王居无咎：《周易·涣卦》爻辞九五：“涣汗其大号。涣王居无咎。”涣，散。言天下人心涣散，如王者身患疾病，王者出一身大汗则病愈。天下人心涣散，王者的号令不行，经整治王者号令畅行，如此便可安居其位，太平无事了。 [36]“与天下同利者”以下四句：语出《管子·版法解》。 [37]“崇祯末年之事”二句：《日知录集释》引杨宁语：“崇祯之末，有云见银尚有数十库者，有云其说不者。” [38] 两税法：唐德宗建中元年（780），由宰相杨炎建议推行的新税法。即将征收谷物、布匹等实物为主的租庸调法改为征收金钱为主，一年两次征税。是为“两税法”。实质上就是以户税和地税来代替租庸调的新税制。两税法的主要原则是“户无主客，以见居为簿；人无丁中，以贫富为差”。即是不再区分土户（本贯户）、客户（外来户），只要在当地有资产、土地，就算当地人，上籍征税。 [39]“天下百姓输赋于州府”以下四句：见《守令》注 [21]。 [40] 裴垍（jì）：字弘中，绛州闻喜（今山西闻喜）人。唐宪宗时任宰相，上书言“上供，送使，留州”，造成物轻钱重的状况，增加了百姓的负担。 [41]“臣伏准前后制敕及每岁旨条”以下五句：语出《元氏长庆集·弹奏剑南东川节度使状》。加率，额外征收。 [42]“乾德三年”以下四句：乾德三年，965 年。支度，计算；筹算，支出。 [43]簿领：官府记事的簿册或文书。 [44]“宋聚兵京师”以下四句：语出《宋史·食货志下一》。三司，唐、宋以盐铁、度支、户部为三司，主理财赋。 [45]古者“藏富于民”：《管子·治国》：“凡治国之道，必先富民。”《管子·山至数》：“王者藏于民，霸者藏于大夫，残国亡家藏于箧。” [46]輂：用车运送。 [47]开成：唐文宗年号。 [48]归融：字章之，吴县（今江苏苏州）人。唐元和间进士，历官兵部尚书。 [49]“天下一家”以下四句：语出《旧唐书·归融传》。 [50]元祐：宋哲宗赵煦年号。 [51]苏辙：字子由，晚号颍滨遗老，眉州眉山（今属四川）人。宋哲宗时曾任宰相。北宋文学家，“唐宋八大家”之一，与父苏洵、兄苏轼合称“三苏”。 [52]“善为国者”以下十八句：语出《宋史·苏辙传》。 [53]转运司：官署名。宋代诸道（路）皆置转运司，均调一道（路）租税以供国用，以转运使、副使主其事。兼分巡所部，监察官吏。 [54]布政司：明朝置承宣布政使司，为国家一级行政区，与元朝行省相同，简称“布政司”。而主管一省刑名、军事的提刑按察使司与都指挥使司，合称“三司”。 [55]熙宁：宋神宗赵顼年号。 [56]内帑：指皇帝、皇室的私人财产。别藏：另外贮存的钱。 [57]仁宗：宋仁宗赵祯。在位期间，任用范仲淹等人推行“庆历新政”；社会经济繁荣，科学技术和文化也得到很大发展，史称“仁宗盛治”。 [58]青州：今属山东。 [59]金世宗：完颜雍，字彦举，女真名完颜乌禄。即位后击退了南宋隆兴北伐，签署《隆兴和议》，开启了双方四十余年的和平局面。勤政节俭，轻赋重农，尊崇儒学，天下小康，实现了“大定盛世”的繁荣鼎盛局面，被称为“小尧舜”。 [60]徒单克宁以为如此则“民间之钱益少”：见《金史·徒单克宁传》。徒单克宁，本名习显，女真族。祖籍金源（治所在今辽宁建平东北），移居莱州（今属山东）。刚烈正直，有勇有谋。金世宗、金章宗两朝为相。 [61] 有明：原本作“本朝”。 [62] 尽外库之银以解户部：外库，宫外的仓库。与内库相对。解，解送。 [63] 末造：原本作“近日”。 [64] 王士性《广志绎》：引文语出《广志绎·方舆崖略》。 [65] 川中：四川中部地区。 [66] 戊子：万历十六年（1588）。典试：主持考试之事。 [67] 藩司：明、清承宣布政使司，简称藩司。 [68] 顺庆：顺庆府（治所在今四川南充）。 [69] 起运：发运。 [70] 两浙：北宋置两浙路，南宋分为两浙东路与两浙西路。大致包括今浙江省全境、江苏省南部和上海市。 [71] 丁亥：万历十五年（1587）。 [72] 滕少师松：《广志绎》作“滕师少松”。 [73] 癸酉：万历元年（1573）。督学：负责视察、监督学校工作，也指负责视察、监督学校工作的人。 [74] 方伯：原指一方诸侯之长，后泛指地方长官。明、清时用作对布政使的尊称。 [75] 中丞：御史中丞，为御史台长官。明朝废御史台，改设都察院，长官为都御史。明、清两代常以副都御史或佥都御史出任巡抚，故巡抚也称中丞。 [76] 己丑：万历十七年（1589）。参政：明朝在各省布政使下设左右参政，分守各道，并分管粮储、屯田、军务、驿传、水利等事。 [77] 臬（niè）使：臬，法度，标准。按察相当于古代的“陈臬（张布刑法）”，故按察使又称臬台、臬使。为各省提刑按察使司的长官，主管一省的司法。 [78] 甲午：万历二十二年（1594）。 [79] 庚辰：万历八年（1580）。滇：云南的别称。 [80] 矿课：又称“矿税”，政府对矿业开采所征的税。 [81] 太仓：古代京师储存的大仓。 [82] 太仆寺：明代掌握马政的部门。 [83] 乙未：万历二十三年（1595）。贰卿：指副长官。贰卿太仆，即为太仆寺少卿。 [84] 草料：牲口的饲料，多指干草。 [85]“盖十年间东倭西哱”以下三句：倭，中国古代对日本及日本人的称呼。《明史·日本传》：万历二十年（1592）四月，日本关白丰臣秀吉派遣大军，“由对马岛渡海陷朝鲜之釜山，乘胜长驱，以五月渡临津，掠开城，分陷丰德诸郡。朝鲜望风溃……遣使络绎告急。倭遂入王京，执其王妃、王子，追奔至平壤，放兵淫掠。七月命副总兵祖承训赴援，与倭战于平壤城外，大败，承训仅以身免。八月，中朝乃以兵部侍郎宋应昌为经略，都督李如松为提督，统兵讨之……明年，如松师大捷于平壤，朝鲜所失四道并复……自关白侵东国，前后七载，丧师数十万，糜饷数百万，中朝与朝鲜迄无胜算。”哱，哱拜。《明史纪事本末·平哱拜》：“神宗万历二十年二月，宁夏哱拜乱。拜，故鞑靼种也。嘉靖中，拜得罪其酋长，父兄皆见杀。拜伏水草中得免，来投守备郑印，隶麾下，骁勇屡立战功……万历十七年拜加副总兵致仕，子承恩袭。”二月十八日，哱拜嗾使军锋刘东旸叛乱。叛军“众露刃，执副使石继芳拥入军门。党馨（宁夏巡抚）急匿水洞，索得，劫至书院，同继芳戮之……遂纵火焚公署，收符印，释囚，掠城中”。四月，命李如松总宁夏兵，浙江道御史梅国桢监其军，协力围剿。九月，“李如松急提兵围哱拜家……拜仓皇缢，阖室自焚……宁夏平”。《明史·王德完传》：万历二十八年，王德完上言：“近岁宁夏用兵，费百八十余万；朝鲜之役，七百八十余万；播州之役，二百余万。”帑（tǎng），储藏钱财的府库。 [86] 天启：明熹宗朱由校年号。 [87] 操江：官名。明都察院置提督操江一人，以副、佥都御史充任，主管上、下江防。 [88] 天启六年四月七日上谕：见《熹宗实录》卷六十五。天启六年，1626 年。 [89] 不日：用不了几天。 [90] 辽东未复：明万历四十四年（1616），后金建立。万历四十六年（1618），努尔哈赤率领大军进攻明朝，抚顺、清河失陷，全辽震动。万历四十六年冬，明朝征调大军，集于辽东。

萨尔浒之战，明朝精锐部队遭到剿灭。天启元年（1621），努尔哈赤亲率大军向沈阳进军，攻占沈阳、辽阳。天启五年迁都沈阳。 [91] 敉（mǐ）宁：抚定，安定。《尚书·周书·大诰》："敉宁武图功。"孔安国传："用抚安武事，谋立其功。" [92] 三朝阙典：三朝，指万历、泰昌、天启三朝。阙典，残缺的典章制度。这里指政事的不足之处。 [93] 子来：《诗经·大雅·灵台》："经始灵台，经之营之。庶民攻之，不日成之。经始勿亟，庶民子来。"朱熹《诗集传》："文王之台，方其经度营表之际，而庶民已来作之，所以不终日而成也。虽文王心恐烦民，戒令勿亟（急），而民心乐之，如子趣（趋）父事，不召自来也。"后用以言民心归附，如子女趋事父母，不召自来，竭诚效忠。 [94] 宪臣：操江为都察院长官，故称之为宪臣。 [95] 应天、扬州府：应天府，"应天"即"上应天意"。明初建为南京，为明朝京师；永乐间北迁，以顺天府为京师，南京应天府为留都。扬州府，治所在江都（今属江苏扬州）。 [96] 鼎建：营建。 [97] 盐院：盐政官署。康丕扬：字士遇，号骧汉，山东陵县人。明代学者。万历间曾理两淮盐课。 [98] 鲁保：万历间为两淮盐务太监。 [99] 刷卷：清查所属各衙门处理案件等的情况。察盘：又作"盘察"，盘查、考察。 [100] 南太仆寺：南京太仆寺。 [101] 又操江寄十四府余银约有十万两：十，原作"一"，据《日知录集释》改。 [102] 镇江、安庆：镇江府，治所在丹徒县（今属江苏镇江）。安庆府，治所在怀宁县（今属安徽安庆）。 [103] 已上：以上。已，同"以"。 [104] 内臣：宫内所任用的官员，即太监。 [105] 部院：中央六部和都察院的合称。抚按：巡抚、巡按。 [106] 考满：指官吏的考绩期限已满。一考或数考为一任，故考满也常为任满。 [107] 扶同：伙同，附和。 [108] 骩（wěi）法：枉法。骩，枉曲，弯曲。 [109] 有攸赖：有所依赖。攸，所。 [110] 魏忠贤：字完吾，北直隶肃宁（今河北肃宁）人。明熹宗时，出任司礼监秉笔太监，极受宠信，被称为“九千岁”，排除异己，专断国政，以致人们“只知有忠贤，而不知有皇上”。明思宗继位后，打击惩治阉党，治魏忠贤十大罪，命逮捕法办，自缢而亡。矫旨：假托帝王诏命。 [111]“先帝谕中所云‘将我祖宗库贮’”以下四句：谈迁《国榷》卷八十八：“朕思忠贤等不止窥攘名器。紊乱刑章。将我祖宗蓄积贮库传国奇珍异宝金银等，朋比侵盗几空。” [112] 加派：在正项之外加征的赋税。 [113] 捐助：此指强加于人的捐献资助。 [114] 逆珰：旧时指弄权作奸的宦官。汉代宦官侍中、中常侍等的帽子上有黄金珰的装饰品。后以“珰”借指宦官。 [115] 操银：操江解送的银两。 [116] 着冠带闲住：勒令带职闲居。着，公文用语，表示命令的口气。冠带，比喻封爵，官职。 [117] 英明之主：对明思宗的讳饰之词。 [118] 与乱同事：语出《尚书·商书·太甲下》。与乱世作同样的事。 [119]“长国家而务财用者”二句：语出《礼记·大学》。长，主管，执掌。 [120] 开科：指科举考试时设立各种科目分科取士。 [121] 立限征粮：言征粮必须完成规定的指标。立限，设立某种限制（规定）。 [122] 作人：《诗经·大雅·棫朴》：“周王寿考，遐（何）不作人？”孔颖达疏：“作人者，变旧造新之辞。”后因称任用和造就人才为“作人”。 [123] 科目：《日知录·科目》：“唐制，取士之科有秀才，有明经，有进士，有俊士，有明法，有明字，有明算，有一史，有三史，有开元礼，有道举，有童子。而明经之别，有五经，有三经，有二经，有学究一经，有三《礼》，有三《传》，有史科。此岁举之常选也。其天子自诏曰制举，如姚崇‘下笔成章’、张九龄‘道侔伊吕’之类。见于史者凡五十余科，故谓之科目。”

[点评]

顾炎武十分重视经济与教化的关系、百姓生活与社会治安的关系，直截了当地说：“今天下之患，莫大乎贫。”(《郡县论六》)贫穷，不仅是现实中的忧患，也是影响未来的隐患。前人说“凡治国之道，必先富民。民富则易治也，民贫则难治也……故治国常富，而乱国必贫。是以善为国者，必先富民，然后治之”(《管子·治国》)。用顾炎武的话说：“今将静百姓之心而改其行，必在‘制民之产’，使之‘甘其食，美其服’，而后教化可行，风俗可善乎？”(《日知录·人聚》)即只有让百姓衣食无忧，才能施行教化，改变社会，国家才有可能长治久安。

在当时的历史条件下，要消除贫困，除了必须做到耕者有其田，还应制定适当的租税制度，使“贫者渐富，而富者亦不至于贫”(《日知录·苏松二府田赋之重》)。不过从根本上说，必须重视发展经济，有生财之道。“古之人君未尝讳言财也，所恶于兴利者，为其必至于害民也。”(《日知录·言利之臣》)“吾未见无人与财而能国者也。然则如之何？必有作人之法，而后科目可得而设也；必有生财之方，而后赋税可得而收也。”将理财和选拔人才置于同样重要的地位。

理财的第一步是生财，而最终要落实的是财富分配。中国历来有“藏富于民”的思想。“王者藏于民，霸者藏于大夫，残国亡家藏于箧。”(《管子·山至数》)“善为国者，藏之于民。”(《宋史·苏辙传》)顾炎武继承了这种思想，根据以往的历史教训和明末变本加厉的弊端，对“藏富于民”的必要性，以及在当代的紧迫性，反复致意。“与天下同利者，天下持之；擅天下之利者，天下谋之。”（《管子·版法解》）能和普天下的人分享利益，就能得到大家的支持；如果独吞所有的利益，必然会遭到众人的反对。在《郡县论五》中，他从人性的角度，对此作了深入的剖析：“天下之人各怀其家，各私其子，其常情也。为天子为百姓之心，必不如其自为，此在三代以上已然矣。圣人者因而用之，用天下之私，以成一人之公而天下治。”“仓廪实”“衣食足”，不仅能使人“知礼节”“知荣辱”（《管子·牧民》），而且还是维系民众为公之心的基础。这和孟子所说“民之为道也，有恒产者有恒心，无恒产者无恒心”（《孟子·滕文公上》），是一致的。

可惜的是，许多君主往往固执“天下一家，何非君土？中外之财，皆陛下府库”的陋念，将天下看作个人的私产，不懂得国富在于民富的道理，结果造成《孟子》开篇即说的“上下交征利，而国危矣”（《梁惠王上》）的局面。明末政坛就是典型的例子。“呜呼！崇祯末年之事，可为永鉴也已。后之有天下者，其念之哉！”这是顾炎武的感慨，也是他作此文的本意。他不希望“秦人不暇自哀而后人哀之，后人哀之而不鉴之，亦使后人而复哀后人也”（杜牧《阿房宫赋》）的状况，在后世不断重演。

助　饷[1]

人主之道，在乎不利群臣百姓之有[2]。夫能不利群臣百姓之有，然后群臣百姓亦不利君之有，而府库之财可长保矣。《旧唐书·柳浑传》[3]：浑为宰相，奏："故尚书左丞田季羔[4]，公忠正直，先朝名臣。其祖、父皆以孝行旌表门闾[5]，京城隋朝旧第，季羔一家而已。今被堂侄伯强进状，请货宅召市人马[6]，以讨吐蕃。一开此门，恐滋不逞[7]。讨贼自有国计，岂资侥幸之徒[8]？且毁弃义门，亏损风教。望少责罚，亦可惩劝。""上可其奏[9]。"夫以德宗好货之主[10]，而犹能听宰相之言，不受伯强之献，后之人君可以思矣。王明清记[11]：高宗建炎二年[12]，有湖州民王永从，献钱五十万缗。上以国用稍集，却之。仍诏“今后富民不许陈献”。嗟夫！此宋之所以复存于南渡也与[13]？

唐德宗、宋高宗均非明君，尚且有这样的认识，后世一味诛求者，也该醒悟了。

汉武尊卜式以风天下[14]，犹是劝之以爵。今乃怵之以威，戚畹之家[15]，常惴惴不自保，而署其门曰“此房实卖”。都城之中，十室而五，其不祥孰甚焉[16]！《南唐书》言[17]：后主之世[18]，“以铁钱六权铜钱四而行[19]。至其末年，铜钱一直铁钱十[20]。比国亡[21]，诸郡所积铜钱六十七万缗”。呜呼，此所谓“府库财非其财”者矣[22]！贼犯京师[23]，史公可法为南京兵部尚书[24]，军饷告绌，乃传檄募富人出财助国[25]。其略曰：“亲郊乃雍容之事[26]，唐宗尚有崇韬；出塞本徼幸之图，汉武乃逢卜式。”桐城诸生姚士晋之辞也[27]。然百姓终莫肯输财佐县官，而神京沦丧[28]，殆于《孟子》所谓“委而去之”者[29]，虽多财，奚益哉！

以“利群臣百姓之有”始，以结怨民众、“委而去之”终。

洪武十五年七月[30]，堂邑民有掘得黄金者，有司以进于朝。上曰：“民得金而朕有之，甚无谓也。”命归之民。《实录》。天启初，辽事告急[31]，有议及捐助者，朝论以为“教猱升木[32]”。而六年十二月[33]，兵部主事詹以晋疏：“请灵鹫废寺所存田亩变价助工。”奉旨：“詹以晋垂涎贱价，规夺寺业，可削籍为民，仍令自行修理寺宇。田有变佃为民业者，责令赎还本寺，以为言利锱铢之戒。”以权奄之世[34]，而下有此论，上有此旨，亦三代直道之犹存矣[35]。

行劫不得而有诓骗，加派不得而有劝输[36]。

［注释］

[1] 助饷：指明末为筹措军费而加派的赋银。《明史・食货志二》：“崇祯三年，军兴，兵部尚书梁廷栋请增田赋……后五年，总督卢象昇请加宦户田赋十之一，民粮十两以上同之。既而概征每两一钱，名曰助饷。” [2] 不利群臣百姓之有：不以群臣百姓所有的财物为取利对象。 [3] 柳浑：原名柳载，字夷旷，改字惟深，襄阳郡宜城县（今湖北宜城）人。唐德宗贞元间为宰相。 [4] 田季羔：唐代宗大历间任衢州刺史、尚书左丞。 [5] 旌表门闾：旧时朝廷对所谓忠孝节义的人，赐给匾额，挂于门庭之上，或树立牌坊，以示表彰。 [6] 货宅召市人马：出卖隋朝旧第，招买兵马。 [7] 不逞：指失意，不得志。泛指为非作歹。 [8] 岂资侥幸之徒：哪里需要侥幸之徒资助。侥幸，企求非分的东西。 [9] 可：许可。 [10] 德宗好货之主：史称唐德宗李适喜欢钱财，经常派中使宦官直接向政府各衙门以及地方公开索取，称

为“宣索”。节度使以进奉为名，巧立各种名目，对百姓进行额外的剥削。有的每月进奉，称为“月进”，有的每天进奉，称为“日进”，每年进奉的钱财约为五十万缗。贞元年间，宫中还以宦官为使，以低价强买百姓物品，称之为宫市。他们在长安东西两市及热闹场所安置了数百东西张望的人，称为“白望”。他们察看人们出卖的物品，用价值一百钱的物品来换取价值几千的物品，实为强夺。 [11] 王明清：字仲言，颍州汝阴（今安徽阜阳）人。南宋学者，著有《挥麈录》。 [12]“高宗建炎二年”以下六句：见《挥麈录·余话》。高宗，宋高宗赵构，字德基。南宋首位皇帝。建炎二年，1128 年。湖州，今属浙江。缗（mín），古代穿铜钱用的绳子。也用作计量单位，一缗即一串铜钱（一千文）。 [13] 南渡：宋钦宗靖康二年（1127），金朝南下，攻取北宋都城东京（今河南开封），掳走徽、钦二帝，导致北宋灭亡。赵构从河北南下到陪都南京应天府（今河南商丘），即位为宋高宗，改元建炎，南宋建立。之后，宋高宗一路从淮河到长江，再到杭州，定为“行在”（陪都），史称“建炎南渡”。 [14]“汉武尊卜式以风天下”二句：《史记·平准书》：“卜式者，河南人也，以田畜为事……是时汉方数使将击匈奴，卜式上书，愿输家之半县官（朝廷）助边。天子（汉武帝）使使问式：‘欲官乎？’式曰：‘臣少牧，不习仕宦，不愿也。’……其明年，贫民大徙，皆仰给县官，无以尽赡。卜式持钱二十万予河南守，以给徙民。河南上富人助贫人者籍（名册），天子见卜式名，识之，曰‘是固前而欲输其家半助边’，乃赐式外繇（指戍边士兵）四百人。式又尽复予县官。是时富豪皆争匿财，唯式尤欲输之助费。天子于是以式终长者，故尊显以风百姓。” [15] 戚畹：戚里，借指外戚。 [16] 其不祥孰甚焉：还有什么比这更不吉祥。 [17]《南唐书》：北宋宜兴马令著。引文见《南唐书》卷五。 [18] 后主：南唐后主李煜，初名从嘉，字重光，徐州彭城县（今江苏徐州）人，南唐末代国君。精书法、工绘画、通音律，善诗文，所作词尤负盛名。 [19] 权：这里是抵、相当的意思。 [20] 直：抵，相当。 [21] 比：及，等到。 [22] 府库财非其财：《礼记·大学》："未有府库财，非其财者也。" [23] 贼犯京师：崇祯十七年（1644）一月，李自成在西安称帝，建国号"大顺"，率兵东征。三月，围攻明京师。 [24] 史公可法：史可法，字宪之，号道邻，生于开封府祥符县（在今河南开封）。明末抗清名将。听闻李自成进攻北京，率军进京勤王。军队抵达浦口时，传来北京失陷、崇祯帝朱由检自缢的消息，只得返回。清军攻破扬州城，史可法拒降遇害。 [25] 传檄：传布檄文。 [26]"亲郊乃雍容之事"以下四句：语出《明季南略》卷五《南都公檄》。乃，原作"尚"，据《明季南略》改。亲郊，帝王亲出郊祀。这里意谓帝王亲自出征。雍容，形容华贵，有威仪。唐宗，后唐庄宗李存勖，小字亚子，代北沙陀人，生于晋阳（今山西太原）。后唐开国皇帝。此时尚未称帝，袭父李克用位为河东节度使、晋王。《旧五代史·郭崇韬传》："从征（随从后唐庄宗出征）张文礼于镇州。契丹引众至新乐，王师大恐，诸将咸请退还魏州，庄宗犹豫未决。崇韬曰：'安巴坚（今译"耶律阿保机"）只为王都所诱，本利货财，非敦邻好（指解救镇州），苟前锋小衄，遁走必矣。况我新破汴寇，威振北地，乘此驱攘，焉往不捷！且事之济否，亦有天命。'庄宗从之，王师果捷。"徼幸：同"侥幸"。 [27] 桐城：今属安徽。诸生：明代称考取秀才入学的生员为诸生。姚士晋：字伯康，后更名康，号休那。有隽才高识。曾入史可法幕，檄文多出其手。明亡后，屏居田野，郁悒悲伤，作《忍死录》。 [28] 神京：帝都京城。指北京。 [29] 委而去之：《孟子·公孙丑下》："城非不高也，池非不深也，兵革非不坚利也，米粟非不多也；委而去之，是地利不如人和也。" [30]"洪武十五年七月”以下七句：见《太祖实录》卷一百四十六。洪武十五年，1382年。堂邑，江苏南京六合，古称棠邑，汉武帝时改称堂邑，后因境内有六合山而改名六合。　[31]辽事告急：见《财用》注[90]。　[32]教猱升木：《诗经·小雅·角弓》：“毋教猱（猴子）升木（上树），如涂（泥土）涂附（涂抹在上面）。”后用以比喻教唆人干坏事。　[33]“而六年十二月”以下十一句：见《熹宗实录》卷七十四。六年，天启六年（1626）。规夺寺业，谋划夺取寺院产业。言利锱铢，谓言利锱铢必较。旧制锱为一两的四分之一，铢为一两的二十四分之一。比喻极其微小的数量。　[34]权奄：有权势的宦官。奄，同“阉”，指宦官。　[35]三代：夏、商、周三朝的合称，是古人心目中的理想社会。　[36]加派不得而有劝输：加派，见《财用》注[112]。劝输，荒政名。即鼓励绅商捐资救荒。

[点评]

前人说：“天下熙熙，皆为利来；天下攘攘，皆为利往。”（《史记·货殖列传》）也可以说：“天下纷纷，皆为利争；天下扰扰，皆为利斗。”即便如此，前人一直认为，国家不应该与百姓争利，朝廷不应该和地方争利，因为这种相争，必然是两败俱伤的结果。藏富于民，就是让百姓先富起来。顾炎武认为：只有百姓富裕了，才谈得上国家富裕；地方富裕，就是国家富裕。“利在于民，犹在于国也。”（《日知录·苏松二府田赋之重》）“利不在官则在民。民得其利则财源通，而有益于官；官专其利则利源塞，而必损于民。”（《日知录·言利之臣》）

在杜甫诗中，多次指责唐王朝诛求无已。“庶官务割剥，不暇忧反侧。诛求何多门，贤者贵为德。”（《送韦讽上阆州录事参军》）浦起龙评此诗：“不独为当时药石，直说破千古病痛。”（《读杜心解》）诛求的结果，不仅损害了百姓的利益，也伤了百姓的心。正是由于明王朝平时只顾“利群臣百姓之有”，“不暇忧反侧”，致使群臣百姓心怀怨意，不仅引起各地蜂起的民变，即使那些官绅之家，于王朝危机之时，也不肯伸手相助，听任其崩溃。就连史公可法那样颇孚众望的大臣，为进京勤王，筹措军饷，也无人响应。前人说“抚我则后，虐我则仇”（《尚书·周书·泰誓下》）；“财聚则民散，财散则民聚”（《礼记·大学》），于此可见。亲历家破国亡的顾炎武，感触尤深，故在文中痛心疾首地说：“财聚于上，是谓国之不祥。”（《财用》）

访 恶

尹翁归为右扶风[1]，“县县收取黠吏豪民[2]，案致其罪，高至于死。收取人必于秋冬课吏大会中，及出行县，不以无事时。其有所取也，以一警百，吏民皆服，恐惧，改行自新”。所谓“收取人”，即今巡按御史之访察恶人也。武断之豪，舞文之吏，主讼之师[3]，皆得而访察之。及乎浊乱之时，遂借此为罔民之事[4]。矫其敝者乃并访察而停之，无异因噎而废食矣。

《传》曰：子产问政于然明[5]。“对曰[6]：‘视民如子，见不仁者诛之，如鹰鹯之逐鸟雀也。’”是故诛不仁，所以“子其民”也[7]。

《说苑》[8]："董安于治晋阳[9]，问政于蹇老。蹇老曰：'曰忠，曰信，曰敢。'董安于曰：'安忠乎？'曰：'忠于主。'曰：'安信乎？'曰：'信于令。'曰：'安敢乎？'曰：'敢于不善人[10]。'董安于曰：'此三者足矣[11]。'"

访恶，便是"敢于不善人"的具体表现。

《盐铁论》曰[12]："水有猵獭池鱼劳[13]，国有强御齐民消。"

[注释]

[1] 尹翁归为右扶风：尹翁归，字子兄（kuàng），河东平阳（今山西临汾）人。为官廉洁正直。汉宣帝时为右扶风。汉时将京兆尹、左冯翊、右扶风称三辅，即把京师附近地区归三个地方官分别管理。 [2]"县县收取黠吏豪民"以下十一句：语出《汉书·尹翁归传》。尹翁归时任东海太守。"东海大治。以高第（经过考核，成绩名列前茅）入守右扶风"。案致，审查而确立。课吏，考核官吏的政绩。及出行县，趁这时出去巡行所主之县。 [3] 主讼之师：旧时称帮人办理诉讼事务的人为讼师。 [4] 罔民：欺骗陷害百姓。罔，蒙蔽。 [5] 然明：鬷氏，名蔑，字然明。春秋时期郑国大夫。 [6]"对曰"以下四句：语出《左传》襄公二十五年。 [7] 子其民：爱抚百姓如同其子。《战国策·齐策·冯谖客孟尝君》："不拊爱子其民。" [8]《说苑》：西汉刘向所著笔记小说集。分类记述春秋战国至汉代的遗闻轶事。 [9] 董安于治晋阳：董安于，字阏于，平阳翼城人。"良史"董狐的后人。春秋时期晋国正卿赵鞅心腹家臣。古代晋阳城的始创者，建筑家。 [10] 敢

于不善人：言敢于惩治坏人。 [11] 此三者足矣："矣"字原缺，据《日知录集释》《说苑·政理》补。 [12]《盐铁论》：西汉桓宽根据汉昭帝时"盐铁会议"的记录整理撰写的书，用对话体记述了当时对政治、经济、军事、外交、文化的一场大辩论。 [13]"水有猵獭池鱼劳"二句：语出《盐铁论·轻重》。言水中有了猵獭，池鱼就会忙于逃命；国内有了豪强，平民就会遭受牺牲。猵獭，食鱼的动物。强御，豪强，有权势的人。齐民，平民。

［点评］

"水有猵獭池鱼劳，国有强御齐民消。"因此，"畜池鱼者，必去猵獭；养禽兽者，必去豺狼"（《淮南子·兵略训》）。杜甫明确提出："必若救疮痍，先应去蝥贼！"（《送韦讽上阆州录事参军》）只有严惩不法之徒，百姓生活才能安康。虽说在现实社会中，除恶务尽只是一种理想，但也确实有刚正之士，为此不懈努力。由于为恶者往往有权有势，故除恶并非易事。首先得不畏强御，有"敢于不善人"的气魄。另外还得有行动。西汉尹翁归所采用的访察恶人的举措，便是一种有效的打击行动，故为顾炎武所赞赏。

两汉风俗

东汉建国，崇尚名节，移风易俗。

汉自孝武表章六经之后，师儒虽盛，而大义未明，故新莽居摄[1]，颂德献符者遍于天下。光武有鉴于此，故尊崇节义，敦厉名实[2]，所举用者，莫非经明行修之人，而风俗为之一变。至其末造[3]，朝政昏浊，国事日非，而党锢之流[4]，独行之辈[5]，依仁蹈义，舍命不渝，“风雨如晦[6]，鸡鸣不已”，三代以下风俗之美，无尚于东京者[7]。故范晔之论[8]，以为“桓、灵之间[9]，君道秕僻[10]，朝纲日陵[11]，国隙屡启[12]。自中智以下，靡不审其崩离。而权强之臣，息其窥盗之谋；豪俊之夫，屈于鄙生之议[13]”。《儒林传论》。

“所以倾而未颓，决而未溃，皆仁人君子心力之为”。《左雄传论》。可谓知言者矣。使后代之主，循而弗革，即流风至今，亦何不可！而孟德既有冀州[14]，崇奖跅弛之士。观其下令再三，至于求“负污辱之名，见笑之行，不仁不孝而有治国用兵之术”者。建安二十二年八月令。十五年春令，十九年十二月令，意皆同。于是权诈迭进，奸逆萌生。故董昭太和之疏[15]，已谓“当今年少[16]，不复以学问为本，专更以交游为业；国士不以孝悌清修为首，乃以趋势求利为先”。至正始之际[17]，而一二浮诞之徒，骋其智识，蔑周、孔之书，习老、庄之教，风俗又为之一变。夫以经术之治，节义之防，光武、明、章数世为之而未足[18]，毁方败常之俗，孟德一人变之而有余。后之人君，将“树之风声[19]”，纳之轨物[20]，以善俗而作人[21]，不可不察乎此矣[22]。

东汉末年，朝政腐败，但“尊崇节义”的流风未泯。

曹操为征战而用不轨之人，风俗为之一变。

光武躬行俭约，以化臣下。讲论经义，常至夜分。一时功臣，如邓禹“有子十三人[23]，各使守一艺，闺门修整，可为世法”。贵戚，如樊重“三世共财[24]，子孙朝夕礼敬，常若公家”。

以故东汉之世，虽人才之倜傥不及西京，而士风家法，似有过于前代。

东京之末，节义衰而文章盛，自蔡邕始[25]。其仕董卓[26]，无守；卓死惊叹，无识。观其集中滥作碑颂，则平日之为人可知矣。宋袁淑《吊古文》[27]："伯喈衔文而求入[28]。"以其文采富而交游多，故后人为立佳传。嗟乎，士君子处衰季之朝[29]，常以负一世之名，而转移天下之风气者，视伯喈之为人，其戒之哉！

［注释］

[1]"故新莽居摄"二句：王莽，字巨君，魏郡元城县（今河北大名东）人。西汉末年权臣。代汉登位，建立新朝。在位期间，天下大乱。绿林军攻入长安时，死于乱军之中。居摄，因皇帝年幼不能亲政，由大臣代居其位处理政务。符，符命，指上天预示帝王受命的符兆。《汉书·扬雄传》："及（王）莽篡位，谈说之士用符命称功德获封爵者甚众。""莽既以符命自立，即位之后欲绝其原以神前事。" [2]敦厉：劝勉，勉励。名实：名指名称、形式，实指内容。 [3]至其末造：到东汉末年。造，时代。 [4]党锢：《后汉书·逸民列传》："桓帝世，党锢事起。"东汉桓、灵二帝在位期间，士大夫因反对宦官专权，主张改革朝政，被指为结党而遭禁锢。"锢"即终身不得做官。《后汉书》有《党锢列传》。 [5]独行：谓节操高尚，不随俗浮沉。《礼记·儒行》："世治不轻，世乱不沮……其特立独行有如此者。"《后汉书》有《独行列传》。 [6]"风

雨如晦”二句：语出《诗经·郑风·风雨》。晦，黑暗。已，止。风雨交加天色昏暗的早晨，雄鸡啼叫不止。《毛诗序》：“乱世则思君子不改其度焉。”用以比喻即使身处黑暗的社会，有道之士依然矢志不渝。 [7] 东京：东汉光武帝定都雒阳（洛阳），以雒阳为东京，以西汉旧都长安为西京。后也以东京借指东汉，西京借指西汉。 [8] 范晔：字蔚宗，顺阳郡（今河南淅川东南）人，南朝宋史学家，著作《后汉书》。 [9] 桓、灵：汉桓帝刘志、汉灵帝刘宏。当时朝政落入宦官之手，政治黑暗。桓、灵之世常被用作衰世、末世的代称。 [10] 粃僻：邪僻败坏。 [11] 陵：陵夷，衰败。 [12] 国隙：国家的瑕隙，即让人可乘的间隙（机会，问题）。 [13] 鄙生：指地位低下的儒生。 [14]“而孟德既有冀州”以下四句：见《三国志·魏书·武帝纪》裴松之注引王沈《魏书》。孟德，曹操。冀州，汉代十三州之一。东汉末的冀州，其范围至少相当于今河北、北京、天津、辽宁、山西、陕西六个省市全部地区及内蒙古一部分地区。跅弛（tuò chí），《汉书·武帝纪》：“夫泛驾之马，跅弛之士，亦在御之而已。”颜师古注：“跅者，跅落无检局也。弛者，放废不遵礼度也。”谓放荡不循规矩。 [15] 董昭：字公仁，济阴定陶（在今山东菏泽）人。东汉末年曹魏谋士，深得曹操器重。太和：魏明帝曹叡年号。 [16]“当今年少”以下五句：语出《三国志·魏书·董昭传》。 [17]“至正始之际”以下六句：一二浮诞之徒，指何晏、王弼等人。魏晋时期，出现了一种哲学思潮，以“祖述老庄”立论，被称为玄学（玄远之学）。代表人物有何晏、王弼、阮籍、嵇康、向秀、郭象等。 [18] 明、章：汉明帝刘庄、汉章帝刘炟。二帝在位时政治清明、经济繁荣，合称“明章之治”。 [19] 树之风声：《尚书·周书·毕命》：“彰善瘅恶，树之风声。”孔安国传：“明其为善，病其为恶；立其善风，扬其善声。”谓树立好的风气。 [20] 纳之轨物：《左传》隐公五年："君将纳民于轨物者也。"杜预注："言器用众物不入法度，则为不轨不物。"轨物，轨范，准则。　[21] 作人：见《财用》注[122]。　[22] 不可不察乎此矣：《日知录集释》引阎若璩语："按晋世祖泰始元年乙酉，以傅玄为谏官，上疏曰，近者魏武好法术，而天下贵刑名。魏文慕通达，而天下贱守节。其后纲维不摄，放诞盈朝，遂使天下无复清议。是致毁方败常之俗魏文，非魏武也。清谈之风一盛于王、何，再盛于嵇、阮，三盛于王、乐，而晋亡矣。然其端则自文帝始，此亦论世者之不可不考也。"　[23] "如邓禹'有子十三人'"以下四句：见《后汉书·邓禹传》。邓禹，字仲华，南阳新野（今河南新野）人。东汉开国名将，居云台二十八将之首。　[24]"如樊重'三世共财'"以下三句：见《后汉书·樊宏传》。樊重，字君云，南阳湖阳（今河南唐河）人。世代长于农耕，喜好货殖。性温厚，有法度。资产至巨万，用于赈赡宗族，恩加乡闾。县中称美，推为三老。其子樊宏，为汉光武帝刘秀之舅。　[25] 蔡邕：字伯喈，陈留郡圉县（今河南杞县南）人。才女蔡文姬之父。东汉末年文学家、书法家。除通经史、善辞赋外，又精于书法、音律。　[26] "其仕董卓"以下四句：董卓，字仲颖，陇西郡临洮县（今甘肃岷县）人。东汉末年废少帝立献帝，挟持号令，官至太师。后为其亲信吕布所杀。《后汉书·蔡邕传》："灵帝崩，董卓为司空，闻邕名高，辟之，称疾不就。卓大怒，詈曰：'我力能族人，蔡邕遂偃蹇者，不旋踵矣。'又切敕州郡举邕诣府，邕不得已，到，署祭酒，甚见敬重。""及卓被诛，邕在司徒王允坐，殊不意言之而叹，有动于色。允勃然叱之曰：'董卓国之大贼，几倾汉室。君为王臣，所宜同忿，而怀其私遇，以忘大节！今天诛有罪，而反相伤痛，岂不共为逆哉？'即收付廷尉治罪。"　[27] 袁淑：字阳源，陈郡阳夏（今河南太康）人，南朝宋文学家。　[28] 衒文：卖文。衒，沿街叫卖。　[29]"士君子处衰季之朝"以下五句：

言在当世曾享有盛名，能影响天下风气的士人，在衰世为官（应重视立身行事），看蔡邕的为人（和结果），足以为戒。常，通“尝”，曾经。

［**点评**］

孟子论天下治乱，有“我亦欲正人心”（《孟子·滕文公下》）的想法。顾炎武生当乱世，也怀此心，说：“今日之务，正人心急于抑洪水也。”（《日知录·河渠》）正人心必养风俗，风俗人心，息息相关。“目击世趋，方知治乱之关，必在人心风俗。而所以转移人心，整顿风俗，则教化纪纲为不可阙矣。百年必世养之而不足，一朝一夕败之而有余。”（《亭林文集·与人书九》）“然则人君为国之存亡计者，其可不致审于民俗哉！”（《日知录·桀纣帅天下以暴》）其弟子潘耒认为：《日知录》乃顾炎武“稽古有得，随时札记，久而类次成书者……至于叹礼教之衰迟，伤风俗之颓败，则古称先，规切时弊，尤为深切著明，学博而识精，理到而辞达”（《日知录序》）。钱穆表示赞同：“亭林此书，最所用意，如潘氏所称述，实在第十三卷之论风俗，即上述所谓亭林行己之教者。”（《中国近三百年学术史·顾亭林》）这里所说的“风俗”，即社会风尚。顾炎武探讨了社会风气的历史演变，对风俗的重要意义，作了这样的论断：“是故有人伦，然后有风俗；有风俗，然后有政事；有政事，然后有国家……故民德厚而礼俗成，上下安而暴慝不作。”（《亭林文集·华阴王氏宗祠记》）

“治乱之关必在人心风俗。”（《日知录·立言不为一时》）社会风尚，无论于国于民，都有至关重要的意义。良好的社会风气，是维系国家安稳的主要因素。东汉“尊崇节义，敦厉名实”，即使到了末世，“朝政昏浊，国事日非”，依然有余泽庇佑，不至于立马分崩离析。“夫以经术之治，节义之防，光武、明、章数世为之而未足，毁方败常之俗，孟德一人变之而有余。”培养良好的社会风气，并不容易，但要毁掉好风气，只在一念之间。“当今年少，不复以学问为本，专更以交游为业；国士不以孝悌清修为首，乃以趋势求利为先。”明末社会风气败坏，远较汉末为甚，这种状况也更为突出，因此挽救社会风气显得尤为重要。风气能影响人，但风气的好坏，又取决于人。而士人（特别是在朝的）的名节、良知，在社会中更具表率的作用。以此，顾炎武对那些只要能够成事，可以不计德行的用人之道十分不满，认为这样做会助长“权诈迭进，奸逆萌生”，败坏道德风尚。在他看来，影响久远的社会风气，比一时的成败得失更加重要。

东汉党锢，是中国士大夫第一次群起反抗权贵的自觉行动，以此招致把持朝政的宦官的镇压。对此，后人从不同的角度，得出不同的看法。范晔作《后汉书》，赞道：“逮桓、灵之间，主荒政缪，国命委于阉寺，士子羞与为伍，故匹夫抗愤，处士横议，遂乃激扬名声，互相题拂，品核公卿，裁量执政，婞直之风，于斯行矣。”（《党锢列传》）认为当时士人关心时政、不畏强御的婞直之风，值得赞扬。司马光作《资治通鉴》，考虑当时的现实状况，对党人的冒失行动表示惋惜：“党人生昏乱之世，不在其位，四海横流，而欲以口舌救之，臧否人物，激浊扬清，撩虺蛇之头，践虎狼之尾，以至身被淫刑，祸及朋友，士类歼灭而国随以亡，不亦悲乎！”（卷五十六《汉纪》四十八）朱熹继承了这种看法，也说：“许多节义之士，固是非其位之所当言，宜足以致祸。”（《朱子语类》卷一百三十五《历代二》）虽然还肯定当时士人的节义，但对其不知明哲保身、以卵击石的行为，并不赞同。明末党争之祸尤烈，顾炎武身历其境，感触尤深。以此，他对东汉党锢的看法，着眼于其风俗背景、人心所向，怀有强烈的时代感，注重其现实的意义。与顾炎武同时、同道的黄宗羲，在《明夷待访录·学校》中，也有同感。

正　始[1]

魏明帝殂，少帝史称齐王。即位[2]，改元正始，凡九年。其十年，则太傅司马懿杀大将军曹爽[3]，而魏之大权移矣。三国鼎立[4]，至此垂三十年。一时名士风流，盛于雒下[5]。乃其弃经典而尚老、庄[6]，蔑礼法而崇放达，视其主之颠危若路人然，即此诸贤为之倡也。自此以后，竞相祖述。如《晋书》言王敦见卫玠[7]，谓长史谢鲲曰："不意永嘉之末，复闻正始之音。""沙门支遁以清谈著名于时[8]，莫不崇敬，以为造微之功，足参诸正始。"《宋书》言羊玄保二子[9]，"太祖赐名，曰咸、曰粲，谓玄保曰：'欲令卿二子有林下正始余风。’”王微与何偃书[10]，曰：“卿少陶玄风，淹雅修畅，自是正始中人。”《南齐书》言[11]：“袁粲言于帝曰：‘臣观张绪有正始遗风。’”《南史》言何尚之谓王球“正始之风尚在”[12]。其为后人企慕如此。然而《晋书·儒林传序》云：“摈阙里之典经[13]，习正始之余论，指礼法为流俗，目纵诞以清高[14]。”此则虚名虽被于时流[15]，笃论未忘乎学者。是以讲明六艺，郑玄、王肃为集汉之终[16]；演说老、庄，王弼、何晏为开晋之始[17]。干宝《晋纪总论》曰[18]：“风俗淫僻，耻尚失所。学者以庄、老为宗，而黜六经；谈者以虚薄为辨，而贱名检[19]；行身者以放浊为通，而狭节信；进仕者以苟得为贵，而鄙居正；当官者以望空为高，而笑勤恪。”以至国亡于上，教沦于下，羌戎互僭[20]，君臣屡易，非林下诸贤之咎而谁咎哉！

“林下诸贤”，指以嵇康、阮籍为代表的“竹林七贤”。文中对王弼、何晏是明斥，对嵇、阮是暗责。

有亡国，有亡天下。亡国与亡天下奚辨？曰：易姓改号，谓之亡国；“仁义充塞[21]”，而至于“率兽食人[22]”，人将相食，谓之亡天下。魏晋人之清谈，何以亡天下？是孟子所谓杨、墨之言[23]，至于使天下“无父无君”，而入于禽兽者也。昔者嵇绍之父康被杀于晋文王[24]，至武帝革命之时[25]，而山涛荐之入仕[26]。绍时屏居私门[27]，欲辞不就。涛谓之曰："为君思之久矣[28]。天地四时，犹有消息，而况于人乎？"一时传诵，以为名言，而不知其败义伤教，至于率天下而无父者也。夫绍之于晋[29]，非其君也；忘其父而事其非君，当其未死[30]，三十余年之间，为无父之人亦已久矣。而荡阴之死[31]，何足以赎其罪乎！且其入仕之初，岂知必有乘舆败绩之事[32]，而可树其忠名以盖于晚也[33]？自正始以来，而大义之不明遍于天下。如山涛者，既为邪说之魁，遂使嵇绍之贤且犯天下之不韪而不顾。夫邪正之说，不容两立，使谓绍为忠，则必谓王裒为不忠而后可也[34]。何怪其相率臣于刘聪、石勒[35]，观其故主青衣行酒[36]，而不以动其心者乎？是故知保天下，然后知保其国。保国者，其君其臣，"肉食者谋之[37]"；保天下者，匹夫之贱，与有责焉耳矣！

"天下兴亡，匹夫有责"，即从最后三句化出。

［注释］

[1] 正始：三国魏齐王曹芳年号。 [2] 少帝：曹芳，魏明帝曹叡养子，封齐王。曹叡病逝时仅八岁，继立为帝。后被权臣司马

师废为齐王，改立高贵乡公曹髦为帝。　[3]“则太傅司马懿杀大将军曹爽”二句：司马懿，字仲达，河内郡温县（今河南温县）人。善谋奇策，多次征伐有功。魏文帝曹丕临终时，令司马懿与曹真等辅佐魏明帝曹叡。升任大将军、太尉。明帝又托孤幼帝曹芳于司马懿和曹爽。曹芳继位后，司马懿遭曹爽排挤，升官为无实权的太傅。正始十年（249），司马懿趁曹爽陪曹芳离洛阳至高平陵祭陵，起兵政变并控制京都洛阳。自此，曹魏的军政权力落入司马氏手中。司马懿为西晋王朝的奠基人，其孙司马炎代魏称帝，建立晋朝。曹爽，本姓秦，字昭伯，沛国谯郡（今安徽亳州）人。魏武帝曹操养子曹真的长子。少帝曹芳即位，加侍中，势倾四海，专权乱政。后被司马懿以谋反之罪处死，夷灭三族。　[4]“三国鼎立”二句：三国，汉献帝延康元年（220），曹丕代汉称帝，定都洛阳，国号“魏”，史称曹魏，东汉灭亡，三国时代正式开始。次年刘备称帝，定都成都，史称蜀汉。公元229年孙权称帝，定都建邺，国号“吴”，史称东吴。自魏建国至司马懿专权，前后三十年。　[5]雒下：洛阳城。雒，同“洛”。　[6]“乃其弃经典而尚老、庄”以下四句：正始年间，嵇康、阮籍、山涛、向秀、刘伶、王戎及阮咸七人，因常在当时的山阳县（今河南辉县和修武交界一带）竹林之下聚会，世称“竹林七贤”。七人为当时玄学的代表人物，其中嵇康、阮籍、刘伶、阮咸诸人，主张老庄之学，“越名教而任自然”。他们在生活上不拘礼法，清静无为，饮酒纵歌，肆意酣畅。所作诗文，对司马朝廷表示不满。　[7]“如《晋书》言王敦见卫玠”以下四句：见《晋书·卫玠传》。王敦，字处仲，琅琊临沂（今山东临沂）人。与堂弟王导一同辅佐晋元帝建立东晋，担任大将军、丞相。卫玠，字叔宝，小字虎，河东郡安邑县（今山西夏县）人。美风神，善清谈，是继何晏、王弼之后的名士和玄学家。谢鲲，字幼舆，陈郡阳夏（今河南太康）人。西晋名士，太保谢安伯父。曾为江州牧王敦长史（相当于秘书长或幕僚长）。永嘉，晋怀帝司马炽年号。 [8]“沙门支遁以清谈著名于时”以下四句：见《晋书·郗超传》。沙门，又作娑门、桑门，意为勤息、息心、净志，其最有影响的派别为佛教，故也用作佛教的代称。支遁，字道林，世称支公，也称林公，本姓关。陈留（今河南开封市南）人。东晋高僧、文学家。清谈，谓魏晋时期崇尚老庄，空谈玄理的言论。造微，达到精妙的程度。参，参悟，领悟。 [9]“《宋书》言羊玄保二子”以下五句：见《宋书·羊玄保传》。羊玄保，泰山南城人。南朝宋少帝时，任黄门侍郎。太祖，宋武帝刘裕，南朝宋创建者，庙号高祖。阮咸、荀粲，为魏晋间名士，故赐名咸、粲。林下，即“竹林之下”。 [10]“王微与何偃书”以下五句：见《宋书·王微传》。王微，字景玄，琅琊临沂（今山东临沂）人，南朝宋画家、诗人。何偃，字仲弘，庐江郡灊县（今安徽霍山）人。宋武帝时任吏部尚书。好谈玄。陶，熏陶。玄风，玄谈的风尚。玄谈，指汉魏以来以老庄之道和《周易》为依据而辨析名理的谈论。后世也称作“清谈”。 [11]“《南齐书》言”以下三句：见《南齐书·张绪传》。袁粲，原名愍孙，字景倩，南朝宋陈郡阳夏（今河南太康）人。少孤好学，颇有清才。宋明帝时任侍中、尚书令。帝，指宋明帝刘彧。张绪，字思曼，吴郡吴县（今江苏苏州）人。清言端坐，口不言利。南朝齐高帝时任国子祭酒。 [12]《南史》言何尚之谓王球“正始之风尚在”：见《南史·何尚之传》。何尚之，字彦德。庐江郡灊县（今安徽霍山）人。宋孝武帝时任侍中，兼领中书令。王球，字倩玉，琅琊临沂（今山东临沂）人。东晋宰相王导的曾孙。宋文帝时任侍中、中书令。 [13]阙里：孔子故里。 [14]纵诞：恣肆放诞。 [15]被：延及。 [16]郑玄、王肃为集汉之终：意思说郑玄、王肃为汉学的集大成者。王肃，字子雍。东海郡郯县（今山东郯城西南）人。

司徒王朗之子、晋文帝司马昭岳父。三国曹魏经学家，曾遍注群经，对今、古文经意加以综合，所注经学在魏晋时期被称作“王学”。汉，汉学。汉代学者研究经学注重名物、训诂，因而后世称研究经史、名物、训诂考据之学为汉学。 [17] 王弼、何晏为开晋之始：意思说王弼、何晏开晋代玄学的先声。何晏，字平叔。南阳郡宛县（今河南南阳）人。曹操养子，娶曹操女金乡公主。与夏侯玄、王弼等倡导玄学，竞事清谈。 [18] 干宝《晋纪总论》：“总”字原脱，据《日知录集释》补。 [19] 名检：名誉与礼法。检，法度。 [20] 羌戎互僭：指十六国时期北方少数民族相继建立政权。 [21] 仁义充塞：《孟子·滕文公下》：“是邪说诬民，充塞仁义也。”充塞，堵塞。 [22] 率兽食人：《孟子·梁惠王上》：“庖有肥肉，厩有肥马，民有饥色，野有饿莩，此率兽而食人也。”谓带着野兽来吃人，比喻统治者虐害人民。 [23]“是孟子所谓杨、墨之言”以下三句：《孟子·滕文公下》：“圣王不作，诸侯放恣，处士横议，杨朱、墨翟之言盈天下。天下之言不归杨则归墨。杨氏为我，是无君也；墨氏兼爱，是无父也。无父无君，是禽兽也。”杨朱，杨姓，字子居，战国初期魏国（一说秦国）人。主张“贵己”“重生”“人人不损一毫”的思想。是道家杨朱学派的创始人。墨翟，墨子，名翟，春秋末期战国初期宋国人。墨家学派的创始人和主要代表人物。其学说以兼爱为核心，以节用、尚贤为支点。并创立了以几何学、物理学、光学为突出成就的一整套科学理论。战国时期的百家争鸣，有“非儒即墨”之称。 [24] 嵇绍之父康被杀于晋文王：嵇绍，字延祖。十岁时其父嵇康被杀，他也被迫退居乡里。后在山涛劝解下出仕。后为卫护晋惠帝司马衷被杀。嵇康，字叔夜，谯国铚县（今安徽濉溪）人。三国曹魏思想家、文学家、音乐家。身长七尺八寸，容止出众。因得罪司隶校尉钟会，遭其构陷，而被掌权的大将军司马昭处死。晋文王，司马昭，字子上。司马懿次子。继兄司马师为大将军，专揽国政，封晋王。其子司马炎代魏称帝，建立晋朝，追尊司马昭为文帝。 [25] 武帝：晋武帝司马炎。革命：《周易·革卦·彖传》："天地革而四时成，汤武革命，顺乎天而应乎人。"古代认为天子受天命，故更替朝代，谓之革命。 [26] 山涛：字巨源。河内郡怀县（今河南武陟西）人。三国至西晋时期名士，"竹林七贤"之一。西晋建立后，历任吏部尚书、左仆射、司徒等职。传说嵇康临死前将其子嵇绍托付给山涛，对嵇绍说："山公尚在，汝不孤矣。" [27] 屏居：指退隐，屏客独居。私门：家门，私人住宅。 [28]"为君思之久矣"以下四句：语出《世说新语·政事》。 [29]"夫绍之于晋"二句：嵇康娶魏武帝曹操曾孙女长乐亭主为妻，是魏国而非晋朝的臣民，嵇绍也应如此，故言"晋，非其君也"。 [30]"当其未死"以下三句：自嵇绍出仕晋朝，至其遇害这三十余年，因其已忘杀父之仇，故言"为无父之人亦已久矣"。 [31] 荡阴之死：荡阴，汤阴的古称，今属河南安阳。永安元年（304），晋惠帝司马衷率军讨伐成都王司马颖，"值王师败绩于荡阴，百官及侍卫莫不散溃，唯绍俨然端冕，以身捍卫，兵交御辇，飞箭雨集，绍遂被害于帝侧，血溅御服"（《晋书·嵇绍传》）。 [32] 乘舆：古代特指天子和诸侯所乘坐的车子，借指帝王。 [33] 而可树其忠名以盖于晚也：言在晚年以树立忠名而掩盖早年的不孝之名。 [34] 王裒：字伟元，城阳营陵（今山东昌乐）人。西晋学者，因父司马王仪为司马昭所杀，不臣西晋，三征七辟皆不就，隐居教授。 [35] 刘聪：本名刘载，字玄明，新兴虑虒（今山西五台县）人，匈奴铁弗部。十六国时期汉赵皇帝。在位时派兵攻破洛阳和长安，俘虏并杀害晋怀帝及晋愍帝，制造"永嘉之乱"，西晋王朝覆灭。 [36] 观其故主青衣行酒：故主，指被刘聪俘获的晋怀帝。青衣，青色或黑色的衣服。汉以后多为地位低下者所穿。魏晋时也以“青衣”指侍女、宫女。行酒，依次斟酒。《晋书·怀帝纪》：“（永嘉）七年春正月，刘聪大会，使帝著青衣行酒。” [37] 肉食者谋之：语出《左传》庄公十年。肉食者，古代把礼制规定的食肉的统治者称为“肉食者”。后也用以指身居高位、俸禄丰厚的人。

［点评］

“道之以德，齐之以礼。”（《论语·为政》）礼在儒家，具有格外重要的意义，既是政治制度，也是道德规范。法国思想家孟德斯鸠在《论法的精神》中说：“中国人的生活完全以礼为指南”，“他们把宗教、法律、风俗、礼仪都混在一起。所有这些东西都是道德，也都是品德。这四者的箴规，就是礼教”。礼教不仅在教，更重“化”，旨在化育整个社会的道德风尚，风俗堪称检验礼教成效的一面镜子。作为一个正统的儒家学者，重视礼教，关注风俗，也充分体现在顾炎武的著作中。《清史稿·儒林传》：“《日知录》三十卷，尤为精诣之书，盖积三十余年而后成。其论治综核名实，于礼教尤兢兢。谓风俗衰，廉耻之防溃，由无礼以权之，常欲以古制率天下。”钱穆说：“凡亭林论学，举其尤要者，曰人才，曰教化，曰风俗，而尤致谨于礼，此皆其论经学之要端深旨所在也。”（《顾亭林学述》）

以嵇康、阮籍为代表的“竹林七贤”，一直被看作是风骨清峻、潇洒脱俗、英标秀出、独立特行的象征。这种个性和行为，历来为后人所仰慕，被誉为“魏晋风流”。黄庭坚说：“嵇叔夜诗，豪壮清丽，无一点尘俗气……想见其人，虽沉于世故者，暂得揽其余芳，便可扑去面上三斗俗尘矣，何况深其义味者乎？”（何良俊《四友斋丛说·诗》引）既是论诗，也是品人。但嵇康等人，又都崇尚老庄，不拘礼节，率性清狂，甚至公然提出“越名教而任自然”（《释私论》），“不学未必为长夜，六经未必为太阳”（《难自然好学论》）这般惊世骇俗之言。这最终成为嵇康被杀的理由：“昔齐戮华士，鲁诛少正卯，诚以害时乱教，故圣贤去之。康、安等言论放荡，非毁典谟，帝王者所不宜容。宜因衅除之，以淳风俗。”（《晋书·嵇康传》）顾炎武虽然敬重豪杰之士，但对“指礼法为流俗，目纵诞以清高”的行为也无法容忍。他抨击玄学家，着眼于清谈误国；他指责“竹林七贤”，主要是为了维护礼教。

“国家”和“天下”，是常被混淆的两个概念。顾炎武作了明确区分：“国家”指一家一姓的王朝，“天下”则指中华民族的“文化”。“亡国”，是改朝换代，一个王朝的灭亡；“亡天下”，则是整个国家民族和文化（本文更是侧重礼教和伦理纲常）的沦亡。文中举嵇绍为例，只是为了说明，伦常（文化）比皇朝（政体）更重要。顾炎武认为：只要礼教、伦常在，民族就不会灭亡。清谈之所以误国，就因为将这二者抛弃。因此，维护道德、伦常，远比维护一姓王朝重要。他所说的“保天下”，就是保卫民族文化，保卫伦理纲常。

在顾炎武去世百年之后，即清嘉庆四年（1799），署名“空空主人”的《岂有此理》问世。此书第一篇《难“天下兴亡匹夫有责”》第一句即云：“亭林先生曰：‘天下兴亡，匹夫有责。’”虽说这不是顾炎武的原话，但这八字简洁明白，确实体现了包括顾炎武在内的爱国志士的情怀，和范仲淹“先天下之忧而忧”一样，体现了一种担当，一种以天下为己任的胸怀。从曾国藩、张之洞，到梁启超、章炳麟、蔡锷，都将这句话作为精神支柱。由于这八字含有深刻的道德内涵，故能融入人的自觉意识，成为每一个普通人应尽的责任。又由于这句话始终具有激发世人爱国、爱民热情的积极意义，因此传诵众口，在很长的一段时间内，成为中华民族发愤图强的呼声。

宋世风俗

《宋史》言:“士大夫忠义之气[1]，至于五季，变化殆尽。宋之初兴，范质、王溥犹有余憾。艺祖首褒韩通，次表卫融，以示意向。真、仁之世，田锡、王禹偁、范仲淹、欧阳修、唐介诸贤，以直言谠论倡于朝，于是中外荐绅知以名节为高，廉耻相尚，尽去五季之陋。故靖康之变，志士投袂，起而勤王，临难不屈，所在有之。及宋之亡，忠节相望。”呜呼！观哀、平之可以变而为东京[2]，五代之可以变而为宋，则知天下无不可变之风俗也。《剥》上九之言“硕果”也[3]，阳穷于上，则复生于下矣。

人君御物之方，莫大乎抑浮止竞。宋自仁宗在位四十余年，虽所用或非其人，而风俗醇厚，好尚端方，论世之士谓之“君子道长[4]”。及神宗朝，荆公秉政[5]，骤奖趋媚之徒，深鉏异己之辈[6]。邓绾、李定、舒亶、蹇序辰、王子韶诸奸一时擢用[7]，而“士大夫有‘十钻’之目[8]”。钻者，取必入之义。班固《答宾戏》[9]：“商鞅挟三术以钻孝公[10]。”《邓绾传》：“以颂王安石得官，谓其乡人曰：‘笑骂从汝，好官须我为之。’”干进之流，乘机抵隙[11]。驯至绍圣、崇宁[12]，而党祸大起，国事日非，膏肓之疾，遂不可治。后之人但言其农田水利、青苗、保甲诸法为百姓害，而不知其移人心、变士习为朝廷之害。其害于百姓者，可以一旦而更，而其害于朝廷者，历数十百年，滔滔之势，一往而不可反矣。李愿中谓[13]：“自王安石用事，陷溺人心，至今不自知觉。人趋利而不知义，则主势日孤。”此可谓知言者也。《诗》曰：“毋教猱升木[14]，如涂涂附。”夫使庆历之士风[15]，一变而为崇宁者，岂非荆公教猱之效哉！

通篇都从“抑浮止竞”四字展开。

《苏轼传》：熙宁初[16]，“安石创行新法[17]，轼上书言：‘国家之所以存亡者，在道德之浅深，不在乎强与弱。历数之所以长短者，在风俗之厚薄，不在乎富与贫。臣愿陛下务崇道德而厚风俗，不愿陛下急于有功而贪富强。仁祖持法至宽，用人有序，专务掩覆过失，未尝轻改旧章。考其成功，则曰未至。以言乎用兵，则十出而九败；以言乎府库，则仅足而无余。徒以德泽在人，风俗知义，故升遐之日，天下归仁。议者见其末年吏多因循，事不振举，乃欲矫之以苛察，齐之以智能，招徕新进勇锐之人，以图一切速成之效。未享其利，浇风已成。多开骤进之门，使有意外之得。公卿侍从，跬步可图，俾常调之人，举生非望。欲望风俗之厚，岂可得哉！近岁朴拙之人愈少，巧进之士益多，惟陛下哀之救之。’”当时论新法者多矣，未有若此之深切者。根本之言，人主所宜独观而三复也！

《东轩笔录》[18]：“王荆公秉政，更新天下之务，而宿望旧人，议论不协，荆公遂选用新进，待以不次[19]。故一时政事，不日皆举[20]，而两禁台阁[21]，内外要权，莫非新进之士也。《石林燕

“国家之所以存亡者，在道德之浅深，不在乎强与弱。历数之所以长短者，在风俗之厚薄，不在乎富与贫。”此言有失偏颇。只是对宋代和明代士人趋利争竞的风气，有直接的针砭作用，故云“未有若此之深切者”。

语》[22]："故事[23]，在京职事官，绝少用选人者[24]。熙宁初，稍欲革去资格之弊，始诏选举到可试用人，并令崇文院较书[25]，以备询访差使，候二年取旨，或除馆职，或升资任，或只与合入差遣。时邢尚书恕以河南府永安县主簿首为崇文院较书[26]，胡右丞愈知谏院，犹以为太遽，因请虽选人而未历外官，与虽历仕而不满者，皆不得选举。乃特诏邢恕与堂除近地试衔知县[27]。近岁不复用此例，自始登第，直为禁从矣。"及出知江宁府[28]，吕惠卿骤得政柄[29]，有射羿之意[30]。而一时之士，见其得君，谓可以倾夺荆公，遂更朋附之以兴大狱。寻荆公再召，邓绾反攻惠卿，惠卿自知不安，乃条列荆公兄弟之失数事面奏。上封惠卿所言以示荆公。故荆公表有云：'忠不足以取信，故事事欲其自明；义不足以胜奸，故人人与之立敌。'盖谓是也。既而惠卿出亳州[31]，荆公复相，承党人之后，平日肘腋尽去[32]，而在者已不可信，可信者又才不足以任事；当日唯与其子雱机谋[33]，而雱又死，知道之难行也，于是慨然复求罢去，遂以使相再镇金陵，未朞纳节[34]。久之，得会灵观使。"其发明荆公情事，至为切当。子曰："君子易事而难说也[35]。"

而《大戴礼》言[36]："有人焉[37]，容色辞气，其入人甚愉；进退周旋，其与人甚巧；其就人甚速，其叛人甚易。"迹荆公昔日之所信用者，不惟变士习，蠹民生，而己亦不飨其利。苏辙疏吕惠卿[38]，比之吕布、刘牢之。《书》曰："其后嗣王罔克有终[39]，相亦罔终。"为大臣者，可不以人心风俗为重哉！

《东轩笔录》又曰："王荆公在中书[40]，作新经义以授学者，故太学诸生几及三千人。又令判监、直讲程第诸生之业，处以上、中、下三舍。而人间传以为试中、上舍者，朝廷将以不次升擢。于是轻薄书生，矫饰言行，坐作虚誉，奔走公卿之门者若市矣。"

……

陆游《岁暮感怀》诗[41]："在昔祖宗时，风俗极粹美。人材兼南北，议论忘彼此。谁令各植党，更仆而迭起。中更夷狄祸[42]，此风犹未已。倘筑太平基，请自厚俗始。"

众流归壑，聚成最后十字："倘筑太平基，请自厚俗始。"点明本文宗旨。

［注释］

[1]"士大夫忠义之气"以下二十一句：语出《宋史·忠义传》。五季，即五代。范质，字文素，大名宗城（今河北邢台市威县）人。

为人慎名器、持廉节。王溥，字齐物，并州祁（今山西祁县）人。性宽厚，美风度，好汲引后进。二人均为五代后周时期至北宋初年宰相。周世宗病危，托孤于范质、王溥等人。陈桥兵变后，范质与王溥被迫拥立赵匡胤为天子，故云“犹有余憾”。艺祖，指宋太祖赵匡胤。韩通，并州太原（今属山西）人。后周将领。赵匡胤发动陈桥兵变，韩通打算组织军队抵抗，为王彦升所杀。赵匡胤登基后，追赠其为中书令。卫融，字明远，青州博兴（今属山东）人。五代北汉宰相。被宋军俘虏，宁死不屈。赵匡胤见状，下令释放。真、仁之世，宋真宗、宋仁宗在位期间。田锡，初名田继冲，字表圣，嘉州洪雅（今属四川眉山）人。北宋初期谏臣。范仲淹称之为“天下正人”，苏东坡称之为“古之遗直”。王禹偁，字元之，济州巨野（今山东巨野）人。诗人、散文家。宋初著名直臣，以直谏屡遭贬谪。唐介，字子方，江陵（今属湖北）人。北宋著名谏臣。为官清正廉明，刚正不阿。谠论，正直的言论。荐绅，古代高级官吏的装束。亦指有官职或做过官的人。荐，通“缙”。靖康之变，又作“靖康之耻”“靖康之乱”。宋钦宗靖康二年四月，金军攻破东京（今河南开封），俘虏了宋徽宗、宋钦宗父子及大量赵氏皇族、后宫妃嫔与贵卿、朝臣等三千余人，押解北上，东京城中公私积蓄为之一空。投袂，甩袖，表示立即行动。 [2] 哀、平：指西汉末年的哀帝、平帝。东京：指东汉。东汉建都东京洛阳。 [3]“《剥》上九之言‘硕果’也”以下三句：《周易·剥卦》：“上九：硕果不食。”剥卦一阳在上，五阴在下，为阳消将尽之卦。上九一阳独存，故谓之“硕果”。复，返，还。《序卦传》：“物不可以终尽，剥穷上返下，故受之以复。”即物极必反之意。这里承上二句而言，谓风俗至极端衰败之时（如西汉末年、五代末期），便会反生转变（如东汉初期、北宋前期）。 [4] 君子道长：语出《周易·泰卦》。言君子之道日益昌盛。 [5] 荆公：见《鲁颂商颂》注[10]。 [6]鉏：同“锄”。 [7]邓绾：成都双流人。靠谄媚进入权力中心，人品恶劣，朝秦暮楚，两面三刀。李定：字资深，扬州（今属江苏）人。任御史中丞时，曾弹劾苏轼诗文攻击时政，怨谤君父，将苏轼逮捕入狱。舒亶：字信道，慈溪（今属浙江余姚）人。与李定一起弹劾苏轼。蹇序辰：成都双流人。长于附会生事，为人苛刻。王子韶：字圣美，太原人。卑鄙苛刻，为人不齿。 [8]十钻：指北宋时支持、迎合王安石的邓绾、李定、王子韶等十人。 [9]班固：见《朱子周易本义》注[15]。 [10]三术：据《史记·商君列传》，为帝道、王道、霸道。 [11]抵隙：抨击缺点。 [12]“驯至绍圣、崇宁”二句：宋哲宗亲政后，下令绍述并实施王安石新法，起用章惇、曾布等新党，逐步恢复免役、青苗、市易等新法。党争愈演愈烈。宋徽宗即位后，所重用的蔡京等人，以绍述新法为名，为非作歹。驯，渐渐。绍圣，宋哲宗赵煦年号。崇宁，宋徽宗赵佶年号。 [13]李愿中：愿，原作“应”，据《宋史·李侗传》改。下引文语出《宋史·李侗传》。 [14]“毋教猱升木”二句：语出《诗经·小雅·角弓》。猱（náo），猿类，善攀援。前一“涂”字，泥土。后一“涂”字，涂抹。附，粘在上面。言不要教猴子爬树，这就像在泥墙上再涂泥巴一样，会粘得很牢。比喻教唆坏人干坏事，结果变得不可收拾。 [15]庆历：宋仁宗赵祯年号。 [16]熙宁：宋神宗赵顼年号。 [17]“安石创行新法”以下四十三句：语出《宋史·苏轼传》。《苏文忠公全集》中《上神宗皇帝书》，与此语有出入。历数，指帝位相继、朝代更替的次序，古人认为和天象运行的次序相应。升遐，升天，指帝王去世。浇风，浇薄的社会风气。跬步，本指半步，引申至举步、迈步。跬步可图，比喻轻易可以得到。常调，按常规迁选官吏。非望，非分的指望。 [18]《东轩笔录》：北宋魏泰所作笔记。所记以仁宗、神宗两朝事居多，尤其是关于王安石变法的条目偏多。引文出自卷五，文字删改颇多。 [19] 不次：不按通常的次序。 [20] 不日皆举：不到一天全都兴办起来。 [21] 两禁：北宋时，翰林学士直舍在皇宫北门两侧，因以“两禁”借指翰林院。禁，宫禁。台阁：泛指中央政府机构。 [22]《石林燕语》：宋叶梦得所作笔记。记叙朝章国典、朝野故事、诗文考释等。 [23] 故事：旧事，前例。 [24] 选人：候补、候选的官员。 [25] 崇文院：宋代贮藏图书的官署。较书：即校书。 [26] 邢尚书恕：邢恕，字和叔，郑州原武（今河南原阳西）人。早年从二程学。熙宁二年，为崇文院校书。被列入《宋史·奸臣传》。 [27] 堂除：宋制，京官、选人一般由吏部选差，其有特殊勋劳者，得由政事堂直接奏注差遣，称“堂除”。 [28] 江宁府：治所在江宁（今属江苏南京）和上元（今并入江宁）。 [29] 吕惠卿：字吉甫，号恩祖，泉州南安（今属福建）人。王安石变法的主要助手。 [30] 射羿之意：即取而代之之意。羿为上古射师，曾代夏自立。 [31] 亳（bó）州：今属安徽。 [32] 肘腋：胳膊肘与胳肢窝。比喻切近的地方。这里指亲信、助手。 [33] 雱：王雱，字元泽，抚州临川（今属江西）人。王安石之子。 [34] 未朞纳节：言未满任期便交还符节（辞职）。朞，同“期”。节，符节。 [35] 君子易事而难说也：言在君子手下做事很容易，但讨他喜欢却难。说，同“悦”。 [36]《大戴礼》：见《丰熙伪尚书》注 [33]。 [37]“有人焉”以下七句：语出《大戴礼记·文王观人》。与人，合乎人意，获取人心。 [38]“苏辙疏吕惠卿”二句：《宋史·吕惠卿传》：“右司谏苏辙条奏其奸曰：‘惠卿怀张汤之辨诈，有卢杞之奸邪，诡变多端，敢行非度……昔吕布事丁原则杀丁原，事董卓则杀董卓；刘牢之事王恭则反王恭，事司马元显则反元显，故曹操、桓玄终畏而诛之。如惠卿之恶，纵未正典刑，犹当投畀四裔，以御魑魅。”吕布，字奉先，并州五原郡九原县人。东汉末年群雄之一，以勇武闻名，后被曹操俘杀。刘牢之，字道坚。东晋将领。足智多谋，屡建奇功。后奉命讨伐桓玄，临阵倒戈。因失去兵权，自缢而死。 [39]“其后嗣王罔克有终”二句：语出《尚书·太甲上》。言后继的君王不能自始至终奉行忠信之道，辅助之臣也不能有始有终。罔，相当于“不”。克，能够。相，辅助。 [40]“王荆公在中书”以下十一句：语出卷六，文字有出入。中书，中书省，古代执政的中枢部门。判监，判国子监事，官名，总管国子监之事。直讲，官名，辅助博士讲授经学。程第，衡量品第。坐，自然而然。 [41]《岁暮感怀》：指《岁暮感怀以余年谅无几休日怆已迫为韵》（其九）。韩愈《南溪始泛三首》（其一）：“余年懔无几，休日怆已晚。” [42]中更夷狄祸：“夷狄”二字，原作缺字方框，后手写填入。

[点评]

“有人伦，然后有风俗；有风俗，然后有政事；有政事，然后有国家。”（《亭林文集·华阴王氏宗祠记》）本文强调“正人心，厚风俗”，是治乱的关键、治国的根本。西汉文景之治，是以孝悌导民，“移风易俗，黎民醇厚”的结果。而当社会动乱之时，尤为重要。明末内忧外患，交困迭起，故“今日之务，正人心急于抑洪水也”（《日知录·河渠》）。“大学之道”（即立身治国之道），始于正心、诚意、修身、齐家，进而达到治国、平天下的境地。顾炎武继承了这种看法。

本文谈宋代风俗，主要围绕王安石变法展开。王安石推行新政，担心的是“人才不足”，提出培养、任用人才以行先王之政。但他忽视了人心（道德品质）和风俗

（社会环境）对政事的影响。由于用人不当，事与愿违，结果反落入“变士习，蠹民生，而已亦不飨其利”的地步。而顾炎武更重视的是：王安石新政反过来对人心、风俗的负面影响，即“陷溺人心”，使“人趋利而不知义”。更可悲的是彻底改变了宋仁宗时期宽厚仁义之风，“后之人但言其农田水利、青苗、保甲诸法为百姓害，而不知其移人心、变士习为朝廷之害。其害于百姓者，可以一旦而更，而其害于朝廷者，历数十百年，滔滔之势，一往而不可反矣”。“夫使庆历之士风，一变而为崇宁者，岂非荆公教猱之效哉？”

苏轼《上神宗皇帝书》，批判王安石“招徕新进勇锐之人，以图一切速成之效。未享其利，浇风已成”；希望神宗“务崇道德而厚风俗”，不可“急于有功而贪富强”。苏轼认为：人性败坏、风俗颓败，远比经济的衰退更难恢复。与顾炎武同时的王夫之厌恶苏轼，认为其政论“陈言不适于时”，“邪说不准于理”（《宋论》卷四）。而目睹明末颓风的顾炎武，读苏轼文，心有同感，故赞道：“当时论新法者多矣，未有若此之深切者。”即使如此，顾炎武并没有消极绝望。“天下无不可变之风俗。”物极必反，他相信社会风俗终有变浇薄为淳厚的时候。

清　议[1]

古之哲王所以正百辟者[2]，既已制官刑儆于有位矣[3]，而又为之立闾师[4]，设乡校[5]，存清议于州里，以佐刑罚之穷[6]。“移之郊遂[7]”，载在《礼经》；“殊厥井疆[8]”，称于《毕命》。两汉以来，犹循此制，乡举里选，必先考其生平，一玷清议，终身不齿。君子有怀刑之惧[9]，小人存耻格之风[10]，教成于下而上不严，论定于乡而民不犯。降及魏晋，而九品中正之设[11]，虽多失实，遗意未亡。凡被纠弹付清议者[12]，即废弃终身，同之禁锢。《晋书・卞壸传》。至宋武帝篡位[13]，乃诏：“有犯乡论清议[14]，赃污淫盗，一皆荡涤洗除，与之更始。”自后凡遇非常之恩，赦文并有此语。齐、梁、陈诏并云“洗除先注[15]”，当日乡论清议，必有记注之目。《小雅》废而中国微[16]，风俗衰而叛乱作矣。然乡论之污，至烦诏书为之洗刷，岂非三代之直道尚在于斯民[17]，而“畏人之多言”[18]，犹见于“变风”之日乎？予闻在下有鳏[19]，所以登庸；以比三凶、不才[20]，所以投畀。虽二帝之举错[21]，亦未尝不询于刍荛。然则崇月旦以佐秋官[22]，进乡评以扶国是[23]，傥亦四聪之所先[24]，而王治之不可阙也。

荡涤清议，洗除先注，与曹操“崇奖跅弛之士”，用意相同，流弊也相仿。

陈寿“居父丧[25]，有疾，使婢丸药。客往见之，乡党以为贬议。坐是沈滞者累年”。阮简“父丧[26]，行遇大雪寒冻，遂诣浚仪令。令为他宾设黍臛，简食之，以致清议，废顿几三十年”。温峤“为刘司空使劝进[27]，母崔氏固留之，峤绝裾而去。迄于崇贵，乡品犹不过也。每爵，皆发诏”。谢惠连“先爱会稽郡吏杜德灵[28]，及居父忧，赠以五言诗十余首，文行于世。坐废，不豫荣伍”。张率“以父忧去职[29]。其父侍伎数十人，善讴者有色貌，邑子仪曹郎顾玩之求聘焉，陈寿等人的行为，只能说小节有亏，并无大恶，后世对此并不在意，只因当时不为世论许可，以致长年困顿。于此可见清议的震慑作用。

讴者不愿，遂出家为尼。尝因斋会率宅，玩之为飞书，言与率奸。南司以事奏闻，高祖惜其才，寝其奏，然犹致世论，服阕后久之不仕”。官职之升沈，本于乡评之与夺，其犹近古之风乎？

天下风俗最坏之地，清议尚存，犹足以维持一二。至于清议亡而干戈至矣。

洪武十五年八月乙酉[30]，“礼部议：‘凡十恶、奸盗诈伪、干名犯义、有伤风俗及犯赃至徒者，书其名于申明亭，以示惩戒。有私毁亭舍、涂抹姓名者，监察御史、按察司官以时按视，罪如律。’制：‘可。’”十八年四月辛丑[31]，“命刑部录内外诸司官之犯法罪状明著者，书之申明亭”。此前代乡议之遗意也。后之人视为文具[32]，风纪之官但以刑名为事[33]，而于弼教新民之意若不相关[34]，无惑乎江河之日下已[35]。

［注释］

[1] 清议：东汉后期，在士大夫中出现了一种品评人物的风气，称为“清议”。他们以太学为中心，希望通过“清议”，表达自己的看法，引起朝廷的重视。后也用以指社会舆论。 [2] 百辟：百国君主，即诸侯（各方君主）。后也用以指百官。辟，君主。 [3] 儆：使人警醒，不犯过错。 [4] 闾师：周代官名。

《周礼·地官司徒·闾师》："闾师掌国中及四郊之人民、六畜之数，以任其力，以待其政令，以时征其赋。"后借指地方小官。 [5] 乡校：西周春秋时设在各乡的学校，也是国人议论政治的地方。 [6] 刑罚之穷：指刑罚管不到的地方，没法解决的问题。 [7] "移之郊遂"二句：郊，郑玄注："乡界之外者也。"遂，郑玄注："远郊之外曰遂。"《礼记·王制》："（司徒）命乡简不帅教者以告……不变，移之郊，如初礼。不变，移之遂，如初礼。不变，屏之远方，终身不齿。"言司徒负责教化百姓，命令各乡检举不听从教诲的人并向上报告……（在经过教育感化后）还不悔改，就把他们迁移到郊外，像当初一样通过习礼进行教化。如果还不悔改，就把他们迁移到更远的遂，再次像当初一样通过习礼进行教化。如果仍不悔改，那就不可救药，只能把他们放逐到远方，终身不予录用。 [8] "殊厥井疆"二句：《尚书·周书·毕命》："弗率训典，殊厥井疆，俾克畏慕。"言对不遵循训诫和法令者，要把他们划分出来，并在他们住地周围划出边界，使他们畏祸而慕福。 [9] 君子有怀刑之惧：《论语·里仁》："君子怀刑，小人怀惠。"言君子关心刑法（是否合理），小人惦记着实际好处。 [10] 小人存耻格之风：《论语·为政》："道之以德，齐之以礼，有耻且格。"言用道德来引导，用礼教来规范，百姓不但有廉耻心，而且还真心归服。格，亲近，归顺。 [11] 九品中正：又称九品官人法。黄初元年（220），魏文帝曹丕命尚书令陈群制定的选官制度。至西晋渐趋完备，至隋朝被科举制替代。中正是品评人才的官职。大、小中正产生后，由朝廷分发人才调查表，在该表中将人才分为九等。各地大、小中正以自己所知，将各地流亡人士无论是否出仕皆登记在表上，表内详记年籍各项，分别品第，并加评语。审核后将表呈交吏部，吏部依此进行官吏的升迁与罢黜。这项制度使得当时的官吏选拔有了客观标准，实质上依然是采取地方群众舆论和公共意见，保留了汉代乡举里选的遗意。 [12]“凡被纠弹付清议者”以下三句：纠弹，举发弹劾。禁锢，古时统治者禁止异己者做官或者不许他们参加政治活动。《晋书·卞壶传》：“淮南小中正王式继母，前夫终，更适式父。式父终，丧服讫，议还前夫家。前夫家亦有继子，奉养至终，遂合葬于前夫。式自云：‘父临终，母求去，父许诺。’”卞壶上奏，谓“式为国士，闺门之内犯礼违义，开辟未有，于父则无追亡之善，于母则无孝敬之道，存则去留自由，亡则合葬路人，可谓生事不以礼，死葬不以礼者也。亏损世教，不可以居人伦诠正之任”。以此，“式付乡邑清议，废弃终身”。 [13]宋武帝篡位：宋武帝原为晋朝将领，以军功总揽东晋军政大权，官拜相国，代晋自立，故谓之“篡位”。 [14]“有犯乡论清议”以下四句：语出《宋书·武帝本纪下》所载即皇帝位诏书。更始，重新开始，除旧布新。 [15]齐、梁、陈诏并云“洗除先注”：见《南齐书·高帝本纪下》《梁书·武帝本纪中》《陈书·高祖本纪下》所载即皇帝位诏书。注，记载，登记。先注，原先（关于其人品行）的记录。 [16]《小雅》废而中国微：《小雅》，《诗经》根据乐调的不同分为风、雅、颂三类。其中“雅”为正声雅乐，又分《大雅》和《小雅》。《小雅》诗中对时政世风、战争徭役的叙写，奠定了中国诗歌面向现实的传统。微，式微，衰落。 [17]斯民：百姓。 [18]“而‘畏人之多言’”二句：畏人之多言，语出《诗经·郑风·将仲子》。变风，指《国风》中作于周王朝政治衰乱时期的作品，与“正风”相对。《诗大序》：“至于王道衰，礼仪废，政教失，国异政，家殊俗，而变风变雅作矣。” [19]“予闻在下有鳏”二句：《尚书·虞书·尧典》：“畴咨若时登庸。”“有鳏在下，曰虞舜。”上句言谁为我寻访能顺应天时治理国家的人。下句言下面有个单身汉叫虞舜。 [20]：“以比三凶、不才”二句：三凶，三个凶顽的人。指帝鸿氏（黄帝）之子驩兜，少皞氏之子共工，颛顼氏之子鲧。“昔帝鸿氏有不才子……少皞氏有不才子……颛顼氏有不才子……缙云氏有不才子……天下之民以比三凶，谓之饕餮。舜臣尧，宾于四门，流四凶族浑敦、穷奇、梼杌、饕餮，投诸四裔，以御螭魅”（《左传》文公十八年》）。投畀，抛弃、放逐。《诗经·小雅·巷伯》：“取彼谮人，投畀豺虎。豺虎不食，投畀有北。”言抓住这个害人精，丢给野外喂豺虎。豺虎嫌他（坏）不肯吃，丢到北方不毛地。 [21]“虽二帝之举错”二句：二帝，帝尧、帝舜。举错，即举措。错，通“措”。刍荛，割草砍柴，用以指草野之民。虞舜之贤、三凶之恶，都是来自民间的看法，帝尧、帝舜听从这些看法，才任用虞舜，放逐三凶。 [22]月旦：月旦评。东汉末年由汝南郡人许劭兄弟主持对当代人物或诗文字画等品评、褒贬的一项活动，常在每月初一发表，故称“月旦评”或者“月旦品”。无论是谁，一经品题，身价百倍，世俗流传，以为美谈。因而闻名遐迩，盛极一时。秋官：《周礼》分设天、地、春、夏、秋、冬六官。秋官以大司寇为长官，掌刑狱。后以秋官为刑部的通称。 [23]国是：指国家的重大政策。“是，则也”（《尔雅·释言》），而“则，常也”，“法也”（《尔雅·释诂》）。 [24]傥：同“倘”。或许，也许。四聪：能远闻四方的听觉。 [25]“陈寿居父丧”以下六句：见《晋书·陈寿传》。陈寿，字承祚，巴西郡安汉县（今四川南充北）人。三国蜀汉及西晋时史学家，著有《三国志》。 [26]“阮简‘父丧’”以下七句：见《世说新语·任诞》刘孝标注引《竹林七贤论》。阮简，阮咸兄之子，以旷达自居。浚仪，古县名，治所在今河南开封。黍臛，一种杂以黍米的肉羹。 [27]“温峤‘为刘司空使劝进’”以下七句：见《世说新语·尤悔》。温峤，字泰真，一作太真，并州太原郡祁县（今山西祁县）人。晋明帝为太子时，结为布衣之交。官至中书令、骠骑将军。刘司空使，刘琨，字越石，中山魏昌（今河北无极）人。温峤姨夫。晋愍帝即位，拜司空、大将军、都督并冀幽诸军事。西晋灭亡后，刘琨令长史温峤向司马睿劝进（劝说实际上已经掌握政权或者有意做皇帝的人做皇帝）。绝裾，扯断衣裳，表示去意坚决。每爵，皆发诏，因温峤在乡里的品评不合格，故每当封爵之时，都需皇帝下诏令作定夺。[28]“谢惠连‘先爱会稽郡吏杜德灵’”以下六句：见《宋书·谢惠连传》。谢惠连，陈郡阳夏（今河南太康）人。十岁能文，深得族兄谢灵运赏识。工诗文，著有《雪赋》等。居父忧，旧时称居父母之丧为居忧。豫，同“与”，参与。荣伍，尊显者的行列。[29]“张率‘以父忧去职’”以下十四句：见《梁书·张率传》。张率，字士简，吴郡吴县（今江苏苏州）人。沈约称之为“后进才秀”，著有《文衡》。飞书，匿名信。南司，南朝御史台在尚书省之南，称南台，又称南司。高祖，梁武帝萧衍，庙号高祖。寝，停止，平息。服阕，守孝期满，脱去丧服。阕，终了。[30]“洪武十五年八月乙酉”以下十句：见《太祖实录》卷一百四十七。洪武十五年，1382年。徒，徒刑。申明亭，明清两代在各地用以张贴榜文、“申明教化”而建的亭子。洪武五年（1372）二月命内外府州县及乡之里社皆立申明亭，凡境内民人有犯者，书其过，明榜于亭上，使人心知惧而不敢为恶。如律，依法处理。制，帝王的命令。[31]“十八年四月辛丑”以下三句：见《太祖实录》卷一百七十二。[32]文具：条文。[33]风纪之官：风纪，指风教纲纪。风纪官指都察院御史和六科给事中等负有监察责任的官员。[34]弼教：辅助教化。[35]江河之日下：即每况愈下，愈来愈糟。

［点评］

范晔论东汉末年党人兴起，归于当时“主荒政缪”，

“故匹夫抗愤，处士横议，遂乃激扬名声”(《后汉书·党锢列传》)。顾炎武也说：东汉末年，“朝政昏浊，国事日非，而党锢之流，独行之辈，依仁蹈义，舍命不渝，‘风雨如晦，鸡鸣不已’，三代以下风俗之美，无尚于东京者”(《日知录·两汉风俗》)。所言都主要是赞美党人在当时掀起和推动的清议干政之风。

孔子说：“天下有道，则庶人不议。”(《论语·季氏》)顾炎武反其意而言之：“然则政教风俗，苟非尽善，则许庶人之议矣。”(《日知录·直言》)清议即社会舆论，其作用便是舆论监督。顾氏认为：清议体现了人心所向，而人心风俗又和社会治乱息息相关，故舆论监督能弥补法律监督的不足，完善国家大计，是安邦治国不可或缺的部分。“崇月旦以佐秋官，进乡评以扶国是，傥亦四聪之所先，而王治之不可阙也”，“天下风俗最坏之地，清议尚存，犹足以维持一二。至于清议亡而干戈至矣”。以此，政治教化必须充分听取社会舆论。今人论九品中正制，往往强调其偏重门第、作为门阀士族选举工具的一面。但在顾炎武看来，九品中正制有其积极的意义，即舆论能左右官吏的升迁。九品中正制在品评、任用官吏时，不能不重视其人在乡里、坊间的口碑如何，这对规范士大夫的道德行为，具有很大的震慑作用。

如果说古希腊的清议发自广场，这里是平民参政、议政的地方，那么古代中国的清议主要出自学校。《左传》襄公三十一年载：“郑人游于乡校，以论执政。然明（郑国大夫）谓子产（郑国执政）曰：‘毁乡校，何如？’子产曰：‘何为？夫人朝夕退而游焉，以议执政之善否。其所善者，吾则行之；所恶者，吾则改之。是吾师也，若之何毁之？我闻忠善以损怨，不闻作威以防怨。岂不遽止？然犹防川，大决所犯，伤人必多，吾不克救也；不如小决使道，不如吾闻而药之也。’”最后几句，和召公谏周厉王弭谤所言“防民之口，甚于防川，川壅而溃，伤人必多，民亦如之。是故为川者，决之使导；为民者，宣之使言”（《国语·周语上》），前后呼应。在此，子产明智地指出执政者应该重视清议的意义，以及抵制清议必将引起的巨大危害。

关于如何更好地发挥清议的作用，顾炎武根据古制，提出“设乡校，存清议于州里”。其友人黄宗羲看法相同，但说得更加具体。他认为“学校，所以养士也。然古之圣王，其意不仅此也，必使治天下之具皆出于学校，而后设学校之意始备”，进而提出“公其非是于学校”（《明夷待访录·学校》）。即学校有责任将朝政不当之处公之于众。

清议也有流弊。名列万历间天下“三大贤”的吕坤，认为“清议酷于律令，清议之人酷于治狱之吏。律令所冤，赖清议以明之，虽死犹生也；清议所冤，万古无反案矣”（《呻吟语·修身》）。确实，舆论并非一律，更不是都正确无误。或偏执、或怀有恶意的言论，借舆论之名到处散布，也不少见，故历来都有“人言可畏”的慨叹。但这并不能掩盖舆论监督的积极作用。

清光绪二十四年十一月（1898 年 12 月），即戊戌政变三个月后，流亡日本的梁启超，在当地华侨冯镜如等人的资助下，创办著名的《清议报》。其宗旨是“主持清议，开发民智”，“为国民之耳目，作维新之喉舌”（《清议报叙例》）。虽然梁启超赋予《清议报》众多新时代的内容，但其继承的，仍是起于东汉党人、顾炎武所赞扬的“风雨如晦，鸡鸣不已”的警世精神。

名　教[1]

司马迁作《史记·货殖传》，谓自廊庙朝廷、岩穴之士，“无不归于富厚[2]”，等而下之，至于“吏士舞文弄法，刻章伪书，不避刀锯之诛者，没于赂遗[3]”。而仲长敖《核性赋》谓[4]：“倮虫三百[5]，人最为劣。爪牙皮毛，不足自卫，唯赖诈伪，迭相嚼啮。”等而下之，至于“台隶僮竖[6]，唯盗唯窃”。乃以今观之，则无官不赂遗，而人人皆吏士之为矣；无守不盗窃，而人人皆僮竖之为矣。自其束发读书之时，所以劝之者，不过所谓“千钟粟”“黄金屋”[7]，而一旦服官，即求其所大欲。君臣上下怀利以相接，遂成风流，不可复制[8]。后之为治者，宜何术之操？曰：唯名可以胜之。名之所在，上之所庸[9]，而忠信廉洁者显荣于世；名之所去，上之所摈，而怙侈贪得者废锢于家。即不无一二矫伪之徒，犹愈于肆然而为利者。《南史》有云："汉世士务修身[10]，故忠孝成俗。至于乘轩服冕，非此莫由。晋、宋以来，风衰义缺。"故昔人之言，曰"名教"，曰"名节"，曰"功名"，不能使天下之人以义为利，而犹使之以名为利，虽非纯王之风[11]，亦可以救积洿之俗矣[12]。

重提"名教"，是为了抵制当世盛行的贪淫嗜利之风。

《旧唐书》[13]：薛谦光为左补阙[14]，上疏言："臣窃窥古之取士，实异于今。先观名行之源，考其乡邑之誉，崇礼让以厉己，显节义以标信，以敦朴为先最，以雕虫为后科[15]。故人崇劝让之风，士去轻浮之行。希仕者必修贞确不拔之操[16]，行难进易退之规。众议已定其高下，郡将难诬其曲直。故计贡之贤愚[17]，即州将之荣辱；假有秽行之彰露，亦乡人之厚颜。是以李陵降而陇西惭[18]，干木隐而西河美[19]。故名胜于利，则小人之道消；利胜于名，则贪暴之风扇。

自七国之季[20]，虽杂纵横[21]，而汉代求才，犹征百行[22]。是以礼节之士，敏德自修，闾里推高，然后为府寺所辟[23]。今之举人，有乖事实，乡议决小人之笔，行修无长者之论，策第喧竞于州府[24]，祈恩不胜于拜伏。或明制避武后嫌名[25]，“诏”改为“制”。才出，试遣搜扬[26]，驱驰府寺之门[27]，出入王公之第。上启陈诗，唯希欬唾之泽[28]；摩顶至足，冀荷提携之恩。故俗号举人，皆称‘觅举’。觅者，自求之称也。夫徇己之心切[29]，则至公之理乖；贪仕之性彰，则廉洁之风薄。是知府命虽高[30]，异叔度勤勤之让；黄门已贵，无秦嘉耿耿之辞[31]。纵不能挹己推贤[32]，亦不肯待于三命[33]。故选司补置[34]，喧然于礼闱[35]；州贡宾王[36]，争讼于阶闼[37]。谤议纷合，渐以成风。夫竞荣者必有争利之心，谦逊者亦无贪贿之累。自非上智，焉能不移？在于中人，理由习俗。若重谨厚之士，则怀禄者必崇德以修名；若开趋竞之门，则徼幸者皆戚施而附会[38]。附会则百姓罹其弊，修名则兆庶蒙其福[39]。风化之渐，靡不由兹。”嗟乎，此言可谓切中今时之弊矣！

汉人以名为治，故人材盛。今人以法为治，故人材衰。

宋范文正《上晏元献书》曰[40]："夫名教不崇，则为人君者谓尧舜不足法，桀纣不足畏；为人臣者谓八元不足尚[41]，四凶不足耻[42]，天下岂复有善人乎？人不爱名，则圣人之权去矣。"

今日所以变化人心、荡涤污俗者，莫急于劝学、奖廉二事。天下之士，有能笃信好学，至老不倦，卓然可当方正有道之举者，官之以翰林、国子之秩[43]，而听其出处[44]，则人皆知向学，而不竞于科目矣。庶司之官[45]，有能洁己爱民，以礼告老，而家无儋石之储者[46]，赐之以五顷十顷之地，以为子孙世业，而除其租赋，复其丁徭[47]，则人皆知自守，而不贪于货赂矣。岂待菑川再遣[48]，方收牧豕之儒；公孙弘。优孟陈言[49]，始录负薪之胤。孙叔敖。而扶风之子[50]，特赐黄金；尹翁归。涿郡之贤[51]，常颁羊酒。韩福。遂使名高处士，德表具僚[52]，当时怀稽古之荣[53]，没世仰遗清之泽[54]，不愈于科名爵禄劝

选拔人才，取决于品节和名望，还是趋竞和行贿，直接关系到官场的正邪、风俗的清浊。

劝学、奖廉，即"博学于文""行己有耻"。

人、使之干进而饕利者哉？以名为治，必自此涂始矣[55]。

汉平帝元始中[56]，诏曰："汉兴以来[57]，股肱在位，身行俭约，轻财重义，未有若公孙弘者也。位在宰相封侯，而为布被脱粟之饭，奉禄以给故人宾客，无有所余，可谓减于制度应劭曰："礼贵有常尊，衣服有品。"而率下笃俗者也，与内富厚而外为诡服以钓虚誉者殊科。其赐弘后子孙之次见为适者，爵关内侯，食邑三百户。"

《魏书》：嘉平六年[58]，"朝廷追思清节之士"，诏赐故司空徐邈、征东将军胡质、卫尉田豫家"谷二千斛、帛三十束，布告天下"。

……

［注释］

[1] 名教：以正名分为主的礼教，泛指社会人伦秩序。从字面上看，为名声与教化。即以名为教，以"好名之心"去抑制情欲的冲动。 [2] 归于富厚：以增加财富为最终目的。 [3] 没于赂遗：沉溺在贿赂之中。 [4] 仲长敖《核性赋》：仲长敖，西晋人。《隋书·经籍志四》载"《仲长敖集》二卷"。《核性赋》载于《艺文类聚》卷二十一。 [5] 倮虫三百：《大戴礼记·易本命》："倮之虫三百六十，而圣人为之长。"倮虫是古代所称的"五

虫”之一，总称无羽毛鳞甲蔽身的动物（倮同裸）。也用于专指人类。 [6] 台隶：地位最低下的奴仆。僮竖：童仆。 [7]“千钟粟”“黄金屋”：宋真宗赵恒《励学篇》：“富家不用买良田，书中自有千钟粟。安居不用架高堂，书中自有黄金屋。出门莫恨无人随，书中车马多如簇。娶妻莫恨无良媒，书中自有颜如玉。男儿欲遂平生志，五经勤向窗前读。” [8] 不可复制：不再能够制约。 [9] 庸：用。 [10]“汉世士务修身”以下六句：语出《南史·孝义传下》。 [11] 纯王：纯粹的王道。 [12] 洿：通“污”。 [13]《旧唐书》：指《旧唐书·薛登传》。 [14] 薛谦光：本名谦光，常州义兴（今江苏宜兴）人。武则天天授间为左补阙。睿宗景云年间拜御史大夫，不畏权势，敢于直言。撰《四时记》二十卷。 [15] 雕虫：比喻从事不足道的小技艺，常指写作诗文辞赋。科：等级。 [16] 希仕者：希图（谋求）仕进的人。 [17] 计贡：州郡随年终上计贡举的人材。 [18] 李陵：字少卿，陇西成纪（今甘肃秦安）人。飞将军李广长孙。汉武帝天汉二年（前99），跟随贰师将军李广利出征匈奴，率五千步兵与八万匈奴兵战于浚稽山，终因寡不敌众兵败投降。汉武帝误信谗言，夷灭李陵三族。 [19]：干木隐而西河美：段干木，名克，封于段。魏国安邑（今山西夏县）人。战国初年魏国名士。魏文侯求贤若渴，用段干木，称霸中原。西河，战国魏地。《史记·仲尼弟子列传》：“子夏居西河教授，为魏文侯师。”一说在今山西、陕西间黄河左右；一说在今河南安阳。段干木曾游西河，投身子夏门下，为孔子再传弟子。 [20] 七国之季：战国后期。战国为秦、楚、齐、赵、魏、韩、燕七国（雄）争战时期。 [21] 纵横：纵横家。战国时期以从事政治外交活动为主的流派，相传为“谋圣”鬼谷子创立。 [22] 百行：各种品行、德行。 [23] 辟：辟召，指官府征召，授予官职。 [24] 策第：策试和选评。 [25] 武后：武曌（zhào），并州文水（今山西文水）人。唐高宗皇后。天授元年（690）称帝，改国号为周，退位后上尊号为“则天大圣皇帝”。[26]搜扬：访求举拔。[27]府寺：泛指高官的府邸或官署。[28]欬唾：比喻声音、谈吐。形容不费力气或时间短暂。欬（kài），也作“咳”。咳嗽。[29]徇己：营私。[30]“是知府命虽高”二句：“命”字疑衍。黄宪，字叔度，汝南慎阳（今河南正阳）人。东汉贤士。“太守王龚在郡，礼进贤达，多所降致，卒不能屈宪”。“初举孝廉，又辟公府，友人劝其仕，宪亦不拒之，暂到京师而还，竟无所就”（《后汉书·黄宪传》）。[31]秦嘉耿耿之辞：秦嘉，字士会，陇西（治所在今甘肃通渭）人。东汉诗人。桓帝时任黄门郎，远赴洛阳。其妻徐淑因病还家。夫妻书信往还，诗词酬答，各叙款曲，情辞动人。[32]挹：通“抑”，谦抑。[33]三命：任州府官的辟命。颜延之《陶征士诔并序》：“初辞州府三命，后为彭泽令，道不偶物，弃官从好。”[34]选司：主管铨选官吏的机构。[35]礼闱：汉代尚书省在建礼门内，又近禁闱，故称之为礼闱。[36]宾王：指辅佐帝王的贤士。[37]阶阀：陛阶和宫门，借指宫闱，此指朝廷。[38]徼幸：同“侥幸”，非分企求。戚施：谄谀献媚。[39]兆庶：兆民，百姓。[40]宋范文正《上晏元献书》：《范文正公集》作《上资政晏侍郎书》。晏元献，晏殊，字同叔，抚州临川（今属江西）人。北宋文学家。仁宗时为宰相。[41]八元：见《法制》注[11]。[42]四凶：见《清议》注[20]。[43]翰林：翰林院。自唐以后，翰林院集中了当时士人中的精英，为养才储望之所。明代翰林官负责修书撰史，起草诏书，为皇室成员侍读，担任科举考官等。国子：国子监。古代最高学府和教育管理机构。秩（zhì）：官员的俸禄，也指官员的品级。[44]而听其出处：听任他出仕和隐退。[45]庶司：各官署，诸衙门。[46]儋石：《汉书·蒯通传》：“守儋石之禄者，阙卿相之位。”颜师古注：“或曰，儋者，一人之所负担也。”又引应劭曰：“齐人名小罂为儋，受二斛。”儋，石罂。儋受一石，故称儋石。用以计量谷物。一说一石为石，二石为儋，谓一人所担。也借指少量米粟。 [47]复：谓免除徭役或赋税。丁徭：丁役。指古代壮丁所服的劳役。 [48]“岂待菑川再遣”二句：《汉书·公孙弘传》：“公孙弘，菑川薛人也……家贫，牧豕海上。年四十余，乃学《春秋》杂说。武帝初即位，招贤良文学士，是时，弘年六十，以贤良征为博士。使匈奴，还报，不合意，上怒，以为不能，弘乃移病免归。元光五年，复征贤良文学，菑川国复推上弘……弘至太常。上策诏诸儒……时对者百余人，太常奏弘第居下。策奏，天子擢弘对为第一。召入见，容貌甚丽，拜为博士，待诏金马门。” [49]“优孟陈言”二句：《史记·滑稽列传》：“优孟，故楚之乐人也。长八尺，多辩，常以谈笑讽谏……楚相孙叔敖知其贤人也，善待之。病且死，属其子曰：‘我死，汝必贫困。若往见优孟，言我孙叔敖之子也。’居数年，其子穷困负薪，逢优孟……（优孟）即为孙叔敖衣冠，抵掌谈语。岁余，像孙叔敖，楚王及左右不能别也。庄王置酒，优孟前为寿。庄王大惊，以为孙叔敖复生也，欲以为相。优孟曰：‘请归与妇计之，三日而为相。’庄王许之。三日后，优孟复来。王曰：‘妇言谓何？’孟曰：‘妇（妻子）言慎无为，楚相不足为也。如孙叔敖之为楚相，尽忠为廉以治楚，楚王得以霸。今死，其子无立锥之地，贫困负薪以自饮食。必如孙叔敖，不如自杀。’……于是庄王谢优孟，乃召孙叔敖子，封之寝丘四百户，以奉其祀。后十世不绝。”胤，后嗣。 [50]“而扶风之子”二句：《汉书·尹翁归传》：“尹翁归，字子兄，河东平阳人也，徙杜陵。翁归少孤，与季父居。为狱小吏，晓习文法。喜击剑，人莫能当……以高第入守右扶风……京师畏其威严，扶风大治，盗贼课常为三辅最。翁归为政虽任刑，其在公卿之间清洁自守，语不及私……元康四年病卒。家无余财，天子贤之……赐翁归子黄金百斤，以奉其祭祠。”扶风，汉代三辅之一。汉时将京兆尹、左冯翊、右扶风称三辅，即把京师附近地区归三个地方官分别管理。 [51]“涿郡之贤”二句：《汉书·两龚传》：“王莽秉政，胜（龚胜）与汉（邴汉）俱乞骸骨（因年老请求辞职）。自昭帝时，涿郡韩福以德行征至京师，赐策书束帛遣归……于是王莽依故事，白遣胜、汉。策曰：‘……大夫其修身守道，以终高年。赐帛及行道舍宿，岁时羊酒衣衾，皆如韩福故事。’”羊酒，以肥羊为主料，配以各种中药材制成的药酒。 [52]具僚：指官员，特指一般官吏。 [53]稽古：考察古代事迹，以明辨是非。 [54]遗清：遗留的清高品节。 [55]涂：同“途”。 [56]汉平帝元始中：汉哀帝死后，王莽迎立年仅九岁的中山王刘衎入宫，五年后去世，谥号孝平皇帝。元始，汉平帝年号。 [57]“汉兴以来”以下十四句：语出《汉书·公孙弘传》。股肱，腿和胳膊，比喻辅佐帝王的重臣。脱粟，指糙米，只去皮壳、不加精制的米。减于制度，意谓达不到规定的待遇。应劭，字仲瑗，汝南郡南顿县（今河南项城西）人。东汉末年学者。著有《汉官仪》等。诡服，故意穿粗布衣服。适，同“嫡”。 [58]“嘉平六年”以下四句：见《三国志·魏书·徐邈传》。嘉平六年，254年。嘉平，魏齐王芳年号。徐邈，字景山，燕国蓟县（今北京附近）人。齐王芳正始元年（240）入朝，迁司隶校尉，百僚敬畏。后拜司空，固辞不受，“赏赐皆散与将士，无入家者，妻子衣食不充”。胡质，字文德，寿春（今安徽寿县）人。正始二年（241）迁征东将军，“每军功赏赐，皆散之于众，无入家者”（《三国志·魏书·胡质传》）。田豫，字国让，渔阳雍奴（今天津武清）人。曹操部将，常年镇守北疆。魏明帝景初末，征为卫尉，“清俭约素，赏赐皆散之将士。每胡、狄私遗，悉簿藏官，不入家。家常贫匮”（《三国志·魏书·田豫传》）。“帛三十束”，《徐邈传》作“钱三十万”。

［点评］

“名教”二字，早已见于先秦的《管子》。魏晋年间，世人好谈“名教”。所谓“以名为教”，是基于孔子“正名”思想的教化，究其实，仍是以维护纲常名分为主的礼教，用晋袁宏的话说：“夫君臣父子，名教之本也。”（《后汉纪·献帝纪》）故遭到一些旷达之士的抵制，王弼认为名教出于自然，阮籍、嵇康更是提出“越名教而任自然”的主张，以致被视为“名教罪人”。

明代袁中道提出以名利为教，赋名教以新义：“名者，所以教中人也。何也？人者，情欲之聚也，任其情欲，则悖礼蔑义，靡所不为。圣人知夫不待教而善者，上智也；待刑而惩者，下愚也。其在中人之性，情欲之念虽重，而好名之念尤重，故借名以教之，以为如此则犯清议，如彼则得美名，使之有所惧焉而不敢为，有所慕焉而不得不为……好名者，人性也，圣人知好名之心，足以夺人所甚欲，而能勉其所大不欲，故婴儿乎天下而以名诱，此名教之所设也。”（《珂雪斋集·名教鬼神》）本文所论，即继承了这种说法。

明末官场已到了无官不贿赂、无守不盗窃的地步。儿童刚开始读书，就被灌输“书中自有黄金屋，书中自有千钟粟，书中自有颜如玉”的名利思想；一旦学有所成，真进入官场，人性中卑劣的一面更加膨胀，必然唯利是图，欲壑难填。当君臣上下，都以“利”作为孜孜以求的目标，作为待人接物的基础，作为成功与否的标准，形成一种风气，其祸害就无法控制了。为了整顿官风，提高官吏的整体素质，顾炎武主张“以名为教”，利用人好名之心，将道德教化和个人名利联系起来，以公众舆论的褒贬（即名声美恶），衡量某人品行的高下，并以此作为考核、选拔官吏的前提，促使官吏遏制贪欲淫念，去追求能同时给他们带来利的“忠信廉洁”之名。这样做，固然还是出自利益的驱动，“不能使天下之人以义为利，而犹使之以名为利，虽非纯王之风，亦可以救积洿之俗矣”。无论如何，这对国家和社会有利，比以贪欲为利，总要好得多。

廉　耻

《五代史·冯道传》[1]："论曰：礼义廉耻[2]，国之四维。'四维不张，国乃灭亡。'善乎管生之能言也[3]！礼义，治人之大法；廉耻，立人之大节。盖不廉则无所不取，不耻则无所不为。人而如此，则祸败乱亡，亦无所不至。况为大臣，而无所不取，无所不为，则天下其有不乱、国家其有不亡者乎？"然而四者之中，耻尤为要。故夫子之论士，曰："行己有耻[4]。"孟子曰："人不可以无耻[5]。无耻之耻，无耻矣。"又曰："耻之于人大矣[6]，为机变之巧者，无所用耻焉。"所以然者，人之不廉而至于悖礼犯义，其原皆生于无

顾炎武生当异族入侵，社会动乱的年代，目睹世风日下，士气颓堕，学风浮夸，甚者寡廉鲜耻，卖身求荣，故开篇即强调丧失"廉耻"事关国家危亡，语含感慨。

耻也。故士大夫之无耻，是谓国耻[7]。吾观三代以下，世衰道微，弃礼义，捐廉耻，非一朝一夕之故。然而松柏后凋于岁寒[8]，鸡鸣不已于风雨[9]，彼昏之日，固未尝无独醒之人也[10]。顷读《颜氏家训》有云[11]："齐朝一士夫尝谓吾曰[12]：'我有一儿，年已十七，颇晓书疏。教其鲜卑语及弹琵琶，稍欲通解。以此伏事公卿，无不宠爱。'吾时俯而不答。异哉，此人之教子也！若由此业自致卿相，亦不愿汝曹为之。"嗟乎，之推不得已而仕于乱世[13]，犹为此言，尚有《小宛》诗人之意[14]，彼阉然媚于世者，能无愧哉！

"《小宛》诗人之意"，既是感念故土之意，也是警戒避乱之意。

罗仲素曰[15]："教化者[16]，朝廷之先务；廉耻者，士人之美节；风俗者，天下之大事。朝廷有教化，则士人有廉耻；士人有廉耻，则天下有风俗。"

古人治军之道，未有不本于廉耻者。《吴子》曰[17]："凡制国治军[18]，必教之以礼，励之以义，使有耻也。夫人有耻，在大足以战，在小足以守矣。"《尉缭子》言[19]："国必有慈孝廉耻之俗[20]，则可以死易生。”而太公对武王[21]：“将有三胜”[22]，一曰“礼将”，二曰“力将”，三曰“止欲将”。故礼者所以“班朝治军”[23]，而《兔罝》之武夫皆本于文王后妃之化[24]，岂有“淫刍荛”“窃牛马”[25]，而为暴于百姓者哉？

“兵者凶器”“兵不厌诈”，这是人们对战争最常见的认识。但用兵取胜却不能一味靠残杀、诈骗。胜人先胜心，故礼义廉耻至关重要。下面举张奂和王佖的事例，两相对照，便是很好的说明。

《后汉书》：张奂为安定属国都尉[26]，“羌豪帅感奂恩德[27]，上马二十匹，先零酋长又遗金鐻八枚[28]。奂并受之，而召主簿于诸羌前，以酒酹地曰：‘使马如羊，不以入厩。使金如粟，不以入怀。’悉以金、马还之。羌性贪而贵吏清。前有八都尉，率好财货，为所患苦。及奂正身洁己，威化大行”。呜呼！自古以来，边事之败，有不始于贪求者哉？吾于辽东之事有感[29]。

杜子美诗[30]：“安得廉颇将[31]，三军同晏眠。”一本作“廉耻将”。诗人之意，未必及此。然吾观《唐书》言：王佖为武灵节度使[32]。“先是[33]，吐蕃欲成乌兰桥，每于河壖先贮材木，皆为节帅遣人潜载之，委于河流，终莫能成。蕃人知佖贪而无谋，先厚遗之，然后并役成桥，仍筑月城守之。自是朔方御寇不暇，至今为患。”由佖之黩货也[34]。故贪夫为帅，而边城晚开[35]。得此意者[36]，郢书燕说[37]，或可以治国乎？见《韩非子》。

［注释］

[1] 冯道：字可道，号长乐老，瀛州景城（今河北沧州西北）人。历仕五代时期后唐、后晋、后汉、后周四朝十位皇帝，期间还向辽太宗称臣，始终据三公、三师之位。死后追封瀛王。 [2]“礼义廉耻”以下四句：《管子·牧民》：“四维不张，国乃灭亡。国有四维……一曰礼，二曰义，三曰廉，四曰耻。”维，原指系物的大绳。这里指维系社会稳定的社会道德标准和行为规范。 [3] 管生：管仲。 [4] 行己有耻：语出《论语·子路》。言对自己的行为有羞恶意识。 [5]“人不可以无耻”以下三句：语出《孟子·尽心上》。言不能没有羞耻心。把没有羞耻心当作羞耻，那就不会有耻辱了。 [6]“耻之于人大矣”以下三句：语出《孟子·尽心上》。言羞耻对于人关系大极了。玩弄权术诡计的人，是到处不讲羞耻的。 [7] 国耻：《礼记·哀公问》：孔子曰：“物耻足以振之，国耻足以兴之。为政先礼，礼其政之本与？” [8] 松柏后凋于岁寒：《论语·子罕》：“岁寒，然后知松柏之后凋也。” [9] 鸡鸣不已于风雨：见《两汉风俗》注[6]。 [10] 独醒之人：《楚辞·渔父》：“举世皆浊我独清，众人皆醉我独醒。” [11]《颜氏家训》：颜之推记述个人经历、思想、学识以告诫子孙的著作，成于隋代。开后世“家训”的先河，影

响深广。　[12]“齐朝一士夫尝谓吾曰”以下十三句：语出《颜氏家训·教子》。齐朝，指北齐。鲜卑，起源于东胡族，风俗习惯同匈奴相似，是魏晋南北朝时期对中国影响最大的北方游牧民族。十六国时期，鲜卑族共建立十个国家。其拓跋部建立北魏，分裂为东魏（被北齐取代）和西魏（被北周取代）。汝曹，你们，指子孙辈。　[13]颜之推：字介，生于江陵（今湖北江陵），祖籍琅琊临沂（今山东临沂）。文学家、教育家。历仕南朝梁、北朝西魏、北齐、北周、隋。　[14]《小宛》诗人之意：《小宛》，《诗经·小雅》篇名。朱熹《诗集传》：“此大夫遭时之乱，而兄弟相戒以免祸之诗。故言彼宛然之小鸟，亦翰飞而至于天矣。则我心之忧伤，岂能不念昔之先人哉？是以明发不寐，而有怀乎父母也。此以为相戒之端。”　[15]罗仲素：罗从彦，字仲素，号豫章先生，出生在南剑州（今福建南平）。宋朝理学家，豫章学派创始人。著有《中庸说》《豫章文集》。　[16]“教化者”以下十句：语出《豫章文集·议论要语》。　[17]《吴子》：古代著名兵书，相传为吴起所作。与《孙子兵法》合称为《孙吴兵法》，北宋时期列入《武经七书》中。吴起，战国卫国左氏（今山东定陶西）人。军事家、政治家、改革家。与兵圣孙武并称“孙吴”。旧时为武庙十哲之一。　[18]“凡制国治军”以下七句：语出《吴子·图国》。　[19]《尉缭子》：古代兵书。其作者或以为战国魏惠王时的隐士，或以为秦始皇时的大梁人尉缭。　[20]“国必有慈孝廉耻之俗”二句：语出《尉缭子·战威》。以死易生，以作战将士的牺牲，换取国家的生存。　[21]太公：姜姓，吕氏，名尚，字子牙，号飞熊，河内郡汲县（今河南卫辉）人。西伯姬昌尊称太公望，民间称姜太公、姜子牙。周朝开国元勋，商末周初兵学奠基者，后世尊为兵家鼻祖、武圣。《六韬》（《太公兵法》）相传为其所作。武王：周武王，姬姓，名发，周文王姬昌次子，岐周（今陕西岐山）人。西周王朝的开国君主。 [22]“将有三胜”以下四句：《六韬·龙韬·励军》：“武王问太公曰：‘吾欲令三军之众，攻城争先登，野战争先赴，闻金声而怒，闻鼓声而喜，为之奈何？’太公曰：‘将有三胜。’武王曰：‘敢问其目。’太公曰：‘将冬不服裘，夏不操扇，雨不张盖，名曰礼将；将不身服礼（不能亲身执行礼法），无以知士卒之寒暑。出隘塞，犯涂泥，将必先下步，名曰力将；将不身服力，无以知士卒之劳苦。军皆定次，将乃就舍。炊者皆熟，将方就食。军不举火，将亦不举，名曰止欲将；将不身服止欲，无以知士卒之饥饱。将与士卒共寒暑、劳苦、饥饱，故三军之众，闻鼓声则喜，闻金声则怒。高城深池，矢石繁下，士争先登；白刃始合，士争先赴。士非好死而乐伤也，为其将知寒暑、饥饱之审，而见寒暑之明也。’” [23]礼者所以“班朝治军”：《礼记·曲礼上》：“班朝治军，涖官（官吏到任）行法，非礼威严不行。”班朝，谓整肃朝班。 [24]《兔罝》之武夫皆本于文王后妃之化：《兔罝》，《诗经·周南》篇名。这是一首赞美武士的诗。《毛诗序》：“《兔罝》，后妃之化也。” [25]淫刍荛：《左传》昭公十三年：“次于卫地，叔鲋求货于卫，淫刍荛者。”言晋国大夫羊舌鲋为了向卫国索取财货，放纵手下乱砍乱伐进行捣乱。刍荛，割草打柴。窃牛马：语出《尚书·周书·费誓》：“无敢寇攘，逾垣墙，窃牛马，诱臣妾，汝则有常刑。” [26]张奂：字然明。敦煌郡渊泉县（今甘肃安西东）人。在汉末对外战争中功勋卓著。安定：东汉安定郡属凉州，治所在临泾县（今甘肃镇原南）。属国都尉：汉武帝时，在边地内迁少数民族地区设置。东汉时，统县治民，和郡太守相同。 [27]羌：古人对居住在中国西部游牧部落的泛称。 [28]先零：先零羌，古代羌人部落之一，为最强大的部落联盟。镰（qú）：金银制成的耳环。 [29]辽东之事：指明朝与清军（后金）的战事。 [30] 杜子美：杜甫。 [31]“安得廉颇将”二句：语出《遣兴三首》（其一）。廉颇，嬴姓，廉氏，名颇，中山苦陉（今河北定州）人。战国末期赵国名将。晏，晚。晏眠，睡得很迟才起床。 [32] 王佖：廓州宁塞郡（今青海生尖札）人。善骑射，早年跟从舅父李晟征战四方，屡立战功。 [33]“先是”以下十二句：语出《旧唐书·王佖传》。文字有出入。河壖（ruán），也作“河堧”，河边地。节帅，节度使。月城，也叫瓮城。城外用来屏蔽城门的小城。 [34] 黩货：贪财。 [35] 边城晚开：意谓边城到夜晚依然不得安宁。 [36] 此意：指将杜诗“廉颇将”写作“廉耻将”之意。 [37] 郢书燕说：指在解释文章时曲解了原意，但有时可能也表达出了有价值的观点。见《春秋阙疑之书》注 [25]。

［点评］

《两汉风俗》论朝廷政令对风俗的影响，《正始》论思想意识对风俗的影响，《宋世风俗》论道德人心对风俗的影响，《清议》论社会舆论对风俗的影响，《名教》论以名为教对风俗的影响，本文则论道德品质对风俗的影响。《管子》从治国大政着眼，提出礼、义、廉、耻乃国之四维，“四维不张，国乃灭亡。”孟子说：“恻隐之心，仁之端也；羞恶之心，义之端也；辞让之心，礼之端也；是非之心，智之端也。人之有是四端也，犹其有四体也。”（《孟子·公孙丑上》）其中羞恶即耻，辞让近廉。孟子的四端论，是根据人的心理情感提出的，以“性善”为核心，指人的四种固有的德性。但在现实社会中，“四端”常泯没在个人的利欲冲动中、人与人之间利害关系的冲撞中、由利益分配不公导致的社会冲突中，因此需要通过教化，重新激起人固有的良知。

“四维”之中，“耻尤为要”，但又最难做到。对此，阎若璩作了说明：“今人动称廉耻，其实廉易而耻难。如公孙弘布被脱粟，不可谓不廉，而曲学阿世，何无耻也！冯道刻苦俭约，不可谓不廉，而更事四姓十君，何无耻之甚也！盖廉乃立身之一节，而耻乃根心之大德，故廉尚可矫，而耻不容伪。”（《潜邱札记》）

顾炎武的道德教化说，分两个层次：一是个人道德：要知耻，有爱心。二是社会道德：要爱国，有社会责任感。“博学于文”“行己有耻”出于《论语·颜渊》和《子路》篇。顾炎武将二者合而为一，以此为立身之鹄。他说：“圣人之道者如之何？曰：‘博学于文。’曰：‘行己有耻。’自一身以至于天下国家，皆学之事也；自子臣弟友以至出入、往来、辞受、取与之间，皆有耻之事也。耻之于人大矣！不耻恶衣恶食，而耻匹夫匹妇之不被其泽。故曰：‘万物皆备于我矣，反身而诚。’呜呼！士而不先言耻，则为无本之人；非好古而多闻，则为空虚之学；以无本之人，而讲空虚之学，吾见其日从事于圣人而去之弥远也。”（《亭林文集·与友人论学书》）在此，顾炎武将“知耻”作为道德底线，以不能为天下百姓造福为耻，体现了以天下为己任的责任感。

作为社会表率的士大夫，理应是廉耻的力行者。顾炎武一生律己甚严，身处逆境，自强不息，穷而弥坚，老当益壮。生当天下沦亡之际，他格外重视气节，期待民族复兴。一切不廉不耻的品行，都成了他批判的对象。“士人不尚廉耻，而望风俗之美，其可得乎？”（罗从彦

《议论要语》）特别是当危亡之际，“天下其有不乱、国家其有不亡者乎？”正因为士大夫有无廉耻，直接影响到风俗的淳厚浇薄、天下国家的安危，故顾炎武将“士大夫之无耻”，称为“国耻”。

乡　原[1]

乡原和道家思想，有着某种内在的联系。

老氏之学所以异乎孔子者[2]，“和其光[3]，同其尘”，此所谓似是而非也。《卜居》《渔父》二篇尽之矣[4]，非不知其言之可从也，而义有所不当为也。子云而知此义也[5]，《反离骚》其可不作矣。寻其大指，“生斯世也，为斯世也，善斯可矣。”此其所以为莽大夫与[6]？

《卜居》《渔父》，“法语”之言也[7]。《离骚》《九歌》[8]，“放言”也[9]。

［注释］

[1] 乡原：《论语·阳货》：“乡原，德之贼也。”《孟子·尽心下》：“生斯世也，为斯世也，善斯可矣（生在这个社会，在这个

社会做事，只要在这里混得好就行了)。阉然媚于世也者，是乡原也。”“非之无举也，刺之无刺也，同乎流俗，合乎污世，居之似忠信，行之似廉洁，众皆悦之，自以为是，而不可与入尧舜之道，故曰‘德之贼’也。”言没有是非、同流合污的好好先生，是败坏道德的人。 [2] 老氏：老子，见《艮其限》注[23]。 [3]“和其光”二句：语出《老子·道经》。言与尘世调和、混同，指不露锋芒、与世无争的处世态度。 [4]《卜居》《渔父》二篇尽之矣：《卜居》《渔父》，《楚辞》篇名，相传为屈原所作。前者通过屈原和詹尹的对话，反映了屈原不愿同流合污的斗争精神。后者通过屈原和渔父的对话，表明屈原的品德和志趣。 [5]“子云而知此义也”二句：子云，扬雄，见《春秋言天之学》注[9]。《汉书·扬雄传》：“怪屈原文过相如(司马相如)，至不容，作《离骚》，自投江而死，悲其文，读之未尝不流涕也。以为君子得时则大行，不得时则龙蛇(《周易·系辞下》：“龙蛇之蛰，以存身也。”谓隐匿、退隐)，遇不遇命也，何必湛(沉没)身哉！乃作书，往往摭《离骚》文而反之，自峄山(岷山)投诸江流以吊屈原，名曰《反离骚》。” [6] 莽大夫：王莽代汉自立后，扬雄曾任新朝大夫。 [7] 法语：《论语·子罕》：“法语之言，能无从乎？”谓严正合理的话，能不听从吗？ [8]《离骚》《九歌》：《楚辞》篇名，屈原作。前者陈述诗人的忧患和理想，后者通过描写神灵间的眷恋，表现诗人对国家深沉的关切。 [9] 放言：《论语·微子》：“虞仲、夷逸，隐居放言。”何晏《论语集解》引包咸曰：“放，置也不复言世务。”即不谈世事。一说为放纵其言。朱熹《论语集注》：“隐居放言，则言不合先王之法者多矣，然清而不汙也。”刘宝楠《论语正义》解为“放肆其言，不拘节制”。在此，似以放纵直言为是。

［点评］

“将泛泛若水中之凫乎？与波上下，偷以全吾躯乎？”（《卜居》）屈原这句话，堪称对乡原形象的写照。明哲保身，和光同尘，适应环境，取悦社会，是乡原的立身之本，也是其处世之道。此风盛行，必然如《夸毗》中所言：“朝多沓沓之流，士保容容之福”，“以拱默保位者为明智，以柔顺安身者为贤能”。而当“天下兴亡”之际，应是“匹夫有责”之时。故顾炎武对姑息容忍罪恶、不敢进行抵抗的乡原，分外厌恶。与此相对的，是他对狂狷和耿介之士的赞美：“大凡伉爽高迈之人易与入道，夫子言‘狂者进取’，正谓此尔。”（《菰中随笔》）“尧舜所以行出乎人者，以其耿介。同乎流俗，合乎污世，则不可与入尧舜之道矣。”（《日知录·耿介》）

俭约

“国奢示之以俭[1]”，君子之行，宰相之事也。汉汝南许劭为郡功曹[2]，“同郡袁绍[3]，公族豪侠，去濮阳令归，车徒甚盛。入郡界，乃谢曰：‘吾舆服岂可使许子将见之？’遂以单车归家”。晋蔡充好学[4]，有雅尚，体貌尊严，为人所惮。高平刘整，车服奢丽，尝语人曰：“纱縠，吾服其常耳。遇蔡子尼在坐，而经日不自安。”北齐李德林父亡[5]，“时正严冬，单衰徒跣”，“自驾灵舆”，反葬博陵。崔谌休假还乡，将赴吊，“从者数十骑，稍稍减留，比至德林门，才余五骑，云：‘不得令李生怪人熏灼。’”李僧伽“修整笃业[6]，不应辟命”。“尚书袁叔德来候僧伽，先减仆从，然后入门。曰：‘见此贤，令吾羞对轩冕。’”夫惟君子之能以身率物者如此[7]，是以居官而化一邦，在朝廷而化天下。魏武帝时[8]，毛玠为东曹掾，典选举，“以俭率人，天下之士莫不以廉节自励，虽贵宠之臣，舆服不敢过度”。唐大历末[9]，元载伏诛[10]，拜杨绾为相[11]。绾“质性贞廉[12]，车服俭朴，居庙堂未数日，人心自化。御史中丞崔宽，剑南西川节度使宁之弟，家富于财，有别墅在皇城之南，池馆台榭，当时第一，宽即日潜遣毁撤。中书令郭子仪在邠州行营，闻绾拜相，坐中音乐减散五分之四。京兆尹黎幹每出入，驺从百余，亦即日减损，惟留十骑而已”。“李师古跋扈[13]，惮杜黄裳为相，命一干吏寄钱数千缗、毡车子一乘。使者到门，未敢送。伺候累日，有绿舆自宅出，从婢二人，青衣褴褛，言是相公夫人。使者遽归，告师古。师古折其谋，终身不敢改节。”此则禁郑人之泰侈[14]，奚必于三年；变雒邑之矜夸[15]，无烦乎三纪。修之身，行之家，示之乡党而已[16]，道岂远乎哉！

通篇列举史实，可谓“廉耻”二字的形象说明。其中杨绾等人立身清廉，而郭子仪等人则是见而知耻。

[注释]

[1] 国奢示之以俭:《礼记·檀弓下》:“国奢,则示之以俭;国俭,则示之以礼。” [2] 汝南许劭为郡功曹:许劭,字子将,汝南平舆(今河南平舆)人。东汉末年人物评论家。据说他每月都要对当时人物进行一次品评,人称为“月旦评”。曾任汝南郡功曹(汉代为郡守、县令的主要佐吏,主管考察记录业绩)。 [3]“同郡袁绍”以下八句:见《后汉书·许劭传》。袁绍,字本初,汝南郡汝阳县(今河南商水西北)人。出身名门,汉末群雄之一。去濮阳令归,辞去濮阳令的职位回家。舆服,车舆冠服与各种仪仗。 [4]“晋蔡充好学”以下十一句:见《世说新语·轻诋》刘孝标注引《蔡充别传》。蔡充,《晋书·蔡谟传》作“蔡克”。字子尼,陈留雍丘(今河南杞县)人。纱縠(hú),精细、轻薄的丝织品的通称。吾服其常耳,《蔡充别传》作“人常服耳”。经日,《蔡充别传》作“终日”。 [5]“北齐李德林父亡”以下十三句:见《隋书·李德林传》。李德林,字公辅,博陵安平(今河北安平)人。北齐时官中书侍郎,参与国史修撰,编成《齐史》二十七卷。周武帝灭北齐,“入邺之日”,专门遣人到李德林家“宣旨慰喻”,称“平齐之利,唯在于尔”。衰,古代用粗麻布制成的毛边丧服。徒跣,赤足徒步。灵舆,灵车,运载灵柩的车辆。崔谌,据《北齐书·李绘传》,曾任河间太守。熏灼,喻声威气势逼人。 [6]“李僧伽‘修整笃业’”以下八句:见《北史·序传》。李僧伽,北齐时人。《南史》《北史》作者李延寿族祖。辟命,征召,任命。轩冕,古时卿大夫的车子和服饰,也指官位爵禄及显贵的人。 [7] 率物:做众人的榜样。率,表率,楷模。 [8]“魏武帝时”以下七句:见《三国志·魏书·毛玠传》。毛玠,字孝先,陈留平丘(今河南封丘)人。曹操谋士,提出“奉天子以令不臣,修耕植,畜军资”的战略规划。东曹,汉代为丞相幕府官员,主“二千石长

吏迁除及军吏”（《后汉书·百官志》），权力甚大。曹操任丞相时，就以崔琰、毛玠为东曹，主管选举。掾，古代副官、佐吏的通称。 [9]大历：唐代宗李豫年号。 [10]元载：本姓景，字公辅，凤翔府岐山县（今陕西岐山）人。唐代宗即位，交好权宦李辅国，任宰相。以专权跋扈，全家坐罪赐死。 [11]杨绾：字公权，华州华阴（今陕西华阴）人。早年孤苦贫寒，以孝闻名。任命他为相的诏令公布后，朝野相互祝贺。 [12]“质性贞廉”以下十八句：语出《旧唐书·杨绾传》。崔宽，贝州安平（今河北安平）人。元载为相，擢升崔宽为御史中丞。剑南西川节度使，治所在成都府（今四川成都），辖境相当于今四川成都平原及其以北以西和雅砻江以东地区。宁，崔宁，又名崔旰，大历末入朝为检校司空、同平章事。郭子仪，华州郑县（今陕西渭南）人。出身太原郭氏。唐朝中兴名将，为平息安史之乱的最大功臣，封汾阳郡王。邠州，治所在新平（今陕西彬州）。行营，指军事长官出征时的驻地。大历三年，宰相元载等认为吐蕃频繁入侵，调任中书令、朔方节度大使郭子仪兼领邠宁庆节度使，移驻邠州。黎幹，字贞固，戎州（今四川宜宾）人。治理京城，为人称道。驺从，官僚出门时所带的骑马的侍从。 [13]“李师古跋扈”以下十四句：见张固《幽闲鼓吹》。文字有出入。李师古，营州（今辽宁朝阳）人，高丽族。父李纳死后，继任平卢淄青节度使。后入朝为相。杜黄裳，字遵素，京兆万年（今陕西西安）人。曾入郭子仪幕府。顺宗时为宰相。干吏，指负责具体事务或办事老练的官吏。缗（mín），古代穿铜钱用的绳子。也用作计量单位，一缗即一串铜钱（一千文）。毡车子，以毛毡为篷的车子。绿舆，外围绿布的轿子。青衣，青色或黑色的衣服，多为地位低下者所穿。褴缕，形容衣服破烂。 [14]“此则禁郑人之泰侈”二句：《左传》襄公三十年：“子产（春秋时期郑国执政）为政……大人之忠俭者，从而与之。

泰侈者，因而毙之……及三年，又诵之曰：'我有子弟，子产诲之。我有田畴，子产殖之。子产而死，谁其嗣之？'" [15]"变雒邑之矜夸"二句：《尚书·周书·毕命》："兹殷庶士，席宠惟旧，怙侈灭义，服美于人。骄淫矜侉，将由恶终。""惟周公左右先王，绥定厥家，毖殷顽民，迁于洛邑……既历三纪，世变风移，四方无虞。"言殷商众士，凭藉先人恩已经很久了，一味奢侈，丧失德义，穿着华美过人，骄横放纵，矜能自夸，必将以恶自亡。周公辅助先王，安定其封国之后，告诫殷商遗民，将他们迁徙到洛邑，使他们接近王室，因而他们被周公的训诫所感化。自从迁徙以来，已经过了三纪。人世变化，风俗转移，四方安定，没有忧患。三纪，古时以十二年为一纪，这里三纪谓三十多年。 [16]乡党：古代五百家为党，一万二千五百家为乡，合而称乡党。后用以指家乡、老乡。

[点评]

"历览前贤国与家，成由勤俭破由奢。"（李商隐《咏史》）杜甫进而提出："莫取金汤固，长令宇宙新。不过行俭德，盗贼本王臣。"（《有感五首》）只要统治者奉行俭约的美德，百姓就不会造反。国家安危治乱，"在德不在险"（《史记·孙子吴起列传》）。

尽管道理人人都懂，但在官场上贪渎无厌、矜夸侈靡的风气，却愈演愈烈。明嘉靖朝权相严嵩之子严世蕃，"熟谙中外官饶瘠险易，责贿多寡，毫发不能匿。其治第京师，连三四坊，堰水为塘数十亩，罗珍禽奇树其中，日拥宾客纵倡乐"。后被杀，"籍其家，黄金可三万余两，白金二百万余两，他珍宝服玩所直又数百万"（《明史·严世蕃传》)。又岂止一个严世蕃，与严嵩有杀父之仇的王世贞，这样描写当时的纨绔子弟：“问我汤沐邑，鄠杜最上腴。问我无名钱，敕赐蜀山垆。从奴衣火浣，下客蹑真珠。丸金弹飞鸟，椎铁击珊瑚。挥霍和氏璧，蹀躞大宛驹。”(《轻薄篇》)目睹世风日下，顾炎武痛心疾首地说：“今日所以变化人心，荡涤污俗者，莫急于劝学、奖廉二事。”(《日知录·名教》)

本文的宗旨在倡廉。文中所载袁绍、崔谌、袁叔德、郭子仪、黎干、李师古等人，均为达官贵人，有些还出自豪门望族，而李德林、杨绾早年孤苦清寒，许劭当时屈居下僚，毛玠无显赫身世，李僧伽更非朝廷命官，尽管前者一时炙手可热，甚至叱咤风云，但依然屈服于后者清廉的品格。贤人廉正，能使旁人知耻，可见当时道德具有比权势更大的力量。

“大臣法，小臣廉，官职相序，君臣相正，国之肥也。”(《礼记·礼运》)顾炎武认为：“大臣家事之丰约，关于政化之隆污”，故倡廉“必自大臣始”(《日知录·大臣》)。诸葛亮“自表后主，曰：‘成都有桑八百株，薄田十五顷，子弟衣食，自有余饶。至于臣在外任，无别调度，随身衣食悉仰于官，不别治生，以长尺寸。若臣死之日，不使内有余帛，外有赢财，以负陛下。’及卒，如其所言”(《三国志·蜀志·诸葛亮传》)。对此，顾炎武赞叹不已。

文中称杜黄裳身为宰相，而家室清贫。但在《日知录·大臣》中又说：“杜黄裳，元和之名相，而以富厚蒙讥。”前后抵牾。史载：“黄裳殁后，贿赂事发。(元和)八年四月，御史台奏：‘前永乐令吴凭为僧鉴虚受托，与故司空杜黄裳，于故州邠宁节度使高崇文处纳赂四万五千贯，并付黄裳男载，按问引伏。’”（《旧唐书·杜黄裳传》）据此，杜黄裳难副清廉之名。本文所录杜黄裳事迹，出自晚唐张固《幽闲鼓吹》，乃笔记小说，未必可信。

除 贪

汉时赃罪被劾，或死狱中，或道自杀。唐时赃罪多于朝堂决杀，其特宥者乃长流岭南[1]。睿宗太极元年四月制[2]：“官典：主司枉法，赃一匹已上，并先决一百。”而改元及南郊赦文[3]，每曰：“大辟罪已下[4]，已发觉未发觉，已结正未结正，系囚见徒，罪无轻重，咸赦除之。官典犯赃，不在此限。”然犹有左降遐方[5]，谪官蛮徼者[6]。而卢怀慎重以为言[7]，谓“屈法惠奸”，非正本塞源之术。是知“乱政同位”[8]，商后作其丕刑；“贪以败官”[9]，《夏书》训之必杀。三代之王，罔不由此道者矣。

宋初，“郡县吏承五季之习[10]，黩货厉民，故尤严贪墨之罪。开宝三年，董元吉守英州，受赃七十余万，帝以岭表初平，欲惩掊克之吏，特诏弃市”。而南郊“大赦[11]，十恶、故劫杀及官吏受赃者不原”。史言“宋法有可以得循吏者三”[12]，而不赦犯赃其一也。天圣以后[13]，士大夫皆知饰簠簋而厉廉隅[14]，盖上有以劝之矣。《石林燕语》[15]：“熙宁中[16]，苏子容判审刑院，知金州张仲宣坐枉法赃，论当死。故事：命官以赃论死，皆贷命，杖脊，黥配海岛。子容言：‘古者刑不上大夫，可杀则杀。仲宣五品官，今杖而黥之，得无辱多士乎？’乃诏免黥杖，止流岭外。”自是遂为例。然惩贪之法亦渐以宽矣。于文定慎行谓[17]：“本朝姑息之政甚于宋世[18]。败军之将可以不死，赃吏巨万仅得罢官。而小小刑名，反有凝脂之密，是轻重胥失之矣。”盖自永乐时[19]，赃吏谪令戍边；宣德中[20]，改为运砖纳米赎罪，浸至于宽[21]，而不复究前朝之法也。宣德中，都御史刘观坐受赃数千金[22]，论斩。上曰：“刑不上大夫。观虽不善，朕终不忍加刑。”命遣戍辽东[23]。正统初[24]，遂多特旨曲宥[25]。呜呼！法不立，诛不必[26]，而欲为吏者之毋贪，不可得也。人主既委其太阿之柄[27]，而其所谓大臣者，皆刀笔筐箧之徒[28]，毛举细故，以当天下之务，吏治何由而善哉？

必用重典，终身不赦。古代惩治贪赃之严、力度之大，足以令贪官生畏。

《北梦琐言》[29]："后唐明宗尤恶墨吏[30]。邓州留后陶玘[31]，为内乡令成归仁所论[32]，税外科配[33]，贬岚州司马[34]。掌书记王惟吉，夺历任告敕[35]，长流绥州[36]。亳州刺史李邺[37]，以赃秽赐自尽。汴州仓吏犯赃[38]，内有史彦珣，旧将之子，又是驸马石敬瑭亲戚[39]。王建立奏之[40]，希免死。上曰：'王法无私，岂可徇亲！'供奉官丁延徽[41]，巧事权贵，监仓犯赃，侍卫使张从宾方便救之。上曰：'食我厚禄，盗我仓储。苏秦复生，说我不得。'并戮之。"以是在五代中号为小康之世。

《册府元龟》载[42]：天成四年[43]，"十二月，蔡州西平县令李商[44]，为百姓告陈不公[45]，大理寺断止赎铜[46]。敕旨：'李商招愆[47]，俱在案款。大理定罪，备引格条[48]。然亦事有所未图，理有所未尽。古之立法，意在惜人。况自列圣相承，溥天无事[49]，人皆知禁，刑遂从轻。丧乱以来，廉耻者少。朕一临寰海，四换星灰[50]，常宣无外之风[51]，每革从前之弊，惟期不滥，皆守无私。李商不务养民，专谋润己。初闻告不公之事件，决彼状头[52]；又为夺有主之庄田，挞其本户。国家给州县篆印，只为行遣公文，而乃将印历下乡[53]，从人户取物。据兹行事，何以当官[54]！宜夺历任官，杖杀。'"读此敕文，明宗可谓得轻重之权者矣。

《金史》：大定十二年[55]，"咸平尹石抹阿没剌以赃死于狱[56]，上谓：'其不尸诸市，已为厚幸。贫穷而为盗贼，盖不得已。三品职官以赃至死，愚亦甚矣。其诸子皆可除名。'"夫以赃吏而锢及其子，似非"恶恶止其身"之义[57]。然贪人败类，其子必无廉清，则世宗之诏，亦未为过。《汉书》言李固、杜乔[58]，"朋心合力，致主文、宣。"而孝桓即位之诏有曰[59]："赃吏子孙，不得详举。"岂非汉人已行之事乎？

《元史》：至元十九年九月壬戌[60]，敕："中外官吏赃罪[61]，轻者决杖，重者处死。"

有庸吏之贪，有才吏之贪。《唐书 · 牛僧孺传》[62]：穆宗初[63]，为御史中丞。“宿州刺史李直臣坐赃当死[64]，中贵人为之申理”。“帝曰[65]：‘直臣有才，朕欲贷而用之。’僧孺曰：‘彼不才者，持禄取容耳。天子制法，所以束缚有才者。安禄山、朱泚以才过人，故乱天下。’帝是其言，乃止。”今之贪纵者，大抵皆才吏也，苟使之惕于法[66]，而以正用其才，未必非“治世之能臣”也[67]。

《后汉书》称袁安“为河南尹[68]，政号严明，然未尝以赃罪鞫人”。此近日为宽厚之论者所持以为口实。乃余所见数十年来姑息之政，至于纲解纽弛，皆此言贻之敝矣。嗟乎！范文正有言[69]：“一家哭，何如一路哭邪？”

朱子谓：“近世流俗[70]，惑于阴德之论，多以纵舍有罪为仁。”此犹人主之以行赦为仁也。孙叔敖断两头蛇而位至楚相[71]，亦岂非阴德之报邪？

唐柳氏家法[72]：“居官不奏祥瑞[73]，不度僧道，不贷赃。吏法。”此今日士大夫居官者之法也。宋包拯戒子孙[74]：“有犯赃者[75]，不得归本家，死不得葬大茔。”此今日士大夫教子孙者之法也。

廉洁和贪污，不仅与社会风气相关，也有家庭的影响；不仅需要刑法，也需要家法。

［注释］

[1] 特宥：特赦。长流：长期流放。岭南：南方五岭以南地区的概称，以五岭为界与内陆相隔，古代被看作蛮荒之地。五岭由越城岭、都庞岭、萌渚岭、骑田岭、大庾岭五座山组成，在江西、湖南与广东、广西四省的边境。 [2]“睿宗太极元年四月制”以下五句：见《旧唐书·睿宗本纪》。文字有出入。睿宗，唐睿宗李旦，武则天第四子。太极元年，712 年。官典，朝廷典制。先决一百，必须先打一百大板。 [3] 改元：古代皇帝在位期间改换年号。南郊：指古代皇帝在京城南面的郊外筑圜丘以祭天的地方，也指帝王祭天的大礼。 [4]“大辟罪已下”以下八句：见《文苑英华》卷四百二十三《尊号赦书二》。大辟，古代五刑之一。隋以前死刑的通称。已下，以下。见徒，现被拘禁执役的囚犯。 [5] 左降：汉代贵右贱左，故将贬官称为左迁。遐：远。 [6] 蛮徼（jiào）：边远蛮荒地区。徼，边境。 [7]“而卢怀慎重以为言”以下三句：卢怀慎，滑州灵昌县（今河南滑县）人。为官清廉。唐玄宗继位后，任宰相。《旧唐书·卢怀慎传》：唐中宗景龙中，任右御史台中丞，上疏以陈时政得失，云：“若犯罪之吏，作牧遐方，便是屈法惠奸，恤近遗远矣。凡左降之人，鲜能省过，必怀自弃，长恶滋深。则小州远郡，蛮陬夷落，何负于圣化，独受其弊政乎！” [8]“是知‘乱政同位’”二句：商后，商王，指盘庚。丕，大。《尚书·商书·盘庚》：“兹予有乱政同位，具（聚敛）乃贝玉。乃祖乃父丕乃告我高后（先王）曰：‘作丕刑于朕孙！’迪高后丕乃崇降弗祥。”言：现在我身边有扰乱政事的大臣在位，一

味聚敛财富。你们的祖先和父辈于是告诉我的先王说："对我们的子孙用大刑吧！"于是先王就会重重地降下灾祸。 [9]"贪以败官"二句：《左传》昭公十四年："己恶而掠美为昏，贪以败官为墨，杀人不忌为贼。《夏书》曰：'昏、墨、贼，杀。'皋陶之刑也。" [10]"郡县吏承五季之习"以下九句：见《宋史·刑法志二》。语有出入。"开宝三年"作"开宝四年"，"董元吉"作"王元吉"。《宋史·太祖本纪二》：开宝四年冬十月，"太子洗马王元吉坐赃弃市"。五季，五代。厉民，虐害百姓。开宝，宋太祖赵匡胤年号。开宝三年，970年。英州，治所在今广东英德。岭表，岭外，即岭南地区。掊克，收刮民财。弃市，在人集聚的闹市对犯人执行死刑，以示为大众所弃的刑罚。 [11]"而南郊'大赦'"二句：见《宋史·太祖本纪二》。十恶，古代十种为常赦所不原的重大犯罪。一为谋反，二为谋大逆，三为谋叛，四为恶逆，五为不道，六为大不敬，七为不孝，八为不睦，九为不义，十为内乱。隋代始以"十恶"之名，定入法典。原，赦免。 [12]"史言'宋法有可以得循吏者三'"二句：《宋史·循吏列传》："宋法有可以得循吏者三：太祖之世，牧守令录，躬自召见，问以政事，然后遣行，简择之道精矣；监司察郡守，郡守察县令，各以时上其殿最，又命朝臣专督治之，考课之方密矣；吏犯赃遇赦不原，防闲之令严矣。" [13]天圣：宋仁宗年号。 [14]簠簋（fǔ guǐ）：簠与簋。两种盛黍稷稻粱之礼器，此指礼义。廉隅：棱角。比喻端方（不邪曲）、不苟（不苟且）的行为、品性。 [15]《石林燕语》：宋叶梦得（号石林居士）所著笔记。 [16]"熙宁中"以下十七句：语出《石林燕语》卷六。熙宁，宋神宗年号。苏子容，苏颂。判，署理。审刑院，宋官署名。宋太宗淳化二年置。掌复查大理寺所断案件，由知院官与六名详议官提出意见后，报告中书，奏请皇帝决断。宋神宗元丰三年并归刑部。故事，先例，过去的典章制度。贷命，谓免于死罪。黥配，古代刑罚名。在犯人脸上刺字，并发配到边远的地方。黥，在脸上刺上记号或文字并涂上墨。刑不上大夫，语出《礼记·曲礼上》。 [17] 于文定慎行：于慎行，字可远，又字无垢，东阿县东阿镇（在今山东平阴）人。明神宗万历间曾任首辅。去世后谥文定。著有《谷山笔麈》等。 [18]“本朝姑息之政甚于宋世”以下六句：见《谷山笔麈》卷三。语有出入。胥，皆，都。 [19] 永乐：明成祖朱棣年号。 [20] 宣德：明宣宗朱瞻基年号。 [21] 浸：渐渐。 [22] 刘观：雄县（今属河北）人。明成祖永乐间任刑部尚书、左都御史等职。据《明史》本传，大学士杨荣称刘观为当时最大贪官。 [23] 辽东：辽河以东地区，今辽宁东部和南部。 [24] 正统：明英宗朱祁镇年号。 [25] 特旨：帝王的特别诏令。曲宥：曲意宽容。 [26] 不必：不一定。 [27] 委其太阿之柄：把权力交给别人。太阿，宝剑名，比喻权柄。 [28] 皆刀笔筐箧之徒：旧时公牍称“刀笔”。黄宗羲《明夷待访录·原法》：“后世之法，藏天下于筐箧者也；利不欲其遗于下，福必欲其敛于上……天下之人共知其筐箧之所在，吾亦鳃鳃然日唯筐箧之是虑，故其法不得不密。法愈密而天下之乱即生于法之中，所谓非法之法也。” [29]《北梦琐言》：宋代孙光宪所著笔记。记载晚唐及五代的史事和文人言行。下面两段引文，分别出自《北梦琐言》卷十八、卷十九，语有出入。 [30] 后唐明宗：李嗣源，代北沙陀族人。以骁勇知名，辅佐庄宗李存勖建立五代后唐，后即位称帝。 [31] 邓州留后陶玘：邓州，今属河南。留后，唐代节度使、观察使缺位时设置的代理职称。陶玘，《旧五代史》作“陶玘”。天成二年八月，“邓州留后陶玘贬岚州司马，以其为内乡县令盛归仁所讼，税外科率（官府于民间定额征购物资）故也”（《旧五代史·明宗纪四》）。天成三年九月，“诏德州流人温韬、辽州流人段凝、岚州司户陶玘、宪州司户石知讷、原州司马聂屿，并宜赐死于本处，暴其宿恶而诛之也”（《旧五代史·明宗纪五》）。 [32] 为内乡令成归仁所论：内乡，今属河南。成归仁，《旧五代史》作“盛归仁”。论，举报。 [33] 科配：指官府摊派正税外的临时加税。 [34] 岚州：治所在宜芳县（今山西岚县）。 [35] 告敕：即告身。朝廷授官的文凭。 [36] 绥州：治所在上县（今陕西绥德）。 [37] 亳（bó）州：今属安徽。李邺：“魏州人也……历数郡刺史，后迁亳州。为政贪秽，有奴为人持金以赂邺，奴隐其金，邺杀之。其家上诉，因讦其阴事，诏贬郴州司户参军，又贬崖州长流百姓，所在赐自尽”《旧五代史·李邺传》）。事在天成二年十月。 [38] 汴州：今河南开封的古称。五代时期的后梁、后晋、后汉、后周、北宋先后定都于此，称“东都”或“东京”。 [39] 石敬瑭：河东太原（今山西太原）人，粟特族，出身西域石国。后唐明宗女婿。后晋开国皇帝。 [40] 王建立：字延绩，辽州榆社（今山西榆社）人。后唐时任宰相，后晋时封王。 [41]“供奉官于延徽”以下十句：供奉官，《旧唐书·职官二》：“两省（门下省、中书省）自侍中、中书令已下，尽名供奉官。”方便，随机趁便。苏秦，字季子，洛阳人。战国时期纵横家、外交家和谋略家。提出“合纵”六国以抗秦的战略思想，并最终组建合纵联盟，任“从约长”，兼佩六国相印，使秦国十五年不敢出兵函谷关。《旧五代史·张从宾传》：“（明帝）长兴中，领寿州忠正军节度使，加检校太保、侍卫步军都指挥使。从宾素便佞，每进言，明宗多纳之。有供奉官丁延徽者，性贪狡，时奉诏监廪，以犯赃下狱，权贵多为救解，明宗怒，不许。从宾因奏他事，言及延徽，明宗曰：‘非但尔言，苏秦说予，亦不得也。’延徽竟就戮。” [42]《册府元龟》：宋真宗景德年间编，为政事历史百科全书性质的史学类书。与《太平广记》《太平御览》《文苑英华》合称“宋四大书”。下引文出自《册府元龟》卷一百五十四《帝王部·明罚第三》。 [43] 天成四年：929年。 [44] 蔡州西平县：今河南西平。 [45] 告陈：告状。 [46] 大理寺：官署名。相当于现代的最高法院，掌刑狱案件审理。断：判决。止：仅，只。赎铜：以交纳铜来赎罪。 [47] 招愆：惹罪，给自己招致罪过。愆，过失。 [48] 格条：法令条文。 [49] 溥天：遍天下。溥，广大，引申指周遍。 [50] 四换星灰：言过了四年。星，星宿。古代以二十八宿轮流值日记日，以一宿代表一日，二十八宿代表二十八日，周而复始。灰，葭灰，葭莩之灰。古人烧苇膜成灰，置于律管中，放密室内，以占气候。某一节候到，某律管中葭灰即飞出，示该节候已到。 [51] 无外：无穷，无所不包。意谓古代帝王以天下为一家。 [52] 状头：诉讼原告人。 [53] 印历："印纸历子"的省称。古时外任官员赴任时，朝廷发给印有各种项目的记录册，由官员于任上填写，作为考核其政绩的根据，称"印纸历子"。泛指官府发的凭证。 [54] 何以当官："当官"，原作"官为"，据《日知录集释》、《册府元龟》卷一百五十四《帝王部·明罚第三》改。 [55] 大定十二年：1172年。大定，金世宗完颜雍年号。 [56]"咸平尹石抹阿没剌以赃死于狱"以下九句：语出《金史·刑志》。咸平，今河南通许。尸诸市，死刑后暴尸于闹市。除名，古时对官吏犯罪的一种处罚方法，即开除官籍。 [57] 恶恶止其身：《公羊传》昭公二十年："恶恶止其身，善善及子孙。"言憎恶坏人，只针对他本人；称赞好人，也连带他的子孙。 [58]"《汉书》言李固、杜乔"以下三句：见《后汉书·李杜列传》。李固，字子坚，汉中南郑（今属陕西）人。东汉顺帝时任太尉。汉质帝死后，因不肯立刘志（即汉桓帝）为帝，遭大将军梁冀诬告被杀。杜乔，字叔荣，河内林虑（今河南林州）人。与李固齐名。汉桓帝即位，任太尉。随即遭宦官及梁冀诬陷，下狱而死。与李固、杜乔同时的黄琼上疏叹道："故太尉李固、杜乔，忠以直言，德以辅政，念国亡身，陨殁为报，而坐陈国议，遂见残灭。贤愚切痛，海内伤惧。”（《后汉书·黄琼传》）文、宣，汉文帝、汉宣帝。汉宣帝，刘询，字次卿，汉武帝刘彻曾孙。在位时选贤任能，励精图治，经济繁荣、四夷宾服，史称“孝宣之治”。 [59]“而孝桓即位之诏有曰”以下三句：见《后汉书·孝桓帝纪》。孝桓，汉桓帝刘志。在位时荒淫游乐无度，政治腐败，朝政转入宦官之手，形成第一次党锢之祸。详举，《后汉书》作“察举”。察举，古代选拔官吏的一种制度。由地方长官在辖区内随时考察、选取人才并推荐给上级或中央，经过试用考核再任命官职。 [60] 至元十九年：1282 年。至元，元世祖忽必烈年号。 [61]“中外官吏赃罪”以下三句：语出《元史·世祖本纪九》。决杖，处以杖刑。《元史》作“杖决”。 [62] 牛僧孺：字思黯，安定鹑觚（今甘肃灵台）人。唐穆宗、敬宗两朝宰相。牛（僧孺）、李（德裕）党争中牛派首领。 [63] 穆宗：唐穆宗李恒，在位时荒淫无度，河朔三镇复叛。 [64]“宿州刺史李直臣坐赃当死”二句：语出《旧唐书·牛僧孺传》。中贵人，指显贵的侍从宦官。 [65]“帝曰”以下十二句：语出《新唐书·牛僧孺传》。贷，宽恕。朱泚，幽州昌平（今北京昌平）人。唐德宗即位，任太尉。建中四年（783），发动泾原兵变，自立为帝。兵败后被杀。 [66] 惕于法：敬畏法。 [67] 治世之能臣：《三国志·魏书·武帝纪》注引孙盛《异同杂语》：许劭答曹操：“子治世之能臣，乱世之奸雄。” [68]“《后汉书》称袁安‘为河南尹’”以下三句：见《后汉书·袁安传》。袁安，字邵公，汝南郡汝阳县（今河南商水西北）人。在京畿十余年，京师肃然，名重朝廷。后任司空、司徒，不畏权贵，守正不移。鞫（jū），审问。 [69]“范文正有言”以下三句：范文正，范仲淹。路，宋朝一级行政区划，直辖于中央，高于府、州、军、监。朱熹《五朝名臣言行录》卷七："公（范仲淹）为参政（参知政事），与韩（琦）、富（弼）二枢并命，锐意天下之事。患诸路监司（负有监察之责的地方官吏）不才，更用杜杞、张温之辈。公取班簿（在朝职官名册），视不才监司，每见一人姓名，一笔勾之，以次更易。富公（弼）素以丈（对长辈的尊称）事公，谓公曰：'十二（范仲淹排行）丈则是一笔，焉知一家哭矣！'公曰：'一家哭何如一路哭耶？'遂悉罢之。" [70]"近世流俗"以下三句：语出《答廖子晦》。 [71]"孙叔敖断两头蛇而位至楚相"二句：孙叔敖，芈姓，蒍氏，名敖，字孙叔，春秋时期楚国期思（今河南信阳淮滨东南）人。任楚国令尹（宰相），辅佐庄王独霸南方，成为春秋五霸之一。《新序·杂事一》："孙叔敖为婴儿之时，出游，见两头蛇，杀而埋之。归而泣。其母问其故，叔敖对曰：'闻见两头之蛇者死。向者吾见之，恐去母而死也。'其母曰：'蛇今安在？'曰：'恐他人又见，杀而埋之矣。'其母曰：'吾闻有阴德者，天报以福，汝不死也。'" [72]唐柳氏家法：柳公绰及弟柳公权、子柳仲郢、孙柳玭，均为唐朝名臣。史称"公绰理家甚严，子弟克禀诫训，言家法者，世称柳氏云"（《旧唐书·柳玭传》）。 [73]"居官不奏祥瑞"以下四句：柳玭《柳氏叙训》："家法：在官不奏祥瑞，不度僧道，不贷赃。吏法……""吏法"二字疑为衍文。 [74]包拯：字希仁，庐州合肥（今属安徽）人。历任权知开封府、枢密副使、龙图阁直学士，故世称"包龙图"。廉洁公正，立朝刚毅，不附权贵，铁面无私，有"包青天"之名。 [75]"有犯赃者"以下三句：语出《宋史·包拯传》。大茔，指祖坟。

[点评]

顾炎武曾告诫徐乾学兄弟："诚欲正朝廷以正百官，当以激浊扬清为第一义，而其本在于养廉。"（《又与公肃甥书》）本文与《俭约》堪称姊妹篇，《俭约》扬清，本文激浊；《俭约》倡廉，本文除贪；《俭约》奖善，本文惩恶。整肃官场腐败，需要道德教化，但关键在是否有法律制度的保障。故立法之后，还得必惩、必诛，离开强有力的执行，法令只是停留在条文上的空话。在官本位的体制下，官官相护，有法不依，是习以为常的现象。特别是朝中权贵，更能凭借拥有的特权，凌驾于法律之上。保护贪官，直接损害了国家，伤害了百姓，因此需要像范仲淹那样的识见和气魄，在“一家哭”和“一路哭”之间，毫不犹豫地作出决断。以此，顾炎武对前代惩治贪赃的铁腕手段，表示赞赏，而对后来以“宽厚”为口实的姑息之政、以钱物赎罪的不正现象，十分不满。

廉洁，还是贪污，和官员的个人品质有直接关系。要从根本上杜绝贪赃之风，除了立法、必诛之外，还得从选拔官吏时做起，重视才德兼备之士，不仅要“烦之以事以观其能”，还得“临之以利以察其廉”（《日知录·掾属》）。“有国者登崇重厚之臣，抑退轻浮之士，此移风易俗之大要也。”（《日知录·重厚》）

对当时的贪赃之风，黄宗羲有更深刻的认识：“后之为人君者不然，以为天下利害之权皆出于我，我以天下之利尽归于己，以天下之害尽归于人，亦无不可；使天下之人不敢自私，不敢自利，以我之大私为天下之公。始而惭焉，久而安焉，视天下为莫大之产业，传之子孙，受享无穷；汉高帝所谓‘某业所就，孰与仲多’者，其逐利之情不觉溢之于辞矣。”（《明夷待访录·原君》）顾炎武也看到，由于“人主之于民，赋敛之而已尔，役使之而已尔。凡所以为厚生正德之事，一切置之不理”，如果帝王一心只想搜刮民财、奴役百姓，至于改善人民生活、弘扬社会正气，反都置之不理，上行下效，就会导致风俗败坏，“利之所在，则不爱其亲而爱他人。于是机诈之变日深，而廉耻道尽。其不至于率兽食人而人相食者几希矣”(《亭林文集·华阴王氏宗祠记》)。率兽食人，滔滔皆是，官场又怎能不腐败？社会又怎能不动乱？

家　事

孔子曰："居家理[1]，故治可移于官。"子木问范武子之德于赵孟[2]，"对曰[3]：'夫子之家事治，言于晋国无隐情。其祝史陈信于鬼神，无愧辞。'子木归，以语王。王曰：'宜其光辅五君，以为盟主也。'"夫以一人家事之理，而致晋国之霸，士大夫之居家，岂细行乎！

一家之理，能致一国之霸，难怪老子说"治大国若烹小鲜"。

《史记》之载宣曲任氏[4]，曰："富人争奢侈[5]，而任氏折节为俭，力田畜。田畜，人争取贱贾，任氏独取贵善，富者数世。然任公家约：'非田畜所出，弗衣食；公事不毕，则身不得饮酒食肉。'以此为闾里率，故富而主上重之。"

《汉书》载张安世[6]，曰："安世尊为公侯[7]，食邑万户，然身衣弋绨，夫人自纺绩。家童七百人，皆有手技作事。内治产业，累积纤微，是以能殖其货，富于大将军光。"《后汉书》载樊宏父重[8]，曰："世善农稼[9]，好货殖，性温厚，有法度。三世共财，子孙朝夕礼敬，常若公家。其营理产业，物无所弃；课役童隶，各得其宜。故能上下勠力，财利岁倍。"今之士大夫知此者鲜，故富贵不三四传而衰替也。"两家奴争道[10]，霍氏奴入御史府，欲蹋大夫门"，此霍氏之所以亡也。"奴从宾客[11]，浆酒藿肉"，此董贤之所以败也[12]。然则今日之官评，其先考之《僮约》乎[13]？

正所谓成也家事，败也家事。

以"正色立朝"之孔父[14]，而艳妻行路，祸及其君。以"小心谨慎"之霍光[15]，而"阴妻邪谋"，至于灭族。夫纲之能立者鲜矣[16]。

戎王听女乐[17]，而"牛马半死"。楚"铁剑利"而"倡优拙"[18]，秦王畏之。成帝宠"黄门名倡丙强、景武之属[19]"，而汉业以衰。玄宗造《霓裳羽衣》之曲[20]，而唐室遂乱。今日士大夫才任一官，即以教戏唱曲为事，官方民隐[21]，置之不讲，国安得不亡？身安得无败？

［注释］

[1]“居家理”二句：语出《孝经·广扬名章》。言在家能处理好家务，做官时就可将治家的原则用于处理政务。　[2] 子木：屈氏，名建，字子木。楚康王时为令尹，代表楚国参加十四国弭兵之会，与晋国争当盟主。范武子：祁姓，士氏，名会。早年曾为晋文公谋划。晋景公时任执政，专以教民劝化为务。赵孟：指赵武，史称赵文子。晋平公时任正卿、执政，力主和睦诸侯。　[3]“对曰”以下十句：语出《左传》襄公二十七年。夫子，指范武子。言于晋国无隐情，对晋国来说，他没有不可告人的事。其祝史陈信于鬼神，无愧辞，杜预注：“祝陈馨香，德足副之，故不愧。”以语王，王指楚康王。五君，谓晋文公、晋襄公、晋灵公、晋成公、晋景公。盟主，诸侯会盟的领袖。　[4] 宣曲任氏：裴骃《史记集解》引徐广语：“高祖功臣有宣曲侯。”司马贞《史记索隐》引韦昭语：“宣曲，地名……当在京辅。”　[5]“富人争奢侈”以下十四句：语出《史记·货殖列传》。力田畜，致力于耕种畜牧。贱贾，贱价。独取贵善，言购物必取贵而善者，不争贱价。率，表率。　[6] 张安世：字子儒，京兆杜陵（今陕西西安）人。酷吏张汤之子。汉宣帝时，官至大司马卫将军、领尚书事，集军政大权于一身。以为官廉洁著称。　[7]“安世尊为公侯”以下十句：食邑，古代君王封赐达官作为世禄的田邑（包括在此的民户），称采邑。因以此食禄（享受俸禄），故又称食邑。弋绨，黑色粗厚的丝织物。弋，通“黓”。殖，增殖，增加。大将军光，霍光，字子孟，河东郡平阳县（今山西临汾西

南）人。汉武帝临终时，拜大将军、大司马，受命托孤辅政。又拥立汉宣帝即位，掌权摄政，权倾朝野。 [8] 樊宏父重：樊宏，字靡卿，南阳湖阳（今河南唐河）人。东汉光武帝刘秀之舅，位次三公。为人“谦柔畏慎，不求苟进”。樊重，见《两汉风俗》注 [24]。 [9]“世善农稼”以下十三句：语出《后汉书·樊宏传》。岁倍，每年翻一倍。 [10]“两家奴争道”以下三句：语出《汉书·霍光传》。两家奴，指霍家和御史大夫魏相家的奴仆。蹋（tà），踏，踢。 [11]“奴从宾客”二句：语出《汉书·鲍宣传》。浆酒藿肉，将酒、肉当作水浆、豆叶。形容饮食的奢侈。 [12] 董贤：字圣卿，冯翊云阳（今陕西泾阳西北）人。汉哀帝刘欣宠臣，性情柔媚。哀帝死后被罢职，当日自杀。 [13]《僮约》：西汉王褒作《僮约》，记买奴仆时的契约。后因以“僮约”泛称主奴契约或对奴仆的种种约束规定。 [14]“以‘正色立朝’之孔父”以下三句：孔父，孔父嘉，子姓，名嘉，字孔父。宋宣公时任大司马。后被太宰华督杀害。其子孙有人逃亡到鲁国。孔子即孔父嘉的六世孙。《公羊传》桓公二年：“孔父正色而立于朝，则人莫敢过而致难于其君者，孔父可谓义形于色矣。”《左传》桓公元年：“宋华父督见孔父之妻于路，目逆（迎）而送之，曰：‘美而艳。’”《左传》桓公二年：“宋殇公立，十年十一战，民不堪命。孔父嘉为司马，（华）督为大宰，故因民之不堪命，先宣言曰：‘司马则然（这是司马造成的）。’已（不久）杀孔父而弑殇公，召庄公于郑而立之。” [15]“以‘小心谨慎’之霍光”以下三句：《汉书·霍光传》：“出入禁闼二十余年，小心谨慎，未尝有过。”“宣帝始立，立微时许妃为皇后。显（霍光夫人）爱小女成君，欲贵之，私使乳医淳于衍行毒药杀许后，因劝光内（纳）成君，代立为后。”“光不学亡术，暗于大理，阴妻邪谋，立女为后，湛溺盈溢之欲，以增颠覆之祸，死财三年，宗族诛夷，哀哉！” [16] 夫纲：旧时三纲，谓君为臣纲，父为子纲，夫为妻纲。要求为臣、为子、为妻的必须绝对服从于君、父、夫，同时也要求君、父、夫为臣、子、妻作出表率。 [17]“戎王听女乐”二句：戎王，西戎之王。《韩非子·十过》：春秋时秦国内史廖语秦穆公：“戎王之居，僻陋而道远，未闻中国之声。君其遗之女乐，以乱其政。”秦穆公“乃使史廖以女乐二八遗戎王……戎王许诺，见其女乐而说之，设酒张饮，日以听乐，终岁不迁，牛马半死”。秦穆公“举兵而伐之，兼国十二，开地千里”。 [18]“楚‘铁剑利’而‘倡优拙’”二句：《史记·范雎列传》：“（秦）昭王曰：‘吾闻楚之铁剑利而倡优拙。夫铁剑利则士勇，倡优拙则思虑远。夫以远思虑而御勇士，吾恐楚之图秦也。’” [19]“成帝宠‘黄门名倡丙强、景武之属’”二句：成帝，汉成帝刘骜。即位后荒于酒色，外戚擅政，大政几乎全部为太后一族王氏掌握，为王莽篡汉埋下了祸根。黄门，秦汉时，宫门皆漆成黄色，故号黄门。《汉书·礼乐志》：成帝时，“郑声尤甚。黄门名倡丙强、景武之属富显于世”。 [20]“玄宗造《霓裳羽衣》之曲”二句：玄宗，唐玄宗李隆基。晚年怠慢朝政，宠信奸臣李林甫、杨国忠等，宠爱杨贵妃，重用安禄山等，导致了后来长达八年的安史之乱，为唐朝由盛转衰埋下伏笔。《霓裳羽衣曲》，即《霓裳羽衣舞》，唐代宫廷乐舞。相传为唐玄宗登洛阳三乡驿，望女几山所作。召见杨贵妃时，令乐工奏此新乐，道：“朕得杨贵妃，如得至宝也。”（《古今宫闱秘记》） [21]官方：官方居官时应遵循的礼法，为官之道。民隐：民众的痛苦。隐，痛。

［点评］

古时大学之道，以“修身、齐家”，作为“治国、平天下”的前提（《礼记·大学》）。齐家就是治理家事。本文前两段所言，便是为何要齐家，如何齐家。

“美人绝色原妖物，乱世多财是祸根。”（赵翼《梓泽园》）从妹喜、妲己，到韦香儿、杨玉环，中国历来有“女祸”之说，将国家、社会的灾祸，归咎于女色。本文引孔父、霍光为例，说女色屡屡招祸，是因为“夫纲之能立者鲜矣”的缘故。对此，可从两方面理解。一是因女色惹祸而夫纲难立，二是因夫纲不立致使女色惹祸。而在现实社会中，更多的是后者。《新唐书·外戚列传》说：“凡外戚成败，视主德何如。主贤则共其荣，主否则先受其祸。”若将其中“外戚”改为“女室”，“主德”改为“夫德”，同样正确。

最后一段说当一个国家淫乐风行、优伶得宠，必然会因沉溺声色而志气衰退，丧失竞争力，从而引起危机。这和欧阳修所说“忧劳可以兴国，逸豫可以亡身”（《新五代史·伶官传》），同一道理。

田　宅

《旧唐书》[1]：张嘉贞“在定州[2]，所亲有劝立田业者。嘉贞曰：‘吾忝历官荣[3]，曾任国相，未死之际，岂忧饥馁？若负谴责，虽富田庄何用？比见朝士广占良田，及身殁后，皆为无赖子弟作酒色之资，甚无谓也。’闻者叹服。”此可谓得二疏之遗意者[4]。若夫世变日新，人情弥险，有以富厚之名，而反使其后人无立锥之地者[5]，亦不可不虑也。《书》又言[6]：“马燧赀货甲天下[7]。既卒，子畅承旧业[8]，屡为豪幸邀取[9]。贞元末[10]，中尉曹志廉讽畅[11]，令献田园第宅，顺宗复赐畅。中贵人逼取[12]，仍指使施于佛寺，畅不敢吝[13]。晚年财产并尽，身殁之后，诸子无室可居，以至冻馁。今奉诚园亭馆，即畅旧第也。”白乐天诗：“不见马家宅[14]，今作奉诚园。”元微之诗：“萧相深诚奉至尊[15]，旧居求作奉诚园。秋来古巷无人扫，树满空墙闭戟门。”《通鉴》作“奉成园”，又以为马璘之第，并误。按《马璘传》[16]：“天宝中，贵戚勋家已务奢靡，而垣屋犹存制度，然卫公李靖家庙已为嬖臣杨氏马厩矣[17]。及安史之乱，法度堕弛，内臣戎帅竞务奢豪[18]，亭馆第舍力穷乃止。璘之第经始中堂，费钱二十万贯。德宗践阼[19]，条举格令[20]，第舍不得逾制，仍诏毁璘中堂及内官刘忠翼之第[21]，璘之家园进属宫司。自后公卿赐宴，多于璘之山池。子弟无行，家财寻尽。”《册府元龟》[22]：“贞元十八年二月朔[23]，赐群臣会宴于延康里故马璘池亭。”自后每逢令节皆然。则二马身后事略同。然谓之“故马璘池亭”，而不曰奉诚园也。《雍录》[24]：“奉诚园在安邑坊，本马燧宅，燧子畅献之。”王锷“家财富于公藏”[25]，及薨，有二奴告其子稷改父遗表，匿所献家财。宪宗欲遣中使诣东都简括，以裴度谏而止。稷后“为德州刺史，广赍金宝仆妾以行。节度使李全略利其货而图之，教本州军作乱，杀稷，纳其室女，以伎媵处之”。吾见今之大家，以酒色费者居其一[26]，以争阋破者居其一[27]，意外之侮夺又居其一，而“三桓之子孙微矣[28]”。

职此之由，中国历来有“富不过三代”的说法。

［注释］

[1]《旧唐书》：指《旧唐书·张嘉贞传》。　[2]张嘉贞：蒲州猗氏县（今山西临猗）人。唐玄宗开元间，入朝拜相。后受累于弟张嘉祐贪污事件，贬官外放，曾任定州刺史。定州：今属河北。　[3]忝历官荣：很惭愧得到官爵荣誉。　[4]二疏之遗意：疏广，字仲翁，东海兰陵（今属山东）人。汉宣帝时为太子太傅。其侄疏受，字公子，任太子少傅。叔侄俱受宣帝器重，后人并称为“二疏”。成名之后，激流勇退，告老还乡。疏广子孙托人劝他购置房产田产，疏广说：“吾岂老悖不念子孙哉？顾自有旧田庐，令子孙勤力其中，足以共衣食，与凡人齐。今复增益之以为赢余，但教子孙怠惰耳。贤而多财，则捐其志；愚而多财，则益其过。且夫富者，众人之怨也；吾既亡（无）以教化子孙，不欲益其过而生怨。”（《汉书·疏广传》）　[5]立锥之地：插锥尖的一点地方，形容极小的安身之处。《庄子·盗跖》：“尧舜有天下，子孙无置锥之地。”　[6]《书》：指《旧唐书·马燧传》。　[7]马燧：字洵美，汝州郏城县（今河南郏县）人。出身扶风马氏，颇多谋略。唐代宗、德宗时，任河阳三城节度使、河东节度使，以平定藩镇有功，赐爵北平郡王。赀货：资财货物。　[8]子畅：马燧次子马畅。　[9]邀取：索取。　[10]贞元：唐德宗年号。　[11]中尉：即护军中尉。唐代由宦官充任，为神策军（中央北衙禁军的主力）实际主官。曹志廉：《旧唐书》《新唐书》本传均作“杨志廉”。夔州云阳（今属重庆）人。护送唐德宗逃亡奉天。怙宠骄恣，贿赂公行。讽：用含蓄的话劝告。　[12]中贵

人：帝王所宠幸的近臣，指显贵的宦官。　[13] 吝：小气，舍不得。　[14] “不见马家宅”二句：语出白居易《伤宅》。　[15] “萧相深诚奉至尊”以下四句：语出元稹《奉诚园》。萧相，指汉初相国萧何，此借指马燧。戟门，古代帝王外出，在止宿处插戟为门。也指显贵之家或显赫的官署。　[16] 马璘：见《大原》注[20]。　[17] 李靖：字药师，雍州三原（今属陕西）人。唐代开国功臣，封卫国公。著有《卫公兵法》等多部兵书。杨氏：指杨国忠，本名杨钊，河中府永乐县（今山西永济）人。唐玄宗宠妃杨玉环族兄。以此飞黄腾达，任宰相，册封卫国公。专权误国，败坏朝纲，引起安史之乱。　[18] 内臣戎帅：指宫中宦官和各地藩镇。　[19] 践阼：走上阼阶主位，即登基。　[20] 格令：律令，法令。　[21] 刘忠翼：代宗时宦官，颇得宠。贪财纳贿，积家财巨万。　[22]《册府元龟》：史学类书，与《太平广记》《太平御览》《文苑英华》合称“宋四大书”。　[23]“贞元十八年二月朔”二句：语出《册府元龟》卷一百一十《帝王部·宴享二》。贞元十八年，802 年。　[24]《雍录》：南宋程大昌撰。考订关中古迹，于宫殿山水都邑皆有图有说。　[25] “王锷‘家财富于公藏’”以下十三句：见《旧唐书·王锷传》。王锷，字昆吾，自称太原（今属山西）人。每任一官，必有治绩。唐宪宗时入朝拜相。宪宗，李纯。在位时励精图治，重用贤良，力图中兴。中使，宫中派出的使者，多指宦官。东都，唐代以洛阳为东都。简括，简，检查；括，汇集。《旧唐书》本传谓“验责其家财”。裴度，字中立，河东闻喜（今属山西）人。宪宗时为相，亲自出镇，督统诸将平定淮西之乱，辅佐宪宗实现“元和中兴”。赍（jī），携带。伎，以歌舞为业的女子。媵（yìng），陪嫁的女子。　[26] 费：耗损。　[27] 阋（xì）：争斗，争吵。　[28] 三桓之子孙微矣：语出《论语·季氏》。三桓，鲁国三卿仲孙（即孟孙）氏、叔孙氏、季孙氏都为鲁桓公之后，故称“三桓”。这里借指达官豪门子弟。微，衰微。

［点评］

本文所引元稹《奉诚园》诗，起句以萧何借指马燧，语含暗讽之意。《史记·萧相国世家》：“（萧）何置田宅，必居穷处，为家不治垣屋。曰：‘后世贤，师吾俭；不贤，毋为势家（权贵之家）所夺。’”张嘉贞看得更加透彻：“未死之际，岂忧饥馁？若负谴责，虽富田庄何用？比见朝士广占良田，及身殁后，皆为无赖子弟作酒色之资，甚无谓也。”贪赃枉法，囤积家财，既是为生前纵乐，也是为死后留给子孙继续享受。虽然实际情况往往事与愿违，但历代身居高位者，罕见有像萧何、疏广、诸葛亮、张嘉贞、曾国藩那样清醒的认识，而如马燧、马璘、王锷辈则比比皆是，因财招祸，前赴后继，至死不悟。如《红楼梦》中所言：“陋室空堂，当年笏满床；衰草枯杨，曾为歌舞场。”“乱烘烘你方唱罢我登场，反认他乡是故乡。甚荒唐，到头来都是为他人作嫁衣裳！”岂止达官豪族，历代帝王，劳民伤财，大兴土木，营建宫室，更是理所当然的事。同一个萧何，却为汉高祖刘邦将未央宫造得富丽堂皇，还振振有词地说“非壮丽无以重威”（《史记·高祖本纪》）。但在绿林军和赤眉军进入长安后，未央宫被烧成一片废墟。与顾炎武同时、也可说是同乡的吴伟业，作诗叹道：“萧相营私第，他年畏势家。岂知未央殿，壮丽只栖鸦。”（《萧何》）

范文正公[1]

史言范文正公“先天下之忧而忧[2]，后天下之乐而乐”，而文正自作《鄠郊友人王君墓表》云[3]：“今兹方面[4]，宾客满坐，钟鼓在庭，白发忧边，对酒鲜乐。岂如圭峰月下，倚高松，听长笛，欣然忘天下之际乎？”马文渊少有大志[5]，及至晚年，犹思建功边陲。而浪泊西里，见飞鸢跕跕堕水中，终思少游之言。古今同此一辙。王荆公诗[6]：“岂羡京师传谷口[7]，但知乡里胜壶头。”阮嗣宗《咏怀》诗所云“宁与燕雀翔[8]，不随黄鹄飞。黄鹄游四海，中路将安归”者也。若夫知幾之神[9]，处亢之正[10]，圣人当之，亦必有道矣。

以“先天下之忧而忧，后天下之乐而乐”发端，以“知幾之神，处亢之正”收束。成大事者，当二者兼而有之。

[注释]

[1]范文正公：范仲淹，见《庶民安故财用足》注[17]。 [2]“先天下之忧而忧“二句：语出范仲淹《岳阳楼记》。 [3]《鄠郊友人王君墓表》：鄠（hù），鄠县（今陕西西安鄠邑）。王君，王镐，字周翰。在鄠县郊外隐居二十余年。范仲淹曾与他在圭峰（终南山的别峰，因山峰高突如圭而得名）游赏。 [4]今兹方面：言如今担任一方军政长官。 [5]“马文渊少有大志”以下六句：马文渊，马援，见《州县赋税》注[69]。《后汉书·马援传》：“援年十二而孤，少有大志，诸兄奇之。”“（光武帝建武）二十四年，武威将军刘尚击武陵五溪蛮夷，深入，军没，援因复请行。时年六十二，帝愍其老，未许之。援自请曰：‘臣尚能被甲上马。’帝令试之。援据鞍顾眄，以示可用。”“从容谓官属曰：‘吾从弟少游常哀吾慷慨多大志，曰：“士生一世，但取衣食裁（才）足，乘下泽车，御款段马，为郡掾史，守坟墓，乡里称善人，斯可矣。致求盈余，但自苦耳。”当吾在浪泊、西里间，虏未灭之时，下潦上雾，毒气重蒸，仰视飞鸢跕跕堕水中，卧念少游平生时语，何可得也！’”西里，在今越南境内。跕跕（diǎn），下坠貌。 [6]王荆公：见《鲁颂商颂》注[10]。 [7]“岂羡京师传谷口”二句：语出《次韵酬朱昌叔五首》（其一）。岂羡，《临川集》作“未爱”。叶梦得《石林诗话》作“岂爱”。 [8]阮嗣宗《咏怀》诗所云“宁与燕雀翔”：阮嗣宗，阮籍，见《大原》注[40]。所作《咏怀诗》八十二首，抒写深沉的人生感悟，影响甚大。 [9]知幾之神：《周易·系辞下》：“知幾其神乎！”“君子见幾而作，不俟终日。”知幾，谓有预见，看出事物发生变化的隐微征兆。幾，细微的迹象，事情的预兆。 [10]“处亢之正”以下三句：《周易·乾卦》：“上九：亢龙有悔。”“《象》曰：‘亢龙有悔’，盈不可久也。”亢，谓至高、极盛。言物极必反，乐极生悲，龙飞到极高处，就会后悔。

《周易·乾卦·文言》:“‘亢’之为言也，知进而不知退，知存而不知亡，知得而不知丧，其唯圣人乎！知进退存亡而不失其正者，其唯圣人乎！”这里说圣人身处高位（或重要地位），有其正道。

［点评］

范仲淹年轻时慨然有澄清天下之志，“先天下之忧而忧，后天下之乐而乐”，与顾炎武的“天下兴亡，匹夫有责”，前后交辉。但文中所引，却有“欣然忘天下之际”的文字，似乎有些不类。检阅《鄠郊友人王君墓表》全文，前面有这么一段陈述:“一日会君之别墅，当圭峰之下，山姿秀整，云意闲暇，紫翠万叠，横绝天表。及月高露下，群动一息，有笛声自西南依山而起，上拂寥汉，下满林壑，清风自发，长烟不生。时也，天地人物洒然在冰壶之中。”“欣然忘天下”，正是在这个特定时刻，自然景物触动心弦引起的感受。本文引此言，进而联系以“马革裹尸”自期的马援等人的感触，说明没有“先忧”“后乐”的襟怀，就不会有兼济天下的行事；但世事无常，前景难料，成大事者，还得有“知幾之神，处亢之正”的智慧，方能善始善终。即使像范仲淹那样的志士仁人，也不例外。而世人往往顾此失彼，故顾炎武引《鄠郊友人王君墓表》，着意提出。

经义论策

今之经义、论策[1]，其名虽正，而最便于空疏不学之人。唐宋用诗赋[2]，虽曰雕虫小技[3]，而非通知古今之人不能作。今之经义，始于宋熙宁中王安石所立之法[4]，命吕惠卿、王雱等为之[5]。《宋史》：神宗熙宁四年[6]“二月丁巳朔[7]，罢诗赋及明经诸科，以经义、论策试进士。”命“中书撰大义式颁行[8]”。元祐八年三月庚子[9]，“中书省言[10]：‘进士御试答策，多系在外准备之文，工拙不甚相远，难于考较。祖宗旧制：御试进士赋、诗、论三题，施行已远，前后得人不少。况今朝廷见行文字，多系声律对偶，非学问该洽，不能成章。请行祖宗三题旧法。’”“诏来年御试，将诗赋举人复试三题，经义举人且令试策，此后全试三题。”是当时即以经义为在外准备之文矣。《宋史·徐禧传》[11]：“神宗见其所上策，曰：‘禧言朝廷用经术变士，十已八九，然窃袭人之语，不求心通者相半。此言是也。’”陈后山《谈丛》言[12]：荆公经义行[13]，举子专诵王氏章句而不解义。荆公悔之，曰：“本欲变学究为秀才，不谓变秀才为学究也。”岂知数百年之后，并学究而非其本质乎？此法不变，则人才日至于消耗，中国日至于衰弱[14]，而五帝三王以来之天下[15]，将不知其所终矣。

阎若璩道：“前云‘进士御试答策，多系在外准备之文’，此自指策而言。与经义无干。”

赵鼎言安石“设虚无之学[16]，败坏人才”。陈公辅亦谓“安石使学者不治《春秋》[17]”，“不读《史》《汉》”，而习其所为《三经新义》，皆穿凿破碎无用之空言也。若今之所谓时文[18]，既非经传，复非子史，展转相承，皆杜撰无根之语。前辈时文，无字不有出处。今但令士子作文，自注出处，无根之语[19]，不得入文，自当攦指而退矣[20]。《金史》：明昌元年[21]，令“举人程文所用故事[22]，可自注出处”。以是科名所得[23]，十人之中，其八九皆为白徒[24]。而治学不重实证、弄虚作假的人，入仕后往往也是敷衍了事、为非作歹之徒。

一举于乡，即以营求关说为治生之计[25]。于是在州里则无人非势豪，适四方则无地非游客[26]。而欲求天下之安宁，斯民之淳厚，岂非却行而求及前人者哉[27]？

《太祖实录》：洪武三年八月[28]，“京师及各行省开乡试[29]”。“初场四书疑问、本经义及四书义各一道。元制有四书疑、本经疑。洪武三年开科[30]，以《大学》“古之欲明明德于天下者”二节[31]，《孟子》“道在迩而求诸远”一节[32]，合为一题，问二书所言平天下大指同异。此即宋时之法。第二场论一道，第三场策一道。中式者[33]，后十日复以五事试之，曰骑、射、书、算、律。骑观其驰驱便捷，射观其中之多寡，书通于六义[34]，算通于九法[35]，律观其决断[36]”。诏文有曰：“朕特设科举，以起怀才抱德之士，务在经明行修，博通古今，文质得中，名实相称。其中选者，朕将亲策于廷，观其学识，第其高下[37]，而任之以官。”伏读此制，真所谓求实用之士者矣。至十七年[38]，“命礼部颁行科举成式，第一场四书义三道，经义四道，未能者许各减一道。第二场论一道，诏、诰、表内科一道，判语

实用之士，不是只记诵读章句的帖括之徒，只有兼通六艺，才会具有实际办事才能。

五条。第三场经、史、策五道”。文辞增而实事废，盖与初诏求贤之法稍有不同，而行之二百余年，非所以善述祖宗之意也。二十五年二月甲子[39]，儒学生员兼习射与书、算，俟其科贡兼考之，后废不行。宣德四年九月乙卯[40]，“北京国子监助教王仙言：‘近年生员止记诵文字，以备科贡。其于字学、算法，略不晓习。改入国监，历事诸司，字画粗拙，算数不通，何以居官莅政？乞令天下儒学生员兼习书、算。’上从之”。

“四书疑”，犹唐人之判语，设为疑事问之，以观其学识也。“四书义”，犹今人之判语，不过得之记诵而已。苟学识之可取，则刘蕡之对[41]，止于一篇已足。盖一代之人才，徒以记诵之多、书写之速而取其长，则七篇不足为难[42]，而有并作五经二十三篇[43]，如崇祯七年之颜茂猷者，奉旨特赐中式及殿试第二甲第二名，赐进士出身。亦何裨于经术，何施于国用哉？

《实录》言[44]：洪武十四年六月“丙辰，诏于国子诸生中[45]，选才学优等聪明俊伟之士，得三十七人。命之博极群书，讲明道德经济之学，以期大用，称之曰‘老秀才’。累赐罗绮、袭衣、巾靴，礼遇甚厚。”后来庶吉士之制[46]，实本于此。是则圣祖所望于诸生者，固不仅以帖括之文[47]。而惜乎大臣无通经之士，使一代吁俊之典但止于斯[48]，可叹也！

学校，不仅是讲授章句学问之地，也要传授为人之道，解析为政之道，培养治国安邦之才。

永乐二十二年十月丁卯[49]，仁庙谕大学士杨士奇等曰：“朝廷所重安百姓，而百姓不得蒙福者，繇牧守匪人；牧守匪人，繇学校失教。故岁贡中愚不肖十率七八。古事不通，道理不明，此岂可任安民之寄？”当日贡举之行[50]，不过四十年，而其弊已如此，乃护局之臣[51]，犹托之祖制而相持不变乎？

［注释］

[1] 经义：古代科举考试的一种科目，以经书文句为题，应试者作文阐明其中义理。明、清沿用而演变成八股文。论策：即策论。宋代以来常用作科举考试的项目之一，议论当前政治问题，向朝廷献策。 [2] 唐宋用诗赋：唐高宗调露二年（680）为进士科加试帖经、杂文，形成杂文、帖经、策问三场考试制。杂文泛指诗、赋、箴、铭、表、赞之类，策试应试者的文学才华。 [3] 雕虫小技：《北史・李浑传》：“雕虫小技，我不如卿；国典朝章，卿不如我。”雕，雕刻；虫，指鸟虫书，古代汉字的一种字体。比喻微不足道的技能。 [4] 宋熙宁中王安石所立之法：宋神宗听从王安石的话，对科举考试的内容着手进行改变。熙宁中，“罢诗赋、

帖经、墨义，士各占治《易》《诗》《书》《周礼》《礼记》一经，兼《论语》《孟子》。每试四场，初大经，次兼经，大义凡十道……中书撰大义式颁行”（《宋史·选举志一》）。熙宁八年（1075），颁发王安石等人所作的《三经新义》于学校，统一经义，以此作法定教材，用以取士。 [5] 命吕惠卿、王雱等为之：吕惠卿，见《宋世风俗》注 [29]。熙宁六年四月，设置经义局，负责编撰《诗》《书》《周礼》三书的经义，王安石为提举，吕惠卿和王雱一同修撰《三经新义》。王雱，见《宋世风俗》注 [33]。 [6] 神宗熙宁四年：1071 年。神宗，宋神宗赵顼。即位不久，即召王安石赴京，推行变法，史称“熙宁变法”。 [7]“二月丁巳朔”以下三句：语出《宋史·神宗本纪二》。明经，始于汉武帝时期的选举官员的科目，被推举者须明习经学，故以“明经”为名。 [8] 中书撰大义式颁行：谓中书撰写大义（要义）的格式，颁布施行。中书，官名，中书舍人的省称，掌撰拟、缮写之事。也用以指丞相。 [9] 元祐八年：1093 年。 [10]“中书省言”以下十八句：语出《续资治通鉴长编》卷四百八十二。御试，又称“殿试”“廷试”。科举时代，帝王于宫殿内考试贡举之士。由内阁预拟，然后呈送皇帝选定。 [11] 徐禧：字德占，洪州分宁（今江西修水）人。宋神宗时，奉命进攻西夏，由于一意孤行，刚愎自用，致使宋军大败。 [12] 陈后山：陈师道，字履常，一字无己，号后山居士，徐州彭城（今江苏徐州）人。“苏门六君子”之一，江西诗派重要作家。《谈丛》：即《后山谈丛》。 [13]“荆公经义行”以下六句：见《后山谈丛》卷一。荆公，指王安石。 [14] 中国日至于衰弱：潘耒本作“学术日至于荒陋”。原校记：“‘学术’句，原作‘中国日至于衰弱’。”据此改。 [15] 五帝：《史记·五帝本纪》以黄帝、颛顼、帝喾、尧、舜为五帝，均为上古部落首领。因其伟大，被后世追尊为帝。三王：夏、商、周三朝的开国帝王大禹、商汤王、周文王及周武王的合称。 [16]“赵鼎言安石‘设虚无之学’”二句：见《宋史·赵鼎传》。赵鼎，字元镇，号得全居士。解州闻喜县（今山西闻喜）人。宋高宗绍兴年间，两度拜相，后为秦桧所构陷，被迫去位。被称为南宋中兴贤相之首。 [17]“陈公辅亦谓‘安石使学者不治《春秋》’”以下四句：见《宋史·陈公辅传》。陈公辅，字国佐，号定庵居士，临海（今属浙江）人。高宗时任尚书礼部侍郎，嫉恶如仇。 [18]时文：特指科举时代应试的文章。 [19]无根之语：没有根据的话。 [20]攦（lì）指：折断手指。攦，折断。《庄子·胠箧篇》：“攦工倕之指，而天下始人有其巧矣。” [21]明昌元年：1190年。明昌，金章宗年号。 [22]“令举人程文所用故事”二句：《金史·选举志一》：章宗明昌元年正月，“又谕有司曰：‘举人程文所用故事，恐考试官或遽不能忆，误失人材，可自注出处，注字之误，不在涂注乙之数。’”程文，此指科场应试者进呈的文章。 [23]科名：科举考中而取得的功名。 [24]白徒：指不学无术之徒。 [25]营求：谋求，追求。关说：指代人陈说，从中给人说好话。引申为用言辞打通“关节”，搞定某种“关系”。 [26]适四方则无地非游客：言到外地做官，则如到此一游的过客，根本不关心当地的百姓，不将心放在治理当地的政务上。 [27]却行：倒退而行。 [28]洪武三年：1370年。 [29]乡试：古代科举考试之一。唐宋时称“乡贡”“解试”。由各地州、府主持考试本地人，一般在八月举行，故又称“秋闱”。明、清两代定为每三年一次，在各省省城（包括京城）举行。中式者称为“举人”。凡中式者均可参加次年在京师举行的会试。 [30]开科：原指科举考试时设立各种科目分科取士。后即指科举制的开考。 [31]《大学》：原为《小戴礼记》中的一篇，论述儒家修身齐家治国平天下思想。由于宋代理学家的推崇，与《中庸》《论语》《孟子》合称“四书”。明明德：前“明”

字是动词，为彰明、弘扬之意。后“明”字是形容词，意谓“光明的”。即弘扬内心光明的德性。 [32]道在迩而求诸远：语出《孟子·离娄上》。 [33]中式：指科举考试被录取。 [34]六义：《周礼·地官司徒·大司徒》有“六书”之说。东汉许慎在《说文解字》中对古文字构成规则，概括归纳为象形、指事、会意、形声、转注、假借六类。 [35]九法：成于汉代的《九章算术》，记载了方田、粟米、衰分、少广、商功、均输、盈不足、方程、勾股九种计算方法。 [36]律：十二律，是古代的定音方法。十二律分为阴阳两类，凡属奇数的六种律称阳律，属偶数的六种律称阴律。另外，奇数各律称“律”，偶数各律称“吕”，故十二律又简称“律吕”。十二律不仅用于音乐，也用于天文、历法、节气以及晷影长度的测量。 [37]第：等第，次序。 [38]十七年：洪武十七年，1384年。 [39]“二十五年二月甲子”以下三句：见《太祖实录》卷二百一十六。二十五年，洪武二十五年（1392）。科贡，科举制度中，府州县举荐人才进入国子监习业，谓之“科贡”。后也泛指科举。 [40]“宣德四年九月乙卯”以下十三句：见《宣宗实录》。宣德四年，1429年。宣德，明宣宗朱瞻基年号。国子监，古代最高学府和教育管理机构。司，唐宋以后，尚书省各部所属官署。 [41]刘蕡：见《人材》注[11]。 [42]七篇：《孟子》现存七篇。 [43]“而有并作五经二十三篇”二句：《明史·选举志二》：“七年甲戌，知贡举礼部侍郎林釬言，举人颜茂猷文兼五经，作二十三义。帝念其该洽，许送内帘。茂猷中副榜，特赐进士，以其名另为一行，刻于试录第一名之前。”崇祯七年，1634年。崇祯，明思宗朱由检年号。颜茂猷，字壮其，又字光衷，号完璧居士，漳州府平和县（今属福建）人。明末劝善思想家，著有《迪吉录》《云起集》。 [44]《实录》：《太祖实录》。 [45]国子诸生：入学国子监的生员。 [46]庶吉士：又称庶常。其名源自《尚书·周书·立政》中“庶常吉士”之意。是明、清两朝翰林院内的短期职位。由通过科举考试中进士的人当中选择有潜质者担任，为皇帝近臣，负责起草诏书，有为皇帝讲解经籍等责，为明内阁辅臣的重要来源之一。 [47] 帖括之文：唐制，明经科以帖经试士。把经文贴去若干字，令应试者对答。后考生因帖经难记，乃总括经文编成歌诀，便于记诵应时，称“帖括”。后泛指科举应试文章。 [48] 吁俊：《尚书·周书·立政》：“迪惟有夏，乃有室大竞，吁俊尊上帝。”孔颖达疏：“招呼贤俊之人，与共立于朝，尊事上天。” [49]“永乐二十二年十月丁卯”以下十一句：见《仁宗实录》。永乐二十二年，1424 年。仁庙，朱棣庙号太宗（后改为成祖），谥号“纯仁至孝文皇帝”，故称为“仁庙”。杨士奇，本名杨寓，字士奇，号东里，吉安府泰和县（今江西泰和）人。自建文帝起，历经五朝，任内阁辅臣四十余年，任首辅二十一年，以“学行”见长。匪人，行为不端正的人。岁贡，明清时，每年或二三年从各府、州、县学中选送生员升入国子监就读，称为岁贡生。 [50] 贡举：“贡”指“贡士”，“举”指乡举里选。古时地方官府向帝王荐举人才，有乡里选举、诸侯贡士之制，至汉合贡、举为一，称“贡举”。明、清时泛指科举制度。 [51] 护局：护短。

［点评］

崇祯十二年（1639），顾炎武再度赴试，依旧名落孙山。这对他来说，既是又一次打击，也是一贴清新剂。目睹国事日非，生民涂炭，“感四国之多虞，耻经生之寡术”（《天下郡国利病书自序》），顾炎武终于认识到“八股之害，等于焚书；而败坏人材，有盛于咸阳之郊”（《日知录·拟题》）。于是不再随波逐流，追求功名，退而读书，“历览二十一史、十三朝实录、天下图经、前辈文编、说部，以至公移、邸抄之类，有关于民生之利害者，随录之，旁推互证，务质之今日所可行，而不为泥古之空言”（全祖望《亭林先生神道表》），着手撰写《天下郡国利病书》及《肇域志》。

《日知录》中有两卷，从各个方面，对科举制进行深入的批判。本文从科举考试的方式展开论述。开篇即说当时最主要的考试形式“经义、论策，其名虽正，而最便于空疏不学之人”。这种情况，在宋代就已存在。顾炎武对王安石变革科举，尤为不满，就在于王安石将其所作的《三经新义》，作为指定教材，将其个人的看法，作为应试的标准答案，致使举子不读原典。既然所习“皆穿凿破碎无用之空言”，那么所作必然“皆杜撰无根之语”。故赵鼎谓之“设虚无之学，败坏人才”。就连王安石本人，后来也有所觉悟：“王荆公改科举，暮年乃觉其失，曰：‘欲变学究为秀才，不谓变秀才为学究也。’盖举子专诵王氏章句，而不解义，正如学究诵注疏尔。”（《后山谈丛》）理学家虽然对王安石变法往往表示不满，但“六经注我”的习气同样明显。明成祖下令编辑以理学家注疏为主的《四书大全》《五经大全》，以朝廷的名义颁布，作为科举考试标准书籍，和王安石并无二致。王安石变革只是行于一时，而在明代则延续了二百多年，故其危害，远较宋代为甚，不仅使“学术日至于荒陋”，更使“人才日至于消耗”。“以是科名所得，十人之中，其八九皆为白徒”。一是不会思考，只知盲从，“窃袭人之语，不求心通者相半”；二是急功近利，“至于躁竞，而躁竞之归，驯至于乱贼”（《日知录·生员额数》）。总之，“凡今之所以为学者，为利而已，科举是也。其进于此，而为文辞著书一切可传之事者，为名而已，有明三百年之文人是也”（《亭林余集·与潘次耕札一》）。官场充斥着这样的人，“欲求天下之安宁，斯民之淳厚，岂非却行而求及前人者哉”？顾炎武说：“废天下之生员而官府之政清，废天下之生员而百姓之困苏，废天下之生员而门户之习除，废天下之生员而用世之材出。”（《生员论中》）愤激之言，发自肺腑。

程　文

自宋以来，以取中士子所作之文，谓之“程文”。《金史》：承安五年[1]，“诏考试词赋官各作程文一道[2]，示为举人之式，试后赴省藏之”。至本朝，先亦用士子程文刻录；后多主司所作[3]，遂又分士子所作之文，别谓之“墨卷[4]”。

文章无定格，立一格而后为文，其文不足言矣。唐之取士以赋，而赋之末流最为冗滥。宋之取士以论策，而论策之弊亦复如之。本朝之取士以经义[5]，而经义之不成文又有甚于前代者。皆以程文格式为之，故日趋而下。晁、董、公孙之对[6]，所以独出千古者，以其无程文格式也。欲俊异之才，即独到之才，不拘一格之才。

振今日之文，在毋拘之以格式，而俊异之才出矣。

[注释]

[1] 承安五年：1200 年。承安，金章宗年号。 [2] “诏考试词赋官各作程文一道”以下三句：语出《金史·选举志一》。 [3] 主司：科举的主试官。 [4] 墨卷：宋以来，称取中士人的文章为程文。清代刻录程文，试官往往按题自作一篇，也称程文，因而把刻录的取中试卷改称墨卷。 [5] 本朝之取士以经义：本朝，潘耒本作“明”。原校记：“‘明’，原作‘本朝’。”据此改。 [6] 晁、董、公孙之对：晁，晁错，颍川（今河南禹州）人。汉文帝时为博士，汉景帝时任御史大夫。多次上书，论述国事，言辞激切。有《言兵事疏》《守边劝农疏》《论贵粟疏》等。汉武帝下诏征求治国方略，董仲舒在《举贤良对策》中，提出了“天人感应”“大一统”学说和“罢黜百家，独尊儒术”的主张，深得汉武帝的赞赏。公孙，公孙弘，字季，齐地菑川（今山东寿光南）人。汉武帝向众贤良发下制书策问天人之道，公孙弘在对策中强调天子须身正，为百姓树立信义。并提出八条治理百姓的根本方法，得到汉文帝赏识。后任丞相。

[点评]

顾炎武曾明确表示：“若狥众人之好，而自贬其学，以来天下之人，而广其名誉，则是枉道以从人，而我亦将有所不暇。”（《亭林文集·与友人论门人书》）但在科举考试中，在功名面前，“狥人”却是一个无法回避的举措。上文已经提出：“‘四书疑’，犹唐人之判语，设为疑事问之，以观其学识也。‘四书义’，犹今人之判语，不过得之记诵而已。”善疑是求真的前提，是创新的基础。因为怀疑，就会思考，就有自己真实的想法，这样才会有独到的见解。记诵，即使再勤再多，也是别人的东西，现成的东西，就知识本身而言，并没有新的增益。在科举考试中，还有比这更糟糕的事，如本文所说的“程文”，就逼使学子去作完全丧失自我的记诵。程文未必就是佳作，但因后世程文不少出自主考官之手，被用作评判考试成绩的标尺；神宗万历十五年下旨，命礼部会同翰林院，将一百多篇程文，“刊布学宫，以为准则”（《神宗实录》），从而具有极大的权威性。对众多学子来说，学习是为了应试，应试是为了中式。为了能被录取，于是从言辞、观点、趣味等各个方面，一味模仿程文，依傍他人，而将自身的学养放弃。以此，程文成了窒息思想、扼杀才情的凶器。在程文支配下的考试，必然是众口一词的公式化的答卷；这种考试制度培养出来的，必然是丧失个性、灵性和生气的人。这正是顾炎武最担忧的事。龚自珍诗：“我劝天公重抖擞，不拘一格降人材。”（《己亥杂诗》）这也是顾炎武的心愿。

史 学

唐穆宗长庆三年二月[1]，“谏议大夫殷侑言[2]：‘司马迁、班固、范晔三史为书，劝善惩恶，亚于六经。比来史学废绝，至有身处班列，而朝廷旧章莫能知者。’于是立三史科及三传科”。《通典》“举人条例”[3]：“其史书[4]，《史记》为一史，《汉书》为一史，《后汉书》并刘昭所注《志》为一史，《三国志》为一史，《晋书》为一史，李延寿《南史》为一史，《北史》为一史。习《南史》者兼通宋、齐《志》，习《北史》者通后魏、隋书《志》。自宋以后，史书烦碎冗长，请但问政理成败所因，及其人物损益关于当代者，其余一切不问。国朝自高祖以下及睿宗《实录》，并《贞观政要》，共为一史。”朱子亦尝议分年试士[5]，以《左传》、《国语》、《史记》、两《汉》为一科；《三国》、《晋书》、《南、北史》为一科；新、旧《唐书》，《五代史》为一科；时务、律历、地理为一科。今史学废绝，又甚唐时。若能依此法举之，十年之间，可得通达政体之士，未必无益于国家也。

宋孝宗淳熙十一年[6]，“十月[7]，太常博士倪思言：‘举人轻视史学。今之论史者，独取汉、唐混一之事，三国、六朝、五代以为非盛世而耻谈之。然其进取之得失，守御之当否，筹策之疏密，区处兵民之方，形势成败之迹，俾加讨究，有补国家。请谕春官：凡课试命题，杂出诸史，无所拘忌；考核之际，稍以论策为重，毋止以初场定去留。’从之”。

轻视史学，实际上是无视史学垂鉴资治的作用。

史言薛昂为大司成[8]，“寡学术[9]，士子有用《史记》《西汉》语，辄黜之。在哲宗时，尝请罢史学，哲宗斥为俗佞”。吁，何近世俗佞之多乎！

[注释]

[1] 唐穆宗：李恒，在位期间，耽于游乐，河朔三镇复叛。长庆三年：823 年。 [2]“谏议大夫殷侑言”以下八句：殷侑，陈郡（治所在今河南淮阳）人。精通经术。任谏议大夫时，凡朝廷得失，尽情陈述，前后上八十四章，言词激切。为地方官时，民吏上表请立德政碑。三史，《史记》《汉书》《后汉书》。班列，朝班的行列。也指朝廷或朝官。 [3]《通典》：唐杜佑撰。中国历史上第一部体例完备的政书，是记载唐天宝以前历代经济、政治、礼法、兵刑等典章制度及地志、民族的专著。古代“十通”之一。 [4]“其史书”以下十八句：语出《通典》卷十七。刘昭，字宣卿，平原高唐（今山东高唐）人。历仕南朝宋、齐、梁三朝。集《后汉》同异以注范晔《后汉书》，世称博悉。李延寿，相州（治今河南安阳）人。唐太宗贞观年间兼修国史，独立撰成《南史》《北史》和《太宗政典》。国朝，原作“明代”，据《日知录集释》改。国朝，指唐朝。《贞观政要》，唐代吴兢撰，主要记载唐太宗在位的二十三年中一些政治、经济上的重大措施。 [5]“朱子亦尝议分年试士”以下五句：见朱熹《学校贡举私议》。 [6] 淳熙十一年：1184 年。 [7]“十月”以下二十一句：语出《宋史・选举志二》。倪思，字正甫，湖州归安（今属浙江）人。博学多才。历孝宗、光宗、宁宗三朝，曾任兵部尚书、礼部尚书等职。混一，统一。春官，《周礼》分设天、地、春、夏、秋、冬六官，春官以大宗伯为长官，掌理礼制、祭祀、历法等事。后世以春官为礼部的通称。 [8] 薛昂：杭州人。登元丰八年进士第。从王安石新学，依附蔡京。官门下侍郎、资政殿大学士、知应天府。大司成：古时为教导“世子”（贵族子弟）的官。唐高宗一度改国子监为司成馆，祭酒为大司成，后相沿为祭酒的别称。 [9]“寡学术”以下六句：语出《宋史・薛

昂传》。《西汉》，指《汉书》。哲宗，宋哲宗赵煦，即位时年仅十岁，由祖母太皇太后高氏临朝听政，起用司马光等，恢复旧法，史称“元祐更化”。元祐八年（1093），高氏去世，赵煦开始亲政，下令绍述并实施元丰新法。

［点评］

孔子作《春秋》，“上明三王之道，下辨人事之纪”（《史记·太史公自序》）。司马迁作《史记》，“究天人之际，通古今之变”（《报任安书》）。史籍所记载的，是前代典制、前朝政事、前人言行，但其价值则在“鉴往所以训今”（顾炎武《答徐甥公肃书》）；“鉴于往事，有资于治道”（胡三省《新注资治通鉴序》）。殷侑说史书“劝善惩恶，亚于六经”。就经世治国而言，史书实比经书更有裨益。“其进取之得失，守御之当否，筹策之疏密，区处兵民之方，形势成败之迹，俾加讨究，有补国家。”对史学的意义，西方人有同样的认识。如比顾炎武早半个世纪的英国哲学家培根说：“读史使人明智，读诗使人灵秀，数学使人周密，科学使人深刻。”（《培根随笔·论读书》）所谓“明智”，可从两方面说，一是懂得如何立身，一是懂得如何治国。因此，一个不了解历史的人，实难担当治国的重任。

只是后世有些人，或者出于无知，或者出于狂妄，或者轻视前人的经验，或者无视前代的教训，居然轻视史学、排斥史学，顾炎武斥之为“俗佞”。让他不安的是：“何近世俗佞之多乎！”要挽救这种状况，必须从根本做起，从教育入手。在唐、宋两代，都有科举加试史学的做法，顾炎武受到启发，认为当朝如果也能采用此法，那么，“十年之间，可得通达政体之士”，这对国家必然有益。

搜　索[1]

《旧唐书·李揆传》[2]："乾元初[3]，兼礼部侍郎。言主司取士多不考实，徒峻其堤防，索其书策[4]。殊不知艺不至者，居文史之囿亦不能摛辞[5]，深昧求贤之意也。及试进士[6]，请于庭中设五经、诸史及《切韵》本于床[7]，引贡生谓之曰：'大国选士，但务得才，经籍在此，请恣寻检[8]。'"

《舒元舆传》[9]："举进士，见有司钩校苛切[10]，因上书言：'自古贡士未有轻于此者。且宰相公卿繇此出，而有司以隶人待之[11]，罗棘遮截[12]，疑其为奸，非所以求忠直也。'"《李戡传》[13]："年二十[14]，明六经。就礼部试[15]，吏唱名乃入[16]。戳耻之，明日径返江东[17]，隐阳羡里[18]。"又言国朝校试[19]，穷微探隐，无所不至，士至露顶跣足以赴科场[20]，此先辈所以有投椠而出者[21]。然狡伪之风，所在而有，试者愈严，而犯者愈众，桁杨之辱不足以尽辜[22]。如主司真具别鉴[23]，虽怀藏满箧，亦复何益？故搜索之法，只足以济主司之所短，不足以显才士之所长也。

如首段所引李撰，便可称"真具别鉴"之人，不以寻章索句定高下，故能将经史韵书，坦然陈列，供考生恣意查阅。

今日考试之弊，在乎求才之道不足，而防奸之法有余。洪武五年正月癸丑[24]，"上谕礼部臣曰[25]：'近代以来，举人不中程式，为有司所黜者，多不省己自修，以图再进。往往摭拾主司细故，谤毁以逞私忿，礼让廉耻之风不立。今后有此者罪之。'"万历末，谢肇淛言[26]："上之防士如防夷虏[27]，而旁观之伺主司如伺寇盗。"宋元祐初，御史中丞刘挚上言[28]："治天下者[29]，遇人以君子长者之道，则下必有君子长者之行应于上；若以小人遇之，彼将以小人自为矣，况以此行于学校之间乎？"诚能反今日之弊，而以教化为先，贤才得而治具张，不难致也。

《金史》[30]："泰和元年[31]，省臣奏[32]：'搜简之法虽严，至于解发袒衣，索及耳鼻，殊失待士之礼。《移剌履传》[33]："初，举进士，恶搜简烦琐，去之。"盖世宗初年[34]。故大定二十九年，已尝依前故事[35]，使就沐浴，官置衣为之更之，既可防滥，且不亏礼。'从之。"

朱子论学校科举之弊，谓："上以盗贼待士[36]，士亦以盗贼自处。鼓噪迫胁，非盗贼而何？"嗟夫！三代之制不可见矣，汉、唐之事，岂难仿而行之者乎？

这实际上也是"法令滋彰，盗贼多有"的一种表现。

［注释］

[1] 搜索：旧时科举考试，为防止作弊，考生进入考场前会被搜查，看其随身所带有无违禁的书物。 [2] 李揆：字端卿，陇西成纪（今甘肃秦安）人。唐肃宗时曾任宰相。 [3] 乾元：唐肃宗李亨年号。 [4] 索其书策：搜索考生随身所带的书籍（不让他带进考场舞弊）。 [5] 居文史之囿亦不能摛辞：囿，原指供帝王贵族进行狩猎、游乐的园林。后也指普通的园林。摛（chī）辞，铺陈文辞。 [6] 及试进士：《旧唐书·李揆传》作"其试进士文章。" [7]《切韵》：隋代陆法言所著韵书，唐初被定为官韵。 [8] 恣：恣意，任意。 [9]《舒元舆传》：指《新唐书·舒元舆传》，语有出入。舒元舆，字升远，唐东阳郡兰溪（今浙江兰溪）人。擅文敢谏，与白居易互为唱和。 [10] 钩校：搜求，查找。 [11] 隶人：古时称因罪没入官为奴隶、从事劳役的人。后也用以指仆人。 [12] 罗棘：言考场如同将荆棘围成的罗网。

遮截：拦截。 [13]《李戡传》：指《新唐书·李戡传》。李戡，字定臣，唐宗室。幼孤，年十岁即好学。家贫，苦学不已。 [14] 年二十：《新唐书·李戡传》作“年三十”。 [15] 礼部试：在京师举行，由礼部主持的科举考试。 [16] 唱名：点名。 [17] 江东：古代地域名，大致范围为今江西东北部，安徽中部、南部，江苏中部、南部，上海和浙江地区。 [18] 阳羡：即今江苏宜兴。 [19] 又言国朝校试：自“国朝校试”以下文字，非《舒元舆传》文。“又言”二字，疑为衍文。 [20] 露顶跣足：谓脱下帽子和鞋子接受检查。 [21] 投椠而出：言因拒绝检查而离开考场。椠，书版。古代削木为牍，未经书写的素牍称椠。 [22] 桁（háng）杨：古代用于套在囚犯脚或颈部的一种枷具。尽辜：使犯罪的人都得到处罚。 [23]“如主司真具别鉴”以下三句：言主考官如果真有判断考生水平高下的独特的鉴识，那么即使考生带了许多可供参考的书籍进入考场，也没什么用处。 [24] 洪武五年：1372 年。 [25]“上谕礼部臣曰”以下十句：见《太祖实录》卷七十一。程式，一定的格式。摭（zhí）拾，收取，挑剔。细故，无关紧要的事。 [26] 谢肇淛：字在杭，号武林，福建福州长乐人，生于钱塘（今浙江杭州）。明代博物学家、诗人。著有《五杂俎》等。 [27]“上之防士如防夷虏”二句：语出《五杂俎》卷十四《事部二》。夷虏，潘耒本作“奸偷”。原校记：“‘奸偷’，原作‘夷虏’。”据此改。 [28] 刘挚：字莘老，永静东光（今河北东光）人。治学严谨，政绩卓越。宋哲宗时曾任宰相，因反对新法被流放。有《忠肃集》。 [29]“治天下者”以下六句：语出《宋史·刘挚传》。 [30]《金史》：指《金史·选举志一》。 [31] 泰和元年：1201 年。泰和，金章宗完颜璟年号。 [32] 省臣：行省的长官。 [33]《移剌履传》：《金史·移剌履传》。移剌履，即耶律履，字履道，辽国宗室。初举进士，恶搜检烦琐，去之。后官至尚书右丞。　[34] 世宗初年：金世宗大定元年（1161）。　[35] 故事：旧事，先例。　[36]“上以盗贼待士”以下四句：语出《朱子语类》卷一百九。

［点评］

本文所谈的，是科举考试中的道德问题。从表面上看，严格搜索，是为了防止作弊，保证应试的公正，是在维护道德。但“狡伪之风，所在而有，试者愈严，而犯者愈众”，并未解决问题，反而造成考试的一弊：“求才之道不足，而防奸之法有余。”从更深的层面看，就搜索的实际影响而言，这种做法，不仅“深昧求贤之意”，而且“殊失待士之礼”。既然“上以盗贼待士”，那么“士亦以盗贼自处。鼓噪迫胁，非盗贼而何”？这就因摧毁士人的尊严，导致士人道德观的崩塌，自甘堕落，成了科举考试中最不道德的举措。刘挚说：“治天下者，遇人以君子长者之道，则下必有君子长者之行应于上；若以小人遇之，彼将以小人自为矣，况以此行于学校之间乎？”因此，即使在考试中，在防备舞弊的同时，也不能抛弃尊重士人的应有之礼，这才是维护道德的底线。

在《日知录》中，顾炎武从名实、流变、内容、形式、举措、利弊等各个方面，对科举制展开深入的论述。有“博稽载籍，穷极根要”之誉的清代经学家刘毓崧，读后赞道：“世之言制义者，述其体裁则曰代圣贤立言，推其源本则曰以经史为根柢，古文为楷模。然能为此言者极多，能践此言者甚少，岂特以其于圣贤之道，仅传诸口耳而不体诸身心哉？又岂特以其于经史古文，仅托诸空谈而不求诸实际哉？盖以制义之体裁源本，彼固未尝研究，无怪乎终身由之而不知其道也。近代通儒洞彻古圣贤之微言大义者，莫过于顾亭林先生，其经史古文之学，固属博大闳深，即制义之体裁，亦必穷源探本。盖先生虽不屑以制义鸣，而制义之本末源流，惟先生辨之最审，虽专门名家者不能逮也。”（《书〈日知录〉论时文各条后》）

秘书国史[1]

汉时，天子所藏之书，皆令人臣得观之。故刘歆谓“外则有太常、太史、博士之藏[2]，内则有延阁、广内、秘室之府”。而司马迁为太史令[3]，“紬石室金匮之书”。刘向、扬雄校书天禄阁[4]。扬雄《答刘歆书》[5]，自言为郎之岁，诏赐笔墨钱六万，得观书于石渠。班斿“进读群书[6]，上器其能，赐以秘书之副”。东京则班固、傅毅“为兰台令史”[7]，“并典校书”。曹褒于东观撰次礼事[8]。而安帝永初中[9]，诏谒者刘珍及博士、议郎、四府掾史五十余人[10]，诣东观校定五经、诸子、传记；窦章之被荐[11]，黄香之受诏[12]，亦得至焉。《窦章传》："是时学者称东观为老氏藏室[13]、道家蓬莱山[14]"，太仆邓康"遂荐章入东观为校书郎"[15]。《黄香传》："初，除郎中，肃宗诏香诣东观[16]，读所未尝见书。"

晋、宋以下，此典不废。左思、王俭、张缵之流[17]，咸读秘书，载之史传。晋左思为《三都赋》[18]，"自以所见不博，求为秘书郎中"。南齐王俭迁秘书丞[19]，"依《七略》撰《七志》四十卷"。永明三年，"于俭宅开学士馆，悉以四部书充俭家"。梁张缵为秘书郎，"秘书郎有四员[20]，宋、齐以来为甲族起家之选，待次入补，其居职例数十百日便迁。缵固求不徙，欲遍观阁内图籍"。而柳世隆至借给二千卷[21]。南齐柳世隆，"性爱涉猎[22]，启太祖借秘阁书，上给二千卷"。唐则魏徵、虞世南、岑文本、褚遂良、颜师古皆为秘书监[23]，选五品以上子孙工书者[24]，手书缮写，藏于内库。而玄宗命弘文馆学士元行冲"通撰古今书目[25]，名为《群书四录》"。以阳城之好学[26]，至求为集贤院吏，乃得读之。阳城"好学[27]，贫不能得书，求为吏，隶集贤院，窃院中书读之。六年，无所不通"。窦威"为秘书郎[28]，秩满当迁，固守不调。十余岁，其学业益广"。段成式"为秘书省校书郎[29]，秘阁书籍，披阅皆遍"。宋有史馆、昭文馆、集贤院[30]，谓之“三馆”。太宗别建崇文院，中为秘阁，藏“三馆真本书籍万余卷”，置直阁、校理。仁宗复命缮写校勘[31]，“以参知政事一人领之书成，藏于太清楼”，而范仲淹等尝为提举[32]。

且求书之诏，无代不下，故民间之书得上之天子，而天子之书亦往往传之士大夫。自洪武平元[33]，所收多南宋以来旧本，藏之秘府，垂三百年，无人得见。而昔时取士，一史、三史之科[34]，又皆停废，天下之士于是乎不知古。司马迁之《史记》、班固之《汉书》、干宝之《晋书》[35]、柳芳之《唐历》[36]、吴兢之《唐春秋》[37]、李焘之《宋长编》[38]，并以当时流布；至于会要、日历之类[39]，南渡以来[40]，士大夫家亦多有之，未尝禁止。今则实录之进[41]，焚草于太液池，藏真于皇史宬，在朝之臣，非预纂修[42]，皆不得见，而野史、家传，遂得以孤行于世，天下之士于是乎不知今。是虽以夫子之圣[43]，起于今世，学夏、殷礼而无从，学周礼而又无从也，况其下焉者乎？岂非密于禁史而疏于作人[44]，工于藏书而拙于敷教者邪[45]！遂使帷囊同毁[46]，空闻《七略》之名；冢壁皆残[47]，不睹六经之字。呜呼，悕矣[48]！

前面叙述史实，不着一句议论，至篇末方点出本意。

[注释]

[1] 秘书：秘府所藏的书籍。秘府，宫中藏图书秘记之所。 [2]“故刘歆谓‘外则有太常、太史、博士之藏’”二句：《汉书·艺文志》颜师古注引如淳曰：“刘歆《七略》曰：‘外则有太常、太史、博士之藏，内则有延阁、广内、秘室之府。’” [3]“而司马迁为太史令”二句：见《史记·太史公自序》。紬（chōu），《汉书·司马迁传》颜师古注：“紬，谓缀集之。”石室金匮：石头修筑的房子，金属封缄的柜子，是古代国家秘藏重要文书的地方。 [4] 刘向：原名刘更生，字子政，沛郡丰邑（今江苏丰县）人。汉朝宗室。西汉文学家、目录学家。曾奉命领校秘书，所撰《别录》，是我国最早的图书分类目录。作文舒缓畅达。今存著作《新序》《说苑》《列女传》等，编订《战国策》。扬雄：见《春秋言天之学》注 [9]。天禄阁：西汉长安未央宫前殿遗址北面，有两处著名古迹，一为天禄阁，一为石渠阁。都是中国、也是世界上最早的国家图书馆和档案馆。 [5]“扬雄《答刘歆书》”以下四句：答书原文为：“雄为郎之岁，自奏少不得学，而心好沈博绝丽之文，愿不受三岁之奉（俸禄），且休脱直事（值班）之繇（劳役），得肆心广意，以自克就。有诏可不夺奉，令尚书赐笔墨钱六万，得观书于石渠。”刘歆，字子骏，后改名秀，字颖叔。刘向之子。博学多才，在经学、史学、校勘学、天文历法、艺文等方面都卓有成就。 [6]“班斿‘进读群书’”以下三句：见《汉书·叙传》。班斿（liú），长安人。班彪伯父，班固伯祖父。博学多才，与刘向共校宫中秘书，得到汉成帝器重，赐以宫中秘书副

本。 [7]“东京则班固、傅毅‘为兰台令史’”二句：见《后汉书》班固、傅毅本传。傅毅，字武仲，扶风茂陵（今陕西兴平）人。东汉辞赋家。兰台，指秘书省。兰台令史为御史中丞的属官。典，掌管，主持。 [8]曹褒于东观撰次礼事：《后汉书·曹褒传》：“（汉章帝）章和元年正月，乃召褒诣嘉德门，令小黄门持班固所上叔孙通《汉仪》十二篇，敕褒曰：‘此制散略，多不合经，今宜依礼条正，使可施行。于南宫、东观尽心集作。’褒既受命，乃次序礼事，依准旧典，杂以《五经》谶记之文，撰次天子至于庶人冠婚吉凶终始制度，以为百五十篇，写以二尺四寸简。其年十二月奏上。”曹褒，字叔通，鲁国薛（今山东滕州一带）人。博学多识，为儒者所宗。东观，位于洛阳南宫，东汉章帝、和帝以后，为宫廷收藏图籍档案及修撰史书的主要处所。 [9]安帝：汉安帝刘祜。即位时，东汉朝廷内忧外患，百事多艰。永初是汉安帝年号。 [10]“诏谒者刘珍及博士、议郎、四府掾史五十余人”二句：见《后汉书·安帝纪》《后汉书·和熹邓皇后传》。四府，西汉以丞相、御史、车骑将军、前将军府为四府；东汉则以太尉、司徒、司空、大将军（或太傅）府为四府。 [11]窦章：字伯向，扶风平陵（今陕西咸阳西北）人。少好学，与马融、崔瑗为友。 [12]黄香：字文强，江夏安陆（今湖北云梦）人。“二十四孝”中“扇枕温衾”故事的主角。东汉和帝时任尚书令，勤于国事，一心为公。子孙都官至太尉，名闻天下。 [13]老氏藏室：老氏，见《艮其限》注[23]。《史记·老子韩非列传》谓老子原是“周守藏室（皇家的藏书室）之史也”。 [14]蓬莱山：古代神话传说中的仙山名，与方丈、瀛洲合称海上三神山。 [15]邓康：新野人，东汉开国功臣邓禹之孙。顺帝立，为太仆。为人方正，名重朝廷。 [16]肃宗：汉章帝庙号。 [17]左思：字太冲，齐国临淄（今山东淄博）人。西晋文学家。所著《三都赋》，豪贵之家竞相传写，洛阳为之纸贵。王俭：字仲宝。琅琊临沂（今山东临沂）人。出身琅琊王氏。南朝齐文学家。张缵：字伯绪，范阳方城（今河北固安）人。南朝梁武帝驸马，藏书家，读书破万卷。 [18]“晋左思为《三都赋》”以下三句：见《晋书・左思传》。 [19]“南齐王俭迁秘书丞”以下五句：见《南齐书・王俭传》。《七略》，西汉刘歆撰，中国第一部官修目录和第一部目录学著作。分为辑略、六艺略、诸子略、诗赋略、兵书略、术数略、方技略七部。永明，南齐武帝年号。永明三年，485 年。 [20]“秘书郎有四员”以下六句：语出《梁书・张缵传》。甲族，指世家大族。 [21] 柳世隆：字彦绪，河东郡解县（今山西永济）人。出身于河东柳氏，南朝宋、齐两朝宰相。 [22]“性爱涉猎”以下三句：语出《南史・柳世隆传》。太祖，《南史》作“高帝”。即南齐高帝萧道成。 [23] 魏徵、虞世南、岑文本、褚遂良、颜师古皆为秘书监：虞世南，字伯施，越州余姚（今浙江慈溪）人。书法家、文学家。历仕南朝陈、隋、唐三代。岑文本，字景仁，邓州棘阳县（今河南省新野）人。唐太宗时任宰相。褚遂良，字登善，杭州钱塘（今浙江杭州）人。书法家。唐太宗、高宗两朝宰相。颜师古，名籀，字师古，以字行，京兆万年（今陕西西安）人。名儒颜之推之孙，经学家、训诂学家、史学家。魏徵、虞世南、颜师古在唐太宗贞观年间曾任秘书监，岑文本、褚遂良在贞观年间曾任秘书郎。 [24]“选五品以上子孙工书者”以下三句：《新唐书・艺文志一》：“选五品以上子孙工书者为书手，缮写藏于内库，以宫人掌之。” [25]“而玄宗命弘文馆学士元行冲‘通撰古今书目’”二句：见《旧唐书・元行冲传》。元行冲，元澹，字行冲，以字行，河南人。系出拓跋氏，撰《魏典》三十卷，为后魏编年之史。《群书四录》，又名《群书四部录》。以高宗以来内府藏书丛乱盈漫，因纂而编，用四部分法。载唐内府图书二千六百五十五部，四万八千一百六十九卷。

已佚。 [26] 阳城：字亢宗，定州北平（今河北完县）人。隐于中条山。远近慕其德行，多从之学。唐德宗时为谏议大夫，名重天下。 [27]“阳城‘好学’”以下七句：见《新唐书·阳城传》。 [28]“窦威‘为秘书郎’”以下五句：见《旧唐书·窦威传》。窦威，字文蔚，岐州平陵（今陕西咸阳西北）人。隋朝建立，任秘书郎。唐朝建立，任宰相。 [29]“段成式‘为秘书省校书郎’”以下三句：见《旧唐书·段成式传》。段成式，字柯古，西河（今山西汾阳）人。工诗，与温庭筠齐名。著有志怪小说《酉阳杂俎》。 [30]“宋有史馆、昭文馆、集贤院”以下六句：见《宋史·职官志二》。《宋史·职官志四》：“秘阁，系端拱元年就崇文院中堂建阁，以三馆书籍真本并内出古画墨迹等藏之。淳化元年，诏次三馆置直阁，以朝官充；校理，以京朝官充……直阁、校理通掌阁事，掌缮写秘阁所藏。”太宗，宋太宗赵光义。在位期间，改变了唐末以来重武轻文的国策。 [31]“仁宗复命缮写校勘”以下三句：见《宋史·艺文志一》。为宋真宗时事。 [32] 提举：原意为管理。宋代以后设主管专门事务的职官，即以“提举”命名。 [33] 洪武平元：明太祖洪武元年（1368），徐达、常遇春率明军攻陷元朝首都大都（今北京），元顺帝北遁，元朝灭亡。 [34] 一史、三史之科：唐睿宗景云元年（710）十二月制：“四方选集，群才辐凑，操斧伐柯，求之不远。其有能习三经，通大义者；综一史，知本末者……咸令所司，博采明试，朕亲择焉。”长庆二年二月，谏议大夫殷侑奏：“历代史书，皆记当时善恶，系以褒贬，垂裕劝戒。其司马迁《史记》，班固、范晔两《汉书》，音义详明，惩恶劝善，亚于六经，堪为世教。伏惟国朝故事，国子学有文史直者，宏文馆宏文生，并试以《史记》、两《汉书》、《三国志》。又有一史科。近日以来，史学都废。至于有身处班列，朝廷旧章，昧而莫知，况乎前代之载，焉能知之？伏请置前件史科，每史问大义一百条，策三道。义通七，策通二以上，为及第。能通一史者，请同五经、三传例处分……其三史皆通者，请录奏闻，特加奖擢。”（《唐会要》卷七十六《贡举中》） [35]《晋书》：指《晋纪》，直而能婉，时称良史。 [36] 柳芳之《唐历》：柳芳，字仲敷，唐蒲州河东（今山西永济）人。唐肃宗时任史官，编成国史。后贬官到黔中（今贵州地区），遇唐玄宗宠信宦官高力士，听到很多开元、天宝时的政治内幕，颇有史料价值，于是用编年体重写了一部《唐历》。 [37] 吴兢之《唐春秋》：吴兢，汴州浚仪（今河南开封）人。在唐中宗至玄宗这三十年间，一直为史官。《新唐书·艺文志》有其所作《唐春秋》。 [38] 李焘之《宋长编》：李焘，字仁甫，一字子真，号巽岩。眉州丹棱（今四川丹棱）人。南宋历史学家、目录学家。宋孝宗朝仕至同修国史。仿照司马光《资治通鉴》体例，以四十年时间，撰成《续资治通鉴长编》九百八十卷。《宋长编》，即《续资治通鉴长编》，记北宋九朝一百六十八年事。 [39] 会要：以某一朝代的国家制度、历史地理、风俗民情等为主要收辑内容的史书，用于弥补正史的不足。日历：史官按日记载朝政事务的书册，是史官纂修国史的依据。 [40] 南渡：宋钦宗靖康二年（1127），赵构从河北南下到陪都南京应天府（今河南商丘）鸿庆宫祭祀赵宋祖庙，在宫殿内即位为宋高宗，改元建炎，南宋建立。之后，宋高宗一路从淮河到长江，再到杭州，绍兴元年（1131）升杭州为临安府，定为“行在”（陪都），实为首都。史称“建炎南渡”。 [41] “今则实录之进”以下三句：言实录进呈之后，即藏入库房，而在宫中将草稿焚烧，不留底稿。丁晏《日知录校正》引汪椿语：“《日下旧闻》引王直《纪略》云：‘六月七日，陪少师、少保、诸学士焚三朝实录草本于太液池。’顾氏本此。”太液池，明朝北京皇宫旁的北海、中海、南海，统称太液池。皇史宬（chéng），明清两代的皇家档案馆，又称表章库。宬，古代藏书室。 [42] 预：参与。 [43]“是虽以夫子之圣”以下四句：见《予一以贯之》注 [11]。 [44] 作人：《诗经 · 大雅 · 棫朴》：“周王寿考，遐（何）不作人？”孔颖达疏：“作人者，变旧造新之辞。”后因称任用和造就人才为“作人”。 [45] 敷教：布施教化。 [46]“遂使帷囊同毁”二句：帷囊，隋文帝开皇初，秘书监牛弘上表请开献书之路，其中言及书有“五厄”，“孝献移都（指汉献帝迁都许昌），吏民扰乱，图书缣帛，皆取为帷囊”为第三厄。《七略》，见注 [19]。此书在唐末已佚，故说“帷囊同毁”。 [47]“冢壁皆残”二句：晋武帝咸宁五年（279），汲郡人偷盗魏襄王的陵墓，得到竹书数十车，全是蝌蚪文书写，称“汲冢古文（汲冢书）”。经过整理，有《竹书纪年》十二篇。这二句和前二句的意思相同，都说将书藏起来，不让人看，如果发生什么变故，或者年代久了，都会毁坏，后人也就永远不知道所写的内容了。 [48] 悕：悲伤，可悲。

［点评］

汉朝鼓励人们读宫中藏书。扬雄读书，不仅带薪，而且有奖金；班斿还能得到宫中藏书的复本，难怪当时人将宫中藏书之所誉为蓬莱仙境。当然也有限制，非相关人员是不得入内的。如“蒲侯苏昌为太常，十一年，坐籍霍山书泄秘书免”。(《汉书 · 百官公卿表》，颜师古注：“以秘书借霍山。”）即使像骠骑将军霍去病之孙霍山这样显赫的人物，也无抄写秘书的特权，主管长官苏昌便因违禁而被免职。晋以后人们宁可放弃升迁机会，也要留在宫中读书。如果说左思、王俭还出于写作的需要，张缵、阳城则毫无功利心，纯粹是为读书而读书了。明代宫中藏书，秘而不宣，无人得见；日后若遭毁弃，更无人能弥补，古风荡然无存。

但本文并不是“劝学篇”。题名“秘书国史”，而文中所言，几乎都与“秘书”相关，似有畸重畸轻之感。孔子“因史记作《春秋》”（《史记·孔子世家》），即主要以鲁国（可能也有周王室和其他诸侯国）史官的记载，编成《春秋》。司马迁的祖先“世典周史”，身为“太史令，紬史记石室金匮之书”，作《史记》（《史记·太史公自序》）。宫中所藏秘书（包括文书档案），是编写国史最重要的资料。阅读秘书，在增长知识的同时，也为有志之士编撰国史作资料积累。如果因为“密于禁史”“工于藏书”，致使“天下之士于是乎不知今”，后人就更无从了解这一代的历史。司马迁父亲司马谈，生前最大的遗憾是：“余为太史而弗论载，废天下之史文，余甚惧焉。”（《史记·太史公自序》）本文以“遂使帷囊同毁，空闻《七略》之名；冢壁皆残，不睹六经之字。呜呼，悕矣”作结，诚与司马谈同悲。顾炎武最担忧的，不仅是秘书的损毁，更是一段国史的消亡。

三朝要典[1]

《宋史·蹇序辰传》[2]："绍圣中为起居郎、中书舍人[3]，同修国史。疏言：'朝廷前日正司马光等奸恶[4]，明其罪罚，以告中外。惟变乱典刑[5]，改废法度，讪讟宗庙[6]，睥睨两宫[7]，观事考言，实状彰著。然踪迹深秘，包藏祸心，相去八年之间[8]，盖已不可究质[9]。其章疏案牍，散在有司，若不汇辑而存之，岁久必致沦失。愿悉讨奸臣所言所行[10]，选官编类，人为一帙，置之二府[11]，以示天下后世大戒。'遂命序辰及徐铎编类[12]，由是搢绅之祸[13]，无一得免者。"天启中纂辑《三朝要典》，正用序辰之法。

门户之人[14]，其立言之指，各有所借；章奏之文，互有是非。作史者两收而并存之，则后之君子如执镜以照物，无所逃其形矣。褊心之辈[15]，谬加笔削，于此之党则存其是者，去其非者；于彼之党则存其非者，去其是者，于是言者之情隐，而单辞得以胜之[16]。且如《要典》一书，其言未必尽非，而其意别有所为。继此之为书者犹是也。此国论之所以未平[17]，而百世之下难乎其信史也。先帝批讲官李明睿之疏曰[18]："纂修实录之法，惟在据事直书，则是非互见。"大哉王言，其万世作史之准绳乎！

《三朝要典》所包含的是已被歪曲的材料，但事关对晚明一些重要事件的评价，故顾炎武从作史准则的高度来评判此书。

[注释]

[1] 三朝要典：明熹宗天启六年（1626），魏忠贤同乡好友、兵科给事中霍维华上疏，抨击东林名士杨涟、左光斗等人，全盘推翻"梃击案""红丸案""移宫案"的结论。魏忠贤看后说："这本条议一字不差。"时人说"此疏乃一部三朝要典也"。于是魏忠贤下令开馆纂修《三朝要典》，在霍维华的基础上纂辑万历、泰昌、天启三朝有关三大案的档案资料，加上案语而成。崇祯元年下旨禁毁。 [2] 蹇序辰：字授之，成都双流（在今四川成都）人。与其父蹇周辅同为尖刻之徒。宋徽宗时，与蔡京交好。 [3] 绍圣：宋哲宗赵煦年号。 [4] 司马光：字君实，号迂叟，陕州夏县涑水乡（在今山西夏县）人，世称涑水先生。宋神

宗时，因反对王安石变法，退居洛阳，作《资治通鉴》。宋哲宗即位之初，任宰相，尽废王安石新法。蔡京为相时，将司马光等称为“元祐党人”。 [5] 典刑：常刑，常法。 [6] 讪讟（dú）：讥笑毁谤。 [7] 睥睨两宫：睥睨，眼睛斜着看，表示傲视或厌恶。宋哲宗即位时，年仅十岁，由祖母太皇太后高氏（高滔滔）临朝听政。故称“两宫”。高后起用司马光等人，恢复旧法，史称“元祐更化”。 [8] 相去八年：自司马光去世，至绍圣元年，已过八年。 [9] 究质：追究质问。 [10] 奸臣：指司马光等反对新法的“元祐党人”。 [11] 二府：宋代为了加强对内控制，以掌管军事的枢密院（西府）和掌管政务的中书门下（政事堂、东府）共同行使行政领导权，并称为“二府”，为当时最高国务机关。 [12] 徐铎：字振文，其祖父自莆田（今属福建）徙家平阳（今属浙江）。绍圣三年升任给事中，奉宋哲宗之命，主持编纂元祐诸臣章牍事状。 [13] 搢绅：通常作“缙绅”。插笏于绅。绅，古代仕宦者和儒者围于腰际的大带。搢绅，指有官职的或做过官的人。 [14] 门户：宗派。 [15] 褊心：心胸狭窄。 [16] 单辞：指诉讼中无对质无证据的单方面言辞。 [17] 国论：全国的舆论。 [18] 先帝批讲官李明睿之疏曰：先帝，潘耒本作“崇祯帝”。原校记：“‘崇祯帝’，原作‘先帝’。”据此改。崇祯帝，明思宗朱由检，年号崇祯。明朝最后一个皇帝。李自成攻破北京时，朱由检自缢于煤山。李明睿，字太虚，江西南昌人。明朝灭亡前夕，曾劝崇祯放弃北京，尽快南迁。

[点评]

有意识地通过文字罗织罪名，似乎始于北宋，特别是在党争之中，如著名的“庆历圣德诗案”“乌台诗案”。本文所说的“编纂元祐诸臣章牍事状”，虽不是典型的文字狱，但同样是通过文字，整理材料，罗织罪名，打击异己。明代天启中逆珰纂辑《三朝要典》，无论目的和手段，都和北宋“编纂元祐诸臣章牍事状”相同。崇祯帝即位后，清算逆珰罪行。侍读学士倪元璐上疏，道：“既而杨涟二十四罪之疏出，魏广微（天启初以同乡同姓附结魏忠贤，拜东阁大学士，参预机务）此辈门户之说兴，于是逆珰杀人，则借三案，群小求富贵，则又借三案，而三案之面目全非……网已密而犹疑有遗鳞，势极重而或忧其翻局。于是崔、魏两奸乃始创立私编标题《要典》，以之批根今日，则众正之党碑，以之免死他年……由此而观，三案者，天下之公议；《要典》者，魏氏之私书。三案自三案，《要典》自《要典》。”（《明季北略·倪元璐疏三案》）倪元璐指出：《三朝要典》是逆珰一手定调的“门户之说”，是借此镇压异己的手段，《三朝要典》是逆珰私书而非公论。顾炎武也持这种看法：“褊心之辈，谬加笔削，于此之党则存其是者，去其非者；于彼之党则存其非者，去其是者，于是言者之情隐，而单辞得以胜之。”

倪元璐着眼于《三朝要典》在当代的影响，故关注公议。顾炎武还考虑在后世的影响，故重视其历史价值，认为这种出自门户之见的书籍，不仅使“国论之所以未平”，而且“百世之下难乎其信史”，强调只有“据事直书，则是非互见”，才是“万世作史之准绳”。这正是中国古代优秀史家最引以为豪的直笔传统。

记　注[1]

古之人君[2]，左史记事，右史记言，所以防过失而示后王。记注之职，其来尚矣。唐太宗通晓古典[3]，尤重其事。苏冕言[4]：“贞观中[5]，每日朝退后，太宗与宰臣参议政事，即令起居郎一人执简记录。由是贞观注记政事，称为毕备。及高宗朝会，端拱无言，有司惟奏辞、见二事。其后许敬宗、李义府用权，多妄论奏，恐史官直书其短，遂奏令随仗便出，不得备闻机务，因为故事。”

对起居注的态度，是检验诚心治国和专权营私的试金石。

《旧唐书·姚璹传》[6]：“长寿二年[7]，迁文昌左丞、同凤阁鸾台平章事[8]。自永徽以后[9]，左、右史虽得对仗承旨[10]，仗下后，谋议皆不预闻。璹以为帝王谟训[11]，不可暂无纪述[12]，若不宣自宰相，史官无从得书。乃表请仗下所言军国政要，宰相一人专知撰录[13]，号为'时政记'，每月封送史馆。宰相之撰时政记，自璹始也。"

［注释］

[1] 记注：记录史实。汉代以后，设官侍天子左右记录言行，编成起居注。 [2]"古之人君"以下三句：《礼记·玉藻》："动则左史书之，言则右史书之。"孔颖达《尚书正义序》："夫《书》者，人君辞诰之典，右史记言之策。"孔颖达《春秋正义序》："夫《春秋》者，纪人君动作之务，是左史所职之书。"《汉书·艺文志》谓"左史记言，右史记事"，误。 [3]"唐太宗通晓古典"二句：唐太宗，李世民，陇西狄道（今甘肃临洮）人。唐朝实际开创者。即位后对内文治天下，对外开疆拓土，实现"贞观之治"。贞观三年（630），唐太宗在宫中设置史馆，掌修国史，由宰相任监修。二十四史中，有八史成于唐初。 [4] 苏冕：字正元，京兆武功（在今陕西咸阳）人。唐德宗时，编纂《会要》四十卷，记载从高祖到德宗九朝的典章制度，是典志类史书会要体的创立者。 [5]"贞观中"以下十五句：见《唐会要》卷五十六。高宗，李治，继唐太宗即位。端拱，正身拱手。指恭敬有礼，庄重不苟。许敬宗，字延族，杭州新城（今浙江杭州富阳）人。唐高宗时任宰相，监修国史。记事曲从迎合，不问是非，任意删改。李义府，字号不详，瀛州饶阳（在今河北）人。唐高宗时任宰相，为武后的心腹

大臣。《新唐书·奸臣传》，首列许敬宗、李义府。《新唐书·百官志二》："许敬宗、李义府为相，奏请多畏人之知也，命起居郎、舍人对仗承旨，仗下，与百官皆出，不复闻机务矣。"对仗，谓当廷奏事。古时皇帝坐朝听政，必设仪仗，百官当廷言事，无所隐秘，故称对仗。承旨，承接圣旨。故事，先例，旧事。 [6] 姚璹（shú）：字令璋，吴兴武康（今浙江德清）人。初唐史学家姚思廉之孙。武周时任宰相。 [7] 长寿二年：693 年。长寿，武周年号。 [8] 文昌左丞、同凤阁鸾台平章事：即尚书左丞、同中书门下平章事。武则天称帝后，改国号为后周，中书省改为凤阁，门下省改为鸾台，尚书省改为文昌台。 [9] 永徽：唐高宗年号。 [10] 左、右史虽得对仗承旨："虽"，原作"惟"，据《旧唐书·姚璹传》改。 [11] 谟训：谋略和训诲。 [12] 不可暂无纪述："暂无"，原作"遂无"，据《旧唐书·姚璹传》改。 [13] 知：执掌。

［点评］

虽然帝王唯我独尊，"唯其言而莫予违"（《论语·子路》），但大多数帝王也有害怕的东西，一是神灵，一是历史。传统的天人感应说，是借助上天显灵对帝王的制约；本文所谈的起居注，则是借助历史裁判对帝王的制约。不过起居注的意义不仅于此，就实际政务而言，这也是对朝臣品质、能力的如实反映。如本文所言，为防止过失，垂鉴后世，就会重视起居注；反之，专权营私、害怕公言者，必然反对起居注。事实上，对起居注的态度，也涉及朝政是否敢于公开、透明的问题。起居注是最直接的历史记载，古代对此有明确的规定："一分管责成，一史臣侍直，一记注言动，一纂辑章奏，一纪录体例，一开设馆局，一收藏处所，一誊录掌管，一补修记注，凡九条。”（《日知录集释》引沈彤注）用张居正的话说，如何看待起居注，是考量史官是否尽职的依据。

四书五经大全[1]

自朱子作《大学》《中庸》章句、或问[2],《论语》《孟子》集注之后,黄氏榦[3],字直卿,号勉斋先生。有《论语通释》,而采《语录》附于朱子《章句》之下则始自真氏[4],德秀,字希元,号西山先生。名曰《集义》,止《大学》一书。祝氏洙,字宗道。乃仿而足之,为《四书附录》。后有蔡氏模,字仲觉,号觉轩先生。《四书集疏》,赵氏顺孙,号格庵先生。《四书纂疏》,吴氏真子,号克斋先生。《四书集成》。昔之论者病其泛滥,于是陈氏栎[5],字寿翁,号定宇先生。作《四书发明》,胡氏炳文,字仲虎,号云峰先生。作《四书通》。而定宇之门人倪氏士毅,字仲弘,号道川先生。

合二书为一，颇有删正，名曰《四书辑释》。有汪克宽序[6]，至正丙戌[7]。自永乐中命儒臣纂修《四书大全》，颁之学官[8]，而诸书皆废。

倪氏《辑释》今见于刘用章剡所刻《四书通义》中[9]。永乐中所纂《四书大全》特小有增删，其详其简，或多不如倪氏。《大学》《中庸或问》则全不异，而间有舛误。《大学·格致章》，《或问》："是亦不待七十子丧[10]，而大义已乖矣。"《辑释》引《汉书》刘歆《移太常书》有曰[11]："及夫子没而微言绝，七十子终而大义乖。"又《孔子家语·后序》中亦有此二句。《大全》则去其所引刘歆书[12]，但云出《家语·后序》，则失其本矣。《中庸·九经章》，《或问》引贾捐之对元帝语[13]，《辑释》引《汉书》本传文曰："夫后宫盛色则贤者隐微[14]，佞臣用事则诤臣杜口，而文帝不行。"此捐之之言，谓文帝不听后宫幸臣之请尔。《大全》则改云"元帝不行"，既不知古书，又不辨语气。至《春秋大全》则全袭元人汪克宽《胡传纂疏》，字德辅，隐居不仕，以十年之功为此书。但改其中"愚按"二字为"汪氏曰"，及添"庐陵李氏"等一二条而已。《诗经大全》则全袭元人刘瑾《诗传通释》[15]，此书与《胡传纂疏》，予今并有之。而改其中"愚按"二字为"安成刘氏曰”。其三经后人皆不见旧书[16]，亦未必不因前人也。当日儒臣奉旨修《四书五经大全》，颁餐钱，给笔札，书成之日，赐金迁秩[17]，所费于国家者不知凡几。将谓此书既成，可以章一代教学之功，启百世儒林之绪，而仅取已成之书抄誊一过，上欺朝廷，下诳士子，唐宋之时有是事乎？岂非骨鲠之臣已空于建文之代[18]，而制义初行[19]，一时人士尽弃宋元以来所传之实学，上下相蒙，以饕禄利，而莫之问也。呜呼！经学之废，实自此始。后之君子欲扫而更之，亦难乎其为力矣。

《大全》粗制滥造，于此可见，比因袭前人，更等而下之。

经学之废，不仅在《大全》学术质量低下，还在将实学精神抛弃。

［注释］

[1] 四书五经大全：《四书大全》和《五经大全》的合称。“明永乐十三年翰林学士胡广等奉敕撰。成祖御制序文，颁行天下，二百余年尊为取士之制者也。其书因元倪士毅《四书辑释》稍加点窜。顾炎武《日知录》曰……考士毅撰有《作义要诀》一卷，附刻陈悦道《书义断法》之末，今尚有传本。盖颇讲科举之学者。其作《辑释》，殆亦为经义而设，故广等以夙所诵习，剽翦成编欤？初与《五经大全》并颁，然当时程式，以《四书》义为重，故《五经》率皆庋阁，所研究者惟《四书》，所辨订者亦惟《四书》。后来《四书》讲章，浩如烟海，皆是编为之滥觞。盖由汉至宋之经术，于是始尽变矣。”（《四库全书总目提要·四书大

全》） [2]“自朱子作《大学》《中庸》章句、或问”二句：朱熹作《大学章句》《中庸章句》《大学或问》《中庸或问》《论语集注》《孟子集注》。 [3]黄氏榦：黄榦与真德秀、祝洙、蔡模、赵顺孙、吴真子，均为南宋理学家。 [4]《语录》：指《朱子语类》。 [5]陈氏栎：陈栎与胡炳、倪士毅，为元代理学家。 [6]汪克宽：字德辅，号环谷，祁门县（今属安徽）人。元末明初理学家。天资聪颖，六岁能作骈偶，十一岁能自断“四书”句读。 [7]至正丙戌：元惠帝至正六年（丙戌，1346）。 [8]学官：指学校。 [9]“倪氏《辑释》今见于刘用章剡所刻《四书通义》中”以下四句：刘剡，字用章，休宁（今属安徽）人。元末明初理学家。《四库全书总目提要·四书通义》：“是书因倪士毅《四书辑释》重为订正，更益以金履祥《疏义》《指义》，朱公迁《通旨》《约说》，程复心《章图》，史伯璿《管窥》，王元善《通考》及当时诸儒著述，改题此名。夫吴真子据真氏、祝氏、蔡氏、赵氏之书纂为《四书集成》，自以为善矣，而胡炳文、陈栎重订之。胡氏、陈氏自以为善矣，而倪士毅又重订之。倪氏自以为善矣，而剡又重订之。自剡以后，重订者又不知凡几，盖隶首不能算其数也。而大旨皆曰前人未善，吾不得已而作焉，实则转相剽袭，改换其面貌，更易其名目而已。辑一《四书》讲章，是何名山不朽之业，而纷纷窃据如此？是亦不可以已乎？” [10]七十子：指孔门七十二贤。七十，是举其成数。 [11]“《汉书》刘歆《移太常书》有曰”三句：见《汉书·刘歆传》所引《移书让太常博士》。 [12]“《大全》则去其所引刘歆书”以下三句：刘歆《移书让太常博士》作于西汉哀帝时。王肃《孔子家语》无《后序》。《孔子家语·后序》指何孟春《孔子家语注·后序》，作于明武宗正德二年（1507）。宋孝宗淳熙六年（1179），朱熹在给皇甫斌的信中，已提到《大学或问》，比《孔子家语注·后序》问世，要早三百多年。因此，

《大学或问》中所引“及夫子没而微言绝，七十子终而大义乖”这两句话，只可能出自刘歆文。《大全》言这二句出处，却弃刘歆文而取何孟春序，故谓之“失其本”。 [13] 贾捐之对元帝语：贾捐之，洛阳（今属河南）人。贾谊曾孙。汉元帝初即位，上疏言得失，待诏金马门，数召见，言多采纳。这里所说的“对元帝语”，即著名的《弃珠崖议》。 [14] 夫后宫盛色则贤者隐微”以下三句：语出《汉书·贾捐之传》。 [15] 刘瑾：字公瑾，江西吉安人。元代理学家。隐居不仕。撰《律吕成书》等书。 [16] 三经：指《周易大全》《书传大全》《礼记大全》。 [17] 迁秩：指官员晋级。 [18] 骨鲠之臣已空于建文之代：明惠宗朱允炆，明太祖朱元璋之孙，年号建文，后世称建文帝。他以黄子澄、齐泰和方孝孺三位儒家学者为师傅，强化皇权，和其叔父燕王朱棣发生冲突。朱棣指责皇帝受齐泰、黄子澄等宵小之臣的诱惑，打着“清君侧”旗号起兵“靖难”，攻占京城南京。建文帝下落不明。黄子澄、齐泰被处死，株连九族，女眷世代充官妓。方孝孺因不愿为朱棣草拟即位诏书，被凌迟处死，灭十族，共计八百七十三人。朱棣夺取皇位后，对其他忠于建文帝的诸臣及其家眷，也进行惨无人道的残害。 [19] 制义：明清科举考试制度所规定的一种文体，即八股文，也叫时文、制艺、时艺、四书文、八比文。这种文体有一套固定的格式，规定由破题、承题、起讲、入手、起股、中股、后股、束股八个部分组成，每一部分的句数、句型也都有严格的限定。

[点评]

《四书五经大全》本是奉旨之作，“成祖御制序文，颁行天下，二百余年尊为取士之制者也”（《四库全书总目提要·四书大全》）。由于皇权的支持，成为明代科举考试的学理指南，也成了朝廷取士的衡量标准。但这部明代最权威的著作，也是顾炎武十分厌恶的书。韩菼序王梦白、陈曾所撰《诗经广大全》:“往顾先生亭林尝语余：自五经有《大全》而经学衰。《大全》者，当时奉诏趣成之书，殊多阙略。且劝余凡宋元说经诸书，无论当否，宜悉储之。余窃韪之。”(《清文献通考》卷二百十三《经籍考三》）本文便是对《大全》批判性的论述。

文中指出《大全》内容因袭前人、陈述时有舛错的问题，但其不满，主要还不在此。对当时的士人，明成祖采用两手政策，一手镇压，一手笼络。编纂《大全》，是将思想控制和利禄笼络结合的产物，使天下士人，尽数就范，“入吾彀中”(《唐摭言》)。其结果首先是骨鲠之臣被摧残殆尽，很难出现。科举考试，本来就有使经学从实学沦为帖括之学的弊端，《大全》催生了御用经学，使经说归于一致，“不惟删去异说，并《音释》亦不存”(《书传会选》),更强化了这种情况。致使士人或只知记诵章句，剿袭陈说，或虚憍浮夸，空谈义理。奉旨修《四书五经大全》时，“赐金迁秩，所费于国家者不知凡几”;《大全》风行之后，在学界、政界进而形成“上下相蒙，以饕禄利，而莫之问”的局面。这和顾炎武对士人、学术的期待，背道而驰，故他对《大全》编纂者欺诳士子，败坏学风的行径，痛心疾首：“自八股行而古学弃，《大全》出而经说亡，十族诛而臣节变。洪武、永乐之间，亦世道升降之一会矣。”(《书传会选》）更让他痛心的是：造成这种状况的背景，依然顽固不化，“后之君子欲扫而更之，亦难乎其为力矣”。他想改变这种状况，但困难重重，涌起有心无力之感。

书传会选

洪武二十七年四月丙戌[1]，诏征儒臣定正宋儒蔡氏《书传》[2]。上以蔡氏《书传》日月五星运行与朱子《诗传》不同，及其他注说与番阳邹季友所论间亦有未安者[3]，遂诏征天下儒臣定正之[4]，命翰林院学士刘三吾等总其事。凡蔡氏《传》得者存之，失者正之，又采诸家之说足其未备。九月癸丑，书成，赐名《书传会选》，命礼部颁行天下。

今按此书若《尧典》谓"天左旋，日月五星违天而右转"[5]，陈氏祥道[6]。《高宗肜日》谓"祖庚绎于高宗之庙"[7]，金氏履祥[8]。《西伯戡黎》

谓是武王[9]，金氏。《洛诰》“惟周公诞保文、武受命惟七年”[10]，谓周公辅成王之七年，张氏[11]、陈氏栎[12]。皆不易之论。……每传之下，系以经文及传、音释，于字音、字体、字义辩之甚详。其传中用古人姓字、古书名目必具出处，兼亦考证典故。盖宋、元以来，诸儒之规模犹在，而其为此书者，皆自幼为务本之学，非由八股发身之人，故所著之书，虽不及先儒，而尚有功于后学。至永乐中修《尚书大全》[13]，不惟删去异说，并音释亦不存矣。愚尝谓自宋之末造以至有明之初年，经术人材于斯为盛。自八股行而古学弃，《大全》出而经说亡，十族诛而臣节变[14]。洪武、永乐之间，亦世道升降之一会矣。

肯定《书传会选》的学术价值，就是为了引出“《大全》出而经说亡”。

［注释］

[1] 洪武二十七年：1394 年。 [2] 蔡氏《书传》：蔡沈《书集传》。见《朱子周易本义》注 [38]。 [3] 番（pó）阳：江西鄱阳县古称。邹季友：元代学者。著有《书传音释》。 [4]“遂诏征天下儒臣定正之”二句：洪武二十七年（1394）四月，翰林学士刘三吾等奉敕撰述，九月成书。刘三吾，初名昆，后改如步，以字行，湖南茶陵人。朱元璋曾委以刊定典章礼制及三场取士之法的重任。 [5] 若《尧典》谓“天左旋，日月五星违天而

右转”:《尧典》:“乃命羲和，钦若昊天，历象日月星辰，敬授民时。”张载《参两》:“日月五星逆天而行，并包乎地者也。地在气中，虽顺天左旋，其所系辰象随之，稍迟则反移徙而右尔。间有缓速不齐者，七政之性殊也。”得到朱熹赞同。陈祥道注，与张载不同。 [6] 陈氏祥道：陈祥道，字用之，一作祐之，福州（今属福建）人。师从王安石，长于三礼之学。 [7]《高宗肜日》谓“祖庚绎于高宗之庙”:《高宗肜日》:“高宗祭成汤，有飞雉升鼎耳而雊，祖己训诸王，作《高宗肜日》《高宗之训》。”高宗，武丁，见《饭糗茹草》注 [3]。肜（róng），商代祭祀的名称。指祭祀之后第二天又进行的祭祀。祖己，《帝王世纪》记载为武丁嫡长子，《史记·殷本纪》记载为武丁时贤臣。祖庚，武丁次子，名曜。父死继位。绎，陈述。金履祥注，以祖庚替代祖己。 [8] 金氏履祥：金履祥，字吉父，号次农，自号桐阳叔子，学者尊称为仁山先生，兰溪（今属浙江）人。宋元之际的学者。著有《尚书注》等。 [9]《西伯戡黎》谓是武王：《尚书正义》孔颖达疏谓西伯指周文王。金履祥注以为是周武王。 [10]“《洛诰》‘惟周公诞保文、武受命惟七年’”二句：《尚书正义》孔安国传：“惟七年，周公摄政七年。”张栻、陈栎认为周公并非替代成王摄政，而是辅佐成王处理国政。 [11] 张氏：张栻，字敬夫，后避讳改字钦夫，号南轩，学者称南轩先生，汉州绵竹（今四川绵竹市）人，右相张浚之子。南宋初期学者。与朱熹、吕祖谦齐名，时称“东南三贤”。 [12] 陈氏栎：陈栎，字寿翁，晚号东阜老人，学者称定宇先生，徽州休宁（今属安徽）人，宋末元初学者。 [13] 永乐中修《尚书大全》:见《四书五经大全》注 [1]。 [14] 十族诛：《明史纪事本末》卷之十八《壬午殉难》:“建文帝逊去，即召用孝孺，不肯屈，逼之，孝孺衰绖号恸阙下，为镇抚伍云等执以献。成祖待以不死，不屈，系之狱……成祖欲草即位诏，皆举孝孺，乃召出狱……曰：‘诏天下，非先生不可。’孝孺大批数字，掷笔于地，且哭且骂曰：‘死即死耳，诏不可草。’文皇大声曰：‘汝安能遽死。即死，独不顾九族乎？’孝孺曰：‘便十族奈我何！’声愈厉。文皇大怒，令以刀抉其口两旁至两耳，复锢之狱，大收其朋友门生。每收一人，辄示孝孺，孝孺不一顾，乃尽杀之，然后出孝孺，磔之聚宝门外……复诏收其妻郑氏，妻与诸子皆先经死。悉燔削方氏墓。初，籍十族，每逮至，辄以示孝孺，孝孺执不从，乃及母族林彦清等、妻族郑原吉等。九族既戮，亦皆不从，乃及朋友门生廖镛、林嘉猷等为一族，并坐，然后诏磔于市，坐死者八百七十三人，谪戍绝徼死者不可胜计。”方孝孺，字希直，一字希古，号逊志，蜀献王赐名其读书处为“正学”，又称“正学先生”，浙江宁海人。明初学者、文学家。建文帝时任翰林学士。

[点评]

蔡沈的《书集传》，是继孔颖达《尚书正义》之后的又一部力作，但在其问世之后，学界也颇多异议。“至明太祖始考验天象，知与蔡《传》不合，乃博征绩学，定为此编。凡蔡《传》之合者存之，不预立意见以曲肆诋排。其不合者则改之，亦不坚持门户以巧为回护。计所纠正凡六十六条。”(《四库全书总目提要·书传会选》引陈栎《书传纂疏序》)本文即论此书。《提要》作者说：“以炎武之淹博绝伦，罕所许可，而其论如是，则是书之足贵，可略见矣。”顾炎武称赞此书，虽然也肯定了其中关于音韵、文字、考证的成绩，但更让他感兴趣的则是书中提出了一些不同于前人的异说（新说）。洪武年间，《书集传》还只是众多《尚书》研究著作中的一部，但到明成祖永乐间编《书传大全》，便独尊《书集传》，定为功令。《书传大全》“大旨本二陈氏。二陈氏者，一为陈栎《尚书集传纂疏》，一为陈师凯《书蔡传旁通》。《纂疏》皆墨守蔡《传》，《旁通》则于名物度数考证特详，虽回护蔡《传》之处在所不免”。顾炎武所欣赏的“异说”，都被删除。在顾炎武看来，这种死守旧说的做法，无疑是思想禁锢的表现，这和他的治学精神显然相悖。《大全》是在一种特殊的政治环境中产生的，故结句叹道：“自八股行而古学弃，《大全》出而经说亡，十族诛而臣节变。洪武、永乐之间，亦世道升降之一会矣。”《日知录》中没有“明世风俗”这一篇，但这几句话，可说是他对明代风俗演变的点睛之笔。

内　典[1]

古之圣人所以教人之说，其行在“孝、弟、忠、信”[2]，其职在“洒扫、应对、进退”[3]，其文在《诗》《书》《礼》《易》《春秋》，其用之身在出处、去就、交际，其施之天下在政令、教化、刑罚。虽其“和顺积中而英华发外”，《乐记》[4]。亦有体用之分[5]，然并无“用心于内”之说[6]。自老庄之学行于战国之时[7]，而“外义”者告子也[8]，“外天下”“外物”“外生”者庄子也[9]。于是高明之士厌薄《诗》《书》[10]，以为此先王所以治天下之糟粕。而佛氏晚入中国，其所言“清净”“慈悲”之说[11]，适有以动乎世人之慕向者[12]。六朝诸君子从而衍之[13]，由清净自在之说而极之[14]，以至于不生不死，入于涅槃[15]，则杨氏之“为我”也[16]；由慈悲利物之说而极之，以至于普度众生[17]，超拔苦海，则墨氏之“兼爱”也[18]。“天下之言不归杨[19]，则归墨”，而佛氏乃兼之矣。后之学者遂谓其书为“内典”。“内典”字见《册府元龟》引《唐会要》：“开成二年二月[20]，王彦进准宣索《内典目录》十二卷[21]。”推其立言之旨，不将内释而外吾儒乎[22]？夫内释而外吾儒，此左道惑众之徒[23]，先王之所必诛而不以听者矣。

佛教能够在中国风行，在于它迎合了世人或追求长生，或脱离苦海，或普度众生的期望和需求。

《黄氏日钞》云：“《论语》‘曾子三省’章[24]，《集注》载尹氏曰[25]：‘曾子守约[26]，故动必求诸身。’语意已足矣。又载谢氏曰[27]：‘诸子之学皆出于圣人，其后愈远而愈失其真。独曾子之学，专用心于内，故传之无弊。’夫心所以具众理而应万事，正其心者[28]，正欲施之治国平天下。孔门未有‘专用心于内’之说也，用心于内，近世禅学之说耳[29]。象山陆氏因谓曾子之学是‘里面出来’[30]，其学不传；诸子是‘外面入去’。今传于世者，皆‘外入之学’，非孔子之真。遂于《论语》之外，自谓得不传之学。凡皆源于谢氏之说也。”后有朱子，当于《集注》中去此一条。

褚少孙补《滑稽传》[31]，以传记、杂说为“外家”，是以六经为内也。东汉儒者则以七纬为内学[32]，六经为外学。《后汉书·方术传》：“自是习为内学。”注：“内学，谓图谶之书也[33]。其事秘密，故称内。”《逸民传》[34]：“博通内外图典。”《魏书·管宁传》[35]：张臶“学兼内外”[36]。举图谶之文，一归之“性与天道[37]，不可得闻”。《后汉书·桓谭传》：“天道性命，圣人所难言也，自子贡以下，不可得闻。”指谓谶记[38]。而今百世之下，晓然皆悟其非。今之所谓“内学”，则又不在图谶之书，而移之释氏矣。

佛教不究人事，不知历史，只是在宗教活动中寻找人生的答案，和谶纬殊途同归。

[注释]

[1] 内典：指佛教三藏十二部的一切经典。因佛法是心性内求的一门学问，故被称为内学。 [2] 孝、弟（tì）、忠、信：《论语·学而》：“弟子入则孝，出则弟，谨而信，泛爱众。”弟，通“悌”，弟弟敬重兄长。 [3] 洒扫、应对、进退：《论语·子张》：“子夏之门人小子，当洒扫、应对、进退，则可矣。”谓打扫卫生、上传下达、迎送宾客。 [4]《乐记》：指《礼记·乐记》。 [5] 体用：中国哲学的一对范畴，指本体和作用。“体”是内在的、本质的，“用”是“体”的外在表现、表象。孔颖达《周易正义》：“天者定体之名，乾者体用之称。故《说卦》云：‘乾，健也’。言天之体

以健为用。圣人作《易》，本以教人，欲使人法天之用，不法天之体。”言天有体有用，用是体之用。 [6] 用心于内：语出《汉书·扬雄传》。这里意之所指，在下所引谢氏之言。 [7] 老庄之学：又称玄学（玄远之学），是继黄老之学道家衍生出的一个新门派。魏晋时期至南朝宋中叶，出现一种崇尚老庄的思潮。玄学一词即出自《老子》：“玄之又玄，众妙之门。” [8]“外义”者告子也：《孟子·公孙丑上》：“告子未尝知义，以其外之也。”告子，见《艮其限》注 [7]。 [9]“外天下”“外物”“外生”者庄子也：外天下、外物、外生，即将天下、万物、生死都排除在自己的意念之外，以达到与道合一的境地。庄子，姓庄，名周，战国时期宋国蒙（今河南商丘东北）人。先秦道家学派代表人物。庄子认为“道”是宇宙万物的本源，崇尚天道，即效法自然之“道”。 [10]“于是高明之士厌薄《诗》《书》”二句：《庄子·天道》：“（齐）桓公读书于堂上。轮扁斲轮（砍削车轮）于堂下，释椎凿（放下椎子和凿子）而上，问桓公曰：‘敢问公之所读者何言邪？’公曰：‘圣人之言也。’曰：‘圣人在乎？’公曰：‘已死矣。’曰：‘然则君之所读者，古人之糟魄已夫！’”《资治通鉴》卷七十五《魏纪七·邵陵厉公》：“（何）晏性自喜，粉白不去手，行步顾影。尤好老、庄之书，与夏侯玄、荀粲及山阳王弼之徒，竞为清谈，祖尚虚无，谓《六经》为圣人糟粕。由是天下士大夫争慕效之。” [11] 其所言“清净”“慈悲”之说：清净、慈悲，均为佛教语。王僧孺《礼佛唱导发愿文》：“愿现前众等，身口清净。”清净，谓远离恶行与烦恼。《智度论·释初品中·大慈大悲义》：“大慈与一切众生乐，大悲拔一切众生苦。”慈爱众生并给与快乐（与乐）为慈；同感其苦，怜悯众生，并拔除其苦（拔苦）为悲；二者合称慈悲。 [12] 适：恰巧。 [13] 衍：推演。 [14] 由清净自在之说而极之：自此句至“而佛氏乃兼之矣”，潘耒本作“其传寖盛”。[15] 涅槃：佛教语，又译为般涅槃等，大致指无为、自在、不生不灭等意思。涅槃中永远没有生命中的种种烦恼、痛苦、苦行和轮回。[16] 杨氏：杨朱。[17]“以至于普度众生”二句：《佛说无量寿经》：“普欲度脱一切众生。”言大众营营扰扰，如溺海中，佛教以慈悲为怀，施宏大法力，尽力救济他们以便登上彼岸。超拔，佛教语，谓得到超度，脱离苦难。[18] 墨氏：墨翟。[19]“天下之言不归杨”二句：语出《孟子·滕文公下》。[20] 开成二年：837 年。开成，唐文宗年号。[21] 王彦进准宣索《内典目录》十二卷：《新唐书·艺文志三》作“王彦威《内典目录》十二卷”。王彦威，字子美，太原人。唐文宗开成间纂集《唐典》。[22] 释：释氏，佛姓“释迦”的略称。也指佛或佛教。[23]“此左道惑众之徒”二句：潘耒本作“此自缁流之语，岂得士人亦云尔乎”。据黄侃《日知录校记》改。左道，邪门旁道，多指非正统的巫蛊、方术等。《礼记·王制》：“执左道以乱政，杀。”郑玄注：“左道，若巫蛊及俗禁。”[24]《论语》“曾子三省”章：自此句至“凡皆源于谢氏之说也”，见《黄氏日钞》卷二《读论语》，文字有出入。《论语·学而》：“曾子曰：‘吾日三省吾身：为人谋而不忠乎？与朋友交而不信乎？传不习乎？’”[25]《集注》：指朱熹《论语集注》。尹氏：尹焞，字彦明，洛阳（今属河南）人。宋钦宗赐号和靖处士。程颐直传弟子。[26] 守约：遵守约定的事。[27] 谢氏：谢良佐，字显道，人称上蔡先生，蔡州上蔡（今河南上蔡）人。师从程颢、程颐，与游酢、吕大临、杨时号称程门四先生。[28]“正其心者”二句：《大学》：“物格而后知至，知至而后意诚，意诚而后心正，心正而后身修，身修而后家齐，家齐而后国治，国治而后天下平。”[29] 禅学：佛教的禅法理论。禅，全称“禅那”，源于梵文，意译“静虑”“思维修”等，谓静中思虑，心绪专注一境，深入思虑佛教义理。“禅”原是印度古代各种教派修行的普遍方法，而在佛教生活和佛教哲学中具有特殊重要的意义。禅是定的一种，而中国佛教往往把禅和定并称为“禅定”。 [30]“象山陆氏因谓曾子之学是‘里面出来’”以下六句：《象山语录下》：“孔门惟颜、曾传道，他未有闻。盖颜、曾从里面出来，他人外面入去。今所传者，乃子夏、子张之徒外入之学。”象山陆氏，陆九渊，字子静，抚州金溪（今属江西）人。因讲学于象山书院，世称“象山先生”。南宋哲学家，陆王心学的代表人物。 [31]“褚少孙补《滑稽传》”二句：褚少孙，颍川（治今河南禹州）人。西汉经学家。汉成帝时为博士。《汉书·司马迁传》谓：“史记内十篇，有录无书。”汉元帝、成帝在位期间，褚少孙曾补《史记》阙文。《史记·滑稽列传》原有三章，褚少孙补写了六章。并作说明：“臣幸得以经术为郎，而好读外家传语。窃不逊让，复作故事滑稽之语六章，编之于左。”滑稽（gǔ jī，古音异读），谓能言善道，机警善变。 [32]七纬：汉代方士化的儒生依据今文经学附丽经义作《尚书纬》《诗纬》《易纬》《礼纬》《春秋纬》《乐纬》《孝经纬》，统称“七纬”，也称“七经纬”。“纬”相对于“经”而言，如织布之竖经横纬，“七纬”即“七经”之“纬”。 [33]图谶：古代关于宣扬预言、预兆的书籍，常附有图。谶，秦汉间巫师、方士编造的预示吉凶的隐语。汉光武帝中元元年（56），宣布图谶于天下，当时被公布的图谶之书一共有八十一篇，其中七经纬有三十六篇。 [34]《逸民传》：指《后汉书·逸民列传》。 [35]《魏志·管宁传》：指《三国志·魏书·管宁传》。 [36]张跻（jiàn）：字子明，巨鹿（今河北巨鹿）人。东汉末至三国时期的隐士、音乐家，精通谶纬之学。享年一百零五岁。 [37]“性与天道”二句：《论语·公冶长》：“子贡曰：‘夫子之文章，可得而闻也；

夫子之言性与天道，不可得而闻也。’” [38]谶记：谶书。记载预言应验的书。

［点评］

作为从从异域传来的宗教，佛教的教义，自有其长处。其中有些契合世人的心理需求，如“所言‘清净’‘慈悲’之说，适有以动乎世人之慕向者”。也和前人风行的学说相合，如“不生不死，入于涅槃，则杨氏之‘为我’也”；“普度众生，超拔苦海，则墨氏之‘兼爱’也”。“天下之言不归杨，则归墨”，而佛氏乃兼之矣。而佛教本体论的思维模式、抽象的思辨能力、严格规范的修行方式，以及早期一些佛徒自觉的献身精神，又为中国本土文化所不及。因此，不仅普通民众，不少久经儒家文化熏陶的士人，也歆慕佛说。这就引起正统儒家学者的警惕和抵制。孔子不语“怪、力、乱、神”(《论语·述而》)，即不谈怪异、勇力、叛乱、鬼神之事，而佛教占了其中怪、神两项。南朝的范缜、唐代的韩愈，都旗帜鲜明地辟佛，甚至提出从中国驱除佛教的主张。

顾炎武说自己“生平不读佛书，如《金刚经解》之类，未曾见也”(《与李中孚手札三》)。其著作中很少谈到佛教，本文是罕见的专论佛教的文字。但题名不是常见的“佛教”，或“释教”，而是不常用的“内典”，别有意味。顾炎武看到：历史上凡喜欢空谈者往往好佛，这在六朝表现得十分突出。南北朝是佛教的影响盖过儒家的鼎盛时期，就连被称为“东晋中兴名臣之最”的王导的孙辈，也都好佛。在风气影响之下，后世出现了“内释而外吾儒”的现象，顾炎武关注的就是这个“内”字。因为这已不仅是“缁流之语”，实际上已成了众多士人的一种处世方式，甚至也是一些学人的治学方式。即使如宋明的理学和心学，从表面上（外在）看，都是孔孟之道最正统的继承者，但其学说的核心（内在），以“理”“心”为本体的思维研究，则受佛教的影响。特别是心学，“象山则自立一说，以排千五百年之学者，而其所谓‘收拾精神，扫去阶级’，亦无非禅之宗旨矣”(《下学指南序》)。王阳明说“良知者，心之本体”，“良知即是天理”，和佛教《维摩诘经》中的“直心是菩萨净土”，“直心是道场”，十分相近。至于阳明后学和佛教同流、相互资取的现象，更加明显。顾炎武批评佛教，在于他认为：无论佛教还是心学，只要空谈心性，不问世事，必然会背离了儒家由正心、诚意上升到治国、平天下的途径，抛弃经世致用的实学，不问治理国家必不可缺的“政令、教化、刑罚”等实事，从而导致社会动乱、国家衰亡。

顾炎武看到：不仅心学与禅学合流，就是理学也不免沾染禅学的习气，“今之《语录》几于充栋矣，而淫于禅学者实多，然其说盖出于程门”（《下学指南序》）。“《中庸章句》引程子之言曰：‘此篇乃孔门传授心法。’亦是借用释氏之言，不无可酌。”（《日知录·心学》）甚至说：“今之所谓理学，禅学也，不取之五经而但资之《语录》，较诸帖括之文而尤易也。”（《与施愚山书》）并引述宋人黄震的话，表示自己的担忧：“夫子述六经，后来者溺于训诂，未害也。濂洛言道学，后来者借以谈禅，则其害深矣。”（《日知录·夫子之言性与天道》）顾炎武在年少时，就“独好五经及宋人性理书”（《三朝纪事阙文序》），对理学有深入的研究。作为当时社会思想意识基石的理学，尚且如此，这使他陷入深深的忧虑之中。忧之深，故虑之切。顾炎武念念不忘排斥佛教，职此之由。

心　学[1]

《黄氏日钞》解《尚书》"人心惟危，道心惟微，惟精惟一，允执厥中"一章曰[2]："此章本尧命舜之辞[3]，舜申之以命禹而加详焉耳。尧之命舜曰'允执厥中'，今舜加'危''微''精''一'之语于'允执厥中'之上，所以使之审择而能'执中'者也。此训之之辞也，皆主于尧之'执中'一语而发也。尧之命舜曰'四海困穷，天禄永终'，今舜加'无稽之言勿听'以至'敬修其可愿'于'天禄永终'之上[4]，又所以警切之，使勿至于'困穷'而'永终'者也。此戒之之辞也，皆主于尧之'永终'二语而发也。'执中'之训，

开篇对尧、舜、禹授受之际必说的十六字，作严谨的考证式的陈述，意在揭示这几句话的真实含意，廓清心学、禅学强加在上面的误读。

正说也；‘永终’之戒，反说也。盖舜以昔所得于尧之训戒，并其平日所尝用力而自得之者，尽以命禹，使知所以‘执中’而不至于‘永终’耳，岂为言‘心’设哉？近世喜言心学，舍全章本旨而独论‘人心’‘道心’，甚者单摭‘道心’二字，而直谓‘即心是道[5]’，盖陷于禅学而不自知，其去尧、舜、禹授受天下之本旨远矣。蔡九峰之作《书传》[6]，述朱子之言曰：‘古之圣人将以天下与人[7]，未尝不以治之之法而并传之。’可谓深得此章之本旨。九峰虽亦以是明帝王之心，而心者，治国平天下之本，其说固理之正也。其后进此《书传》于朝者[8]，乃因以‘三圣传心’为说。世之学者遂指此书十六字为‘传心’之要，而禅学者借以为据依矣。愚按：心不待传也。流行天地间、贯彻古今而无不同者，理也。理具于吾心，而验于事物。心者，所以统宗此理而别白其是非[9]。人之贤否，事之得失，天下之治乱，皆于此乎判。此圣人所以致察于‘危微精一’之间，而相传以‘执中’之道，使无一事之不合于理，而无有过不及之偏者也。禅学原于庄列、滑稽、戏剧肆无忌惮之语[10]，惧理之形彼丑谬，而凡圣贤经传之言理者，皆害己之具也，故以理为障，而独指其心，曰‘不立文字[11]’，‘单传心印[12]’。此盖不欲言理[13]，为此遁词，付之不可究诘云尔。圣贤之学，自一心而达之天下国家之用，无非至理之流行，明白洞达，人人所同，历千载而无间者，何传之云[14]！俗说浸淫[15]，虽贤者或不能不袭用其语，故僭书其所见如此。”

《中庸章句》引程子之言曰[16]：“此篇乃孔门传授心法[17]。”亦是借用释氏之言，不无可酌。

程颢为宋代心学开端，其借用释氏之言，可见心学和佛学的关系。

《论语》一书言心者三，曰“七十而从心所欲[18]，不逾矩”；曰“回也[19]，其心三月不违仁”；曰“饱食终日[20]，无所用心”。乃“操则存[21]，舍则亡”之训，门人未之记，而独见于《孟子》。夫未学圣人之“操心”，而骤语夫“从心”，此即所谓“饱食终日，无所用心”，而“旦昼之所为，有牿亡之”者矣[22]。

唐仁卿名伯元，澄海人。万历甲戌进士，官至吏部文选司郎中。《答人书》曰：“自新学兴而名家著[23]，其冒焉以居之者不少[24]，然其言学也，则心而已矣。元闻古有学道[25]，不闻学心；古有好学，不闻好心。‘心学’二字，六经、孔孟所不道。今之言学者，盖谓心即道也，而元不解也。何也？‘危微’之旨在也，虽上圣而不敢言也。今人多怪元言学而遗心[26]，孰若执事责以不学之易了，而元亦可以无辞于执事。子曰：‘有能一日用其力于仁矣乎[27]？’又曰：‘一日克己复礼[28]。’又曰：‘终日乾乾[29]，行事也。’元未能也。孔门诸子‘日月至焉’[30]，夫子犹未许其好学，而况乎日至未能也[31]，谓之不学可也。但未知执事所谓学者，果仁邪？礼邪？事邪？抑心之谓邪？外仁、外礼、外事以言心，虽执事亦知其不可。执事之意，必谓仁与礼与事，即心也；用力于仁，用力于心也；复礼，复心也；行事，行心也。则元之不解犹昨也，谓之不学可也。”又曰：“‘孳孳为善’者[32]，心；‘孳孳为利’者，亦未必非心，危哉心乎！判吉凶，别人禽，虽大圣犹必防乎其防[33]，而敢言心学乎？心学者，以心为学也。以心为学，是以心为性也。心能具性，而不能使心即性也。是故‘求放心’则是[34]，

据孔孟学说，作为动词，“学”乃学仁、学礼、学事；作为名词，“学”的内容主要由仁、礼、事构成。“心”可支配作为动词的“学”，而不是作为名词的“学”的内容。以此，不闻学心，不可求心，也不能学心。“心学”二字，原本就有含义不清的问题。

求心则非；求心则非，求于心则是。我所病乎心学者，为其求心也。心果待求，必非与我同类；心果可学，则‘以礼制心’‘以仁存心’之言[35]，毋乃为心障与[36]？”卫嵩曰[37]：“‘从心’，‘不逾矩’，孔子至七十时方敢以此自信。而今之学者，‘未可与立[38]’，而欲语‘从心’，率天下之人而祸仁义，必斯言也。”

《论语》：“仁者安仁[39]。”《集注》[40]：“谢氏曰[41]：‘仁者心无内外、远近、精粗之间[42]，非有所存而自不亡，非有所理而自不乱。’”此皆庄、列之言，非吾儒之学。《太甲》曰[43]：“顾諟天之明命[44]。”子曰：“回之为人也[45]，择乎中庸，得一善则拳拳服膺而弗失之矣。”故曰：“操则存，舍则亡。”不待存而自不亡者，何人哉？

肯定“存心”的说法，就是肯定心会受外界影响，而产生不同的变化。那么，说心是“天理”、心是“良知”的言论，就不攻自破了。

［注释］

[1] 心学：中国哲学史中与程朱理学分庭抗礼的学派。南宋陆九渊大开门径，明代王守仁（王阳明）首度提出“心学”二字，并发扬光大，故世称“陆王心学”。明代为心学极盛时期。心学强调以人的本心作为道德主体，提出“宇宙即我心”“心即理”“知行合一”“致良知”等命题。 [2]《黄氏日钞》解《尚书》“人心惟危，道心惟微，惟精惟一，允执厥中”一章曰：“人心惟危”四

句，语出《尚书·虞书·大禹谟》。即著名的“十六字心传”。相传尧、舜、禹禅让时，嘱咐代代相传的便是以“心”为主题的这十六个字。意谓人心易受诱惑，故危险；道心源于天道，故精微；要仔细体察“精”“一”二字，不偏不倚，诚心执守合乎人心与道心的中正之道。下面一段引文，语出《黄氏日钞》卷五《舜典》。 [3]“此章本尧命舜之辞”二句：《论语·尧曰》：“尧曰：‘咨！尔舜！天之历数在尔躬，允执其中。四海困穷，天禄永终。’舜亦以命禹。”“天之历数在尔躬”四句，言“天命已经落到你的身上，要真诚地把握中正之道。如果天下的百姓都陷入穷困之中，上天就再也不会保佑你”。 [4]今舜加“无稽之言勿听”以至“敬修其可愿”于“天禄永终”之上：《尚书·虞书·大禹谟》在“惟精惟一，允执厥中”之后，“四海困穷，天禄永终”之前，有“无稽之言勿听，弗询之谋勿庸。可爱非君？可畏非民？众非元后何戴？后非众罔与守邦？钦哉！慎乃有位，敬修其可愿”九句。 [5]即心是道：曾丰《陈良臣之子正功肯学能文求余印可》：“点铁要之便成金，即心是道道是心。” [6]蔡九峰之作《书传》：蔡沈，号九峰，撰《书集传》。 [7]“古之圣人将以天下与人”二句：见《书集传》卷一。 [8]“其后进此《书传》于朝者”二句：宋理宗淳祐间，蔡沈子蔡杭上表，将《书集传》呈进朝廷。朱升《题静庵》：“三圣妙传心，心体存于静。执中又三言，近来惑未省。” [9]别白：分辨明白。 [10]“禅学原于庄列、滑稽、戏剧肆无忌惮之语”以下四句：潘耒本无自“原于庄列”至“皆害己之具也。故”一段文字，据黄侃《日知录校记》补。庄列，庄子、列子。列子，列御寇，郑国圃田（今河南郑州）人。是介于老子与庄子之间道家学派承前启后的重要传承人物。有《列子》传世。戏剧，儿戏、玩笑。以理为障，佛教谓由邪见等理惑障碍真知、真见。《圆觉经》卷上：“云何二障？一者理障，碍正知见；

二者事障，续诸生死。” [11] 不立文字：普济《五灯会元》卷七：“师问：‘只如古德，岂不是以心传心？’峰曰：‘兼不立文字语句。’” [12] 单传心印：佛教禅宗，不依经纶、语言、文字传教，以心传心，触机而发，故称其单传心印。泛指单线秘传，口授心记。睦庵善卿《祖庭事苑》卷八：“心印者，达摩西来，不立文字，单传心印，直指人心，见性成佛。” [13]“此盖不欲言理”以下三句：潘耒本无此三句。据黄侃《日知录校记》补。 [14] 何传之云：哪里有“传心”的说法。 [15] 浸淫：浸润、濡湿。引申为逐渐蔓延、扩展。 [16] 程子：程颢、程颐兄弟。程颢，字伯淳，号明道，世称明道先生。河南府洛阳（今河南洛阳）人。与其弟程颐同为宋代理学的奠基者，洛学代表人物。后人集其著作，收入《二程全书》。程颐，见《朱子周易本义》注 [20]。二程的学说也有区别，程颢认为万物本属一体，人生的最高境界是发明本心，影响后来的陆王心学。 [17] 心法：佛教语，指经典以外传受之法。以心相印证，故名。程颐则主张探求事物所以然之理，为朱熹所继承。 [18]“七十而从心所欲”二句：语出《论语·为政》。言到了七十岁想怎么做就怎么做，但行为决不会违背礼制。 [19]“回也”二句：《论语·雍也》：“回也，其心三月不违仁。其余则日月至焉而已矣。”言颜回的心能长久不背离仁德，其他人只是在某一天、某一个月偶然想起罢了。 [20]“饱食终日”二句：语出《论语·阳货》。 [21]“乃‘操则存，舍则亡’之训”以下三句：《孟子·告子上》：“孔子曰：‘操（把握）则存，舍则亡；出入无时，莫知其乡（去向）。’惟心之谓与？” [22] 旦昼之所为，有梏亡之：《孟子·告子上》：“虽存乎人者，岂无仁义之心哉？其所以放其良心者，亦犹斧斤之于木也，旦旦而伐之，可以为美乎？其日夜之所息，平旦之气，其好恶与人相近也者几希，则其旦昼之所为，有梏亡之矣。”言：在人身上，哪会没仁义之心呢？有些人所以丧失良心，也像用斧头砍伐树木一样，天天砍伐，还能茂盛吗？在天亮之时，日夜生息的清明之气，还稍有一些与常人相近之处，可第二天的所作所为，又压制它们，使仁义之心消亡了。旦昼，第二天的白天。牿（gù），同“梏”，桎梏，束缚。 [23] 新学：指王阳明集大成的心学。名家：指王守仁（阳明），是明朝从祀孔庙的四位学者之一。 [24] 其冒焉以居之者不少：那些冒冒失失以心学自居的人不少。 [25] 元：伯元，唐仁卿自称。 [26]“今人多怪元言学而遗心”以下三句：当今人们多责怪我谈“学”不谈“心”，哪像您责备我“不学”那样直接明白，而我对您的责备也无话可说。执事，古时对对方的敬称。 [27] 有能一日用其力于仁矣乎：语出《论语·里仁》。言有谁能用一天时间全力施行仁德吗？ [28] 一日克己复礼：《论语·颜渊》：“一日克己复礼，天下归仁焉。”言一旦做到克己复礼，天下人就会称你是仁人。一日，一旦。克己复礼，克制自己的欲望，使言语行动都合于礼。 [29]“终日乾乾”二句：《周易·乾卦·文言传》：“‘终日乾乾’，与时偕行。”蔡渊《周易经传训解》：“乾乾，行事不息也。下乾终而上乾继之，故曰‘乾乾’。”言阳气始终随着天时的变化而变化，不断发挥作用。 [30] 孔门诸子“日月至焉”：见注 [19]。 [31] 日至未能：一天保持仁德之心都做不到。 [32]“‘孳孳为善’者”以下四句：《孟子·尽心上》：“鸡鸣而起，孳孳为善者，舜之徒也；鸡鸣而起，孳孳为利者，跖之徒也。欲知舜与跖之分，无他，利与善之间也。”孳孳，同“孜孜”，努力不懈。 [33] 防乎其防：即防了又防之意。 [34] 求放心：见《艮其限》注 [14]。 [35]“以礼制心”“以仁存心”之言：以礼制心，语出《尚书·商书·仲虺之诰》。言以礼来规范心的思维活动。以仁存心，见《艮其限》注 [15]。 [36] 心障：对心灵清明的障惑。 [37] 卫嵩：当为“卫蒿”。张穆《顾亭林先生年谱》：

"蒿字匪莪，初名麟贞，字瑞鸣，以居母丧，易今名字。与汾阳曹良直、太原傅山友善。晚年辟绛山书院，教授其中，人称绛山先生。" [38] 未可与立：《论语·子罕》："可与共学，未可与适道；可与适道，未可与立。"立，即"立于礼"（《论语·泰伯》）的意思。言可以在一起学习的人，未必能走同一条路；可以走同一条路的人，未必能同样依礼而行。 [39] 仁者安仁：语出《论语·里仁》。言仁爱的人（认为仁道是必须的，所以）安于仁。 [40]《集注》：指朱熹《论语集注》。 [41] 谢氏：谢良佐。 [42] 间：夹杂。 [43]《太甲》：《尚书·商书》篇名。 [44] 顾諟天之明命：孔颖达疏："《说文》云：顾，还视也。諟与是，古今之字异，故变文为是也。言先王每有所行，必还回视是天之明命。"后以"顾諟"指敬奉、禀顺天命。 [45]"回之为人也"以下三句：语出《礼记·中庸》。回，指颜回。拳拳，紧握不舍，引申为恳切。服膺，铭记心中。

［点评］

《大禹谟》出自东晋元帝时豫章内史梅赜所献《古文尚书》（有孔安国传）。宋代学者吴棫首先对此书的真伪提出怀疑。清初阎若璩著《尚书古文疏证》一书，力辨《古文尚书》及孔安国传均为伪书。《大禹谟》既出自伪书，那么所谓尧、舜、禹在禅让之际授受的"十六字心传"，也就被怀疑为伪作。但在长达一千三百多年的历史时期内，这十六字在中国思想界、学术界产生广泛而又深远的影响，宋明心学，即原于此。故论心学，不能不说"十六字心传"，本文即以此领起。

黄宗羲为《尚书古文疏证》作序，认为"人心、道心，正是《荀子》性恶宗旨”，与孔、孟不合，“此十六字者，其为理学之蠹甚矣”。顾炎武晚年虽与阎若璩相交，但并未看到《尚书古文疏证》，他关注的并不是这十六字的真伪，而是“心传”的影响，具体说，即心学借助“心传”二字的误导。顾炎武认为：“十六字”所传的是治国之道、治国之法，而不是“心”。既然不存在“传心”之说，那么“心学”也就失去了依据。“古有学道，不闻学心；古有好学，不闻好心。‘心学’二字，六经、孔孟所不道。”在他看来，心学和佛学在思维方式和行为方式上，都有十分密切的联系，都是“惧理之形彼丑谬”，“故以理为障，而独指其心”。“近世喜言心学，舍全章本旨而独论‘人心’‘道心’，甚者单摭‘道心’二字，而直谓‘即心是道’，盖陷于禅学而不自知，其去尧、舜、禹授受天下之本旨远矣。”

顾炎武力排心学，不仅在学理上，更多的是出于对现实的反思。“佛教入中国，常有夷狄之祸。今日士大夫尚禅尚陆（九渊），使禅佛之魂骎骎复返，可谓世道之忧。”（陈建《学蔀通辩》）以株坐摄念为“存心”，势必堕入遗落世事的地步。“以‘明心见性’之空言，代修己治人之实学”，结果是“股肱惰而万事荒，爪牙亡而四国乱”（《日知录·夫子之言性与天道》）。陈建的忧虑，到顾炎武已成现实。苏轼说“荀卿者，喜为异说而不让，敢为高论而不顾者也……李斯（荀子学生，秦朝丞相）以其学乱天下，其高谈异论有以激之也”（《荀卿论》）。东晋末年，五胡乱华，可谓当时清谈的流祸。“以一人而易天下，其流风至于百有余年之久者，古有之矣，王夷甫之清谈，王介甫之新说；其在于今，则王伯安之良知是也。”（《日知录·朱子晚年定论》）顾炎武始终认为：心学带来的轻狂虚浮、空疏不学之风，是导致明朝灭亡的祸根。就此而言，心学其罪同样“深于桀纣”，和魏晋玄学并无不同，只是“昔之清谈谈老、庄，今之清谈谈孔、孟”（《日知录·夫子之言性与天道》）而已。

窃 书

汉人好以自作之书而托为古人，张霸《百二尚书》、卫宏《诗序》之类是也[1]。晋以下人则有以他人之书而窃为己作，郭象《庄子注》、何法盛《晋中兴书》之类是也[2]。若有明一代之人，其所著书，无非窃盗而已。

《世说》曰[3]：“初注《庄子》者数十家，莫能究其旨要。向秀于旧注外为解义[4]，妙析奇致，大畅玄风[5]，唯《秋水》《至乐》二篇未竟，而秀卒。秀子幼，义遂零落，然犹有别本。郭象者，为人薄行，有俊才，见秀义不传于世，遂窃以为己注，乃自注《秋水》《至乐》二篇，又易《马蹄》一篇，其余众篇，或定点文句而已。后秀义别本出，故今有向、郭二《庄》。”今代之人，但有薄行而无俊才，不能通作者之意，其盗窃所成之书，必不如元本[6]，名为“钝贼[7]”，何辞！

同样窃书，还有“俊贼”和“钝贼”之分。

《旧唐书》：姚珽“尝以其曾祖察所撰《汉书训纂》[8]，多为后之注《汉书》者隐没名字，将为己说。珽乃撰《汉书绍训》四十卷，以发明旧义，行于代”。吾读有明弘治以后经解之书，皆隐没古人名字，“将为己说”者也。

[**注释**]

[1] 张霸《百二尚书》、卫宏《诗序》：《汉书·儒林传》卷八十八：“世所传《百两篇》者，出东莱张霸，分析合二十九篇以为数十，又采《左氏传》《书叙》为作首尾，凡百二篇。篇或数简，文意浅陋。成帝时求其古文者，霸以能为《百两》征，以中书校之，非是。霸辞受父，父有弟子尉氏樊并。时太中大夫平当、侍御史周敞劝上存之。”卫宏，字敬仲，东海（今山东郯城西南）人。东汉初学者，从谢曼卿学，作《毛诗序》（《诗大序》）。东汉郑玄认为“大序”子夏作，“小序”子夏、毛公合作。至南朝宋范晔《后汉书·儒林列传》，提出《诗序》为卫宏所作。 [2] 郭象《庄子注》、何法盛《晋中兴书》：郭象，字子玄，河南洛阳人。西晋玄学家。少有才理，好《老子》《庄子》，能清言，主张名教

即自然。有《庄子注》传世。何法盛，南朝宋人，官至湘东太守。《晋中兴书》，纪传体史书，记东晋一代事迹。《南史·徐广传》："高平郗绍亦作《晋中兴书》，数以示何法盛。法盛有意图之，谓绍曰：'卿名位贵达，不复俟此延誉。我寒士，无闻于时，如袁宏、干宝之徒，赖有著述，流声于后。宜以为惠。'绍不与。至书成，在斋内厨中，法盛诣绍，绍不在，直入窃书。绍还失之，无复兼本，于是遂行何书。" [3]《世说》：《世说新语》，南朝宋刘义庆撰，或说由刘义庆组织门客编写。主要记载东汉后期至魏晋间一些名士的言行与轶事。下引文出自《世说新语·文学》。 [4] 向秀：字子期，河内怀县（今河南武陟西南）人。魏晋时"竹林七贤"之一，与嵇康相善。雅好读书，喜谈老庄之学。 [5] 玄风：见《正始》注 [10]。 [6] 元本：原本。元，原来。 [7] 钝贼：皎然《诗式》："偷语最为钝贼。"言笨拙而有害的盗窃。 [8]"姚珽'尝以其曾祖察所撰《汉书训纂》'"以下六句：语出《旧唐书·姚璹传》。姚珽，本传作"姚班"。姚璹弟。少好学，以勤苦自立。唐睿宗时任户部尚书。察，姚察，字伯审，吴兴郡武康县（今浙江湖州德清）人。初唐史学家姚思廉之父。入隋任秘书丞等职，奉诏修撰《梁史》《陈史》。将，拿，取。

[点评]

在鲁迅小说《孔乙己》中，有这样一段描述：有人说他前天亲眼看见孔乙己偷了何家的书，被吊着打。"孔乙己便涨红了脸，额上的青筋条条绽出，争辩道：'窃书不能算偷……窃书！……读书人的事，能算偷么？'"虽然窃取的方式并不相同，但和孔乙己想法一致的人并不少，以致窃书者得了"雅贼"这样一个名号。这类窃书者，或是爱书，或是谋财，而本文所说的“窃书”，则是窃名，“隐没名字，将为己说”。这种人，或是才疏学浅，或是轻佻浮躁，但又贪名好利，于是将他人成果，窃为己有，其动机要比孔乙己之流卑鄙得多，只能斥之为“德之贼”。

改　书

《东坡志林》曰[1]："近世人轻以意改书，鄙浅之人好恶多同，故从而和之者众，遂使古书日就讹舛，深可忿疾。孔子曰：'吾犹及史之阙文也[2]。'自予少时，见前辈皆不敢轻改书，故蜀本大字书皆善本。"

《汉书·艺文志》曰："古者书必同文[3]，不知则阙，问诸故老。至于衰世，是非无正，人用其私。故孔子曰：'吾犹及史之阙文也，今亡矣夫。'盖伤其寖不正[4]。"是知穿凿之弊，自汉已然，故"有行赂改兰台漆书以合其私"者矣[5]。

万历间人多好改窜古书，人心之邪，风气之

变，自此而始。且如骆宾王《为徐敬业讨武氏檄》[6]，本出《旧唐书》，其曰“伪临朝武氏者”，敬业起兵在光宅元年九月[7]，武氏但临朝而未革命也。近刻古文，改作“伪周武氏”，不察檄中所云“包藏祸心，睥睨神器[8]”，乃是未篡之时，故有是言。越六年，天授元年九月[9]，始改国号曰“周”。其时废中宗为庐陵王[10]，而立相王为皇帝[11]，故曰“君之爱子，幽之于别宫”也。不知其人，不论其世，而辄改其文，缪种流传[12]，至今未已。又近日盛行《诗归》一书[13]，尤为妄诞。魏文帝《短歌行》[14]：“长吟永叹，思我圣考[15]。”“圣考”谓其父武帝也，改为“圣老”，评之曰：“圣老，字奇。”《旧唐书》李泌对肃宗言[16]：“天后有四子[17]，长曰太子弘，监国而仁明孝悌。天后方图称制，乃鸩杀之，以雍王贤为太子。贤自知不免，与二弟日侍于父母之侧，不敢明言，乃作《黄台瓜辞》，令乐工歌之，冀天后悟而哀愍。其辞曰：‘种瓜黄台下，瓜熟子离离。一摘使瓜好，再摘使瓜稀，三摘犹尚可，四摘抱蔓归。’而太子贤终为天后所逐，死于黔中。”其言“四摘”者，以况四子也[18]。以为非“四”之所能尽，而改为“摘绝”，此皆不考古而肆臆之说，岂非“小人而无忌惮”者哉[19]！

窃书者不顾“行己有耻”，无廉耻羞恶之心，根子在品德。肆臆改书者不知“博学于文”，无考辨判正之能，问题在学养。但就败坏风俗、遗误后人而言，并无不同。

［注释］

[1]《东坡志林》：苏轼著，记载作者自元丰至元符年间二十年中之杂说史论。下引文见《东坡题跋·书诸集改字》。 [2] 吾犹及史之阙文也：见《春秋阙疑之书》注[1]。 [3] 古者书必同文：古者，《汉书·艺文志》作“古制”。《礼记·中庸》：“今天下，车同轨，书同文，行同伦。”秦统一中原后，秦始皇下令李斯等人进行文字整理，统一了原在各国使用的不同文字。同，同一，统一。 [4] 寖：渐渐。 [5] 有行赂改兰台漆书以合其私：《后汉书·宦者列传·吕强传》：“时宦者济阴丁肃、下邳徐衍、南阳郭耽、汝阳李巡、北海赵祐等五人称为清忠，皆在里巷，不争威权。巡以为诸博士试甲乙科，争第高下，更相告言，至有行赂定兰台漆书经字，以合其私文者，乃白帝，与诸儒共刻五经文于石，于是诏蔡邕等正其文字。自后五经一定，争者用息。” [6] 骆宾王《为徐敬业讨武氏檄》：骆宾王，字观光，婺州义乌（今属浙江）人。唐代诗人，“初唐四杰”之一。光宅元年，随徐敬业起兵讨伐武后，撰写《讨武曌檄》。徐敬业，祖籍曹州离狐（今山东东明），李勣（原名徐世勣）之孙，承袭祖父的英国公爵位。以匡扶中宗复辟为理由起兵讨伐武后，兵败为部下所杀。 [7]“敬业起兵在光宅元年九月”二句：光宅元年，684年。光宅，武则天年号。当时武后只是以皇太后身份临朝称制，尚未以周代唐。革命，《周易·革卦》：“天地革而四时成。汤武革命，顺乎天而应乎人。”古代认为天子受天命，故更替朝代，谓之革命。 [8] 睥睨

神器：今通行本作“窥窃神器”。神器，指皇位。 [9] 天授元年：690 年。这年武则天称帝，改国号为周，定都洛阳。 [10] 中宗：李显。唐高宗李治第七子，武则天第三子。 [11] 相王：即唐睿宗李旦，武则天第四子。 [12] 缪种流传：《宋史·选举志二》：“所取之士既不精，数年之后，复俾之主文，是非颠倒逾甚，时谓之缪种流传。” [13]《诗归》：包括《古诗归》和《唐诗归》。明钟惺、谭元春合编的诗集。通过选评诗宣扬竟陵派的诗歌主张。 [14] 魏文帝：曹丕。字子桓，沛国谯县（今安徽亳州）人。曹操次子，继任丞相、魏王。随即代汉自立，建立魏国。 [15] 考：死去的父亲。 [16] 李泌：字长源，生于京兆府（今陕西西安）。中唐政治家。唐肃宗即位后，召李泌参谋军事。唐德宗时入朝拜相。肃宗：李亨。安史之乱，唐玄宗逃奔蜀中，李亨在灵武即位。 [17]“天后有四子”以下二十一句：语出《旧唐书·肃宗代宗诸子列传》。文字有出入。天后，指武后。太子弘，李弘，武则天长子。高宗显庆元年，立为皇太子。深得唐高宗宠爱。上元二年（675）随行洛阳，猝死。雍王贤，李贤，武则天次子。太子李弘猝死后，册立为皇太子，其间三次监国，得到唐高宗称赞、朝野拥戴和武后猜忌，以谋逆罪名废为庶人，流放巴州。光宅元年（684），武则天废帝主政后，为酷吏丘神勣逼令自尽。睿宗即位后，追谥章怀太子。黔中，战国楚置黔中郡。唐置黔中道，治所在黔州（今重庆彭水）。 [18] 四子：即武则天四子：李弘、李贤、李显、李旦。 [19] 小人而无忌惮：语出《礼记·中庸》。

［点评］

顾炎武童年时，就已聆听嗣祖顾绍芾的教诲：“世人多习《纲目》，余所不取。凡作书者，莫病乎其以前人之书改窜而为自作也。班孟坚之改《史记》，必不如《史记》

也；宋景文之改《旧唐书》，必不如《旧唐书》也；朱子之改《通鉴》，必不如《通鉴》也。”（《钞书自序》）即使博学多闻如班固、宋祁、朱熹，其改动都会有损元典的精义，不可轻信，遑论他人。苏轼说：“近世人轻以意改书，鄙浅之人好恶多同，故从而和之者众，遂使古书日就讹舛。”这种“深可忿疾”的现象，在明代更加普遍。不学无术之徒，自以为是，信笔雌黄，肆无忌惮地改窜古书，致使缪种流传，贻害无穷。更有甚者，其改书只是出自私欲，已超出学术范围，沦为争夺的手段，和班固等人的改书，性质全然不同。由于知识界有引领风气的作用，这就不仅败坏了学风，也殃及整个社会，危害和《大全》相类，故顾炎武说：“人心之邪，风气之变，自此而始。”

文须有益于天下

文之不可绝于天地间者，曰明道也，纪政事也，察民隐也，“乐道人之善[1]”也。若此者有益于天下，有益于将来，多一篇，多一篇之益矣。若夫怪力乱神之事[2]，无稽之言，剿袭之说，谀佞之文，若此者有损于己，无益于人，多一篇，多一篇之损矣。

［注释］

[1] 乐道人之善：语出《论语·季氏》。 [2] 怪力乱神：《论语·述而》：“子不语：怪、力、乱、神。”言孔子不谈怪异、勇力、叛乱、鬼神。

[点评]

“诗可以兴，可以观，可以群，可以怨。”（《论语·阳货》）中国历来强调文以致用，从而鄙薄毫无社会功用的浮艳之词、荒诞之说。顾炎武曾明确表示：“君子之为学，以明道也，以救世也，徒以诗文而已，所谓雕虫篆刻，亦何益哉！”（《亭林文集·与人书二十五》）认为只有那些明道、纪政事、察民隐、乐道人之善的文字，在太平时期能济世、在危难时期能救世的文字，才“有益于天下，有益于将来”，才值得作，值得流传。

著书之难

子书自《孟》《荀》之外[1]，如《老》《庄》《管》《商》《申》《韩》皆自成一家言[2]。至《吕氏春秋》《淮南子》则不能自成[3]，故取诸子之言汇而为书，此子书之一变也。今人书集一一尽出其手[4]，必不能多，大抵如《吕览》《淮南》之类耳。其必古人之所未及就、后世之所不可无而后为之，庶乎其传也与[5]？

宋人书如司马温公《资治通鉴》[6]、马贵与《文献通考》[7]，皆以一生精力成之，遂为后世不可无之书。而其中小有舛漏，尚亦不免。若后人之书，愈多而愈舛漏，愈速而愈不传。所以然

这里含有两层意思："必古人之所未及就"，这样的著作，决不会抄袭模仿，必然是出自自身的原创之作；"后世之所不可无"，这必然是有益于天下的著作，而且是经过时代检验、对后世依然有用的著作。

急功近利，不可能写出好作品。

者，其视成书太易而急于求名故也。

伊川先生晚年作《易传》成[8]，门人请授，先生曰："更俟学有所进。"子不云乎："忘身之老也[9]，不知年数之不足也，俛焉日有孳孳，毙而后已。"

［注释］

[1] 子书自《孟》《荀》之外：子书，西汉刘向父子编就的图书分类目录《七略》，共分辑略、六艺略、诸子略、诗赋略、兵书略、术数略、方技略七大部分。《汉书·艺文志》所载"诸子略"，载"诸子百八十九家"，主要包括儒、道、阴阳、法、名、墨、纵横、杂、农、小说这十家著作。后来的四部分类法，将中国古籍分经、史、子、集四类。《孟》《荀》，指先秦儒家思想家孟轲所作《孟子》、荀况所作《荀子》。 [2]《老》《庄》《管》《商》《申》《韩》：指先秦道家思想家老聃所作《老子》(《道德经》)，庄周所作《庄子》，托名法家政治家管仲所作《管子》、商鞅所作《商君书》，法家思想家申不害所作《申子》，韩非所作《韩非子》。 [3]"至《吕氏春秋》《淮南子》则不能自成"二句：《吕氏春秋》，又名《吕览》，是在战国秦国丞相吕不韦的主持下，集合门客编撰的一部著作。成书于秦统一中国前夕。此书以道家思想为主体，兼采阴阳、儒、墨、名、法、兵、农诸家学说，为战国末期杂家的代表作。《淮南子》，又名《淮南鸿烈》，是西汉皇族淮南王刘安及其门客收集史料集体编写而成的一部著作。此书在继承先秦道家思想的基础上，糅合了阴阳、墨、法和一部分儒家思想，为集道家之大成的著作。 [4] 尽出其手：谓出自自身，而非抄袭他

人。[5]庶乎：如同“庶几乎”。差不多，相近。[6]司马温公《资治通鉴》：司马温公，司马光。《资治通鉴》，司马光主编的一部多卷本编年体史书，以时间为纲，事件为目，起于周威烈王二十三年（前403），止于五代后周世宗显德六年（959），涵盖十六朝一千三百六十二年的历史。[7]马贵与《文献通考》：马贵与，马端临，字贵与，号竹洲，饶州乐平（今江西乐平）人。宋元之际著名学者，著有《文献通考》等。《文献通考》上继杜佑《通典》，记载上古至宋宁宗时的典章制度沿革，为记述古代典章制度方面的集大成之作。[8]“伊川先生晚年作《易传》成”以下四句：见《二程全书·二程粹言》及朱熹《伊洛渊源录·伊川先生年谱》，文字均有出入。伊川先生，程颐。俟（sì），等待。[9]“忘身之老也”以下四句：语出《礼记·表记》。俛（miǎn），勉励，尽力。孳，通“孜”。孳孳，同“孜孜”，勤勉。

［点评］

著书之难，首先在必须恪守“文须有益于天下”“后世之所不可无”（不仅有益于当代，而且能有益于后世）这个原则。以此，“文之不可绝于天地间者，曰明道也，纪政事也，察民隐也，‘乐道人之善’也。若此者有益于天下，有益于将来，多一篇，多一篇之益矣。若夫怪力乱神之事，无稽之言，剿袭之说，谀佞之文，若此者有损于己，无益于人，多一篇，多一篇之损矣。”（《日知录·文须有益于天下》）以此，“凡文之不关于六经之指、当世之务者，一切不为”（《亭林文集·与人书三》）。用这个标准衡量，即使对“文起八代之衰，道济天下之溺”（苏轼《潮州韩文公庙碑》）的韩愈，也有所不满。

“韩文公文起八代之衰，若但作《原道》《原毁》《争臣论》《平淮西碑》《张中丞传后序》诸篇，而一切铭状概为谢绝，则诚近代之泰山北斗矣。今犹未敢许也。”(《亭林文集·与人书十八》)顾炎武这样说，也确实这样做了。在他的作品中，罕见应酬捧场、歌功颂德的文字。顾炎武晚年十分尊重的友人李颙，曾再三请他为亡母写一篇传记，但还是被他拒绝了。因为在他看来，这只是一人一家之事，与经术政理无关，所以不能作，否则有伤一个士人的器识。

著书之难，也与人的学养有关。“读书不多，轻言著述，必误后学。吾之跋《广韵》是也。虽青主（傅山）读书四五十年，亦同此见。今废之而别作一篇，并送览以志吾过。平生所著，若此者往往多有，凡在徐处旧作，可一字不存。自量精力未衰，或未遽死，迟迟自有定本也。”(《亭林余集·与潘次耕札五》)顾炎武的博学，他对音韵语言的专攻，在当世罕见其匹，尚有“尺有所短”的时候，常人要写出“必古人之所未及就”的具有创意的作品，谈何容易，就更应以此为戒了。

基于这两难，顾炎武提出“文不贵多”的主张。但实际情况却并非如此。“天下无道，则辞有枝叶。”(《礼记·表记》)后世著书作文之盛，远非前代可比。这由众多的原因促成，不是“天下无道”四字所能概括。但在顾炎武看来，这种情况还是和当时社会风气的败坏有很大关系。为名著书，为利作文，成了学界普遍的追求。“凡今之所以为学者，为利而已，科举是也。其进于此，而为文辞著书一切可传之事者，为名而已，有明三百年之文人是也。”为此他郑重告诫：“君子之为学也，非利己而已也，有明道淑人之心，有拨乱反正之事，知天下之势之何以流极而至于此，则思起而有以救之……故先告之志以立其本。”（《亭林余集·与潘次耕札一》）

巧　言

《诗》云："巧言如簧[1]，颜之厚矣。"而孔子亦曰："巧言令色[2]，鲜矣仁。"又曰："巧言乱德[3]。"夫巧言不但言语，凡今人所作诗、赋、碑、状[4]，足以悦人之文，皆巧言之类也。不能，不足以为通人[5]，夫惟能之而不为，乃天下之大勇也。故夫子以"刚、毅、木、讷"为"近仁"[6]，学者所用力之途，在此不在彼矣。

天下不仁之人有二，一为好犯上、好作乱之人，一为巧言令色之人。自"幼而不孙弟[7]"，以至于"弑父与君[8]"，皆好犯上、好作乱之推也；自"胁肩谄笑""未同而言"[9]，以至于"苟患失之[10]，无所不至”，皆巧言令色之推也。然而二者之人[11]，常相因以立于世。有王莽之篡弑[12]，则必有扬雄之《美新》；有曹操之禅代[13]，则必有潘勖之《九锡》。《世说》言：“潘元茂作魏公册命[14]，人谓与训诰同风。”是故乱之所由生也，犯上者为之魁，巧言者为之辅。故大禹谓之“巧言令色孔壬”[15]，而与驩兜、有苗同为一类，甚哉！其可畏也。穆王作《冏命》[16]，曰：“无以巧言令色，便辟侧媚[17]。”然则学者宜如之何？必先之以孝弟，以消其悖逆陵暴之心[18]；继之以忠信，以去其便辟侧媚之习。使一言一动皆出于其本心，而不使不仁者加乎其身，夫然后可以修身而治国矣。记者于《论语》之首而列有子、曾子之言[19]，所以补夫子平日所未及，其间次序，亦不为无意。

巧言令色虽背离仁道，但迎合为非作歹的权势者的需要，故不绝于世。

世言魏忠贤初“不知书”[20]，而口含天宪[21]，则有一二文人代为之。《后汉书》言梁冀“裁能书计”[22]，其“诬奏太尉李固”时[23]，扶风马融“为冀章草”。《唐书》言“李林甫自无学术[24]，仅能秉笔。而郭慎微、苑咸，文士之阘茸者，代为题尺”。又言高骈上书[25]，“肆为丑悖，胁邀天子，而吴人顾云以文辞缘泽其奸”。《宋史》言“章惇用事[26]，尝曰：‘元祐初司马光作相，用苏轼掌制，所以能鼓动四方。’”乃“使林希典书命，逞毒于元祐诸臣”。呜呼！何代无文人，有国者不可不深惟华实之辨也[27]。

所谓“华实之辨”，即直言与巧言的区别。

［注释］

[1]“巧言如簧”二句：语出《诗经·小雅·巧言》。簧，笙类乐器的簧片。巧言如簧，谓说话像奏乐一样好听。 [2]“巧言令色”二句：语出《论语·阳货》。 [3]乱德：语出《论语·卫灵公》。 [4]碑：碑文，指刻在碑（竖石）上的文字。主要形式有墓碑、功德碑，都为赞颂的文字。状：行状，叙述死者生平、事迹的文字。 [5]通人：指学识渊博又能融会贯通且晓达事理的人。 [6]夫子以“刚、毅、木、讷”为“近仁”：《论语·子路》：“刚、毅、木、讷，近仁。”言刚强、坚毅、质朴、言语迟缓，这四种品德与仁相近。 [7]幼而不孙弟：语出《论语·宪问》。言年少时不谦让，不尊重兄长。 [8]弑父与君：语出《论语·先进》。 [9]自“胁肩谄笑”“未同而言”：《孟子·滕文公下》：“曾子曰：‘胁肩谄笑，病于夏畦。’子路曰：‘未同而言，观其色赧赧然，非由之所知也。’”胁肩谄笑，为了奉承人，缩起肩膀装出笑脸。形容巴结人的丑态。夏畦，夏天在田间劳动。夏天烈日当空，在田间劳动当然很辛苦。但“胁肩谄笑”的卑劣姿态，在正直不阿的人看来，却比夏畦还要难受，所以说“病于夏畦”。未同而言，明明合不来还要交谈，为此脸色因羞惭而通红，故子路说他不能理解为什么要这样。 [10]“苟患失之”二句：语出《论语·阳

货》。言如果生怕失去，就什么事都干得出了。 [11]“然而二者之人”二句：然而好犯上、好作乱之人，与巧言令色之人，二者常相互依托，在世上立足。 [12]“有王莽之篡弑”二句：王莽代汉自立，国号新。扬雄仿司马相如《封禅文》，上封事给王莽，指斥秦朝，美化新朝，故名《剧秦美新》。由于王莽的新朝一代而亡，继之者刘秀光复汉室，于是视王莽为逆臣篡位，剧秦美新也成了阿谀之词。 [13]“有曹操之禅代”二句：汉献帝建安十八年（213），策封曹操为魏公，仍以丞相领冀州牧如故，加九锡（古代皇帝赐给诸侯、大臣有殊勋者的九种礼器，表示最高礼遇）。尚书右丞潘勖作《策魏公九锡文》。建安二十五年，曹操逝世，其子曹丕继任丞相、魏王。同年，受禅登基，以魏代汉。故“禅代”与曹操无关。潘勖，初名芝，改名勖，字元茂。 [14]“《世说》言”以下三句：原文无此语。南朝梁殷芸《小说》载：“潘勖字元茂，为策命文。自汉武以来未有此制，勖乃依商、周宪章，唐、虞辞义，温雅与典诰同风，于时朝士皆莫能措一字。”训诰，《尚书》中包括“典”“谟”“训”“诰”“誓”“命”六种文体。其中“训”乃教导之词，“诰”则用于会同时的告诫。 [15]“故大禹谓之‘巧言令色孔壬’”二句：见《夸毗》注[21]。 [16]穆王作《冏命》：穆王，周穆王。《冏命》，《尚书·周书》篇名。冏，伯冏，周穆王的大臣。穆王任他为太仆长，领导身边的侍御人员。史官记录穆王任命伯冏的策书，名《冏命》。2018年11月17日，清华简出新成果，八篇失传两千年简文发布；其中《摄命》应是《尚书》中《冏命》的真正古文原本，《冏命》系“伪古文”。 [17]便辟侧媚：便，熟习，巧于。辟，同“僻”，邪僻。便辟，逢迎谄媚。侧媚，用不正当的手段讨好别人。 [18]陵暴：轻侮。 [19]记者于《论语》之首而列有子、曾子之言：《论语》首篇《学而》篇第二章记有子之言，第四章记曾子之言。 [20]世言魏忠贤初“不知书”:《明史·宦官传二》:明熹宗即位,“忠贤寻自惜薪司迁司礼秉笔太监兼提督宝和三店。忠贤不识字,例不当入司礼”。 [21] 口含天宪:《后汉书·宦者传论》:“手握王爵,口含天宪,非复掖廷永巷之职,闺牖房闼之任也。”天宪,指朝廷法令。比喻说话就是法律,可以决定人的生死。 [22]《后汉书》言梁冀“裁能书计”:见《后汉书·梁冀传》。梁冀,字伯卓,安定郡乌氏县(今宁夏固原东南)人。出身世家大族,汉顺帝皇后梁妠之兄。汉顺帝死后,和梁太后合谋,先后立冲、质、桓三帝,毒杀质帝,把持朝政二十年,残暴不仁、肆意妄为。汉桓帝即位后,被族灭。裁,通“才”。 [23]“其‘诬奏太尉李固’时”二句:《后汉书·吴祐传》:“祐在胶东九年,迁齐相,大将军梁冀表为长史。及冀诬奏太尉李固,祐闻而请见,与冀争之,不听。时扶风马融在坐,为冀章草,祐因谓融曰:‘李公之罪,成于卿手。李公即诛,卿何面目见天下之人乎?’冀怒而起入室,祐亦径去。”马融,字季长。右扶风郡茂陵县(今陕西兴平东北)人。东汉名将马援的从孙。学识渊博,尤长于古文经学。他综合各家学说,遍注群经。设帐授徒,不拘儒者礼节,门人常有千人之多,其中最著名的有卢植、郑玄等人。章草,起草奏章。 [24]“《唐书》言‘李林甫自无学术’”以下五句:见《旧唐书·李林甫传》。秉笔,执笔。这里说李林甫只会写字,并不会写文章。郭慎微,京兆万年(今陕西西安)人。唐玄宗天宝间任知制诰。苑咸,京兆人。唐玄宗开元间为李林甫书记,后任中书舍人。阘茸,言资质驽钝愚劣。 [25]“又言高骈上书”以下四句:见《新唐书·叛臣列传下》。高骈,字千里,幽州(今北京)人。在任各镇节度使期间,曾收复交趾,屡败南诏,重创黄巢农民军。胁邀,威胁,要挟。顾云,字垂象,池州(今属安徽)人。唐懿宗咸通间,为高骈淮南节度从事。有文名。缘泽,润泽,润色。 [26]“《宋史》言‘章惇用事’”以下七句：见《宋史·林希传》。章惇，字子厚，号大涤翁，建宁军浦城（今福建南平浦城）人。宋神宗时入阁参与熙宁变法。宋哲宗元祐间拜相执政，严刑峻法，控制言论，贬斥旧党，流放诸臣。苏轼，字子瞻，号东坡居士，眉州眉山（今四川眉山）人。宋哲宗即位后任翰林学士、礼部尚书等职。北宋中期文坛领袖，在诗、词、散文、书、画等方面都有很高成就。掌制，执掌撰写制书的重任。典书命，与“掌制”意同。元祐诸臣，指元祐初以司马光为首的反对、废除熙宁新法的老臣。 [27] 惟：思考。

［点评］

巧言是和直言相对的表现形式。直言如“列国之风，舆人之诵”，往往“直斥其人而不讳”，是“救民以言，此亦穷而在下位者之责也”（《日知录·直言》）。而巧言则为“悦人之文”，也是秉承权势者的旨意肆意逞毒的话语。孟子说：“为机变之巧者，无所用耻焉。”（《孟子·尽心上》）巧言者的外貌是“胁肩谄笑”，行为是“便辟侧媚”，实质是厚颜无耻。但说巧言者都毫不知耻，也未必尽然。《宋史·林希传》载：“（章）惇欲使（林）希典书命，逞毒于元祐诸臣，且许以为执政。”林希不负所望，所作文字，“极其丑诋，至以‘老奸擅国’之语阴斥宣仁（起用司马光等旧党的宣仁高太后），读者无不愤叹。一日，希草制罢（起草制书完毕），掷笔于地曰：‘坏了名节矣。’”可见林希并非不知自己的无耻，只是被“许以为执政”的利禄所诱惑，在道德和名利之间，毫不犹豫地选择后者罢了。巧言令色之徒，必然缺乏仁爱之心，失去道德底线，为了自身的利益“无所不至”。“巧言”二字，出自《诗经》中的一首政治讽谕诗，讥刺当时的统治者听信谗言，祸国殃民。但在更多的情况下，巧言者依附于权势者，是权势者驯服的工具，“犯上者为之魁，巧言者为之辅”。这不奇怪，因为只有权势者才能给与他们梦寐以求的利益，故即使明知为众人所不齿，依然不改“笑骂由他笑骂，好官我自为之”的态度。

文辞欺人

古来以文辞欺人者，莫若谢灵运[1]，次则王维[2]。灵运身为元勋之后，袭封国公。宋氏革命[3]，不能与徐广、陶潜为林泉之侣[4]。既为宋臣，又与庐陵王义真款密[5]。至元嘉之际[6]，累迁侍中。自以名流，应参时政，文帝惟以文义接之，以致觖望。又上书劝伐河北[7]，至屡婴罪劾，兴兵拒捕，乃作诗曰："韩亡子房奋，秦帝鲁连耻。本自江海人，忠义动君子。"及其临刑[8]，又作诗曰："龚胜无余生，李业有终尽。"若谓欲效忠于晋者，何先后之矛盾乎？史臣书之以逆，不为苛矣。王维为给事中[9]，安禄山陷两都，拘于普施寺，迫以伪署。禄山宴其徒于凝碧池，维作诗曰："万户伤心生野烟，百官何日再朝天？秋槐叶落空宫里，凝碧池头奏管弦。"贼平，下狱。或以诗闻于行在，其弟刑部侍郎缙请削官以赎兄罪，肃宗乃特宥之，责授太子中允。襄王僭号[10]，逼李拯为翰林学士。拯既污伪署，心不自安。时朱玫秉政，百揆无叙。拯尝朝退，驻马国门，为诗曰："紫宸朝罢缀鹓鸾，丹凤楼前立马看。惟有终南山色在，晴明依旧满长安。"吟已涕下。及王行瑜杀朱玫，襄王出奔，拯为乱兵所杀。二人之诗同也，一死一不死，而文墨交游之士多护王维，如杜甫谓之"高人王右丞[11]"，天下有高人而仕贼者乎？今有颠沛之余[12]，投身异姓，至摈斥不容，而后发为忠愤之论，与夫名污伪籍，而自托乃心，比于康乐、右丞之辈，吾见其愈下矣。

谢灵运、王维，都是世俗眼中的高人、名人，因此其文辞就更具有欺骗性，更容易蒙蔽人。

末世人情弥巧，文而不惭[13]，固有朝赋《采薇》之篇[14]，而夕赴伪廷之举者[15]。苟以其言取之，则车载鲁连[16]，斗量王蠋矣。曰：是不然。世有知言者出焉，则其人之真伪，即以其言辨之，而卒莫能逃也。《黍离》之大夫[17]，始而“摇摇”，中而“如噎”，既而“如醉”，无可奈何而付之“苍天”者，真也。汨罗之宗臣[18]，言之重，辞之复，“心烦意乱”，而其词不能以次者，真也。栗里之征士[19]，淡然若忘于世，而感愤之怀，有时不能自止，而微见其情者，真也。其汲汲于自表暴而为言者[20]，伪也。《易》曰：“将叛者其辞惭[21]，中心疑者其辞枝，失其守者其辞屈。”《诗》曰：“盗言孔甘[22]，乱是用啖。”夫镜情伪[23]，屏盗言[24]，君子之道、兴王之事，莫先乎此。

欺人的文辞，是一种与真言对立的伪言。

[注释]

[1] 谢灵运：原名公义，字灵运，以字行于世。陈郡阳夏县（今河南太康）人，生于会稽郡始宁县（今浙江上虞）。晋安帝时继承了祖父谢玄（东晋大将，淝水之战的前方统帅）的爵位，袭封为康乐公。工诗善文，名重江南。有《谢康乐集》。　[2] 王维：字摩诘，号摩诘居士，河东蒲州（今山西永济）人。唐肃宗乾元年间任尚书右丞，世称“王右丞”。精通诗、书、画、音乐等。有“诗佛”之称。后人推其为南宗山水画之祖。有《王右丞集》。　[3] 宋氏革命：指东晋权臣刘裕代晋自立，建立宋朝。革命，本义指变革天命。古代认为天子受天命，故更替朝代，谓之革命。　[4] 不能与徐广、陶潜为林泉之侣：谓谢灵运在东晋亡国后不能和徐广、陶潜一起退隐林泉。徐广，字野民，东莞姑

幕（今山东莒县）人。晋安帝时任秘书监。“及刘裕受禅，恭帝逊位，广独哀感，涕泗交流。谢晦见之，谓曰：‘徐公将无小过也。’广收泪而言曰：‘君为宋朝佐命，吾乃晋室遗老，忧喜之事固不同时。’乃更歔欷。因辞衰老，乞归桑梓。”（《晋书·徐广传》）陶潜，字渊明，又字元亮，自号“五柳先生”，世称靖节先生，浔阳柴桑（今江西九江）人。晋安帝义熙元年，任彭泽县令，仅八十多天，因“不能为五斗米折腰向乡里小人”（《宋书·隐逸列传》），便弃职而去，从此归隐田园，被称为“古今隐逸诗人之宗”。有《陶渊明集》。 [5] 又与庐陵王义真款密：宋武帝刘裕次子刘义真，封庐陵王。“义真聪明爱文义，而轻动无德业。与陈郡谢灵运、琅琊颜延之、慧琳道人并周旋异常，云得志之日，以灵运、延之为宰相，慧琳为西豫州都督。”“少帝（宋少帝刘义符）失德，羡之（司空徐羡之）等密谋废立，则次第应在义真，以义真轻訬，不任主社稷，因其与少帝不协，乃奏废之……景平二年六月癸未，羡之等遣使杀义真于徙所，时年十八。”（《宋书·庐陵孝献王义真传》）款密，亲密。 [6]“至元嘉之际”以下六句：见《宋书·谢灵运传》。元嘉，宋文帝刘义隆年号。觖望，因不满而怨恨。 [7]“又上书劝伐河北”以下八句：“司徒遣使随州从事郑望生收灵运，灵运执录望生，兴兵叛逸，遂有逆志。为诗曰：‘韩亡子房奋，秦帝鲁连耻。本自江海人，忠义感君子。’追讨禽（擒）之，送廷尉治罪。”（《宋书·谢灵运传》）婴，遭受。子房，张良，字子房，颍川城父（今河南郏县）人。西汉开国功臣，与韩信、萧何并称为“汉初三杰”。张良祖上五世为战国韩国国相。秦亡韩后，张良得知秦始皇东巡，车队即将到达阳武县，于是和大力士在阳武县的必经之地古博浪沙伏击，以一百二十斤的大铁锤一下将乘车者击毙。秦始皇虽免于难，古博浪沙刺秦闻名遐迩，一直为后世称颂（见《史记·留侯列传》）。鲁连，又名鲁仲连，战国末期齐国人。赵孝成王时，秦国军队向东挺进，围困了赵国国都邯郸。赵王很害怕，各国的救兵也都不敢攻击秦军。魏安釐王派客籍将军辛垣衍去赵国，劝赵国派遣使臣尊奉秦昭王为帝，秦王高兴了，就会撤兵离去。这时鲁仲连客游赵国，正赶上秦军围攻邯郸，听到这个消息，就去见赵国执政平原君，并当面驳斥了辛垣衍的建议，说如果秦国称帝天下，“连有赴东海而死耳，吾不忍为之民”。最终阻止了尊秦为帝的事。“鲁仲连义不帝秦”，成为历史上的一段佳话（《战国策 · 赵策》）。 [8]“及其临刑”以下四句：“太祖（文帝）诏于广州行弃市刑。临死作诗曰：‘龚胜无余生，李业有终尽。嵇公理既迫，霍生命亦殒。凄凄凌霜叶，网网冲风菌。邂逅竟几何，修短非所愍。送心自觉前，斯痛久已忍。恨我君子志，不获岩上泯。’诗所称龚胜、李业，犹前诗子房、鲁连之意也。”（《宋书 · 谢灵运传》）龚胜，字君宾，徐州彭城（今江苏徐州）人。汉哀帝时为渤海太守，迁光禄大夫。王莽秉政时，归老乡里。王莽代汉自立，授太子师友祭酒，拒不受命，绝食而死（《汉书 · 龚胜传》）。李业，广汉梓潼（今四川梓潼）人。年少时专攻《鲁诗》。“王莽居摄，业以病去官，杜门不应州郡之命……王莽以业为酒士，病不之官，遂隐藏山谷，绝匿名迹，终莽之世。及公孙述僭号，素闻业贤，征之，欲以为博士，业固疾不起。数年，述羞不致之，乃使大鸿胪尹融持毒酒、奉诏命以劫业：若起，则受公侯之位；不起，赐之以药……遂饮毒而死。”（《后汉书 · 李业传》） [9]“王维为给事中”以下十六句：见《旧唐书 · 王维传》、郑处晦《明皇杂录 · 补遗》。伪署，伪朝的官职。凝碧池，唐东都洛阳禁苑（神都苑）中池名。再朝天，再朝拜唐天子。行在，专指天子巡行所到之地。这里指唐肃宗在灵武（今属宁夏）的行宫。 [10]“襄王僭号”以下十七句：见《旧唐书 · 李拯传》，“立马”作“驻马”。沙陀节度使李克用率兵进攻长安，唐僖宗再次出逃。邠宁节度使朱玫立因病未走的襄王李煴为帝。不久朱玫部将王行瑜率军回长安，杀朱玫及其党羽。后又杀襄王李煴。李拯，字昌时，陇西（在今甘肃）人。百揆，指百官。国门，国都的城门。紫宸，宫殿名，天子所居。也泛指宫廷。鹓鸾，神话传说中的瑞鸟，比喻朝官。终南山，又名太乙山，简称南山。位于陕西境内秦岭山脉中段，长安城之南。 [11] 高人王右丞：杜甫《解闷十二首》（其八）："不见高人王右丞，蓝田丘壑漫寒藤。" [12] "今有颠沛之余"以下六句：指钱谦益。钱谦益，字受之，号牧斋，学者称虞山先生，苏州府常熟县（今江苏常熟）人。明末清初文坛盟主，东林党领袖之一。明朝官至礼部侍郎。清顺治二年，率诸大臣开南京城降清，依旧官礼部侍郎。清顺治四年、五年，两度入狱，经柳如是全力奔走营救，才得以免祸。自顺治六年后，从苏州返回常熟，表面上息影居家，暗中与西南和东南海上反清复明势力联络。异姓，指清皇朝。摈斥不容，指两度入狱。乃心，谓思念、怀念（明朝）。 [13] 文而不惭：言作文大言不惭。 [14] 朝赋《采薇》之篇：《史记·伯夷列传》："武王已平殷乱，天下宗周，而伯夷、叔齐耻之，义不食周粟，隐于首阳山，采薇而食之。及饿且死，作歌，其辞曰：'登彼西山兮，采其薇矣。以暴易暴兮，不知其非矣。神农、虞、夏忽焉没兮，我安适归矣？于嗟徂兮，命之衰矣！'遂饿死于首阳山。" [15] 而夕赴伪廷之举者：夕赴伪廷之举，潘耒本作"夕有捧檄之喜"。原校记："'夕有捧檄之喜'，原作'夕赴伪廷之举'。"据此改。 [16] "则车载鲁连"二句：车载斗量，形容数量众多。《史记·田单列传》："燕之初入齐，闻画邑（今山东淄博临淄）人王蠋（zhú）贤……使人谓蠋曰：'齐人多高子之义，吾以子为将，封子万家。'蠋固谢。燕人曰：'子不听，吾引三军而屠画邑。'王蠋曰：'忠臣不事二君，贞女不更二夫……与其生而无义，固不如烹！'遂经其颈于树枝，自奋绝脰（断颈）而死。” [17]“《黍离》之大夫”以下五句：《诗经·王风·黍离》：“彼黍离离，彼稷之苗。行迈靡靡，中心摇摇。知我者谓我心忧，不知我者谓我何求。悠悠苍天！此何人哉？”第二章作“中心如醉”，第三章作“中心如噎”。中心摇摇，心神不定的样子。中心如醉，心中像喝醉那样难以控制。中心如噎，心中如堵塞一般疼痛。《毛诗序》：“《黍离》，闵宗周也。周大夫行役，至于宗周，过故宗庙宫室，尽为禾黍。闵周室之颠覆，彷徨不忍去，而作是诗也。” [18]“汨罗之宗臣”以下五句：指屈原。汨罗江为屈原自沉之处。屈原为楚武王熊通之子屈瑕的后代，故谓之“宗臣”。言之重，辞之复，指屈原作品的特色。《楚辞·卜居》：“屈原既放，三年不得复见。竭知尽忠，而蔽障于谗。心烦虑乱，不知所从。”以次，按次序。不能以次，因心意烦乱，故文词也不整齐。 [19]“栗里之征士”以下五句：指陶潜。栗里（在江西九江西南，庐山温泉北面）是陶渊明退隐之地。征士，不就朝廷征辟的士人。吴菘《论陶》：“渊明非隐逸流也，其忠君爱国，忧愁感愤，不能自已，间发于诗，而词句温厚和平，不激不随，深得《三百篇》遗意。”与顾炎武意同。 [20]表暴：即“表襮”，谓自炫，显露。 [21]“将叛者其辞惭”以下三句：见《凡易之情》注[2]。 [22]“盗言孔甘”二句：语出《诗经·小雅·巧言》。孔，很。啖，原意为进食，引申为增多、加甚。言盗贼说话甜言蜜语，很好听，（人们被蒙骗，）因此祸乱得以滋长。 [23]镜情伪：明察真伪。 [24]屏盗言：屏除如盗贼所说的甜言蜜语。

[点评]

欺人之言，即谎言。虽然没有明说，但本文所指，显然是与顾炎武同时的钱谦益，以及和他相类的文士。钱谦益是一个有争议的历史人物，但审人近乎严苛的顾炎武，对其持断然否定的态度。开篇将谢灵运、王维作为“文辞欺人”的典型，就在于谢、王二人，和钱谦益有很多相似之处。这三人都是当时文坛享有盛誉的人物，是文学创作成就斐然、对后世影响巨大的人物，又都是在动荡之际失节的人物。但其本人对此并无忏悔之意，反倒有意无意地显示自己的忠君爱国之心；而后人也因爱其诗而忽略、原谅了其行，甚至还有为其辩解者，这就使其言论和作品具有极大的欺骗性。谢灵运、王维都以山水诗著称，而且都和佛有缘。谢灵运曾翻译外来佛经，编撰梵汉字典，研究佛学颇有心得。王维参禅悟理，写了不少蕴含禅意、流露禅机的诗篇，有“诗佛”之称。在世人眼中，应该都是清高脱俗的人，其欺骗性也就愈大。顾炎武身值鼎革之际，更处异族入主中原的年代，故他对名节尤为重视。对谢灵运等人的评价，事关大节，“君子之道、兴王之事，莫先乎此”，故不能不辩。

谢灵运、王维、钱谦益都是著名的诗人。古人作诗，原本是出于“言志”“缘情”的需要，“为情而造文”（《文心雕龙·情采》），诗是其志、其情的体现。只是“末世人情弥巧，文而不惭”，往往“为文而造情”，在诗中表现的也就不是真情。顾炎武的文学观，最强调两点：一是必须有益于天下，二是必须表现真情实感。“诗主性情，不贵奇巧。”（《日知录·古人用韵无过十字》）只有像屈原、陶潜等人那样抒发真情，才能写出打动人心的优秀作品。那些急于表现自己、表白自己的人，所说的往往都是欺人之言。顾炎武的诗，“词必己出，事必精当。风霜之气，松柏之质，两者兼有。就诗品论，亦不肯作第二流人”（沈德潜《明诗别裁集》）。“吾取虞道园之诗者，以其质也；取顾亭林之诗者，以其实也。亭林作诗不如道园之富，然字字皆实，此修辞立诚之旨也。”（潘德舆《养一斋诗话》）

文人摹仿之病

近代文章之病，全在摹仿。即使逼肖古人，已非极诣，况遗其神理而得其皮毛者乎？且古人作文，时有利钝，梁简文《与湘东王书》云[1]：今人“有效谢康乐、裴鸿胪文者”[2]，“学谢则不届其精华[3]，但得其冗长；师裴则蔑弃其所长，惟得其所短”。宋苏子瞻云：“今人学杜甫诗[4]，得其粗俗而已。”叶水心言[5]：“庆历、嘉祐以来[6]，天下以杜甫为师，始绌唐人之学，谓之‘江西宗派’。”金元裕之诗云[7]：“少陵自有连城璧[8]，争奈微之识碔砆。”夫文章一道，犹儒者之末事，乃欲如陆士衡所谓“谢朝华于已披[9]，启夕秀于未振”者，今且未见其人，进此而窥著述之林，益难之矣。

效《楚辞》者[10]，必不如《楚辞》；效《七发》者[11]，必不如《七发》。盖其意中先有一人在前，既恐失之，而其笔力复不能自遂[12]。此寿陵余子学步邯郸之说也[13]。

……

如扬雄拟《易》而作《太玄》[14]，王莽依《周书》而作《大诰》[15]，皆心劳而日拙者矣。《世说》[16]：“王隐论扬雄《太玄》[17]：‘虽妙，非益也。古人谓之屋下架屋。’”

《曲礼》之训[18]：“毋剿说[19]，毋雷同。”此古人立言之本。

“毋剿说”，必须有独树一帜的襟怀；“毋雷同”，就得有别出心裁的本领。

［注释］

[1] 梁简文《与湘东王书》：见《梁书·庾肩吾传》。梁简文，南朝梁简文帝萧纲，字世赞，小字六通，南兰陵（今江苏武进西北）人，生于建康显阳殿。南朝“宫体诗”代表人物。湘东王，即梁元帝萧绎，字世诚，小名七符，号金楼子。梁简文帝弟。工书，善画，能文。 [2] 谢康乐：谢灵运，见《文辞欺人》注[1]。裴鸿胪：裴子野，字几原，河东闻喜（今属山西）人。裴松之曾孙。南朝史学家、文学家。梁武帝时任鸿胪卿。 [3] 届：穷极。 [4]“今人学杜甫诗”二句：语出《东坡题跋·书诸葛散卓笔》。 [5] 叶水心：叶适，见《法制》注[34]。 [6]“庆历、嘉祐以来”以下

四句：语出《徐斯远文集序》，文字有出入。庆历、嘉祐，均为宋仁宗赵祯年号。江西宗派，宋徽宗初年，吕本中作《江西诗社宗派图》把受黄庭坚影响的诗人归入江西诗派。南宋末，方回在《瀛奎律髓》中提出了江西诗派的“一祖（杜甫）三宗（黄庭坚、陈师道、陈与义）”之说。　[7] 元裕之：元好问，字裕之，号遗山，太原秀容（今山西忻州）人。金朝末年文学家、历史学家，有《元遗山先生全集》《中州集》等作品传世。　[8]“少陵自有连城璧”二句：元好问《论诗三十首》（其十）：“排比铺张特一途，藩篱如此亦区区。少陵自有连城璧，争奈微之识珷玞。”少陵，杜甫自号少陵野老。连城璧，价值连城的玉璧。微之，中唐诗人元稹字。珷玞，似玉的石块。元稹在《唐故工部员外郎杜君墓系铭》里，推重杜甫晚年所写的长篇排律诗“铺陈终始，排比声韵”，元好问认为元稹忽略了杜甫诗歌中最有价值的东西，不识真正的宝玉，只知赏识似玉的石块。　[9]“陆士衡所谓‘谢朝华于已披’”二句：语出陆机《文赋》。陆士衡，陆机，字士衡，吴郡吴县（今江苏苏州）人。西晋文学家。谢，谢绝。启，开发。披，振，均为“开放”之意。顾施祯注：“凡古人已用之意，如朝华之已披，悉为谢之；古人未言之旨，如夕秀之未振，于是启之。”　[10]《楚辞》：见《乐章》注 [11]。　[11]《七发》：西汉枚乘所作的辞赋。以主客问答的形式，连写七件事的结构方式，为后世所沿习，形成赋中的“七体”。　[12] 自遂：自行其意。遂，顺利完成。　[13] 寿陵余子学步邯郸：《庄子·秋水》：“子独不闻夫寿陵余子之学行于邯郸与？未得国能，又失其故行矣，直匍匐而归耳。今子不去，将忘子之故，失子之业。”言燕国寿陵（邑名）有个少年，听说赵国邯郸人走路的姿势特别优美，于是到邯郸学习当地人走路的姿势。结果不仅没有学到邯郸人走路的姿势，还把自己原来走路的姿势也忘记了，最后只好爬着回去。余子，嫡长子以外的儿子。 [14]《太玄》：也称《扬子太玄经》，其书模仿《周易》体裁而成。 [15]王莽依《周书》而作《大诰》：王莽，见《两汉风俗》注[1]。汉平帝暴死，王莽挑选了只有两岁的刘婴继位，以周公自称。为安抚人心，模仿《尚书·大诰》作《大诰》。不久王莽篡位，违背了《大诰》所言。 [16]《世说》：见《窃书》注[3]。 [17]“王隐论扬雄《太玄》”以下四句：语出《世说新语·文学》“庾仲初作《扬都赋》成”条刘孝标注。王隐，字处叔，陈郡陈县（今河南淮阳）人。东晋史学家。屋下架屋，比喻文章结构重叠。 [18]《曲礼》：《礼记》篇名。 [19]剿说：抄袭别人的言论为己说。

[点评]

“若无新变，不能代雄。”（《南齐书·文学传论》）故韩愈提出“惟陈言之务去”（《答李翊书》）。顾炎武一贯反对盲目摹仿古人，他曾批评一个友人：“君诗之病，在于有杜；君文之病，在于有韩、欧。有此蹊径于胸中，便终身不脱‘依傍’二字，断不能登峰造极。”（《亭林文集·与人书十七》）赵翼诗云：“学诗必学杜，万口同一噪。”（《题陈东浦藩伯敦拙堂诗集》）杜诗、韩文是古代诗文的典范，学杜、学韩者不可胜数，本无可非议。但若胸中有了这样一条固定的门径，摆脱不掉依傍的心理，就扼杀了自身的创造能力。明代文人，不乏才子，前、后七子相继称雄，就声韵辞藻而言，自有所长，和前人相比，并不逊色。只是强调学古，墨守唐音，即使在其内部，也已有“高处是古人影子”的批评（李梦阳《驳何氏论文书》），同时的薛蕙，“与杨用修（杨慎）论诗曰：‘近日作者，摹拟蹈袭，致有拆洗少陵、生吞子美之谑。’”（钱谦益《列朝诗集小传》）。后世对明代诗文的成就，一直颇多非议。未见顾炎武对前、后七子明确的评价，但本文确实体现了当时人对明代诗文创作的看法。

作诗之旨

舜曰："诗言志[1]。"此诗之本也。《王制》："命太师陈诗以观民风[2]。"此诗之用也。荀子论《小雅》曰："疾今之政[3]，以思往者，其言有文焉，其声有哀焉。"此诗之情也。故诗者[4]，"王者之迹"也。建安以下[5]，洎乎齐、梁[6]，所谓"辞人之赋丽以淫[7]"，而于作诗之旨，失之远矣。

唐白居易《与元微之书》曰[8]："年齿渐长，阅事渐多，每与人言，多询时务；每读书史，多求理道。始知文章合为时而著[9]，歌诗合为事而作。"又自叙其诗，关于美刺者谓之"讽谕诗"，自比于梁鸿《五噫》之作[10]。而谓好其诗者，

"为时""为事"，其实就是经世致用。作诗（立言）之旨，此为根本。

邓鲂、唐衢俱死[11]，吾与足下又困踬，“岂六义四始之风[12]，天将破坏不可支持邪？又不知天意不欲使下人病苦闻于上邪”？嗟乎，可谓知立言之旨者矣。

晋葛洪《抱朴子》曰[13]：“古诗刺过失[14]，故有益而贵。今诗纯虚誉，故有损而贱。”

［注释］

[1] 诗言志：语出《尚书·虞书·尧典》。 [2] 命太师陈诗以观民风：语出《礼记·王制》。言天子巡视天下时，命乐官陈诵当地的诗歌，从中了解民情风俗。太师，古代乐官之长。 [3]“疾今之政”以下四句：语出《荀子·大略》。 [4]“故诗者”二句：《孟子·离娄下》：“王者之迹熄而《诗》亡，《诗》亡然后《春秋》作。” [5] 建安：汉献帝刘协年号。建安时期出现了中国诗歌史上文人创作的第一个高潮，世称“建安文学”。 [6] 齐、梁：指齐、梁时期的文学，也用于代指南朝文学。在诗歌史上，产生了讲究格律的“永明体”和注重形式的宫体诗。 [7] 辞人之赋丽以淫：语出扬雄《法言·吾子》。以，犹“而”。淫，过度，无节制。引申为奢靡，浮夸。谓辞人创作的辞赋词藻华丽而流于浮夸。 [8] 白居易《与元微之书》：即《与元九书》。是白居易诗歌创作理论的集中体现。元微之，元稹。 [9] 合：应该。 [10] 梁鸿：字伯鸾，扶风平陵（今陕西咸阳西北）人。娶同县孟光，貌丑而贤，共入霸陵山中，荆钗布裙，以耕织为业，咏诗书弹琴以自娱。因东出潼关，取道京师洛阳，有感于贫富不均的现象，作《五噫之歌》。 [11] 邓鲂、唐衢：据白居易《读邓鲂诗》，邓鲂是

一个怀才不遇、年轻去世的诗人。读其诗，“未及看姓名，疑是陶潜诗”。唐衢，“能为歌诗，意多感发。见人文章有所伤叹者，读讫必哭，涕泗不能已。每与人言论，既相别，发声一号，音辞哀切，闻之者莫不凄然泣下……故世称‘唐衢善哭’”（《旧唐书·唐衢传》）。 [12]六义：《毛诗序》：“故诗有六义焉：一曰风，二曰赋，三曰比，四曰兴，五曰雅，六曰颂。”一般认为风、雅、颂是诗按不同的音乐的分类；赋、比、兴是诗的表现手法。郑樵《通志序》：“风土之音曰风，朝廷之音曰雅，宗庙之音曰颂。”朱熹《诗集传》：“赋者，敷陈其事而直言之者。”“比者，以彼物比此物也。”“兴者，先言他物以引起所咏之词也。”四始：《毛诗序》：“一国之事，系一人之本，谓之‘风’。言天下之事，形四方之风，谓之‘雅’。雅者，正也，言王政之所由废兴也，政有小大，故有‘小雅’焉，有‘大雅’焉。‘颂’者，美盛德之形容，以其成功告于神明者也。是谓四始，《诗》之至也。”孔颖达疏引郑玄答张逸语：“风也，小雅也，大雅也，颂也。此四者，人君行之则为兴，废之则为衰。” [13]葛洪《抱朴子》：葛洪，字稚川，自号抱朴子，丹阳郡句容（今江苏句容）人。东晋道教学者、炼丹家，世称小仙翁。曾受封为关内侯，后隐居罗浮山炼丹。著有《抱朴子》《肘后备急方》等。 [14]“古诗刺过失”以下四句：语出《抱朴子·外编·辞义》。

[点评]

本文堪称顾炎武的诗学纲领：诗的根本是传统的“言志”说，这是中国历代诗论的“开山纲领”。诗的功用是从中反映了人们真实的思想、情感和愿望。诗的真情是用艺术的形式，揭露和批判现实问题。如果一味追求语言的华丽、形式的工巧，那就远离作诗的本意了。前人说文章（包括诗）乃“经国之大业，不朽之盛事”（曹丕《典论·论文》）。若要成为“经国之大业”，就必须“有益于天下”，具有经世化民的功用，故顾炎武十分赞赏白居易“文章合为时而著，歌诗合为事而作”的主张。要成为“不朽之盛事”，那诗中所表现的情感，必然具有永恒的生命力，在后世依然具有强烈的感染力。这样的情感，必然是合乎人本性的真实的情感。文中最后引葛洪之言：“古诗刺过失，故有益而贵。今诗纯虚誉，故有损而贱。”“刺过失”和“纯虚誉”，既是作者是否表现真情实感的区别，也是作品是否“有益于天下”的区别。

顾炎武的这些看法，是其经世致用的思想在创作中的体现。但诗歌毕竟是一种艺术形式，在教化功能之外，还有更直接、更明显的传递美感的功能。诗学不能和经学等同。和顾炎武同时的李光地，虽说是崇尚理学的朝廷重臣，但在对诗的要求上，反倒要宽容通达些：“顾宁人读得书多，古文与诗都可观，但诗落笔便要不朽，不为诗经，亦为诗史。这个见解存在胸中，亦是病。何屺瞻亦然。信如是，《诗经》至今还可删去大半。‘彼采葛兮，一日不见，如三月兮’，有何关系？盖诗与文章不同，所以道性情，性情谁不有？”（《榕村语录续集·诗文》）

诗体代降

三百篇之不能不降而《楚辞》[1]，《楚辞》之不能不降而汉、魏，汉、魏之不能不降而六朝，六朝之不能不降而唐也，势也。用一代之体，则必似一代之文，而后为合格。

诗文之所以代变，有不得不变者。一代之文，沿袭已久，不容人人皆道此语。今且千数百年矣，而犹取古人之陈言，一一而摹仿之，以是为诗，可乎？故不似则失其所以为诗，似则失其所以为我。李、杜之诗所以独高于唐人者，以其未尝不似，而未尝似也。知此者，可与言诗也已矣。

“未尝不似，而未尝似也”，是一种“不似之似”，既能集中体现时代的特色，又有异乎众人的独特风格。

[注释]

[1] 三百篇之不能不降而《楚辞》:《诗经》共收诗三百十一篇,现存三百零五篇。后人取其整数,以“诗三百”或“三百篇”作为《诗经》的代称。《楚辞》,西汉刘向曾编集“楚辞”,东汉王逸作章句,收战国屈原、宋玉及汉代淮南小山等人辞赋共十七篇。全书以屈原作品为主,以其运用楚地的文学样式、方言声韵和风土物产等,具有浓厚的地方色彩,故名《楚辞》。《诗经》《楚辞》被看作是中国诗歌创作的两个源头。

[点评]

“文变染乎世情,兴废系乎时序。”(《文心雕龙·时序》)刘勰这两句话,已经提出文学创作和社会现实的关系。王国维说得更加明白:“凡一代有一代之文学。楚之骚、汉之赋、六代之骈语、唐之诗、宋之词、元之曲,皆所谓一代之文学,而后世莫能继焉者也。”(《宋元戏曲考》)本文说历代诗体“不能不降(变)”,即文学处在不断演进的过程中,和“一代有一代之文学”含意相同。这种状况的出现,是因为文学作品的特色和影响,会随时代的变迁而发生变化,一代有一代的表现形式、创作风格、审美趣味。赵翼诗:“李杜诗篇万口传,至今已觉不新鲜。江山代有才人出,各领风骚数百年。”(《论诗》其二)历代文人不计其数,但能“领风骚”者则寥寥无几。能“领风骚”、能“代雄”者,必然是敢于新变、善于新变的人。以此,“诗文之所以代变,有不得不变者”。反依傍、反盲从,是顾炎武治学精神的体现,表现在文学创作中,则是反摹仿,将“毋剿说,毋雷同”(《礼记·曲礼》)，作为写作的原则。他认为："近代文章之病，全在摹仿。即使逼肖古人，已非极诣，况遗其神理而得其皮毛者乎？"(《日知录·文人摹仿之病》)

四　海

《书正义》言[1]："天地之势[2]，四边有水。邹衍书言：'九州之外，有大瀛海环之。'"是九州居水内，故以州为名。州，古"洲"字。然五经无"西海""北海"之文，而所谓"四海"者，亦概万国而言之尔。《礼记·祭义》："推而放诸西海而准，推而放诸北海而准。"亦是概言之海。至《左传》齐桓公言"寡人处北海"[3]，则直指齐地。而孟子言"伯夷辟纣[4]，居北海之滨"。唐时以潍州为北海郡[5]，而昌乐县遂有伯夷庙[6]。《尔雅》[7]："九夷、八蛮、六戎、五狄[8]，谓之四海。"《周礼·校人》"凡将有事于四海山川"，注："四海，犹四方也。"则海非真水之名。《易》卦"兑为

夷、蛮、戎、狄，代指东、南、西、北。

泽”[9]，而不言海。《礼记·乡饮酒义》曰：“祖天地之左海也[10]。”则又以见右之无海矣[11]。《史记·日者传》：“地不满东南[12]，以海为池。”《虞书》：禹言：“予决九川[13]，距四海。”据《禹贡》但有一海[14]，而“南海”之名，犹之“西河”即此河尔。

《禹贡》之言海有二：“东渐于海”，实言之海也；“声教讫于四海”，概言之海也。

前者指东方大海，故谓之“实言之”；后者指四方，故谓之“概言之”。

宋洪迈谓[15]：“海一而已[16]。地势西北高，东南下，所谓东、北、南三海，其实一也。北至于青、沧，则曰北海；南至于交、广，则曰南海；东渐吴、越，则曰东海，无繇有所谓‘西海’者。《诗》《书》《礼经》之称‘四海’，盖引类而言之。”至于《庄子》所谓“穷发之北有冥海[17]”，及屈原所谓“指西海以为期[18]”，皆寓言尔。程大昌谓[19]：“条支之西有海[20]，先汉使固尝见之[21]，而载诸史，《史记·大宛传》[22]：“于寘之西[23]，则水皆西流，注西海。”又曰：“奄蔡在康居西北可二千里[24]，临大泽，无崖，盖乃北海云。”《汉书·西域传》：“条支国临西海。”后汉班超又遣甘英辈亲至其地[25]。而西海之西又有大秦[26]，夷人与海商皆常往来。霍去病封狼居胥

中国西方无海，但西域有海，可谓山外有山，海外有海。

山[27]，其山实临瀚海。苏武、郭吉皆为匈奴所幽[28]，置诸北海之上。而唐史又言突厥部北海之北有骨利干国[29]，在海北岸。然则《诗》《书》所称‘四海’，实环夷夏而四之[30]，非寓言也。”然今甘州有居延海[31]，西宁有青海[32]，云南有滇海[33]，安知汉、唐人所见之海，非此类邪？

[注释]

[1]《书正义》：指孔颖达《尚书正义》。 [2]“天地之势”以下五句：语出《尚书正义·舜典》。邹衍，战国末期齐国人。阴阳家代表人物，主五行说、“五德终始说”和“大九州说”。因“尽言天事”，当时人称之为“谈天衍”。著有《邹子》一书。瀛海，浩瀚的大海。 [3]至《左传》齐桓公言“寡人处北海”：《左传》僖公四年：“齐侯（齐桓公）以诸侯之师侵蔡，蔡溃，遂伐楚。楚子（楚成王）使与师言曰：‘君处北海，寡人处南海，唯是风马牛不相及也。’” [4]“而孟子言‘伯夷辟纣’”二句：见《孟子·离娄上》。伯夷，子姓，墨胎氏，名允，商末孤竹国君的长子，与弟叔齐相互让位，一起离国去西岐。周武王灭商，伯夷、叔齐耻食周粟，饿死首阳山。辟，同“避”。 [5]唐时以潍州为北海郡：黄汝成《日知录续刊误》卷下：“唐废潍州，以所领之北海县属青州，非以潍州为北海郡。即先立北海县，是潍州所领县名，非立潍州为郡也。《唐书》二志、《太平寰宇记》等书可考。《录》注（自注）当云‘唐以青州为北海郡’。今诸本、原写本同。是先生偶误书，别无所据以改，仍之。”北海郡，治所在今山东潍坊青州。 [6]昌乐县：今属山东潍坊。 [7]《尔雅》：中国辞书之祖，

儒家“十三经”之一。尔，同“迩”，近；雅，正。“尔雅”为接近、符合雅言之意，即以雅正之言解释古汉语词、方言词，使之近于规范。 [8]“九夷、八蛮、六戎、五狄”二句：《尔雅·释地》：“九夷、八狄、七戎、六蛮，谓之四海。”与此不合。本文出自《周礼·夏官司马·职方氏》郑玄注引《尔雅》语。九夷，古代对东方九个部族的统称。八狄、七戎、六蛮，古代分别对北方、西方、南方少数民族的统称。 [9]《易》卦“兑为泽”：见《周易·说卦》。 [10] 左海：东海。古人面朝南而坐，左边为东，右边为西。 [11] 右之无海：即无西海。 [12]“地不满东南”二句：言东南大地有所不足，故以海为池（作补充）。 [13]“予决九川”二句：语出《尚书·虞书·益稷》。九川，九州名川。 [14]“据《禹贡》但有一海”以下三句：《尚书·夏书·禹贡》：“导黑水至于三危，入于南海。”“黑水、西河惟雍州。”西河为河名，非西方（或西面）的河，故说“即此河”。这里说南海也是特指的地名，非泛称南方的海。 [15] 洪迈：字景庐，号容斋，饶州鄱阳（今江西鄱阳）人。南宋光宗时进龙图阁学士。著有《容斋随笔》《夷坚志》等。 [16]“海一而已”以下十四句：语出《容斋随笔》卷三《四海一也》。青，青州，今属山东。沧，沧州，今属河北。北面邻近青州、沧州的海，称为“北海”。交，交州，包括今广东、广西和越南北部、中部。广，广州，在今广东。吴，春秋吴国，在今江苏、安徽省长江南部。越，春秋越国，在今浙江省钱塘江东部。无由，没有缘由。 [17] 穷发之北有冥海：语出《庄子·逍遥游》。穷发，成玄英疏：“地以草为毛发，北方寒冱之地，草木不生，故名穷发，所谓不毛之地。”冥海，传说中的大海。 [18] 指西海以为期：语出《离骚》。 [19] 程大昌：字泰之，徽州休宁（今属安徽）人。南宋学者，著有《演繁露》《考古编》等。 [20] 条支之西有海：自此句至“非寓言也”，语出程大昌《北边备对》。

条支，泛指西亚两河（幼发拉底河、底格里斯河）流域，包括今伊拉克和伊朗、叙利亚部分地区。 [21] 先汉使：指张骞。张骞，字子文，汉中郡城固（今陕西城固）人。奉汉武帝之命，由长安出发，率领一百多人出使西域，打通了汉朝通往西域的道路，被誉为“丝绸之路的开拓者”。以军功封博望侯。 [22] 大宛：西域古国名，在今中亚费尔干纳盆地。 [23] 于寘：西域古国名，在今新疆和田一带。 [24] 奄蔡：西域古国名，位于西伯利亚西南部的欧洲和亚洲的交界处。康居：西域古国名，汉代为西域大国，位于今新疆北境以及中亚部分地区。 [25] 班超：字仲升，扶风郡平陵县（今陕西咸阳西北）人。东汉史学家班彪之子，班固之弟。为人有大志，投笔从戎，随军出击北匈奴。又奉命出使西域，在三十一年的时间里，收复了西域五十多个国家。官至西域都护，封定远侯，世称“班定远”。甘英：字崇兰。《后汉书·西域列传》：“和帝永元九年，都护班超遣甘英使大秦，抵条支。临大海（今波斯湾），欲度，而安息西界船人谓英曰：‘海水广大，往来者逢善风三月乃得度，若遇迟风，亦有二岁者，故入海人皆赍三岁粮。海中善使人思土恋慕，数有死亡者。’英闻之乃止。” [26] 大秦：古代中国对罗马帝国及近东地区的称呼。 [27]“霍去病封狼居胥山”二句：霍去病，河东平阳（今山西临汾西南）人。在与匈奴作战中屡建奇功，官至大司马骠骑将军，封冠军侯。在漠北之战中消灭匈奴左部主力七万余人，“封狼居胥山，禅于姑衍，登临翰海”（《汉书·霍去病传》）。即登狼居胥山筑坛祭天以告成功，在姑衍山举行祭地的盛典。“封”为祭天，“禅”为祭地。瀚海，北方的大海（湖）。 [28]“苏武、郭吉皆为匈奴所幽”二句：苏武，杜陵（今陕西西安东南）人。奉命以中郎将持节出使匈奴，被扣留。匈奴贵族多次威胁利诱，想让他投降；“单于愈益欲降之，乃幽武置大窖中，绝不饮食。天雨雪，武卧啮雪与旃毛并咽之，数日不死。匈奴以为神，乃徙武北海上无人处，使牧羝，羝乳（公羊产乳）乃得归”（《汉书·苏武传》）。苏武持节不屈，历尽艰辛，留居匈奴十九年方才得以归国。郭吉，《史记·匈奴列传》：“是时天子（汉武帝）巡边，至朔方，勒兵十八万骑以见武节，而使郭吉风告单于。郭吉既至匈奴……而单于大怒，立斩主客见者，而留郭吉不归，迁之北海上。”北海，即今俄罗斯贝尔加湖。 [29]“而唐史又言突厥部北海之北有骨利干国”二句：《新唐书·天文志一》：“又铁勒、回纥在薛延陀之北，去京师六千九百里。其北又有骨利干，居瀚海之北，北距大海，昼长而夜短，既夜，天如曛不瞑，夕胹（烹煮）羊髀才熟而曙，盖近日出没之所。”骨利干国，敕勒（回鹘）部落之一，居安加拉河至贝加尔湖以南，分三姓。 [30] 实环夷夏而四之：夷夏，潘耒本作“华裔”。原校记：“华裔，原作‘夷夏’。”据此改。 [31] 甘州：治所在今甘肃张掖。居延海：汉代称居延泽，在今内蒙古巴丹吉林沙漠西北戈壁洼地，有东、西两大湖泊，总称居延海。居延海为黑河的尾闾湖，黑河发源于甘州西南的祁连山。 [32] 西宁：在今青海省。青海：青海湖，位于青海省境内，是中国最大的内陆湖。 [33] 滇海：又名滇池、昆明湖，在云南昆明西南。

[点评]

“四海”二字，是最常见、也最常用的词语之一。虽说由来已久，但世人往往习焉不察，对这二字的含义，并不深究。本文列举了经史子集中各种关于“海”的记载，指出“海”字未必都指水，“四海”二字有多重含意：一是“概万国而言之”；二是“犹四方”；三是有些“海”只是当地人所说的“海子”，实为湖泊；四是有些以“海”

为名的水泽，只是专指的地名，并无“海”的意思；五是有些作品所说的“海”，只是寓言。文中还指出：虽说是“四海”，但中国四方（东、南、西、北），不是都有海，因此也没有关于“西海”的记载；而在遥远的西域，却有海，只因极少有人亲临其地，故不为世所知。顾炎武博览群书，又长于探赜索隐，故能贯串经史，条分缕析，通过周密的归纳，推出精到的辨述。

尧冢灵台

《汉书·地理志》：济阴“成阳有尧冢、灵台”[1]。《后汉书·章帝纪》：元和二年二月[2]，“东巡狩[3]”，“使使者祠唐尧于成阳灵台[4]”。《安帝纪》：延光三年二月[5]，“庚寅，使使者祠唐尧于成阳”。《皇览》云[6]：“尧冢在济阴成阳。”皇甫谧《帝王世纪》云[7]：“尧葬济阴成阳西北四十里，是为榖陵[8]。”《水经注》：“城阳西二里有尧陵[9]，陵南一里有尧母庆都陵，于城为西南，称曰‘灵台’。后汉《尧母碑》曰[10]：“庆都仙殁，盖葬于兹。欲人莫知，名曰灵台。”乡曰‘崇仁’，邑号‘修义’，皆立庙。四周列水[11]，潭而不流。水泽通泉[12]，泉不耗竭。至丰鱼笋[13]，不敢采捕。庙前并列数碑，栝柏成林[14]。二陵南北列，驰道径通[15]，皆以砖砌之，尚修整。尧陵东城西五十余步中山夫人祠[16]，尧妃也。石壁阶墀仍旧，南、西、北三面，长栎联荫，扶疏里余[17]。中山夫人祠南，有仲山甫冢[18]。冢西有石庙，羊、虎破碎略尽[19]。于城为西南，在灵台之东北。"《宋史》：神宗熙宁元年七月己卯[20]，知濮州韩铎言："尧陵在雷泽县东榖林山，陵南有尧母庆都灵台庙。请敕本州春秋致祭，置守陵五户，免其租，奉洒扫。"从之。成阳在汉为济阴属县，北齐废。隋复置为雷泽县，唐、宋因之，金复废。今曹州东北六十里故雷泽城是也。而《集古录》有汉尧祠及尧母祠碑[21]，是庙与碑宋时犹在也。然开宝之诏[22]，帝尧之祠乃在郓州。今在东平州东北三十里[23]，芦泉山之阳。意者自石晋开运之初[24]，黄河决于曹、濮，尧陵为水所浸，乃移之高地乎？而后代因之，不复考正矣。《元史·泰定帝纪》：泰定二年四月[25]，"丁酉，濮州鄄城县言[26]：'城西尧冢上有佛寺，请徙之。'不报。"

列举前人关于济阴成阳尧陵、尧祠的记载，似乎已成定案。

舜"陟方乃死"[27]，见于《书》。"禹会诸侯于涂山[28]”，见于《传》。惟尧不闻有巡狩之事。《墨子》曰：“尧北教乎八狄[29]，道死，葬蛩山之阴。”“舜西教乎七戎，道死，葬南己之市。”“禹东教乎九夷，道死，葬会稽之山。”此战国时人之说也。自此以后，《吕氏春秋》则曰“尧葬于穀林[30]”，太史公则曰“尧作游成阳”[31]，刘向则曰“尧葬济阴”[32]，《竹书纪年》则曰帝尧“八十九年[33]，作游宫于陶；九十年，帝游居于陶；一百年，帝陟于陶”。《说文》：“陶[34]，再成丘也，在济阴，有尧城，尧尝所居，故尧号陶唐氏。”而尧之冢始定于成阳矣。但尧都平阳相去甚远[35]，耄期之年，禅位之后，岂复有巡游之事哉？“囚尧”“偃朱”之说[36]，并出于《竹书》，而鄄城之迹亦复相近。《括地志》曰：“故尧城在濮州鄄城县东北十五里。《竹书》云：‘昔尧德衰，为舜所囚也。’又有偃朱故城，在县西北十五里。”《竹书》云：“舜囚尧，复偃塞丹朱，使不与父相见也。”按此皆战国人所造之说。或人告燕王[37]，谓启攻益，而夺之天下；《韩非子》言汤使人说务光[38]，自投于河，大抵类此。《诗》《书》所不载，千世之远，其安能信之？

以尧未尝远游，而尧都（平阳）和成阳尧陵相距遥远，对前说提出疑问。

关于尧陵所在地，历来有不同的说法。

《山海经·海外南经》：“狄山[39]，帝尧葬于阳。”注：“《吕氏春秋》曰[40]：‘尧葬穀林。’今成阳县西，东阿县城次乡中，赭阳县湘亭南，皆有尧冢。”

《临汾县志》曰[41]：“尧陵在城东七十里，俗谓之‘神林’。高一百五十尺，广二百余步，旁皆山石，惟此地为平土，深丈余。其庙正殿三间，庑十间[42]，山后有河一道，有金泰和二年碑记[43]。窃考舜‘陟方乃死’，其陵在九疑[44]；‘禹会诸侯于江南[45]，计功而崩’，其陵在会稽。惟尧之巡狩不见经传，而此其国都之地，则此陵为尧陵无疑也。”按《志》所论，似为近理，但自汉以来，皆云尧葬济阴成阳，未敢以后人之言为信。

提出临汾尧陵，似乎更合情理。

［注释］

[1] 济阴：曹州（今山东菏泽曹县）古称，因在济水之南而得名。成阳：《史记》作“城阳”。在今山东菏泽牡丹区胡集镇。尧冢：尧帝的陵墓。灵台：传说中尧母庆都的墓名。郦道元《水经注·瓠子河》：“今成阳城西二里有尧陵，陵南一里有尧母庆都陵，于城为西南，称曰灵台。” [2] 元和二年：85 年。元和，东汉章帝年号。 [3] 巡狩：谓天子出行，视察邦国州郡。 [4] 使使者祠唐

尧于成阳：《后汉书》李贤注引郭缘生《述征记》："成阳县东南有尧母庆都墓，上有祠庙，尧母陵俗亦名灵台大母。" [5] 延光三年：124 年。延光，东汉安帝年号。 [6]《皇览》：三国魏文帝时由桓范等人奉敕撰集的一部类书，宗旨是"撰集经传"，供皇帝阅读，故称"皇览"。 [7] 皇甫谧：字士安，自号玄晏先生，安定郡朝那县（今甘肃灵台）人。三国西晋时期学者、医学家、史学家。编撰了《历代帝王世纪》《高士传》等书。 [8] 穀陵：又称尧陵，在今山东菏泽东北。相传尧葬于此。 [9] 城阳西二里有尧陵：自此句至"在灵台之东北"，语见《水经注》卷二十四《瓠子河》。 [10]"后汉《尧母碑》曰"以下五句：见欧阳修《集古录跋尾》卷三。《尧母碑》，东汉灵帝建宁五年造。 [11]"四周列水"二句：言四周的水汇聚成潭，而不流走。 [12]"水泽通泉"二句：言泉水与湖水相通，因此不会枯竭。 [13]"至丰鱼笋"二句：言因为庙的关系，人们不敢到这里捕捉、采摘，因此鱼、笋之类格外多。 [14] 栝（guā）：指桧树。 [15] 驰道：皇帝的专用车道。 [16]"尧陵东城西五十余步中山夫人祠"二句：近年在山东菏泽牡丹区胡集乡尧王寺村出土汉代所立中山夫人祠残碑。碑文尚存"郑，帝尧中山夫人，造三"这几个字。 [17] 扶疏：枝叶茂盛，高低疏密有致。 [18] 仲山甫：周太王古公亶父的后裔。早年为一介平民，务农经商。周宣王元年，受举荐入王室，任卿士（执政），辅佐宣王中兴。 [19] 羊、虎：指庙前排列的石羊、石虎。 [20]"神宗熙宁元年七月己卯"以下九句：见《宋史·礼志八》。熙宁元年：1068 年。濮州，治所在今河南濮阳范县。雷泽县，以近古雷泽而名，治所在今山东菏泽鄄城。 [21]《集古录》有汉尧祠及尧母祠碑：北宋欧阳修收集金石藏品千余种，"上自周穆王以来，下更秦、汉、隋、唐、五代，外至四海九州，名山大泽，穷崖绝谷，荒林破冢，神仙鬼物，诡怪所传，莫不皆有”（《集古录目序》）。后将其集印成册，书名《集古录》。《集古录跋尾》卷二载“后汉尧祠祈雨碑（延熹十年）”，卷三载“后汉尧母碑（建宁五年）”。 [22]“然开宝之诏”二句：《宋会要辑稿》礼三十八载：“（开宝四年）三月，诏：‘先代帝王陵寝，修创庙宇。太昊：陈州；炎帝：卫州；黄帝：坊州；高阳：澶州；高辛：宋州；唐尧：郓州。’”郓州，即今山东菏泽郓城。 [23]东平州：今山东泰安东平。 [24]石晋：指五代石敬瑭建立的后晋。开运：开启国运，指建立新的皇朝。 [25]泰定二年：1325年。泰定，元泰定帝也孙铁木耳年号。 [26]鄄城县：今属山东菏泽。 [27]舜“陟方乃死”：见《尚书·虞书·舜典》。陟（zhì）方，巡狩，巡视。陟，远行。 [28]禹会诸侯于涂山：语出《左传》哀公七年。涂山，在今安徽蚌埠禹会区。 [29]“尧北教乎八狄”以下九句：见《墨子·节葬下》。蛩山，古山名。毕沅《墨子集注》：“蛩，《初学记》引作‘巩’；《北堂书钞》、《后汉书》注、《太平御览》俱引作‘邛’。”南己，原作“南巳”，据中华书局《墨子间诂》改。会稽之山，指会稽山，又名茅山，在浙江绍兴北部。 [30]尧葬于穀林：语出《吕氏春秋·孟冬纪·安死》。 [31]太史公则曰“尧作游成阳”：语出《史记·货殖列传》。 [32]刘向则曰“尧葬济阴”：语出《汉书·刘向传》。 [33]“《竹书纪年》则曰帝尧‘八十九年’”以下六句：见古本《竹书纪年》。陶，上古国名，在今山东菏泽定陶。帝尧受封于陶，改国于唐，故号陶唐氏。陟，升遐，升天，指帝王去世。 [34]“陶”以下六句：语出《说文解字》卷十四下。再成丘，《尔雅·释丘》：“丘，一成为敦丘，再成为陶丘，再成锐上为融丘，三成为昆仑丘。” [35]平阳：传说为帝尧所都，在今山西临汾。 [36]“囚尧”“偃朱”之说：今本《竹书纪年·五帝纪》：“昔尧德衰，为舜所囚也。舜囚尧于平阳，取之帝位。舜放（流放）尧于平阳。舜囚尧，复偃塞（紧闭）丹朱（尧之子），使不与父相见也。” [37]“或人告燕王”以下三句：《战国策·燕策一》：“或曰：‘禹授益而以启为吏，及老，而以启为不足任天下，传之益也。启与支党攻益而夺之天下，是禹名传天下于益，其实令启自取之。’”燕王，名姬哙。重用国相子之改革，后禅位于子之，导致太子姬平联合将军市被发动内乱。齐国趁机入侵，燕王哙被杀，国相子之被擒。其子姬职在赵武灵王护送下，回国继位，是为燕昭王。益，舜、禹时的大臣。《史记·五帝本纪》：“益主虞（古代掌管山林川泽之官），山泽辟。”启，禹之子，中国第一个世袭制朝代夏朝的开创者。 [38]“《韩非子》言汤使人说务光”二句：“汤以伐桀，而恐天下言己为贪也，因乃让天下于务光。而恐务光之受之也，乃使人说务光曰：‘汤杀君（指桀），而欲传恶声于子，故让天下于子。’务光因自投于河。”汤，成汤，子姓，名履。原是夏朝方国商国的君主，与夏朝末代君主桀大战于鸣条（今河南封丘东），最终灭夏，定都亳（在今河南商丘），建立商朝。务光，传说中夏朝末年的高士。 [39]狄山：毕沅《山海经新校正》：“《墨子》云：‘尧北教乎八狄，道死，葬蛩山之阴。’则此云狄山者，狄中之山也。” [40]“《吕氏春秋》曰”以下六句：语出《山海经》郭璞注。成阳，郭璞注误作“阳城”。东阿县，今属山东聊城。赭（zhě）阳县，即堵阳县，治所在今河南方城东。 [41]临汾县：今属山西临汾。 [42]庑：古代正房对面和两侧的屋子。 [43]泰和二年：1202年。泰和，金章宗完颜璟年号。 [44]九疑：山名。又名九嶷山、苍梧山。在湖南宁远城南。《史记·五帝本纪》：“舜南巡狩，崩于苍梧之野，葬于江南九疑。” [45]“禹会诸侯于江南”以下三句：《史记·夏本纪》：“或言禹会诸侯江南，计功而崩，因葬焉，命曰会稽。”禹陵（又名禹穴）在今浙江绍兴东南会稽山麓。

[点评]

中国人素称炎(帝)黄(帝)子孙。《史记·五帝本纪》,即以黄帝为首。但“百家言黄帝,其文不雅驯,荐绅先生难言之”。比较可信的《尚书》,记载上古史实,起于尧帝。历代史书中关于尧、舜的记载,要比黄帝具体得多,只是所说并不一致,致使后人聚讼不已。以致在清乾隆年间,在朝廷上还起过一起关于尧陵的风波。“尧王虚葬八百墓”,人们最为关注的尧陵究竟在何处,迄无定论。

作为一个历史疑问,无论民间还是学者,对此已经作了多方面的索解。意见比较集中的有两处。一处是位于山东菏泽市鄄城县富春乡谷林寺的尧王墓。这是中国文献最早记载的尧陵。另外同在菏泽的胡集镇尧王寺村,也有当地世代相传的尧王陵。不过前代有些学者认为,二者实为同一个陵墓。清乾隆帝以皇权定谷林为尧陵所在地,并赞同二者为一处的说法。另一处是山西临汾市尧都区大阳镇北郊村西侧的尧陵。据阎若璩考证,“尧为天子,实先都吾晋阳,后迁平阳府”(《尚书古文疏证》卷七)。平阳即在临汾。金泰和二年碑载:“唐太宗征辽,曾驻跸此山,因谒尧陵,遂塑己像。”(《枣林杂俎》)这是三皇五帝陵墓中最大的一座,世称“神林”。

由于年代遥远,史料缺乏,确定尧陵的所在地,并非易事,事实上至今也没有一致的结论。顾炎武胸藏万卷书,足迹遍天下,地理学的造诣尤为精深。本文不厌其烦,“抉剔史传,发挥经典”(《金石文字记序》),引证详赅,辨析精审。不仅还历史以真相,还有其现实的意义。

杞梁妻

《春秋传》：齐侯袭莒[1]，杞梁死焉。"齐侯归，遇杞梁之妻于郊，使吊之，辞曰：'殖之有罪，何辱命焉？若免于罪，犹有先人之敝庐在，下妾不得与郊吊。'齐侯吊诸其室。"左氏之文，不过如此而已。《檀弓》则曰："其妻迎其柩于路[2]，而哭之哀。"《孟子》则曰："华周、杞梁之妻[3]，善哭其夫而变国俗。"言哭者始自二书。《说苑》则曰：杞梁、华舟"进斗[4]，杀二十七人而死。其妻闻之而哭，城为之阤，而隅为之崩。"《列女传》则曰："杞梁之妻无子[5]，内外皆无五属之亲。既无所归，乃枕其夫之尸于城下而哭，道路

列举古籍中关于杞梁妻的记载，可见其形象、事迹不断变化的过程。

过者莫不为之挥涕，十日而城为之崩。”言崩城者始自二书。而《列女传》上文亦载《左氏》之言。夫既有先人之敝庐，何至枕尸城下？且庄公既能遣吊，岂至暴骨沟中？崩城之云，未足为信。且其崩者城耳，未云长城。长城筑于威王之时[6]，去庄公百有余年。《竹书纪年》：“梁惠成王二十年，齐闵王筑防以为长城。”按魏惠王二十年，乃齐威王之二十七年，非闵王。而齐之长城，又非秦始皇所筑之长城也[7]。后人相传，乃谓秦筑长城，有范郎之妻孟姜送寒衣至城下，闻夫死，一哭而长城为之崩，则又非杞梁妻事矣。夫范郎者，何人哉？使秦时别有此事，何其相类若此？唐僧贯休乃据以作诗云[8]：“筑人筑土一万里[9]，杞梁贞妇啼呜呜。”则竟以杞梁为秦时筑城之人，似并《左传》《孟子》而未读者矣。

民间故事“孟姜女哭倒长城”的起源。

古诗：“谁能为此曲[10]？无乃杞梁妻。”崔豹《古今注》[11]：“乐府《杞梁妻》者[12]，杞殖妻妹朝日所作也。殖战死，妻曰：‘上则无父，中则无夫，下则无子，人生之苦至矣。’乃抗声长哭，杞都城感之而颓，遂投水死。其妹悲姊之贞操，乃作歌，名曰《杞梁妻》焉。梁，殖字也。”按此则又云杞之都城。《春秋》：杞成公迁于缘陵[13]，今昌乐县；文公又迁于淳于[14]，今安丘县。其时杞地当已入齐[15]，要之非秦之长城也。

［注释］

[1]“齐侯袭莒”以下十二句：见《左传》襄公二十三年。齐侯，齐庄公，姜姓，吕氏，名光，春秋时期齐国国君。莒，莒国，周朝诸侯国。杞梁，也作杞殖，齐国大夫。吊，吊唁，慰问死者的家属。杞梁和华还（也作“华周”，齐国大夫）奉齐庄公之命，偷袭莒国，事败被杀，未完成君王的使命，故谓之“辱命”。如果不追究他的罪责，那么还能保留他祖先留下的房屋。但女子身份低贱，不能在郊外接受吊唁。于是齐庄公去杞梁家吊唁。 [2]“其妻迎其柩于路”二句：语出《礼记·檀弓下》。 [3]“华周、杞梁之妻”二句：语出《孟子·告子下》。 [4]“杞梁、华舟‘进斗’”以下五句：语出《说苑·立节》。阤，小崩。隅，墙角。 [5]“杞梁之妻无子”以下六句：语出《列女传·贞顺传》。五属，五服（谓高祖父、曾祖父、祖父、父亲、自身五代）内的亲属。 [6]“长城筑于威王之时”二句：据下面自注所引《竹书纪年》记载，齐长城建于魏惠王二十年，即齐威王七年（非“二十七年”）。这年为公元前350年，而齐庄公在位则在公元前550年前后，相隔二百年（非“百有余年”）。 [7]秦始皇所筑之长城：秦始皇三十三年（前214）遣大将蒙恬北逐匈奴，在战国时期秦长城、赵长城、燕长城三国长城的基础上，修建长城万余里，以防匈奴

南进，史称秦长城。 [8] 贯休：俗姓姜，字德隐，婺州兰溪（今浙江兰溪）人。唐末五代时期前蜀画僧、诗僧。 [9]“筑人筑土一万里”二句：语出贯休《杞梁妻》。 [10]“谁能为此曲”二句：语出《古诗十九首·西北有高楼》。 [11] 崔豹：字正雄，西晋渔阳郡（在今北京）人。所著《古今注》，是一部对古代和当时各类事物进行解说诠释的著作。 [12]“乐府《杞梁妻》者”以下十六句：见《古今注》卷上。文字有出入。抗声，高声，大声。颓，倒塌。 [13]“杞成公迁于缘陵”二句：《左传》僖公十四年：“十四年春，诸侯城缘陵而迁杞焉。”《左传》僖公二十三年：“十一月，杞成公卒。”杞成公，春秋时期杞国国君。昌乐县，今属山东。 [14]“文公又迁于淳于”二句：《安丘县志》：“杞，旧都陈留雍丘，桓公六年迁都于淳于。”《左传》昭公六年：“王正月，杞文公卒。”《春秋经》及《传》均无杞文公迁都于淳于的记载。安丘县，今属山东。 [15] 其时杞地当已入齐：《史记·陈杞世家》：“楚惠王之四十四年（前 445），灭杞。”

［点评］

帝尧和杞梁妻，是两个历史地位相差悬殊的人物，但作为杞梁妻化身的孟姜女，在民间却有较大的影响。从《左传》中的杞梁妻，到民间故事中的孟姜女，其形象和事迹，自有产生、变化和不断完善的过程。《日知录》中有不少文章，对史籍所载，乃至民间传闻的可疑之处，进行严密的考订，以辨别真伪，判断是非。本文即对孟姜女传说演变的过程作了具体的考论，其结论无疑是令人信服的。顾炎武力辩孟姜女哭倒长城的传说，与《左传》记载的杞梁妻无关，指出这个传说并无史实依据，作为学术研究，固然言之成理。但孟姜女是一个艺术形象，而非历史人物，对于普通民众来说，他们同情和喜爱孟姜女，是由于她对爱情的忠贞，对暴力的反抗，至于有无史实的支持，并不在乎。

史记于序事中寓论断

古人作史，有不待论断而于序事之中即见其指者，惟太史公能之。《平准书》末载卜式语[1]，《王翦传》末载客语[2]，《荆轲传》末载鲁句践语[3]，《晁错传》末载邓公与景帝语[4]，《武安侯田蚡传》末载武帝语[5]，皆史家于序事中寓论断法也。后人知此法者鲜矣，惟班孟坚间一有之[6]，如《霍光传》载任宣与霍禹语[7]，见光多作威福；《黄霸传》载张敞奏[8]，见祥瑞多不以实，通传皆褒，独此寓贬，可谓得太史公之法者矣。

如果用一句话概括《日知录》的撰述特色，最贴切的应该是“不待论断而于序事之中即见其指”。

［注释］

[1]《平准书》末载卜式语：《史记》原文：“是岁小旱，上令

官求雨，卜式言曰：‘县官（朝廷）当食租衣税而已，今弘羊令吏坐市列肆，贩物求利。亨（烹）弘羊，天乃雨。’”《平准书》，《史记》八书之一，记叙汉武帝时期产生的平准（国家平衡物价）均输（由国家在各地统一征购和运输货物）政策的由来。卜式，见《助饷》注 [14]。 [2]《王翦传》末载客语：原文：“陈胜之反秦，秦使王翦之孙王离击赵，围赵王及张耳巨鹿城。或曰：‘王离，秦之名将也。今将强秦之兵，攻新造之赵，举之必矣。’客曰：‘不然。夫为将三世者必败。必败者何也？必其所杀伐多矣，其后受其不祥。今王离已三世将矣。’居无何，项羽救赵，击秦军，果虏王离，王离军遂降诸侯。”王翦，字维张，频阳东乡（今陕西富平）人。战国时期秦国名将，与其子王贲成为秦始皇统一六国、开疆扩土的最大功臣。 [3]《荆轲传》末载鲁句践语：原文：“荆轲游于邯郸，鲁句践与荆轲博（博弈，下棋），争道（棋盘上的路），鲁句践怒而叱之，荆轲嘿（通“默”）而逃去，遂不复会。”“鲁句践已闻荆轲之刺秦王，私曰：“嗟乎，惜哉其不讲（精通）于刺剑之术也！甚矣吾不知人也！曩者吾叱之，彼乃以我为非人也！”荆轲，战国末期卫国朝歌（今河南鹤壁）人。著名刺客，为燕太子丹前往秦国刺杀秦王，事败被杀。 [4]《晁错传》末载邓公与景帝语：原文：“邓公曰：‘夫晁错患诸侯强大不可制，故请削地以尊京师，万世之利也。计画始行，卒受大戮，内杜忠臣之口，外为诸侯报仇，臣窃为陛下不取也。’于是景帝默然良久，曰：‘公言善，吾亦恨之。’”晁错，颍川（今河南禹州）人。汉景帝时任御史大夫。进言削藩，剥夺诸侯王的政治特权以巩固中央集权。以吴王刘濞为首的七国诸侯以“请诛晁错，以清君侧”为名，举兵反叛。景帝听从袁盎之计，腰斩晁错于东市。 [5]《武安侯田蚡传》末载武帝语：原文：“淮南王安（刘安）谋反觉（觉察），治（惩办）。王前朝（先前淮南王朝见），武安侯为太尉，时迎王至霸上，谓王曰：‘上未有太子，大王最贤，高祖孙。即宫车晏驾（宫车迟出，旧为帝王死亡的讳辞），非大王立，当谁哉！’淮南王大喜，厚遗金财物。上自魏其（魏其侯窦婴，武帝初，任丞相。与田蚡交恶，被处死）时，不直（不信任）武安，特为太后故耳。及闻淮南王金事，上曰：‘使武安侯在者，族矣！’”田蚡，长陵（今陕西咸阳东北）人，汉景帝王皇后同母弟。武帝时任丞相。依仗太后专横跋扈。　[6] 班孟坚：班固，见《朱子周易本义》注 [15]。　[7]“《霍光传》载任宣与霍禹语”二句：《汉书》原文：“禹（霍禹）为大司马，称病。禹故长史任宣候问，禹曰：‘我何病？县官非我家将军（霍光）不得至是，今将军坟墓未干，尽外我家，反任许、史，夺我印绶，令人不省死（死不明白）。’宣见禹恨望深，乃谓曰：‘大将军时何可复行！持国权柄，杀生在手中。廷尉李种、王平、左冯翊贾胜胡及车丞相女婿少府徐仁皆坐逆将军意下狱死。使乐成小家子得幸将军，至九卿封侯。百官以下但事冯子都、王子方（霍家奴仆）等，视丞相亡如也。各自有时，今许、史自天子骨肉，贵正宜耳。大司马欲用是怨恨，愚以为不可。’禹默然。数日，起视事。”霍光，字子孟，河东郡平阳县（今山西临汾西南）人。西汉时期权臣。汉武帝临终时，授大将军、大司马，受命托孤。掌权摄政，权倾朝野。死后二年，霍氏图谋造反，毒害汉宣帝许平君皇后母子事发，全族坐罪处死。霍禹，霍光之子。　[8]“《黄霸传》载张敞奏”二句：原文：“京兆尹张敞舍鹖雀飞集丞相（黄霸）府，霸以为神雀，议欲以闻。敞奏霸曰：‘……臣敞舍有鹖雀飞止丞相府屋上，丞相以下见者数百人。边吏多知鹖雀者，问之，皆阳（佯）不知。丞相图议上奏曰：臣问上计（古代年终考绩制度）长吏、守丞以兴化条，皇天报下神雀。后知从臣敞舍来，乃止。郡国吏窃笑丞相仁厚有知略，微信奇怪也。’”黄霸，字次公，淮阳阳夏（今河南太康）人。执法严明，治绩卓著。汉宣帝时为丞相，总揽朝纲。张敞，字子高，西汉茂陵（今陕西兴平）人。汉宣帝时任京兆尹，政绩卓著。

［点评］

在与弟子潘耒的信中，顾炎武言及如何编撰史书，谈自己的心得：“今之修史者，大段当以邸报为主，两造异同之论，一切存之，无轻删抹，而微其论断之辞，以待后人之自定，斯得之矣。”（《亭林文集·与次耕书》）这和孔子“述而不作”的说法相似，即尽可能客观、全面地记载史料，而不要轻易发表议论，让后人通过叙述的事实，自己进行判断。以此为准，司马迁的《史记》堪称典范。“载之空言，不如见之于行事之深切著明也。”（《史记·太史公自序》）本文概括成一句：“不待论断而于序事之中即见其指。”中国古代文学创作，主张“含不尽之意见于言外”（欧阳修《六一诗话》）。在此，文、史有相通之处。刘熙载从文学的角度评《史记》写作特色：“《史记》叙事，文外无穷。虽一溪一壑，皆与长江大河相若。叙事不合参入断语。太史公寓主意于客位，允称微妙。”（《艺概·文概》）可谓继承了顾炎武的看法。

赌 博

万历之末，太平无事，士大夫无所用心，间有相从赌博者。至天启中，始行马吊之戏[1]。而今之朝士，若江南、山东，几于无人不为，此有如韦昭论所云“穷日尽明[2]，继以脂烛”；“人事旷而不修，宾旅阙而不接”者。吁，可异也！

考之《汉书》，安丘侯张拾、邔其己反。侯黄遂、樊侯蔡辟方[3]，并坐搏揜，免为城旦。《货殖传》：“掘冢博揜，犯奸成富。”王符《潜夫论》[4]：“以游博持揜为事[5]。”师古曰：“搏，或作‘博’，六博也[6]。揜，意钱之属也[7]。《后汉书·梁冀传》：“能挽满、弹棋、格五、六博、蹴鞠、意钱之戏[8]。”皆戏而赌取财物。”《宋书·王景文传》[9]："为右卫将军，坐与奉朝请毛法因蒱戏[10]，得钱百二十万，白衣领职[11]。"《刘康祖传》[12]："为员外郎十年，再坐樗蒲戏免。"《南史·王质传》[13]："为司徒左长史，坐招聚博徒，免官。"《金史·刑志》：大定"八年制[14]，品官犯赌博法[15]，赃不满五十贯者，其法杖，听赎；再犯者杖之。上曰：'杖者，所以罚小人也。既为职官，当先廉耻。既无廉耻，故以小人之罚罚之。'"今律犯赌博者，文官革职为民，武官革职随舍余食粮差操[16]，亦此意也。但百人之中未有一人坐罪者，上下相容而法不行故也。

在前后都记载前代史实的行文中，忽然插入"今律犯赌博者……但百人之中未有一人坐罪者，上下相容而法不行故也"数句，感慨颇深。

晋陶侃"勤于吏职"[17]，"终日敛膝危坐，阃外多事，千绪万端，罔有遗漏"。"诸参佐或以谈戏废事者，命取其酒器、蒱博之具，悉投于江，将吏则加鞭朴"。卒成中兴之业[18]，为晋名臣。唐宋璟为"殿中侍御史[19]，同列有博于台中者，将责名品而黜之，博者惶恐自匿"。后为开元贤相。而史言文宗切于求理[20]，每至刺史面辞，必殷勤戒敕曰："无嗜博，无饮酒。"内外闻之，莫不悚息。然则勤吏事而纠风愆[21]，乃救时之首务矣。

《唐书》言杨国忠以“善樗蒱”得“入供奉[22]，常后出，专主蒱簿，计算钩画，分铢不误。帝悦曰：‘度支郎才也。’”卒用之而败。玄宗末年荒佚，遂以小人乘君子之器，此亦国家之妖孽也。今之士大夫不慕姚崇、宋璟[23]，而学杨国忠，亦终必亡而已矣。

《山堂考索》[24]：宋大中祥符五年三月“丁酉[25]，上封者言进士萧玄之本名琉，尝因赌博抵杖刑，今易名赴举登第。诏有司召玄之诘问，引伏，夺其敕，赎铜四十斤，遣之。”宋制之严如此，今之进士有以不工赌博为耻者矣。

《晋中兴书》载陶士行言[26]：“樗蒱[27]，老子入胡所作，外国戏耳。”近日士大夫多为之，安得不胥天下而为外国乎[28]？

前面已载陶侃禁赌之行，这里又记其禁赌之言，是为了强调举国沉溺赌博，会导致亡国之祸。这是顾炎武身处特定时代的喟叹。

《辽史》：穆宗应历十九年正月“甲午[29]，与群臣为叶格戏。”《解》曰[30]：“宋钱僖公家有叶子揭格之戏[31]。”按应历十九年为宋太祖之开宝二年[32]，是契丹先有此戏[33]，不知其所自来。而其年二月己巳[34]，即为小哥等所弑。君臣为谑，其祸乃不旋踵。此不祥之物，而今士大夫终日执之，其能免于效尤之咎乎？

《宋史·太宗纪》：淳化二年闰月己丑[35]，诏犯蒱博者斩。《元史·世祖纪》：至元十二年[36]，“禁民间赌博，犯者流之北地。”“刑乱国用重典[37]”，固当如此。

从多方面记载前代的举措，总是为了以古为鉴。

今日致太平之道何由？曰：“君子勤礼[38]，小人尽力。”

[注释]

[1] 马吊之戏：冯梦龙《牌经十三篇序》：“牌制惟我苏最精，而斗法亦惟苏马吊最盛。每戏用四脚，三人共攻一桩，如马之独吊一脚。故曰马吊牌。后以角胜负，讹为马吊脚云。”马吊牌是在明代中晚期出现的历史上第一副成形纸牌，开创了斗纸牌也就是“打牌”的历史。 [2]“此有如韦昭论所云‘穷日尽明’”以下四句：韦昭，字弘嗣，史家避晋司马昭讳，改称“韦曜”。三国吴国吴郡云阳（今江苏丹阳）人。为侍中，领左国史。曾撰《吴书》。著有《国语注》等。《三国志·吴书·韦曜传》：“迁太子中庶子。时蔡颖亦在东宫，性好博弈，太子和以为无益，命曜论之。”引文即韦曜论说的话。脂烛，古人用麻蕡灌以油脂，燃之照明，是为脂烛。宾旅，指客卿、羁旅之人。阙，同“缺”。 [3]“安丘侯张拾、邔侯黄遂、樊侯蔡辟方”以下三句：见《汉书·高惠高后文功臣表》。搏揜，也作“搏掩”，古代六博、意钱一类的

博戏，角胜负以取人财物。城旦，秦汉时的一种刑罚名。秦服四年兵役，汉确定其刑期为五年，夜里筑长城，白天防敌寇（站岗）。 [4] 王符《潜夫论》：王符，字节信，安定临泾（今甘肃镇原）人，东汉政论家。一生隐居著书。因“以讥当时失得，不欲章显其名”，故将所著书名为《潜夫论》。 [5] 以游博持掩为事：《潜夫论·浮侈》：“或以谋奸合任为业，或以游敖博弈为事。” [6] 六博：又作“陆博”，是古代民间一种掷采行棋的博戏类游戏，因使用六根博箸，故称六博，以吃子为胜。后世象棋类游戏，可能从六博演变而来。 [7] 意钱：李贤《后汉书》注引何承天《纂文》：“诡亿，一曰射意，一曰射数，即摊钱也。”近似后世的押宝。意，料想。 [8] 挽满：拉满强弓。弹棋：古代博戏之一。李贤《后汉书》注引《艺经》：“弹棋，两人对局，白黑棋各六枚，先列棋相当，更先弹之。其局以石为之。”格五：又名博塞，古代流行的棋类游戏。双方各执黑白棋五枚，共行中道，每次移一步，遇对方则跳越，以先抵敌境为胜。蹴鞠（cù jū）：又名“蹋鞠”“蹴球”等。蹴，踢。鞠，外包皮革、内实米糠等的球。 [9] 王景文：王彧，字景文，为避宋明帝刘彧讳，故以字行，琅琊临沂（今山东临沂）人。东晋太傅王导五世孙，南朝宋明帝继位后拜侍中、特进。 [10] 奉朝请：汉、晋时期给予闲散官员的优惠待遇。古称春季的朝见为“朝”，秋季的朝见为“请”。奉朝请者，即有以加朝会的资格。南朝常用以安置闲散官员。蒱戏：樗蒱（chū pú）之戏。樗蒱，又作“樗蒲”，是继六博戏之后，汉末盛行于古代的一种棋类游戏。博戏中用于掷采的投子最初是用樗木制成，故称樗蒲。又由于这种木制掷具系五枚一组，所以又叫五木之戏，或简称五木。 [11] 白衣领职：免去官职，但仍掌管事务。白衣，古代平民服装，因指平民，也指无功名、无官职的人。 [12] 刘康祖：彭城吕县（今江苏铜山）

人。熟便弓马，膂力绝人。任左军将军，参与元嘉北伐，战死沙场。 [13] 王质：字子贞，琅琊临沂（今山东临沂）人。南朝梁武帝萧衍的外甥。陈宣帝陈顼在位时辅政。 [14] 大定八年：1168 年。大定，金世宗完颜雍年号。 [15] 品官：泛指古代有品级的官员。 [16] 舍余：明代军官户下的舍人和余丁的合称。食粮：吃军粮。差操：差使，差遣。 [17]“晋陶侃‘勤于吏职’”以下九句：见《晋书·陶侃传》。陶侃，字士行（一作士衡），本为鄱阳郡枭阳县（今江西都昌）人，后徙居庐江郡浔阳县（今江西九江西）。官至侍中、太尉、都督八州诸军事，封长沙郡公。为稳定东晋政权，立下赫赫战功。阃（kǔn）外，特指城郭的门槛，也指统兵在外的将军。阃，门槛。谈戏，谈笑游戏。 [18] 卒成中兴之业：东晋成帝咸和二年，历阳内史苏峻联合镇西将军祖约，以讨伐庾太后之兄、执政庾亮为名，起兵进攻建康。于次年攻破建康，执掌朝政。庾亮与江州刺史温峤推举征西大将军陶侃为盟主，建立讨伐军，于咸和四年平定了苏峻之乱。 [19]“唐宋璟为‘殿中侍御史’”以下四句：见颜真卿《开府宋公神道碑铭》。宋璟，字广平，邢州南和（今河北邢台）人。开元间任宰相，与姚崇同心协力，辅佐唐玄宗开创“开元盛世”。台，指御史台。名品，名声品格。 [20]“而史言文宗切于求理”以下七句：《册府元龟》卷一百五十八《帝王部·诫励第三》：唐文宗太和四年“七月，以鸿胪卿张贾为衢州刺史。帝顾谓贾曰：‘闻卿大善长行（一种博戏，盛行于唐）。’贾知帝不喜博，遂自解说，乃曰：‘臣公事之余，聊与宾客为戏，非有所妨也。’帝曰：‘岂谓好之而不妨事哉！’自后刺史面辞，帝必殷勤戒饬曰：‘无嗜博，无饮酒。’” [21] 风愆：谓三风十愆。《尚书·商书·伊训》：“敢有恒舞于宫，酣歌于室，时谓巫风。敢有殉于货色，恒于游畋，时谓淫风。敢有侮圣言，逆忠直，远耆德，比顽童，时谓乱风。

惟兹三风十愆，卿士有一于身，家必丧；邦君有一于身，国必亡。”言三种恶劣风气，滋生十种罪愆。三风，巫风，淫风，乱风。十愆，恒舞（沉湎舞蹈），酣歌，殉于货（不顾一切贪财），殉于色，恒于游（总是游乐），恒于畋（田猎），侮圣言，逆忠直，远耆德（疏远德高望重的老者），比顽童（亲近无知之徒）。 [22]“《唐书》言杨国忠以‘善樗蒲’得‘入供奉’”以下七句：见《新唐书·杨国忠传》。度支郎，度支，古代官署名，掌管全国财赋的统计和支调，故名。唐代设度支郎中。 [23] 姚崇：本名元崇，字元之。陕州硖石（今河南陕县东南）人。任武后、睿宗、玄宗三朝宰相，被称为唐代贤相。 [24]《山堂考索》：全称《山堂先生群书考索》，南宋章如愚编撰的一部类书。 [25]“宋大中祥符五年三月‘丁酉’”以下九句：见《山堂考索·后集》卷三十七《士门·贡举类》。萧玄之，《山堂考索》作“萧立之”。又见《续资治通鉴长编》卷七十七，也作“萧立之”。 [26] 陶士行：陶侃，字士行。 [27]“樗蒲”以下三句：《世说新语·政事》刘孝标注引。 [28] 胥：通“须”，等待。 [29]“穆宗应历十九年正月‘甲午’”二句：见《辽史·穆宗本纪下》。叶格戏，即叶子戏。是一种古老的中国纸牌博戏，类似于升官图，兼用骰子掷玩，被认为是扑克、字牌和麻将的鼻祖。据考证，发明叶子戏的是唐代天文学家张遂（一行和尚），供玄宗与宫娥玩耍。因为纸牌只有树叶那么大，故称叶子戏。赵翼《陔余丛考·叶子戏》：“马令《南唐书》：‘李后主妃周氏（即大周后）又编金叶子格。’即今之纸牌也，《辽史》称为叶格，则纸牌之戏，唐已有之。” [30]《解》：指《辽史·国语解》。 [31] 钱僖公：钱惟演，字希圣，钱塘（今浙江杭州）人。五代吴越忠懿王钱俶第七子。随钱俶归宋，预修《册府元龟》，拜枢密使。谥号“思”。后改谥“文僖”。 [32] 应历十九年：969 年。 [33] 契丹：辽国是由契丹族建立的皇朝。[34]“而其年二月己巳”二句：辽穆宗耶律璟，为人荒淫，不理朝政，对近侍极端残忍，常滥刑滥杀。应历十九年二月，被近侍小哥等人杀死。[35]“淳化二年闰月己丑”二句：见《宋史·太宗本纪二》。淳化二年，991 年。[36]“至元十二年”以下三句：见《元史·世祖本纪五》。[37]刑乱国用重典：言治理乱世要用严厉的刑法。《周礼·秋官司寇·大司寇》：“大司寇之职，掌建邦之三典（法），以佐王刑邦国，诘（责问）四方。一曰，刑（处罚）新国（新建之国）用轻典；二曰，刑平国（承平守成之国）用中典；三曰，刑乱国用重典。”[38]“君子勤礼”二句：语出《左传》成公十三年。

［点评］

赌博作为一种社会现象，早在先秦时期就已流行。战国李悝的《法经》，即将博戏作为违法行为进行惩罚。《唐律疏议·杂律》：“诸博戏赌财物者，各杖一百。举博为例，余戏皆是。赃重者，各依己分，准盗论。输者，亦依己分为从坐。”首次把“博”与“赌”联系在一起，可视为赌博一词的雏形。赌博的危害是显而易见的。“弈者多废事，不以贵贱，嗜之率皆失业。故人目棋枰为‘木野狐’，言其媚惑人如狐也。”（元怀《拊掌录》）即使赌赢，所得也是不义之财。虽说历代无不禁赌，但随着社会经济的发展，赌博之风愈演愈烈。到宋、元时期，甚至还出现不少出自名家之手的有关赌博的专著，如南宋著名女词人李清照的《打马图》。明代商品经济的繁荣，远过前代，而最富庶的江南，赌风也最甚，以致连“朝士（中央官员）”都“几于无人不为”。

赌博媚惑人如狐，毒害人如蝎，对社会的危害如虎。不仅使个人走入歧途，倾家荡产，也败坏了社会风气，尔虞我诈、勾心斗角，进而谋财害命，无所不为，并由一些极端事件，引起社会动乱。宋真宗时，“巡卒三人，因寒食假质军装赌博，既不胜，遂谋以五鼓未尽，伺击陌上行人，弃尸河流，取衣物贸易，以赎所质”（《续资治通鉴长编》卷八十）。如此军人，如何抗敌？故金世宗谓赌博事关廉耻，宋璟以名品谴责好赌之徒，顾炎武视赌博为“不祥之物”，甚至会导致亡国之祸，认为禁赌应作为“纠风愆”的举措，“乃救时之首务”。

“刑乱国用重典”。历代禁赌，不乏严厉的惩罚。对此，本文已多有例举。安丘侯张拾等三人均为西汉开国功臣之后，王景文为东晋第一名臣王导的后人，刘康祖为膂力绝人的猛将，王质为南朝梁武帝萧衍的外甥，都曾以赌博被免职，并未享受特权，可见当时惩赌并不手软。事实上还有更严酷的，如明代法律规定凡犯赌博者一律砍手。但又为何屡禁不绝，愈演愈烈呢？李清照说：“夫博者，无他，争先术耳。”（《打马图序》）她认为赌博迎合人性的某些特点，是“人之常情”。李清照是站在好赌者的一边，为赌博作辩解的，但她也道出部分真情。确切些说，赌博是利用了人心中某些弱点，或满足了人心中某些卑劣的欲念。不仅普通民众如此，就是帝王也不例外。宋太祖赵匡胤和道士陈抟下棋，以华山作赌，虽属传说，但历代帝王好赌，确实大有人在。“楚王好细腰，宫中多饿死。”帝王好赌，就是倡赌。以此，禁赌会因人因时而异，只能是一时之举，而没有制度保障的国法也成了一纸空文。用顾炎武的话说，当时“百人之中未有一人坐罪者，上下相容而法不行故也”。

外国风俗[1]

历九州之风俗[2]，考前代之史书，中国之不如外国者有之矣。《辽史》言契丹部族“生生之资[3]，仰给畜牧，绩毛饮湩，以为衣食，各安旧风，狃习劳事，不见纷华异物而迁。故家给人足，戎备整完，卒之虎视四方，强朝弱附”。《金史》：世宗尝谓宰臣曰[4]：“朕尝见女直风俗，迄今不忘。今之燕饮音乐，皆习汉风，非朕心所好。东宫不知女直风俗，第以朕故，犹尚存之。恐异日一变此风，非长久之计。”他日与臣下论及古今[5]，又曰：“女直旧风，虽不知书，然其祭天地，敬亲戚，尊耆老，接宾客，信朋友，礼意款曲，皆出自然。其善与古书所载无异，汝辈不可忘也。”乃禁女直人不得改称汉姓、学南人衣装，犯者抵罪。又曰：“女直旧风[6]，凡酒食会聚，以骑射为乐，今则奕棋、双陆，宜悉禁止，令习骑射。”又曰：“辽不忘旧俗[7]，朕以为是。海陵习学汉人风俗，是忘本也。若依国家旧风，四境可以无虞，此长久之计也。”《邵氏闻见录》言[8]：“回纥风俗朴厚，君臣之等不甚异，故众志专一，劲健无敌。自有功于唐，赐遗丰腴，登里可汗始自尊大，筑宫室以居，妇人有粉黛文绣之饰。中国为之虚耗，而其俗亦坏。”昔者祭公谋父之言“犬戎树惇[9]，能帅旧德而守终纯固”。由余之对穆公[10]，言戎夷之俗，“上含淳德以遇其下，下怀忠信以事其上，一国之政犹一身之治”。其所以有国而长世[11]，用此道也。及乎荐居日久[12]，渐染华风[13]，不务《诗》《书》，唯征玩好[14]，服饰竞于无等[15]，财贿溢于靡用[16]，骄淫矜侉[17]，浸以成习[18]，于是中行有“变俗”之讥[19]，贾生有“五饵”之策[20]。又其末也，则有如张昭远以皇弟皇子喜俳优、饰姬妾[21]，这段所写，即欧阳修《新五代史·伶官传序》中所言“忧劳可以兴国，逸豫可以亡身”。

而卜沙陀之不永；张舜民见太孙好音乐美姝、名茶古画[22]，而知契丹之将亡。此固人情之所必至[23]，而戎狄之败特速于中华者，他日未尝学问也。后之君子诚监于斯[24]，则知所以胜之之道矣。

《史记》言匈奴“狱久者不过十日[25]，一国之囚不过数人”。《盐铁论》言匈奴之俗“略于文而敏于事”[26]。宋邓肃对高宗[27]，言“外国之巧在文书简，简故速；中国之患在文书繁，繁故迟”。《辽史》言“朝廷之上[28]，事简职专，此辽之所以兴也”。又曰：“皇帝四时巡守[29]，宰相已下于中京居守。一切公事，除拜官僚，止行堂帖权差，俟行在所取旨，出给诰敕。文官县令、录事已下，更不奏闻，听中书铨选。”然则夷狄之能胜于中国者[30]，惟其简易而已。今舍其所长而效人之短[31]，吾见其立弊也。

《金史·食货志》言：“金起东海[32]，其俗纯实，可与返古[33]。初入中夏[34]，民多流亡，土多旷闲，遗黎惴惴[35]，何求不获？于斯时纵不能复井地、沟洫之制[36]，若用唐之永业、口分以制民产[37]，放其租庸调之法以足国计[38]，何至百年之内，所为经画纷纷然与其国相终始邪[39]？其弊在于急一时之利，踵久坏之法[40]。及其中叶[41]，鄙辽俭朴，袭宋繁缛之文[42]；惩宋宽柔，加辽操切之政[43]。是弃二国之所长，而并用其所短也。繁缛胜必至于伤财，操切胜必至于害民。讫金之世，国用易匮，民心易离，岂不由是与[44]？作法不慎厥初[45]，变法以救其弊[46]，只益甚焉耳。”其论金时之弊，至为明切。今之为金者[47]，有甚于此。

魏太武始制反逆、杀人、奸盗之法[48]，号令明白，政事清简，无系讯、连逮之烦，百姓安之。宋余靖言[49]：“燕蓟之地，陷入契丹且百年，而民亡南顾心者，以契丹之法简易，盐麹俱贱，科役不烦故也。”是则省刑薄敛之效，无论于华夷矣[50]。

贾谊《过秦论中》：“诸侯力政，强凌弱，众暴寡，兵革不休，士民罢弊。今秦南面而王天下，是上有天子也。既元元之民冀得安其性命，莫不虚心而仰上。”“遗黎惴惴，何求不获”八字，与贾谊之言，用意相同。当百姓在极端的困苦中期盼改善处境时，统治者最容易收取民心，任何惠民的措施，都能收到事半功倍的效果。

“民亡南顾心者”，正是《尚书·周书·泰誓下》“抚我则后，虐我则仇”的写照。

[注释]

[1] 外国风俗：黄侃《日知录校记》：“抄本题作‘夷狄’二字。”潘耒本改为“外国风俗”。本书对于抄本原文中某些带有歧视性的词语，如“夷狄”“胡虏”等，保留潘耒的改动，不再改回。 [2] 九州：《尚书·禹贡》将先民原居地划分为九个区域，

称“九州”，即冀州、兖州、青州、徐州、扬州、荆州、豫州、梁州、雍州。 [3] 辽史言契丹部族‘生生之资’”以下十一句：语出《辽史·营卫志中》。生生之资，平素生活和繁衍种族的资产（凭借）。生生，可作多种解释：孳生不绝，繁衍不已；生活；世世代代。仰给，依赖。绩毛，用毛皮织制衣服。饮湩（dòng），用乳汁作为饮料。湩，乳汁。狃习，习惯。迁，变动，改变。指改变原有的风俗习惯。整完，即完整。卒之，终于。虎视，虎视眈眈。形容威武之状，有伺机攫取之意。强朝弱附，朝廷（国家）强盛，周边弱小的族群归附。 [4]“世宗尝谓宰臣曰”以下十一句：见《金史·世宗本纪中》。女直，女真，别称女直，古代生活在东北地区的少数民族，今称满族。宋徽宗政和五年（1115），金太祖完颜阿骨打统一女真各部，在会宁府（今哈尔滨阿城）建立金朝。燕饮，聚会在一起喝酒吃饭。燕，通“宴”。东宫，中国古代宫殿，因方位得名。后借指居住东宫的太子。 [5]“他日与臣下论及古今”以下十三句：见《金史·世宗本纪中》。款曲，周详，殷勤。抵罪，指因犯罪而受到相应的处罚。 [6]“女直旧风”以下六句：语出《金史·阿离补传》。双陆，古代的一种棋类游戏。 [7]“辽不忘旧俗”以下七句：语出《金史·移剌子敬传》。黄侃《日知录校记》：“抄本无此段，潘本有此，未所妄加也。”辽，后汉天福十二年（947），北方契丹族首领耶律德光（辽太宗）率军攻占后晋的汴京（今河南开封），登基称帝，改国号为“大辽”。海陵，金废帝完颜亮大力推广汉化，迁都燕京，所作诗词，冠绝当时。后发大军征伐南宋，在瓜洲渡江作战时被部下所杀。死后被追废为海陵炀王。虞，忧虑。 [8]“邵氏闻见录言”以下十二句：见《邵氏闻见后录》卷八。《邵氏闻见录》，北宋学者邵伯温所撰笔记。回纥（hú），后改名回鹘，先祖为匈奴。今维吾尔族的祖先。君臣之等不甚异，君臣之间的等级差别不大。

有功于唐，唐玄宗末年，范阳节度使安禄山与同乡史思明举兵叛乱，攻占两京（长安、洛阳）。唐肃宗派宗室出使回纥，请求支援。回纥派太子叶护率兵四千余人，助唐讨逆，收复两京。赐遗丰腴，《新唐书·食货志一》载：“回纥有助收西京功，代宗厚遇之，与中国婚姻，岁送马十万匹，酬以缣帛百余万匹，而中国财力屈竭，岁负马价。”遗（wèi），赠与。登里可汗，又作“牟羽可汗”。安史之乱后，娶唐朝公主为可敦（可汗之妻）。可汗，古代一些游牧民族首领的尊号。粉黛，指女子化妆所用的白粉和黑粉。文绣，刺绣；也指刺绣华美的衣服。 [9]“昔者祭公谋父之言‘犬戎树惇’”二句：见《国语·周语上》。祭公谋父，西周穆王时的大臣。犬戎，古代部落名，又名猃狁（xiǎn yǔn），生活在今陕西、甘肃一带。树惇（dūn），谓立性敦厚。能帅旧德而守终纯固，能遵循原有的德性，终身坚守不止，纯粹坚定。 [10]“由余之对穆公”以下五句：见《史记·秦本纪》。由余，春秋时晋国人。秦穆公用其计，拜为上卿，帮助秦国并国十二，开地千里，称霸西戎（古时对西方诸部落的统称）。穆公，秦穆公，春秋时秦国国君。在位时任用百里奚、蹇叔、由余为谋臣，击败晋国，完成霸业。为春秋五霸之一。戎夷：潘耒本作“戎裔”。原校记：“‘裔’，原作‘夷’。”据此改。戎夷，指西戎。淳德，淳厚的德行。 [11]长世：历世久远。 [12]荐居：垫草而居。荐，草垫子。 [13]华风：华夏（中原）的礼俗。 [14]征：征收。玩好：玩赏与爱好。此指玩赏的奇珍异宝。 [15]服饰竞于无等：衣服装饰，争奇斗艳，没有等级差别。 [16]财贿溢于靡用：财货充盈侈靡，没有实用价值。 [17]骄淫矜侉：《尚书·周书·毕命》：“骄淫矜侉，将由恶终。”孔安国传：“矜其所能以自侉大。”侉，同“夸”。 [18]浸以成习：渐渐形成习气。浸，逐渐。 [19]中行有“变俗”之讥：《史记·匈奴列传》：匈奴老上稽粥单于刚继位，汉文帝就要送公主去做单于的阏氏（匈奴皇后），让宦官燕人中行说去辅佐公主。中行说不愿意，汉朝强迫他去。中行说说："一定让我去，我将成为汉朝的祸患。"中行说到达匈奴后，就投靠单于，深得宠信。"初，匈奴好汉缯絮（缯帛丝绵）食物，中行说曰：'匈奴人众不能当汉之一郡，然所以强者，以衣食异，无仰于汉（不必依赖汉朝）也。今单于变俗（改变原有风俗）好汉物，汉物不过什二（不超过其物品的十分之二），则匈奴尽归于汉矣。其得汉缯絮，以驰草棘中，衣袴（衣裤）皆裂敝，以示不如旃裘（旃衣皮袄）之完善也。得汉食物皆去（抛弃）之，以示不如湩酪（乳汁奶酪）之便美（方便美味）也。'于是说教单于左右疏记（分条记载的方法），以计课其人众畜物（以便核计他们人口和牲畜的数目）。" [20] 贾生有"五饵"之策：贾生，贾谊，西汉初年政论家、文学家。洛阳人。少有才名，得到文帝赏识。因受大臣周勃、灌婴排挤，谪为长沙王太傅。后抑郁而亡。贾谊在《新书·匈奴篇》中，认为对付匈奴等周边异族，"宜以厚德怀服四夷，举明义博示远方"。"臣为陛下建三表，设五饵，以此与单于争其民，则下匈奴犹振槁（击落枯叶。比喻事情很容易成功）也。"所谓"三表"，即"信为大操""爱好有实，已诺可期""爱人之状，好人之技"之道；所谓"五饵"，即赐之华丽车乘、珍羞美味、歌舞丽人、高堂邃宇、安抚恩惠之术。如此，则"牵其耳，牵其目，牵其口，牵其腹，四者已牵，又引其心"，匈奴怎能不降服？ [21] "张昭远以皇弟皇子喜俳优、饰姬妾"二句：《资治通鉴》卷二百七十六《后唐纪五·明宗》：天成二年，史馆修撰张昭远上言："臣窃见先朝时，皇弟、皇子皆喜俳优，入则饰姬妾，出则夸仆马。习尚如此，何道能贤！"帝赏叹其言而不能用。卜，预测。沙陀，北方少数民族，原名处月，西突厥别部。唐末沙陀进入中原，扩张势力，建立政权。五代后唐李克用、后晋创建者石敬瑭、后汉创建者刘知远均为沙陀人。这里指后唐。 [22]“张舜民见太孙好音乐美姝、名茶古画”二句：《宋史·张舜民传》：“舜民慷慨喜论事，善为文，自号浮休居士。其使辽也，见其太孙（皇太孙，储君的一种称谓。通常是太子的嫡子，在太子去世后，改封其为太孙）禧（辽天祚帝，名耶律延禧，为辽最后一位皇帝）好音乐、美姝、名茶、古画，以为他日必有如唐张义潮挈十三州来归者（唐宣宗大中年间，沙州豪门张议潮率众组成归义军，驱逐吐蕃，先后收复瓜州、沙州等十三州），不四十年当见之。后如其言。” [23]“此固人情之所必至”以下三句：潘耒本无此三句。原校记：“‘此固人情之所必至，而戎狄之败特速于中华者，他日未尝学问也’。原本在‘契丹之将亡’下。”据此补。 [24]监：同“鉴”，借鉴。 [25]“《史记》言匈奴‘狱久者不过十日’”二句：见《史记·匈奴列传》。狱久者不过十日，言监狱关押犯人，时间长的也不到十天。 [26]《盐铁论》言匈奴之俗“略于文而敏于事”：见《盐铁论·论功》。《盐铁论》，汉昭帝时，大将军霍光组织召开了一次讨论盐铁经营等事项的辩论会，对汉武帝时期推行的各项政策进行整体评价。汉宣帝时，桓宽根据当时会议的记录，整理成《盐铁论》。 [27]“宋邓肃对高宗”以下五句：见《宋史·邓肃传》。邓肃，字志宏，南剑沙县（今属福建永安）人。与李纲为忘年交。李纲罢相，邓肃上疏争辩，激怒宋高宗，罢归乡里。 [28]“《辽史》言‘朝廷之上’”以下三句，见《辽史·百官志一》。 [29]“皇帝四时巡守”以下十句：语出《辽史·营卫志中》。巡守，也作“巡狩”，谓天子出行，视察邦国州郡。已下，以下。已，同“以”。中京，辽国中京。遗址在今内蒙古赤峰市宁城县天义镇西，是辽国最大的陪都。止行堂帖权差，只用宰相签押下达的文书暂且派人办事。止，仅，只。帖，便条。权，权且，姑且。差，差遣。俟行在所取旨，等候帝王在行在所发布诏令。俟（sì），等待。行在，指天子外出巡行所居住的地方。出给诰敕，得到诏令后再将诰敕给相关的人。原先办事只用便条，后来再补上正式公文。诰敕，帝王颁示的诰命和敕命。更不奏闻，（任命县令、录事等低级文官，宰相可自己作主）再也不必向帝王报告。更，再。听中书铨选，听任宰相选才授官。中书，指宰相。铨，衡量。旧时用以指选拔官吏。　[30] 然则夷狄之能胜于中国者：夷狄，潘耒本作“外国”，“外国”字上有朱笔所书“夷狄”二字。据此改。　[31] 今舍其所长而效人之短：今，潘耒本作“若”，“若”字上有朱笔所书“今”字。据此改。　[32] 金起东海：金国祖先女真，原是生活在东北地区的游牧民族，故说金国起源于东部沿海地区。这里“东海”，和当今所说的东海，含意不同。　[33] 返古：古人将上古社会理想化，返古即返回上古的理想社会。　[34] 中夏：中原，华夏。　[35] 遗黎：亡国之民，劫后残留之民。黎，黎民，平民百姓。　[36] 斯时：此时。斯，这。纵：即使。井地：即井田。西周时期，道路和渠道纵横交错，把土地分隔成方块，形状像“井”字，因此称做“井田”。井田属周王所有，分配给庶民使用，要交一定的贡赋。《孟子·滕文公上》：“方里而井，井九百亩。其中为公田，八家皆私百亩，同养公田。公事毕，然后敢治私事。”这是儒家理想的土地制度。沟洫：是一种将井田和水利结合的农作系统。《周礼·冬官考工记·匠人》：“匠人为沟洫……九夫为井，井间广四尺，深四尺，谓之沟。方十里为成，成间广八尺，深八尺，谓之洫。”郑玄注：“主通利田间之水道。”　[37] 永业、口分：唐代土地制度。永业，子孙可以继承的田地。口分，每口人应分得的田地。《新唐书·食货志一》：“授田之制，丁及男年十八以上者，人一顷，其八十亩为口分，二十亩为永业；老及笃疾、废疾者，人四十亩，寡妻妾三十亩，当户者增二十亩，皆以二十亩为永业，其余为口分。” [38] 放：通“仿”，仿效。租庸调：唐时实行的赋税制度，以征收谷物、布匹或者为政府服役为主。租即田租，每年要纳粟二石。庸则是力役，每年替政府服劳役二十日。调是户调，男丁随乡土所产而纳。 [39] 所为经画纷纷然与其国相终始邪：所经营筹划的制度接二连三随着国家的灭亡而被抛弃，不能持久。 [40] 踵久坏之法：追随早已毁坏的法制。 [41] 中叶：中期。叶，较长历史时期的分段。 [42] 袭：继承。 [43] 操切：胁迫。 [44] 由是：由于这个原因。是，此，这。 [45] 厥初：最初。 [46] 捄：同“救”。 [47]“今之为金者”二句：潘耒本无此二句，于“至为明切”下有朱笔：“今之为金者，有甚于此”九字。据此补。 [48]“魏太武始制反逆、杀人、奸盗之法”以下五句：据《资治通鉴》卷九十六《晋纪十八·成帝》咸康四年载，制定（严惩）反逆、杀人、奸盗之法的是代王北魏高祖拓跋什翼犍（后追谥为北魏昭成皇帝，庙号高祖），非北魏太武帝拓跋焘。系讯，拘囚审讯。连逮：牵连拘捕。见《魏书·刑罚志七》。 [49]“宋余靖言”以下七句：见《宋史·食货志下三》。余靖，字安道，号武溪，韶州曲江（今广东韶关）人。北宋“庆历四谏官”之一。当时有“好竭谋猷居帝右，直须风采动朝端”之誉。燕蓟之地，陷入契丹且百年：燕蓟，又名幽蓟、幽燕，包括燕、蓟等十一州，治所在幽都（今北京宛平）。后晋天福八年（943），契丹攻占幽州，至北宋庆历间，已有百年。亡南顾心：没有翘首期待回归南方（华夏朝廷）的心意。亡，同“无”。盐麹（qū）俱贱：（生活必需的）盐和麹都很便宜。麹，酿酒的主要原料。科役不烦：官府征发徭役比较简单。 [50] 无论于华夷矣：潘耒本作“无所分于中外矣”，“于”字上有朱圈，“中外”上有朱笔所书“华夷”。据黄侃《日知录校记》改。

［点评］

《春秋》寓尊王攘夷之意。《左传》定公十年："裔不谋夏，夷不乱华。"《孟子》说："吾闻用夏变夷者，未闻变于夷者也。"就严守夷夏大防这点说，顾炎武并不亚于同时代的其他人。他说："君臣之分所关者在一身，夷夏之防所系者在天下。"（《日知录·管仲不死子纠》）认为"夷夏之防"远比"君臣之分"重要，这在封建专制时代是极为大胆的看法。《日知录》卷六中有《素夷狄行乎夷狄》一文。"素夷狄行乎夷狄"，语出《中庸》第十四章。朱熹注："言素其位而行也。""素，犹见在也。"（《中庸章句》）意为"身处蛮夷地区，就做蛮夷地区通行的事"。顾炎武对此作了不同的解释。他认为"处夷狄之邦而不失吾中国之道，是之谓'素夷狄行乎夷狄'也"。也就是说，即使生活在蛮夷地区，也要坚守华夏的文明和道统。

但本文的思考则有所不同。篇名原为"夷狄"（潘耒本改为"外国风俗"），其实是一篇中外（夏夷）文化比较论。文中从夷夏习俗的不同，探讨夷族在政治、军事上的长处，这也是夷族能战胜华夏的重要原因。早在战国时期，赵武灵王就已看到胡人亦军亦农（牧）、机动灵活、善于作战的长处，提出效法胡人，"胡服骑射（改穿胡服，骑马射箭）"，以此赢得军事上的胜利，梁启超为其作《黄帝以后第一伟人——赵武灵王传》。其实赵武灵王看到的还只是夷族表面的长处，顾炎武在此文的分析，则要具体、深刻得多。在轻视、敌视夷族的年代，更显得难能可贵。但事情都有两面性，顾炎武可能因清兵长驱直入、明军节节败退，联系前代辽金与宋的相似之处，因而强调夷人的长处，对华夏习俗颇多指责，致使本文中对夷夏文化习俗的比较，不够全面。历史上固然有像赵武灵王那样力主“胡服骑射”的人，但更多的还是夷人通过汉化，用夏变夷，获得巨大成功。文中提到的北魏太武帝拓跋焘，及其后人孝文帝拓跋宏，堪称南北朝时期最有作为的君王。前者重用汉臣，崇尚儒学，锐于改革，统一了北方。后者改革的决心更大，汉化措施更彻底，成就更显赫，史称“孝文帝中兴”，为北方夷族政权最终战胜南方政权、统一全国奠定基础，欧阳修称“其为功，何异王者之兴”（《后魏论》）。由此可见，如何客观评价不同民族、不同地区的文化习俗，进一步说，如何正确处理传统文化和外来文明的关系，是一个永远值得认真思考的问题。

佛　寺

晋许荣上疏言[1]："臣闻佛者[2]，清远玄虚之神。今僧尼往往依傍法服，五戒粗法尚不能遵，而流惑之徒竞加敬事；又侵渔百姓，取财为惠，亦未合布施之道也。"《洛阳伽蓝记》有比丘惠凝死去复活[3]，见阎罗王阅，一比丘是灵觉寺宝明，"自云'出家之前尝作陇西太守，造灵觉寺成，弃官入道'"。"阎罗王曰：'卿作太守之日，曲理枉法，劫夺民财，假作此寺，非卿之力，何劳说此！'付司送入黑门。"此虽寓言，乃居官佞佛者之箴砭也。

"梁武帝问达磨曰[4]：'朕自即位以来，造寺、写经、度僧不可胜纪，有何功德？’答曰：‘并无功德。’帝曰：‘何以无功德？’答曰：‘此但人天小果，有漏之因，如影随形，虽有非实。’”在彼法中已有能为是言者。

宋明帝“以故第为湘宫寺[5]，备极壮丽，欲造十级浮图而不能，乃分为二。新安太守巢尚之罢郡入见，上谓曰：‘卿至湘宫寺未？此是我大功德，用钱不少。’通直散骑侍郎虞愿侍侧，曰：‘此皆百姓卖儿贴妇钱所为，佛若有知，当慈悲嗟悯。罪高浮图，何功德之有？’”

梁武帝佞佛，宋明帝建塔，与陇西太守造灵觉寺，本质上并无不同。

［注释］

[1] 许荣：东晋孝武帝司马曜时任左卫领营将军，会稽（今浙江绍兴、宁波一带）人。因朝政紊乱，上疏陈“五违”。 [2]“臣闻佛者”以下八句：见《晋书·简文三子传》。文字有出入。五戒，佛教徒必须遵守的五种戒律：一不杀生，二不偷盗，三不邪淫，四不妄语，五不饮酒。布施，大乘佛法有六度（修行道的六项主要内容），第一项为布施，即将金钱、实物布散分享给别人。 [3]“《洛阳伽蓝记》有比丘惠凝死去复活”以下十四句：见《洛阳伽蓝记》卷二《城东》。《洛阳伽蓝记》，北朝东魏杨衒之著。追记东魏迁都前洛阳佛寺的盛况，集历史、地理、佛教、文学于一体。比丘，佛家指年满二十岁，受过具足戒的男性出家人。阅，视察，考查。在此为考察死者。司，机构。黑门，据

《洛阳伽蓝记》原文，在阴曹“最向西北门，屋舍皆黑。似非好处”。 [4]“梁武帝问达磨曰”以下十三句：语出《景德传灯录》卷三《菩提达磨》。文字有出入。《坛经·疑问品第三》中有更具体的记载。梁武帝，萧衍，字叔达，小字练儿，南兰陵郡东城里（在今江苏丹阳）人。南朝梁创建者。晚年沉溺佛教。侯景叛乱，萧衍被囚，死于台城。达磨，菩提达摩，意译为觉法，据《续高僧传》载，南印度人，属刹帝利种姓，通彻大乘佛法。自印度航海来到广州，从这里北行经建康（今江苏南京）至北魏，曾在洛阳、嵩山等地传授禅教。后人尊达摩为中国禅宗初祖。功德，《大乘义章·十功德义三门分别》：“功谓功能，能破生死，能得涅槃，能度众生，名之为功。此功是其善行家德，故云功德。”也泛指念佛、诵经、布施、放生等事。人天，六道轮回中的人道和天道。也泛指诸世间、众生。果，果报。佛教宣扬因果报应，认为有因必有果，有果必有因。有漏之因，有漏因，指招感三界果报的业因。如五戒十善为善法之因，五逆十恶为恶法之因。《坛经·疑问品第三》载达摩语：“见性是功，平等是德。念念无滞，常见本性，真实妙用，名为功德。”“武帝心邪，不知正法，造寺度僧，布施设斋，名为求福，不可将福便为功德。功德在法身中，不在修福。”达摩认为，功德在自身，在本性，在心中。为求福而造寺、写经、度僧，这样的业因只能招感一些不足道的果报，因为不是本性所有，故如影随形，并不真实，当然无功德可言。 [5]“宋明帝‘以故第为湘宫寺’”以下十六句：宋明帝，刘彧，字休炳，小字荣期。南朝宋皇帝。在位时残暴猜忌，喜好鬼神，多有忌讳，肆意屠杀皇亲宗室、功臣名将。故第，原先居住的府第。十级浮图，浮屠，佛塔。佛教以七级浮屠（七层的佛塔）为最高等级的佛塔。十级浮图即十层佛塔。巢尚之，鲁郡（今山东曲阜）人。宋明帝即位之初，任中书通事舍人、南清河太守。罢郡，任郡守期满。虞愿，字士恭，会稽余姚（今属浙江宁波）人。为官清廉，敢于直谏。卖儿贴妇，把妻子儿女卖给别人。

［点评］

佛教来自印度，有精深的佛理、严格的戒律。但国人信奉佛教，全不在此。佛教派别众多，但自唐以后，中国佛教唯有禅宗一枝独秀。禅宗是具有中国特色的佛教，其最大的特点是简化，无论佛理、戒律，乃至最平常的仪式，都被极大地简化了。国人信佛，只在乎两条：一是因果报应，一是功德赎罪。而在这两条中，又掺杂了许多世俗内容和利益诉求。如文中所言，那些达官贵人，在位时草菅人命，贪赃枉法，为非作歹，作恶多端，唯恐因果报应，于是劫夺民财，建寺造塔，焚香礼佛，希望以此作为超度自己的功德，今生逃脱惩罚，来世继续享受富贵荣华。即使身为至尊的帝王，内心深处也摆脱不掉这样的恐惧和希图。本文便是对这种状况的揭露。地府的阎王，看来不像人间官场那么容易行贿，更不必说佛了。虞愿直斥这种想法的虚妄："此皆百姓卖儿贴妇钱所为，佛若有知，当慈悲嗟悯。罪高浮图，何功德之有？"至于普通小民信佛，大多出于无知和无奈。今生已无指望，只能期待来世了。

奈 何

“奈何”二字，始于《五子之歌》[1]：“为人上者，奈何不敬[2]？”《左传》：“河鱼腹疾[3]，奈何？”《曲礼》曰：“国君去其国[4]，止之曰：‘奈何去社稷也？’大夫曰：‘奈何去宗庙也？’士曰：‘奈何去坟墓也？’”《楚辞·九歌·大司命》：“愁人兮奈何[5]！”《九辩》：“君不知兮可奈何[6]！”此“奈何”二字之祖。《左传》华元之歌曰[7]：“牛则有皮[8]，犀兕尚多，弃甲则那？”直言之曰“那”[9]，长言之曰“奈何”[10]，一也。又《书》“如五器[11]”，郑康成读“如”为“乃个反”。《论语》“吾末如之何也已矣[12]”，音亦与“奈”同。按古人曰“如”，曰“若”，曰“奈”，其义则一，音不必同。

六朝人多书“奈”为“那”。《三国志》注：文钦与郭淮书曰[13]：“所向全胜，要那后无继何？”《宋书·刘敬宣传》[14]：牢之曰[15]：“平玄之后[16]，令我那骠骑何[17]？”唐人诗多以“无奈”为“无那”[18]。

[注释]

[1]《五子之歌》：《尚书·夏书》篇名。 [2]奈何不敬：这里奈何谓怎么能。 [3]“河鱼腹疾”二句：语出《左传》宣公十二年。“河鱼腹疾”为隐语，言受凉拉肚子，怎么办？ [4]“国君去其国”以下七句：语出《礼记·曲礼下》。去，离开。止之，谓臣民劝止他。奈何，为何。大夫（士）曰，为“大夫（士）去其国，止之曰”的缩略语。 [5]愁人兮奈何：这里奈何谓无可奈何。 [6]奈何：即怎么办。 [7]《左传》华元之歌：华元，华氏，名元。春秋时期宋国大夫。郑国攻打宋国，华元率军迎战，宋国军队大败。后来宋国筑城，华元去巡视。筑城的人唱歌讽刺他丢盔卸甲逃回来。华元让他的骖乘唱歌回答，歌辞就是下面引文中的三句话。 [8]“牛则有皮”以下三句：语出《左传》宣公二年。言有牛就有皮，犀牛兕牛都很多，丢了皮甲又怎么了（有什么关系）？那（nuó），奈何二字的合音。 [9]直言：直接说。 [10]长言：引长声音吟唱。 [11]如五器：语出《尚书·虞书·舜典》。王引之《经义述闻·尚书上》：“五器，盖公、侯、伯、子、男朝

聘之礼器也。”如，若，至于。 [12] 吾末如之何也已矣：语出《论语·卫灵公》，又见《子罕》。 [13]“文钦与郭淮书曰”以下三句：见《三国志·魏书·毌丘俭传》裴松之注。文钦，字仲若，谯郡（今安徽亳州）人。三国时期魏国将领。与毌丘俭等起兵勤王，讨伐专权的司马师，兵败后投奔吴国。郭淮，字伯济，太原阳曲（今山西太原）人。三国时期魏国将领。在和蜀国作战中，屡立战功。要那后无继何，言关键问题是没有后继的力量怎么办？ [14] 刘敬宣：字万寿，徐州彭城（今江苏徐州）人。东晋末年将领。 [15] 牢之：刘牢之，刘敬宣之父。见《宋世风俗》注 [38]。 [16] 平玄之后：平定桓玄之后。玄，指桓玄。字敬道，谯国龙亢县（今安徽怀远）人。东晋权臣桓温之子。元兴二年（403），威逼晋安帝禅位，在建康建立桓楚。 [17] 令我那骠骑何：让我骏马（闲着）怎么办？ [18] 唐人诗多以“无奈”为“无那”：如王昌龄《从军行》：“更吹羌笛关山月，无那金闺万里愁。”王维《酬郭给事》：“强欲从君无那老，将因卧病解朝衣。”杜甫《奉寄高常侍》：“汶上相逢年颇多，飞腾无那故人何。”

[点评]

作为一部解释词语的著作《尔雅》，被列入十三经之中，绝非偶然。前人已经认识到：这是一部读经必不可缺的书。日后图书的四部分类，凡语言学的著作，都归入经部。东汉许慎提出：语言文字是治学、治国的根本：“盖文字者，经艺之本，王政之始，前人所以垂后，后人所以识古。故曰‘本立而道生’，‘知天下之至啧而不可乱也’。”（《说文解字序》）顾炎武治学，也特别重视音韵文字，认为“读九经自考文始，考文自知音始”（《亭林文集·答李子德书》)。将考订文字、知晓音韵作为阅读、研究经籍的基础。戴震说得更加明白:“经之至者道也,所以明道者其词也,所以成词者,未有能外小学文字者也。由文字以通乎语言,由语言以通乎古圣贤之心志,譬之适堂坛之必循其阶,而不可以躐等。”(《古经解钩沉序》)《日知录》最后一卷,便是对词语的考订。“奈何”二字,是古文中常用、常见的两个字,只是在具体的运用中,会因人而异,使其含义和文字组合发生变化。不了解这些变异,就会影响对作品的正确理解,甚至还会引起误解。本文所做的,便是“由文字以通乎语言”的第一步。

语　急

《公羊传》隐元年："母欲立之[1]，己杀之，如勿与而已矣。"注："'如'，即不如，齐人语也[2]。"按此不必齐人语。《左传》僖二十二年：宋子鱼曰[3]："若爱重伤，则如勿伤；爱其二毛，则如服焉。"成二年：卫孙良夫曰[4]："若知不能，则如无出。"昭十三年：蔡朝吴曰[5]："二三子若能死亡，则如违之，以待所济；若求安定，则如与之，以济所欲。"二十一年：宋华多僚曰[6]："君若爱司马，则如亡。"定五年：楚子西曰[7]："不能，如辞。"八年，卫王孙贾曰[8]："然则如叛之。"《汉书·翟义传》："义曰[9]：'欲令都尉自送，则如勿收邪？’”《左传正义》曰：“古人语然[10]，犹‘不敢’之言‘敢’也。”庄二十二年：“敢辱高位，以速官谤[11]。”注[12]：“敢，不敢也。”昭二年：“敢辱大馆[13]。”注：“敢，不敢。”《仪礼·聘礼》：“辞曰[14]：‘非礼也，敢。’对曰：‘非礼也，敢。’”注：“敢，言不敢。”

古人多以语急而省其文者。《诗》：“亦不夷怿[15]？”“怿”下省一“乎”字。《书》：“弗慎厥德[16]，虽悔可追。”“可”上省一“不”字。“我生不有命在天[17]？”“不”上省一“岂”字。“在今尔安百姓[18]，何择？非人？何敬？非刑？何度？非及？”“人”下、“刑”下、“及”下各省一“乎”字。《孟子》：“虽褐宽博[19]，吾不惴焉？”“不”上省一“岂”字。《礼记》：“幼壮孝弟[20]，耆耋好礼，不从流俗，修身以俟死者，不在此位也。”“好学不倦，好礼不变，旄期称道不乱者，不在此位也。”“幼”上、“好”上各省一“非”字。

《公羊传》隐公七年：“母弟称弟，母兄称兄。”注[21]：“母弟，同母弟。母兄，同母兄。不言‘同母’言‘母弟’者，若谓‘不如’言“如’矣，齐人语也[22]。”

［注释］

[1]“母欲立之”以下三句：郑武公娶武姜为妻，生下庄公和共叔段。武姜偏爱共叔段，想立共叔段为世子，武公不同意。武公死后，庄公继位。武姜要求将京邑封给共叔段，庄公答应了。郑庄公设计并故意纵容共叔段与武姜骄纵不法，共叔段欲夺国君之位，庄公趁机讨伐，将共叔段赶走。“郑伯克段于鄢”，为《春秋》经、传记载的第一个历史事件。《公羊传》说“杀之（共叔段）”，其实只是驱逐出境。用“杀”字，是为了突出郑庄公对母亲和弟弟没有情义。何休解诂：“‘如’，即不如，齐人语也……明郑伯为人君，当如传辞，不当自己行诛杀，使执政大夫当诛之。”徐彦疏：“解云：郑伯为人君之法，当如传辞，不与其国而已，不宜忍戾其母而亲杀之。其诛之者，自是执政大夫之事。” [2]齐人语：谓民间俗语。 [3]“宋子鱼曰”以下五句：子鱼，子姓，名目夷，字子鱼，因担任司马，故称司马子鱼。宋襄公异母兄。重伤，对已受伤的敌人不再加以伤害。二毛，头发两种颜色，指头发花白的老人。宋襄公想与楚国争霸，两国军队在泓水（故道约在今河南柘城西北）交战。大司马目夷建议趁楚军队伍散乱时出兵攻击。宋襄公讲仁义，不愿袭击楚军，结果大败受伤，还为自己辩护，说：“君子不重伤，不禽（擒）二毛。古之为军也，不以阻隘也。寡人虽亡国之余，不鼓不成列。”子鱼（目夷）反驳他的看法，说打仗是为了取胜，想要仁义，不伤害人，就别打仗。“如果爱惜敌人伤员而不再伤害，不如一开始就不伤害他；如果爱惜头发花白的老人，不如向他们投降。” [4]“卫孙良夫曰”以下三句：孙良夫，姬姓，孙氏，名良夫，谥桓，史称孙桓子。卫武公之后，卫国上卿。卫穆公派孙良夫、石稷等人率军攻打齐国，和齐军相遇。石稷想撤退，孙良夫不同意，说：“如果知道不能作战，不如不出兵。现在既然和敌军相遇，不如打一仗。” [5]“蔡

朝吴曰”以下七句：蔡国故太师子朝之孙。爱交豪侠之士，尤好研纵横之术、兵家之言。楚灵王灭亡蔡国，朝吴的谋士观从提出用蔡公的名义恢复蔡国。蔡地有人想抓观从，朝吴对他们说：“你们几位如果能为楚王效忠而死，那不如不听蔡公的话，以等待事情的成败；如果想要安定下来，那不如赞同他，以达到他复国的愿望。” [6]“宋华多僚曰”以下三句：宋国司马华费遂生了华貙、华多僚、华登三个儿子。华多僚与华貙不和，多次在宋元公面前诬陷他。宋元公说：“司马由于我的缘故，已经使他的一个儿子（华登）逃亡了。死和逃亡都是命中注定的事，我不能让他的儿子再逃亡。”华多僚回答说：“君王如果真爱惜司马，不如让他逃亡。” [7]“楚子西曰”以下三句：子西，芈姓，熊氏，名申。楚平王之子，楚国令尹。楚昭王派王孙由于在麇地筑城，由于回来复命。子西问起城墙的高度厚度，由于不知道。子西说：“你如果干不了，还不如推辞不干。” [8]“卫王孙贾曰”二句：王孙贾，卫国王孙、大夫。晋国要卫灵公将儿子和大夫的儿子作人质。卫灵公想背叛晋国，但又怕没有力量抵抗晋国。王孙贾说：“那不如先背叛晋国，等发生危险后再送人质。” [9]“义曰”以下三句：翟义，字文仲，汝南上蔡（今河南新蔡）人。西汉丞相翟方进之子。为人耿直，“有父风烈”。为地方长官时，颇有政绩。翟义出为南阳都尉，收捕了为非作歹的宛县县令刘立，解送邓州监狱。因刘立势力甚大，部属怕途中被人劫走，建议翟义在随后巡察其他县时，顺路将刘立押送邓州。翟义不同意，说：“如果（这样怕他，）要让都尉亲自押送，那不如当时就不收捕。” [10]古人语然：古人如此说。 [11]官谤：指因居官不称职而受到的责难和非议。 [12]注：指杜预《春秋经传集解》。 [13]大馆：古时对他国宾馆的敬称。 [14]“辞曰”以下六句：《仪礼注疏》下“敢”字后有“辞”字。郑玄注：“辞，不受也。对，答问也。二者皆卒曰‘敢’，言不敢。” [15] 亦不夷怿：语出《诗经·商颂·那》。夷怿，怡悦。亦不夷怿，意为“不亦夷怿乎”？即不是感到很快乐吗？ [16]“弗慎厥德”二句：语出《尚书·夏书·五子之歌》。言不谨慎修养品德，出事后即使后悔也不可挽回。 [17] 我生不有命在天：语出《尚书·商书·西伯戡黎》。言我的生死岂不是由上天决定吗？ [18]“在今尔安百姓”以下七句：语出《尚书·周书·吕刑》。言如今你们安定百姓，要选择什么呢？不是贤人吗？要慎重对待什么呢？不是刑罚吗？要考虑什么呢？不是断案公正适宜吗？ [19]“虽褐宽博”二句：语出《孟子·公孙丑上》：“自反而不缩，虽褐宽博，吾不惴焉。”缩，直，理直。褐，粗布或粗布衣服。言反省自己觉得理亏，那么即使面对穿着宽大粗布衣服的普通百姓，我哪能不感到害怕？ [20]“幼壮孝弟”以下九句：语出《礼记·射义》。幼壮，孔颖达疏：“谓二十之幼，三十之壮。”耆耋（qí dié），孔颖达疏：“谓六十之耆，七十之耋。”俟死，等待生命结束。旄期，郑玄注：“八十、九十曰旄，百年曰期颐。”者不，郑玄注：“言有此行不？可以在此宾位也。”孔颖达疏：“问此众人之中，有此上诸行不？若有，则可在此宾位矣。”者，指代词。不，同“否”。和顾炎武的理解不同。据此，则引文应这样标点：“幼壮孝弟，耆耋好礼，不从流俗，修身以俟死，者不？在此位也。”“好学不倦，好礼不变，旄期称道不乱，者不？在此位也。” [21] 注：指何休《春秋公羊传解诂》。 [22] 齐人语也：《日知录集解》引臧琳语：“古人之言，多气急而文简。如《毛诗》以‘不宁’为‘岂’，‘不宁不康’为‘岂不康’。《尧典》‘试可乃已’，《史记》作‘试不可用而已’。《论语》‘患得之’，《集解》：‘患不能得之。楚俗语。’皆语急反言之证。楚俗语，犹言齐人语也。”

［点评］

文字起于语言，书面文字和口头语言大体上是一致的，但也会因发音、语速、习俗的不同，形成各种表现独特含义的方言俗语。用书面文字记载，便会出现不同于常用语的歧义，从而给阅读带来困难。如本文所缕述的“以语急而省其文者”（有时省首位字，有时省末位字），便是在阅读中会遇到的问题。《四库全书总目提要》言：“炎武学有本原，博赡而能通贯，每一事必详其始末，参以证佐，而后笔之于书，故引据浩繁而抵牾者少。”（《日知录提要》）“博极群书，精于考证，国初称学有根柢者，以炎武为最。”（《四库全书总目提要·左传杜解补正》）和《奈何》一样，本文所考论的，只是一个小问题，但从中依然体现了顾炎武广博的学养，以及一以贯之的治学精神和方法。辛弃疾诗：“观书老眼明如镜，论事惊人胆满躯。”（《送湖南部曲》）《日知录》中，如论风俗、论政事的一些篇章，可谓“论事惊人胆满躯”，而一些考证类的文字，则无愧“观书老眼明如镜”。

主要参考文献

校补顾亭林先生年谱　（清）钱邦彦校补　商务印书馆民国二十五年（1936）版

顾亭林学谱　谢国桢著　商务印书馆 1957 年版

顾亭林诗集汇注　王蘧常辑注　上海古籍出版社 1983 年版

国朝汉学师承记　（清）江藩撰　中华书局 1983 年版

日知录集释（外七种）（清）顾炎武著　（清）黄汝成集释　清道光十四年（1834）刻本　上海古籍出版社 1985 年影印版

清儒学案新编（第一卷）　杨向奎著　齐鲁书社 1985 年版

顾亭林与王山史　赵俪生著　齐鲁书社 1986 年版

顾炎武论考　沈嘉荣著　江苏人民出版社 1994 年版

中国近三百年学术史　梁启超著　东方出版社 1996 年版

中国近三百年学术史　钱穆著　商务印书馆 1997 年版

顾亭林诗笺释　王冀民撰　中华书局 1998 年版

一代儒宗顾亭林　葛荣晋、魏长宝著　台湾文津出版社 2000 年版

顾亭林先生年谱 （清）张穆编 《续修四库全书·史部·传记类》（第 553 册）据清道光二十四年（1844）刻本影印　上海古籍出版社 2002 年版

顾炎武评传　许苏民著　南京大学出版社 2006 年版

明清之际新仁学：顾炎武思想研究　周可真著　中国大百科全书出版社 2006 年版

日知录校注　陈垣校注　安徽大学出版社 2007 年版

顾炎武评传　陈祖武著　中国社会出版社 2010 年版

日知录校释　张京华校释　岳麓书社 2011 年版

顾炎武全集　华东师范大学古籍研究所编　上海古籍出版社 2012 年版

清儒学术拾零　陈祖武著　故宫出版社 2012 年版

日知录集释　栾保群校注　浙江古籍出版社 2013 年版

《中华传统文化百部经典》已出版图书

书　名	解读人	出版时间
周易	余敦康	2017 年 9 月
尚书	钱宗武	2017 年 9 月
诗经（节选）	李　山	2017 年 9 月
论语	钱　逊	2017 年 9 月
孟子	梁　涛	2017 年 9 月
老子	王中江	2017 年 9 月
庄子	陈鼓应	2017 年 9 月
管子（节选）	孙中原	2017 年 9 月
孙子兵法	黄朴民	2017 年 9 月
史记（节选）	张大可	2017 年 9 月
传习录	吴　震	2018 年 11 月
墨子（节选）	姜宝昌	2018 年 12 月
韩非子（节选）	张　觉	2018 年 12 月
左传（节选）	郭　丹	2018 年 12 月
吕氏春秋（节选）	张双棣	2018 年 12 月
荀子（节选）	廖名春	2019 年 6 月
楚辞	赵逵夫	2019 年 6 月
论衡（节选）	邵毅平	2019 年 6 月
史通（节选）	王嘉川	2019 年 6 月
贞观政要	谢保成	2019 年 6 月
战国策（节选）	何　晋	2019 年 12 月
黄帝内经（节选）	柳长华	2019 年 12 月
春秋繁露（节选）	周桂钿	2019 年 12 月
九章算术	郭书春	2019 年 12 月
齐民要术（节选）	惠富平	2019 年 12 月
杜甫集（节选）	张忠纲	2019 年 12 月
韩愈集（节选）	孙昌武	2019 年 12 月
王安石集（节选）	刘成国	2019 年 12 月
西厢记	张燕瑾	2019 年 12 月

书　　名	解读人	出版时间
聊斋志异（节选）	马瑞芳	2019 年 12 月
礼记（节选）	郭齐勇	2020 年 12 月
国语（节选）	沈长云	2020 年 12 月
抱朴子（节选）	张松辉	2020 年 12 月
陶渊明集	袁行霈	2020 年 12 月
坛经	洪修平	2020 年 12 月
李白集（节选）	郁贤皓	2020 年 12 月
柳宗元集（节选）	尹占华	2020 年 12 月
辛弃疾集（节选）	王兆鹏	2020 年 12 月
本草纲目（节选）	张瑞贤	2020 年 12 月
曲律	叶长海	2020 年 12 月
孝经	汪受宽	2021 年 6 月
淮南子（节选）	陈　静	2021 年 6 月
太平经（节选）	罗　炽	2021 年 6 月
曹操集	刘运好	2021 年 6 月
世说新语（节选）	王能宪	2021 年 6 月
欧阳修集（节选）	洪本健	2021 年 6 月
梦溪笔谈（节选）	张富祥	2021 年 6 月
牡丹亭	周育德	2021 年 6 月
日知录（节选）	黄　珅	2021 年 6 月
儒林外史（节选）	李汉秋	2021 年 6 月
商君书	蒋重跃	2022 年 6 月
新书	方向东	2022 年 6 月
伤寒论	刘力红	2022 年 6 月
水经注（节选）	李晓杰	2022 年 6 月
王维集（节选）	陈铁民	2022 年 6 月
元好问集（节选）	狄宝心	2022 年 6 月
赵氏孤儿	董上德	2022 年 6 月
王祯农书（节选）	孙显斌	2022 年 6 月
三国演义（节选）	关四平	2022 年 6 月
文史通义（节选）	陈其泰	2022 年 6 月

书　　名	解读人	出版时间
汉书（节选）	许殿才	2022 年 12 月
周易略例	王锦民	2022 年 12 月
后汉书（节选）	王承略	2022 年 12 月
通典（节选）	杜文玉	2022 年 12 月
资治通鉴（节选）	张国刚	2022 年 12 月
张载集（节选）	林乐昌	2022 年 12 月
苏轼集（节选）	周裕锴	2022 年 12 月
陆游集（节选）	欧明俊	2022 年 12 月
徐霞客游记（节选）	赵伯陶	2022 年 12 月
桃花扇	谢雍君	2022 年 12 月
法言	韩敬、梁涛	2023 年 12 月
颜氏家训	杨世文	2023 年 12 月
大唐西域记（节选）	王邦维	2023 年 12 月
法书要录（节选）　历代名画记	祝　帅	2023 年 12 月
耶律楚材集（节选）	刘　晓	2023 年 12 月
水浒传（节选）	黄　霖	2023 年 12 月
西游记（节选）	刘勇强	2023 年 12 月
乐律全书（节选）	李　玫	2023 年 12 月
读通鉴论（节选）	向燕南	2023 年 12 月
孟子字义疏证	徐道彬	2023 年 12 月
嵇康集	崔富章	2024 年 12 月
白居易集（节选）	陈才智	2024 年 12 月
李清照集（节选）	诸葛忆兵	2024 年 12 月
近思录	查洪德	2024 年 12 月
林则徐集	杨国桢	2024 年 12 月